万物并作　吾以观复

宋儒微言

多元政治哲学的批判与重建

◎ 卢国龙 著

上海古籍出版社

图书在版编目(CIP)数据

宋儒微言：多元政治哲学的批判与重建／卢国龙著．—上海：上海古籍出版社，2023.10（2024.5重印）
ISBN 978-7-5732-0868-2

Ⅰ.①宋… Ⅱ.①卢… Ⅲ.①儒学—研究—中国—宋代 Ⅳ.①B222.05

中国国家版本馆 CIP 数据核字（2023）第 177915 号

宋儒微言：多元政治哲学的批判与重建

卢国龙 著

上海古籍出版社出版发行

（上海市闵行区号景路 159 弄 1-5 号 A 座 5F 邮政编码 201101）
（1）网址：www.guji.com.cn
（2）E-mail: guji1@guji.com.cn
（3）易文网网址：www.ewen.co

印刷 上海展强印刷有限公司印刷
开本 890×1240 1/32
印张 19.375 插页 6 字数 419,000
版次 2023 年 10 月第 1 版
　　 2024 年 5 月第 2 次印刷
印数 1,501—2,600
ISBN 978-7-5732-0868-2／B·1344
定价：98.00 元

目　录

绪　论　政治变革中的北宋儒学复兴　1

第一章　庆历学术与庆历新政　55
　　第一节　庆历学术新气象　58
　　第二节　师古与用今的理论思考　79
　　第三节　庆历新政的启示及影响　103

第二章　王安石"由是而之焉"的政治哲学　108
　　第一节　"祖宗不足法"的变革主张　111
　　第二节　"由是而之焉"的运思理路　135
　　第三节　天道之义涵　150

第三章　王雱"任理而不任情"的政治哲学　183
　　第一节　新学派中的《老》《庄》之学　185
　　第二节　"穷理"的本体论哲学　207
　　第三节　"尽性"的精神哲学　228
　　第四节　"任理而不任情"的政治哲学　241

附录一　陆希声的《道德真经传》　258
　　　附录二　陈景元的道家学术　287

第四章　张载"理一而分殊"的政治哲学　323
　　　第一节　"名教可乐"问题　326
　　　第二节　以《易》《庄》相发明的本体论哲学　341
　　　第三节　以礼为核心的政治思想　379

第五章　程颢程颐"体用一源"的政治哲学　403
　　　第一节　警告危机　呼吁改革　407
　　　第二节　对熙宁新法的批评　415
　　　第三节　政治改良的"大中之道"　422
　　　第四节　孔颜所乐何事　439
　　　第五节　对佛道教的批评和吸收　457
　　　第六节　体用一源　显微无间　472

第六章　苏轼苏辙"推阐理势"的政治哲学　489
　　　第一节　苏轼苏辙的人格　489
　　　第二节　蜀学之驳杂与一以贯之　500
　　　第三节　蜀学的思想逻辑　510
　　　第四节　蜀学与儒道思想　523
　　　第五节　苏轼《东坡易传》的政治哲学　548
　　　第六节　苏辙《老子新解》的政治哲学　590

征引文献　613

重版后记　616

绪论 政治变革中的北宋儒学复兴

站在世界史的角度进行横向比较，史学界通常认为，北宋代表了十一世纪人类文明的最高成就，在诸如农业生产、商业贸易、工艺技术、社会管理等许多方面，都处于同时代的领先水平。而将诸多方面凝聚成一个社会有机体的核心因素，则是其思想文化。那种开明的思想文化态度，既绍承了多元文化并存的大唐遗风，又开创出深层思想融合的时代新气象，从整体上提高了社会文明的质量，不仅比辽、夏、大理等与之并存的社会文明程度更高，而且与欧洲的黑暗中世纪形成鲜明对照。而站在中国历史的角度进行纵向比较，则可以认为北宋既是一个政治变革的时代，也是一个儒学复兴的时代。政治变革通过政府组织有序地推行，是在儒学复兴的文化支持下自觉进行的政治调整，二者在历史进程中相推相荡，互为动力，开创出社会生活的全新局面。也正因为二者被历史现实紧密地联系在一起,政治变革引发了儒学复兴的问题意识,反过来,儒学复兴又影响了政治变革的方向性选择,所以,北宋儒学从本质上讲是一种政治哲学,它所代表的时代精神,是对文明秩序及其最高的体现形式——政治制度,进行理性的批判和重建。批判是追索文明秩序的合理性依据,所谓天道性命之理,即由此发畅;重建是探讨文明秩序、政治制度的合理模式,于是需要推阐"王道",作为最高的政治宪纲,从而将师古与用今结合起来,使现实政治朝着合理模式的方向调整。正是围绕批判与重建的时代课题,触发北宋儒者的思想激情,形成各种学派,构成一幅色彩斑斓的思想史画卷。

从总体上看,北宋儒学复兴思潮与政治变革运动,具有密不可分的伴生关系。这种伴生关系,或许是研究北宋儒学的一个必要维度,因为它不仅涉及北宋儒学复兴的所以然之故,而且涉及对北宋儒学基本性质或理论特质的理解。依据这个维度来研讨北宋儒学复兴运动,可以把握住各学派共同的问题意识、相互关联的理论宗旨、各派的思想逻辑及其真实内涵,从而避免单纯概念演绎所难以避免的诠释随意性以及内涵虚化等流弊。具体而言,北宋政治变革运动经历了三个阶段,即庆历新政、熙宁变法、元祐更化,与之相应,儒学复兴则有相对突出的三次主流思潮,即庆历学术、王安石新学派学术、以蜀洛两大学派为代表的元祐学术,既以层层递进的方式发展、深化了儒学的思想理论,也对政治变革的基本方针产生深刻影响。庆历学术的基本精神是将师古与用今结合起来：师古即振兴儒学，通过阐释《六经》展开关于现实问题的理论批判，建立政治宪纲；用今即推行变革，以期克服"三冗三费"等积弊。将二者结合起来就是振兴儒学以扶救世衰。新学派学术的基本精神，是按照"由是而之焉"的理论思路推天道以明人事，批判君主直信其是非的政治痼疾，批判自然天道之说所长期存在的价值虚化倾向，从而将自然天道作为最高的理性原则，建明宪纲，并按照"九变而赏罚可言"的政治哲学推行变革。元祐学术的基本精神是对熙、丰变法实践进行批判性的理论反思，彰显人道的价值以对新学派理论进行反正，从而摆脱由天道独尊而导致偏重刑名律法的逻辑陷阱，并通过确立天道与人道双关并重的思想前提，重建政治宪纲，将熙、丰变法转化为温和的政治改良。

一

庆历学术作为儒学复兴的发轫期，与庆历新政是直接联系在一起的。一方面，新政以儒家的政治理想为蓝图，将变革的基本方针确定为"法制有立，纲纪再振"，也就是重建政治宪纲，以复现夏商周三代的"王道"政治为目标，同时加强制度化建设，以期克服"三冗三费"等现实积弊。这在指导思想上，就是用儒家的励精图治精神取代宋初期实际奉行的黄老无为，从而将儒学推向学术思想之前列，并通过太学教育及科举改革等，倡导讲求义理而不专守汉唐注疏的新学风，为儒学的思想理论发展提供政策导向。另一方面，由庆历新政所启动的政治变革，也向儒学提出了理论难题，即三代"王道"的政治模式在现实中是否可行？围绕这个问题，庆历一代学者致思于师古与用今的关系，其经世致用的学术风格，便是试图将二者结合起来的表现。而由此深责其义，则须追索"王道"模式的合理性依据，于是庆历之后的学者推阐天道性命，认为"王道"政治的合理性，不在于模式本身，而在于它符合天道之理以及性命之情。天道性命之学的真实意义，正由此生根。

"法制有立，纲纪再振"的变革方针，是范仲淹在《十事疏》中提出来的。庆历三年九月，宋仁宗在内忧外患的压力以及各方人士的呼吁下，开天章阁，促请范仲淹等人条陈当世急务。范仲淹上《十事疏》，提出政治变革的整体方案，其基本精神，就是确立上述方针。推衍这一方针的思路主要有两条：其一是"求今朝祖宗之烈"，其二是"约前代帝王之道"。这两条思路，实际上也就是变革的两个层面。前者针对宋仁宗当朝的政事怠荒，后者针对宋初以来的施政方略。

仁宗朝的政事怠荒，首先由他自身表现出来。如深受范仲淹赏识的滕宗谅，在职任谏官时曾上疏批评宋仁宗，谓之"临朝则多羸形倦色，决事如不挂圣怀"。[1] 这个批评很贴切，宋仁宗实际上就是此类美言之曰柔仁、实言之为孱弱的

---

[1]《续资治通鉴长编》卷一一五，第2698页。

君主，而为当日朝廷之形象代表，以至群臣忧患，因而鞭策之、激励之。但是，根据汉初以来的历史经验，小政府大社会的政治结构，必然采取与民休息的政策，对于社会的自然发展有利而无弊，范仲淹等儒臣又何必无端生事？这就涉及"冗官"问题。自宋太祖以金钱、土地收买武将的兵权，宋太宗大规模扩招文官以巩固政权基础，北宋政府的官僚队伍就日益膨胀。这些"冗官"，不仅数量庞大，而且只拿俸禄，不办实事，成为国家财政的沉重包袱，同时也是行政效率低下的根源。面对这种状况，由经略西北防务转而入朝执政的范仲淹、富弼等人，深感吏员浮滥，人才匮乏，而宋仁宗又"决事如不挂圣怀"，端坐垂拱，静默无为，所以常存忧患之心，不得不试图以制度化建设矫拂之、弥补之。其所推行的变革，在具体措施层面也就以清整吏治为重点，按照综核名实的方式，形成一套官员监督制度。这套制度，即所谓"求今朝祖宗之烈"，其实质是以经过选择的惯例为法度，由富弼主持其事，成立专门机构，对太祖、太宗、真宗三朝的诏令等文档进行选编，合成一书，作为判别功过、施行赏罚的范本。[1]

对于推行变革来说，所谓"求今朝祖宗之烈"，作为一种策略的意义可能更大于实际意义。依托高祖以来的施政惯例，使变革的合理性不证自明，这在策略上是必要的，但仅

---

[1] 见庆历三年九月富弼疏，《续资治通鉴长编》卷一四三，第3431—3444页。

仅遵循宋初三朝的惯例,并不足以克服现实积弊,真宗朝政事尤其乏善可陈。从历史的因果关系上看,庆历年间所暴露出来的各种弊病,其实正是长期奉行祖宗法度的必然结果。而宋太祖致书赵普,却自信地以为,"朕与卿平祸乱以取天下,所创法度,子孙若能谨守,虽百世可也"。[1] 后来的事实证明,这份自信是过高地估计了其所创法度,因为它实际上只是一种施政方略,并非完善的政治制度和法律体系。

宋初的施政方略,简言之就是在高度集权与轻度用权之间力求平衡。大致说来,北宋承晚唐五代藩镇割据的长期离乱之后,顺应人心厌乱而思治的时势,建构起集权的政治体制,从制度上杜绝了地方割据的可能。统一与集权,在宋初是相互关联的。另一方面,由于赵宋朝廷的权力基础极其薄弱,不能以威德凌人,所以在建国之初便制定出务求宽柔的行政路线,以化解集权政府与社会各阶层的冲突。这一套方略,既吸收了黄老无为的政治理念,也汲取了晚唐五代藩镇割据的历史教训,在宋初期是行之有效的。从北宋开国到庆历年间,垂八十年,不但政局基本保持稳定,而且实现了由武将政权向文官政府的转变,与此同时,维护国家统一的基础,也由武力转向文化。

仅就维持稳定而言,将高度集权与轻度用权结合起来,也许是最能够与专制政体相适应的一种施政方略,既符合专制政体的集权要求,避免人欲为帝王而不相下的无政府状

---

[1] 宋太祖:《与赵普书》,《全宋文》卷八,第1册,第195页。

态，也相对地保持了权力的自我约束，避免由滥用集权所必然激化的各种矛盾。但就适应社会的发展而言，这套方略又因缺乏张力而必然滋生各种积弊。即一方面，集权禁锢了军政两方面官员的创造力，以至政事怠荒。宋初的政治局面，是所谓"兵也收了，财也收了，赏罚刑政一切收了"。[1] 收兵的结果，是军队缺乏战斗力，只有冗兵，而无骁将；不仅将领由朝廷临战任命，而且作战计划也要由皇帝钦定；将领既无权，又无威，军中士气之低靡，也就可想而知。收财的结果，是地方政府无财政基础，虽有心兴利，而无其力，所以地方官员如果不十分庸惰，等待三年调任或者升迁的所谓"磨勘"，就只能协调一切民事纠纷，间或过问州县书院的教育，用力于"教化"。至于赏罚刑政等司法权和行政权，更由皇帝一手掌握，以至群臣束手，或相互掣肘。例如相权，宋初宰相尚可任免谏官，从而形成循环监督机制，即皇帝监督宰相，宰相督促谏官，谏官又规勉皇帝。及宋仁宗按照集权的思路进而剥夺宰相任免谏官的行政权，使相府与台谏相牵制，北宋政府便陷入相府与台谏相是非的党争漩涡，既破坏了决策机制，也使一切决策都难以推行。另一方面，轻度用权又妨碍了政府自身的清理整顿，以至官僚队伍不断膨胀，而行政效率日益萎缩。轻度用权的范本，就是宋太祖遗令继位君主都必须发誓遵守的"勒石三戒"，即保全后周柴氏子孙，不杀士大夫，不加农田之赋。这三条戒规，理论上

---

[1]《朱子语类》卷一二八，第3070页。

说说当然很美妙，前两条也确实做到了，被王夫之褒奖为"以忠厚养前代之子孙，以宽大养士人之正气"[1]云云。但由于集权滋生出冗官冗兵，冗官不能开财利之源，冗兵不能节财利之流，所以要执行不加赋税的戒规，事实上是不可能的，即如王禹偁所说："冗兵耗于上，冗吏耗于下，此所以尽取山泽之利而不能足也。"[2]既然冗官冗兵必然消耗大量的国家财政，那就只能在名义上遵守不加赋税的戒规，实际上变换形式。如征收夏税的所谓"折变"，由政府单方面规定布帛、粮食等物品的价格，赋税定额虽未加重，但百姓的财产却被更多地"折变"进了官府。轻度用权的另一种表现就是向士大夫推恩。如退位的大臣领虚衔使相（节度使），虽无实权，也不承担责任，但依旧享受俸禄，被首先提出"三冗三费"问题的宋庠列为其中一项。更为严重的是，北宋朝廷对于庞大的官僚队伍缺乏考察、监督机制，也不鼓励官员建功立业，如范仲淹《十事疏》说："今文资三年一迁，武职五年一迁，谓之磨勘。不限内外，不问劳逸，贤不肖并进，此岂黜陟幽明之意耶？假如庶僚中有一贤于众者，理一郡县，领一务局，思兴利去害而有为也，众皆指为生事，必嫉之沮之，非之笑之，稍有差失，随而挤陷。故不肖者素餐尸禄，安然而莫有为也。虽愚暗鄙猥，人莫耻之，而三年一迁，坐至卿、监、丞、郎者，历历皆是，谁肯为陛下兴公家

---

[1]《宋论》卷一《太祖》，第4页。
[2] 王禹偁：《应诏言事》，《全宋文》卷一四九，第7册，第375页。

之利、救生民之病、去政事之弊、葺纲纪之坏哉？在京百司，金谷浩瀚，权势子弟，长为占据，有虚食廪禄、待阙一二年，暨临事局，挟以势力，岂肯恪恭其职？"[1] 由此形成偷惰苟且的官场风气，官员都不求有功，但求无过，即使犯有重大过失，也是谏官尽情弹劾，皇帝从轻从宽处理。这样长期示恩的结果，必然导致吏治松弛，于是像当时许多人所忧虑的那样，"政声寝矣"，社会文明虽然相对发达，北宋政权却留下积贫积弱的历史印象。

究论宋初期的施政方略之所以会导致这些弊病，根本原因又不在于方略本身，不是其策略不够高明，而是由于专制政体缺乏张力，不能适应，更不能推动社会的发展。这是专制政体内必然存在的集权与用权的矛盾，即一方面要以集权的方式来维持国家统一和社会稳定，另一方面又必然导致强权独裁和偷惰苟且两种极端现象。前者将政权推向社会的对立面，后者使政权不能发挥其协调社会的应有作用。如何解决这对矛盾，在当时也就成为各派学者所集思的焦点问题。而解决矛盾的途径，只能是建立一套政治宪纲，作为驾驭现实政治运作的文化原则，从而不断调整用权的合理尺度，以适应社会发展的必然要求。所谓"约前代帝王之道"，就是建立其政治宪纲的基本思路。

前代帝王有一些成功的经验，如汉初的文景之治、唐初的贞观之治等，可以借鉴。推行庆历新政的骨干欧阳修等

---

[1]《续资治通鉴长编》卷一四三，第3431—3432页。

人，对汉文帝、唐太宗的评价也很高，不同于后来的王安石，以为汉唐之治只是小康，不足为法。但是，庆历年间的政治已呈衰弱景象，毕竟不同于汉唐盛世，所以，完全重复前人的经验既不可能，由其经验提摄出政治宪纲，也不完全符合革除弊政的时代需要。贞观之治是一种开国气象，庆历不可比拟；唐太宗富有雄才伟略，宋仁宗又不可比拟；至于文景之治崇奉黄老无为，正是庆历新政所力图克服的。这种政治环境的差异，决定了庆历诸贤必然走向上一路，即从唐虞夏商周等古远的政治典范中寻求宪纲。唐虞夏商周的政治典范都记录在儒家《六经》中，振兴儒学以扶救世衰，因此成为题中应有之义。

站在建立政治宪纲的高度推动儒学复兴，是庆历一代学者的功绩。在庆历之前，受宋朝廷文治政策的鼓励，各地渐兴书院讲学之风，为儒学复兴创造了必要的条件。但由于书院教育的直接目的是科举，主要内容又踵唐人之旧，进士习诗赋，明经诵注疏，所以并不必然意味着儒学复兴。北宋书院的渊源，可以追溯到五代，而且与佛寺道院的宣讲有关，至于书院大规模兴起，则在宋太宗之后。宋太宗将进士、明经诸科的录取名额，由原来的十余人增至数百人，既拓宽了儒生由科举入仕的途径，使士林风气为之一变，同时也向儒学提出了燮理世务的要求。如果说五代时人们对于儒学致世太平只是一种期望，那么自宋太宗扩大科举额员之后，这种期望渐露端倪，成为现实的可能性越来越明朗。《文献通考》卷三〇引《触鳞集序》说："五季文物荡尽，而鲁儒犹往往抱经伏农野,守死善道,盖五十年不改也。太祖皇帝既定天下,鲁之学者始稍稍自奋,白袍举子,大裙长绅,杂出戎马介士之间。父老见而指以喜曰:'此曹出,天下太平矣。'"此所引父老之言,既是对儒学治世的期望,也是对儒学治世功能的认可。不过,功能的发挥固有不同层次,在太祖、太宗、真宗三朝,提倡儒学可以消弭晚唐以来的嚣陵噬搏之气,以文治恢复社会的正常生活,至于儒学之义理,则蜷缩未进。如明经科考试,主要形式有帖书和墨义两种:帖书是取一段经文及注疏,掩去若干句子,要求填空;墨义是问答题,但内容极简单,如用《论语》典故问:"作者七人矣。请以七人之名对。"答题只需写出七人姓名。[1] 至于进士试,则为诗赋辞章之学,其典型代表是真宗朝杨亿等人的西昆体,倡导刻辞镂意的文风,成为庆历儒学的批判对象之一。在这种场屋风气的影响下,书院讲学以及朝中的侍讲,也就以注疏为主,未及发明经典的意义。如仁宗朝的杨安国,在经筵二十七年,"讲说一以注疏为主,无他发明,引论鄙俚,世或传以为笑。尤不喜纬书,及注疏所引纬书,则尊之与经等"。[2] 若与唐高宗"释奠"相比较,宋仁宗的经筵专讲《六经》注疏,不附带三教讲论、释道辩难等活动,固可谓尊崇儒术,但经筵专守注疏,所谓儒也就不成其为学,只是一些零星的章句训诂知识而已。这种状况,在庆

---

[1]《文献通考》卷三〇,第875、877页。
[2]《续资治通鉴长编》卷一九二,第4645页。

历之前习以为常，如参加宋真宗景德二年进士试的李迪和贾边，同样有声于场屋，又同样在礼部考试中落选，但最终的结果却判若天渊：作赋落韵的李迪被谅解为一时疏忽，得机会参与廷试，高拔为进士第一名；擅改注疏一字的贾边则径被罢黜，以此维护其专守注疏的学风。而在庆历之后，讲论若专守注疏，不能发明新意，则会传为笑谈。这说明学风在转变，一种新的学术思潮已逐渐形成。转变的契机，则在于以儒学切入政治。

也正是从太宗朝伊始，宰相、枢密两府首脑，由赵普那样的官场老吏，渐换成进士出身的儒生，为儒学切入政治开辟了可能的途径。当执政的儒者意识到现实积弊不能单靠临时对策，而必须依据儒家的深厚文化才有望克服时，这种可能也就自然而然地转化成现实。在推行庆历新政之前，范仲淹任枢密副使，曾致书宰相晏殊，促请他隆兴儒学，而晏殊也以共识回应之："经者，世之典常也，无典常则制不立；学者，人之砥砺也，无砥砺则器不备。……唐柳冕有言：'西汉尚儒，明于理乱，是以其人智；东汉尚章句，师其传习，是以其人尚名节。'此其效也。"并表示："殊尝窃志兹说，以悟朋从。至于倡导儒风，恢崇敦本，虽有素蕴，不能及也。"[1] 久蓄于胸臆的愿望之所以不易实现，是因为这个愿望包含了以儒学建立政治宪纲的真实内涵，若以儒术为太

---

[1] 晏殊：《答枢密范给事书》，《全宋文》卷三九八，第19册，第219—220页。

平景象之文饰，则真宗朝已有先例，而儒者固无所不淫。这种历史现实背景，注定了儒学必须从思想理论上自我更新，否则不能适应建立政治宪纲的时代要求，所谓"恢崇敦本"也就成了一句空话。正是基于这样的共识，经范仲淹大力呼吁，孙复、石介、胡瑗、李觏等儒者群起响应，庆历儒学乃创榛辟莽，大破数百年沉滞，豁然开一新局。

庆历儒学之破沉滞，包括两个方面：其一是批判无为无事的政治方针；其二是批判儒学内部的学风，诸如章句训诂、声病对偶等。孙复的《无为指》，可推为第一个方面的代表作。在这篇短文中，孙复就孔子赞美虞舜无为的典故进行辨析。在他看来，虞舜之所谓"无为"，并非无所事事，不理政务，因为根据《尚书》的记载，虞舜在位时，有过大量的政务活动，诸如"齐七政，类上帝，禋六宗"，"协时月正日，同律度量衡，修五礼、五玉"等等，以至"五十载，陟方乃死"。虞舜的政务活动既如此其繁，孔子又何以赞美他无为呢？这就深入到问题的所以然层面。孙复说："舜既受尧禅，夙夜兢兢，惧德弗类。以天下者，尧之天下也，不以尧之道治之，则其天下之民有不得其所者矣。于是尽履尧之道而行之，俾其天下之民，不异于尧之世也。舜居位既久，复以尧之天下、尧之道，尽与诸禹，此舜之德，其可谓大德也矣。夫舜之天下，尧之天下也；舜之道，尧之道也。舜始得之于尧，而终传之于禹，此舜之无所为也章章矣。"将这段话的意思概括起来说，就是舜所处的历史环境，决定了他只需克守成宪，按照"尧之道"来治理天下，无须变革，可以无为。"道"即政治宪纲、方针。据此理解虞舜之所谓"无为"，是遵循尧的政治宪纲而不加改变；其所以"无为"，是因为尧的政治宪纲仍在，足以让百姓安居乐业。这样发明经典的微言大义，对于现实又有什么意义呢？孙复丝毫不隐讳其写作动机是"庸为帝天下者戒"，并将其理性批判的锋芒指向现实："后之帝天下者，不思虞帝之德，而慕虞帝之无为，吾未见其可也。三代而下，不思虞帝之大德，而冒虞帝之无为者众矣。又世之险佞偷巧之臣，或启导之，既不陈虞帝之大德，以左右厥治，则枉佛老虚无清净、报应因果之说，交乱乎其间，败于君德，吁，可痛也！"君主受其迷惑，乃至于"冥焉莫知其所行，荡焉莫知其所守，曰'我无为矣'。至纲颓纪坏，上僭下逼，昏然而不寤者，得不痛哉！"[1] 其所以可为痛惜，是因为帝天下者溺信似是而非之说，推行偷惰苟且之政，致使天下危机重重。这样的例子，历史上固然很多，而深切牵动孙复痛惜之情、引发其忧患意识的，首先是仁宗当朝的政事。当时不分朝野，怀有同样忧患的人很多，而政治宪纲是否当改弦易辙，也就成为争议的焦点。举一例可知。就在推行庆历新政之前一个月，田况与宋仁宗论及政体，"帝颇以好名为非，意在遵守故常"，田况继而上疏说："圣贤之道曰名教，忠谊之训曰名节，此群臣诸儒所以尊辅朝廷，纪纲人伦之大本也。陛下从而非之，则教化微，节义废，集诟无耻之徒争进，而劝沮之

---

[1] 孙复：《无为指》，《全宋文》卷四〇一，第19册，第306—308页。

方不行矣，岂圣王率下之意耶？"[1] 由于朝野各方面的呼吁，敦崇儒术终于取代了黄老。这在政治上，就意味着以《六经》所载述的三代"王道"为宪纲，如孙复致书范仲淹说："虞夏商周之治，其不在于《六经》乎？舍《六经》而求虞夏商周之治，犹泳断潢污渎之中而望属于海也，其可至哉？"[2]

针对儒学自身学术风气的批判，由真宗朝的王禹偁、柳开等人发声先唱，他们力倡古文，既痛斥以西昆体为代表的绮丽文风，也针砭专应科举而不求道义的士风。如王禹偁说："古君子之为学也，不在乎禄位，而在乎道义而已。用之则从政而惠民，舍之则修身而垂教，死而后已，弗知其他。科试已来，此道甚替，先文学而后政事故也。然而文学本乎《六经》者，其为政也，必仁且义，议理之有体也；文学杂乎百氏者，其为政也，非贪则察，涉道之未深也。是以取士众而得人鲜矣，官谤多而政声寝矣。"[3] 历史地看，自唐以来的科举，长期流行重进士而轻明经的风气，进士试又通常是以诗赋定取舍，以策论定高下，所以养成务为雕饰的文风。由文风而影响士风，一些儒生也就欠缺坚毅的担当精神。这些问题，随着儒学社会文化责任的加强而日益凸现出来，如何更新儒学、激励士气，也就成为不可回避的课题。

---

[1]《续资治通鉴长编》卷一四二，第3416—3417页。
[2] 孙复：《寄范天章书》，《全宋文》卷四〇一，第19册，第290页。
[3] 王禹偁：《送谭尧叟序》，《全宋文》卷一五二，第7册，第428页。

在当时，文风和士风的种种流弊，都被理解为不师《六经》而兼糅百家之学的结果，相应地，解决问题的途径也就是将《六经》重新确立为文化的纲领。

进而言之，师法《六经》又只能是继承其精神，不可能回复到产生《六经》的那个古典时代，所以随着议论的深入，又必然引出对《六经》的理解和诠释问题。汉唐以来的诸家注疏，形成了诠释《六经》的传统，但由于其章句训诂在内容上极其纷沓，既不符合建立政治宪纲的时代要求，又被事实证明其经术不足以造士，所以还必须突破汉唐注疏之旧樊篱，展开新的诠释。毋庸置疑，新的诠释既出于时代要求，那么其运思理路就必然是将师古与用今结合起来，以揆古今之中，以通一代之宜。这条运思理路，在政事和学术两个层面同时展开。就政事而言，范仲淹、欧阳修等大臣不但在策试进士时明确地提出来，鼓励举子们深入思考，而且也运用到他们自己的政治思考中。他们都是当时的《易》学名家，范仲淹特别推重《系辞》所谓"穷则变，变则通，通则久"云云，在奏疏等政论文中屡屡引证，作为推行变革的理论依据。欧阳修讲《易》，认为其根本精神在于一刚一柔、一阴一阳，刚或阳是励精图治的政治方针，柔或阴是纾缓无为的政治方针，两种方针交替循环，从而形成不断调整的运动机制，保持生生不息的活力。将这种根本精神具体应用于庆历政事，就是以励精图治取代纾缓无为，采取主动的变革，以激活政治生机。在学术层面，孙复、胡瑗等人也展开多角度的探讨。如孙复、石介的《春秋》学，由研述《春秋》凡例以寻绎孔子的褒贬之意，从而推见"王道"之至隐，批判背离"王道"以至浊乱的种种历史现象。胡瑗的学术纲领是所谓"明体达用"：明体即推阐仁义礼乐等历世不可变者，作为文化和政治的共同原则；达用是将此原则推向现实。李觏是当时研究《周礼》的专家，他将"礼"从礼乐刑政以及五常中提挈出来，作为制度化建设之总纲，并结合现实政治状况，由《周礼》经学推演出一整套政治制度。经过庆历学者的提倡和探讨，儒学遂一改章句、声偶之旧局，上升到政治哲学的高度，并在建立政治宪纲的意义上达成共识。例如吕公著，在当时既不算改革派，也不专意于学术，但他向宋英宗讲解《论语》"学而时习之"时，却引《尚书》为连类，以为旨在"《说命》：'王人求多闻，时惟建事，学于古训，乃有获。'然则人君之学，当观自古圣贤之君如尧、舜、禹、汤、文、武之所用心，以求治天下国家之要道，非若博士诸生治章句、解训诂而已"。[1] 从儒家经典中探求古代圣君之用心、治理国家之要道，也就是建立一个高于君主个人情感和意志的宪纲，它对政治的最高决策发挥作用，所以说是"人君之学"。探讨此"人君之学"，是当时学者的共识和共同志向，而将此"人君之学"舒展为公共学术，便是整个北宋儒学的实质。它由庆历诸贤开创端绪，以庆历新政为最初尝试。

---

[1]《续资治通鉴长编》卷一九九，第4839页。

二

继庆历学术之后，代表儒学复兴之主流思潮的，是王安石新学派。自嘉祐、治平年间王安石聚徒讲学并从事著述，到熙宁年间推行变法，新学派在政事和学术两方面都发挥了主导作用，从而在整个北宋儒学复兴运动的历史进程中，处于一种极其特殊的位置。它不但通过变法改变了现实，使各派学者都必须面对一个新的思考环境，而且在深化庆历学者对于宋初期施政方略的批判，使建立政治宪纲问题愈益明确的同时，又以其变法实践更加深刻地暴露出集权与用权的矛盾，成为蜀、洛等学派的批判对象。这种特殊位置，无可争议地证明新学派是理解整个北宋儒学的关键，不仅它自身代表了一个阶段的主流思潮，而且还是解读蜀、洛等学派思想的必要参照。然而，在历来的宋学研究中，新学派的政治行为所受到的重视程度，显然要远远地超过其思想学术，许多论著都能对王安石在变法中的表现言之凿凿，而对其理论纲领及思想逻辑却模糊不清，其结果，往往不只是割舍了北宋儒学的某一部分，甚至抛开了当时各学派共同的问题意识，以至找不到宋儒思考并展开理论对话的思想层面，难以深切理解其作为一种政治哲学的实质。推考宋学研究之所以出现这样的缺陷，一方面固然与《三经新义》等资料的散佚有关，但更重要的原因却不在于研究条件，而在于研究思路。

调整研究思路已是必然选择。而调整研究思路所不可回避的一个问题，是新学派的儒道法学派属性之辨。自熙宁变法以来，围绕新学派的思想宗旨究竟属于儒家抑或属于道家和法家，长期存在不同看法，以至聚讼纷纭，成为一段学术公案。其所以历时千年依旧悬而未决，第一是由于新学派自身的思想来源十分繁复，不仅儒道法兼糅并且吸收了佛学的一些理论，而且广泛涉及古代博物学的诸多领域，其理论纲领及思想逻辑因此难于辨析。第二是由于熙宁、元丰变法在中国历史上具有深远影响，而王安石又为变法之主谋，所以研究者在观念上很难甄辨其思想学术与熙、丰政事的区别，对其思想理论的理解因此大打折扣，深受政事评判之遮蔽。既然王安石以及新学派的儒道法属性尚且未明，从熙、丰政事来判断又属于法家之术，那么新学派的思想是否与其他儒学流派发生在同一个逻辑层面、关注同一个问题、属于同一个时代思潮，似乎就都成了疑问。历史地看，关于这段公案的争论是辨异多于求同，即辨别新学派在思想观点、政治主张上与其他学派的差异，却很少看到他们都旨在建立政治宪纲的一致性，看不到这种一致性才是其思想发生的共同逻辑层面、共同关注的问题、同一个时代思潮的焦点。要调整研究思路从而有所反正，也许不必详为辩议，我们只需注意到王安石并不是熙、丰政事的全部责任人，在他之上还有一个宋神宗，而宋神宗的政治思路，与王安石其实不同，即宋神宗偏重刑名律法，而王安石敦崇天道天理。熙宁、元丰的实际政治，大概就形成于这两者之间。但道为虚而法为实，所以就实事而言,熙、丰变法几乎可以说是刑名法术之学的一次实验。

早在宋神宗为颖王时,就表现出对韩非之学的偏好。《续资治通鉴长编》治平二年载:"颖王好学不倦,一日出新录《韩非子》属府僚雠校。"当时府僚便议论说:"韩非险薄无足观。"而颖王回答:"录此备藏书之数,非所好也。"[1]但即位后的种种事实都证明,他对藏书的兴趣,远没有对刑名学的兴趣那么浓厚。例如熙宁四年所进行的科举改革,其中一项是废除明经诸科而立新科"明法",考试内容为律令、刑统大义、断案。这项改革便出于宋神宗的主见,因为他批评"近世士大夫多不习法令",[2]不能贯彻其以刑名律法治国的意图。熙宁九年,宋神宗又对王安石等人说:"道必有法,有妙道斯有妙法,如释氏所谈妙道也,则禅者其妙法也。妙道不可以智知,不可以识识,然尚有法可以诠之,则道之粗者固宜有法也。"[3]反过来我们看王安石的议论,以资比较。熙宁元年王安石上《本朝百年无事札子》,次日宋神宗便问施设之方,也就是具体措施,而王安石回答说:"遽数之不可尽,愿陛下以讲学为事,讲学既明,则施设之方不言而自喻矣。"[4]将讲学放在措施的前面,也就是将明理作为立法的前提。熙宁五年,变革措施已推展开

---

[1]《续资治通鉴长编》卷二〇六,第5005页。
[2]《续资治通鉴长编》卷二二三,第5424页。
[3]《续资治通鉴长编》卷二七五,第6732页。
[4]《续资治通鉴》卷六六,第1621页。

来，而王安石对宋神宗说："刑名法制非治之本，是为吏事，非主道也。国有六职，坐而论道谓之三公。所谓主道者，非吏事而已，盖精神之运、心术之化，使人自然迁善远罪者，主道也。今于群臣忠邪情伪勤怠，未能明示好恶使知所劝惧，而每事专仰法制，固有所不及也。"[1] 显而易见，虽然宋神宗与王安石历来都被视为君臣相遇之异数，但他们的政治思路其实存在差别，即宋神宗关注刑名律法，而王安石关注君主之道。这种差别，在古代是君臣之间的常见现象，既不足为奇，但也不可忽视。我们可以引用北宋时的另一个例子来印证。宋太宗时，曾屡次颁布诏令，在进士诸科的考试中增加法律内容，如太平兴国四年的诏令说："禁民为非者莫大于法，陈力就列者当习其书。"根据这个理由，遂要求各科考试从律令及其疏义中出题三五条。[2] 雍熙二年又下诏令说："法家之学，最切于时，废之已久，甚无谓也，可复置明法一科。"[3] 而当时人柳开，却极力劝阻其兄参加明法科考试，并说："夫法者，为治之末者也，乱世之事也。皇者用道德，帝者用仁义，王者用礼乐，霸者用忠信。亡者不能用道德、仁义、礼乐、忠信，即复取法以制其衰坏焉。将用之峻，则民叛而生逆；将用之缓，则民奸而起贼。俱为败覆

---

[1] 《续资治通鉴长编》卷二三〇，第5590页。
[2] 宋太宗：《进士诸科引试以律问义诏》，《全宋文》卷六四，第4册，第67页。
[3] 宋太宗：《周易尚书各为一科毛诗专习并复置明法科诏》，《全宋文》卷六八，第4册，第171页。

之道也，圣帝明王不取也，圣帝明王不用法以为政矣。"[1]如果按照现代人的法制观念来衡量，宋太宗、神宗主张以法治国，似乎是远远地走在历史潮流的前面，而柳开、王安石等儒臣高谈道德仁义或帝王之道，不免迂阔。然而，法律体系是从属于政治体制的，在专制政体下，刑名律法始终都只是皇帝脚下的金字塔，是他贯彻自我意志、统治社会的工具，所以对于宋太宗、神宗来说，无刑名律法就意味着为政无依恃。而对于王安石等儒臣来说，凌驾于法律体系之上的君主究竟以什么为意志，是道德、天理还是他自己的是非好恶之情，将决定全部政治的命运，所以不能不穷究本末，不能不树立更高的文化或理性原则以制约君主意志。这一套政治思路，早在嘉祐、治平年间王安石于淮南讲学时便形成了，及得君得位之后，王安石日与宋神宗坐而论道，所讲的也就是这一套思路，谓之"帝王之道""帝王大略"，也就是作为帝王政治的最高宪纲。其具体内涵，则被概括为"任理而无情""任理而不任情"，多化用《庄子》分辨"治之道"与"治之具"、针砭直信己之是非而加人以其赏罚之意，并引用鲧治洪水为例，如熙宁五年王安石对宋神宗说："尧使鲧治水，鲧汩陈其五行九载。以陛下忧恤百姓之心，宜其寝食不甘，而尧能待如此之久，此乃能为天之所为，任理而无情也。"[2] 这一套思

---

[1] 柳开：《请家兄明法改科书》，《全宋文》卷一二二，第6册，第315页。
[2]《续资治通鉴长编》卷二三六，第5742页。

路虽然有盲点，因而受到二苏、二程等同时代人的批判（详后文），但其出发点，却是试图在君主的政治意志之上建立起某种理性原则，这个出发点，与二苏、二程等同时代人是一致的。不过，王安石在这个问题上似乎有一些思之未熟之处，其中的一条就是，一旦这个原则为君主所掌握，其无上威权也就进一步强化，不可动摇。在王安石退出政坛后的元丰年间，便形成这种局面。元丰六年，富弼上疏指斥在朝推行改制的章惇、王安礼等大臣多是小人，王安礼表示赞同，而章惇责其失言，于是王安礼感叹说："吾侪今日曰'诚如圣谕'，明日曰'圣学非臣所及'，安得不谓之小人！"章惇无言以对。[1] 宋神宗的这种威权，不仅与他在位既久有关，同时也是王安石以天道天理教育宋神宗的结果。程颐等人洞察到这一点，认为王氏之学的最大危害在于向人主心术处加功，所以更加感受到重建政治宪纲的紧迫。

承上所述，王安石新学派既如同庆历以来的儒学各派一样旨在建立政治宪纲，又锐意于推阐天道天理，不同于庆历学者专研某部儒家经典，所以历史地看，王安石新学派是对庆历学术的继承和发展。继承是问题意识和理论目的层面的，发展是思想理论之表现形态层面的。这两个层面相辅相成，唯其继承庆历学术的问题意识，坚持对于政治宪纲问题的正面思考，所以其政见高出同辈，独步于一时。嘉祐三年，王安石发表著名的《上仁宗皇帝言事书》，针砭时弊，

---

[1]《续资治通鉴长编》卷三三六，第 8104 页。

呼吁变革，代表了继庆历新政之后的变革声气。而此时的政界，因庆历新政受挫未久，士气低靡。直至仁宗卒后的治平年间，关于革除弊政的问题虽被重新提出来，但未展开正面的讨论，相反，此时朝野围绕"濮议"发生纷争，使政治宪纲问题隐晦在一个特殊的伦理问题之下，即宋英宗作为仁宗的养子，应当如何称谓其生父濮王？如果称濮王为伯父，就意味着继仁宗之统，遵循其政治方针，反之，则意味着对仁宗朝的政治方针进行变革或调整。争议双方对仁宗朝政治的评价不同，代表了两种政见，主张称为伯父的吕诲、司马光等人主张守常，而主张称为亲父的欧阳修等人则主张变革。双方相持不下，非但未取得共识，而且使问题的实质大受遮蔽。王安石未卷入这场伦理之争，反而以地方官员的身份独立地保持着对于问题实质的正面思考。也正是这种正面思考，引发了王安石的学术思想之创见。如据陆佃追述，嘉祐、治平年间王安石在淮南讲学时，南方学者多服膺安定先生胡瑗的学说，而陆佃心存疑虑，即至读到王安石所著《淮南杂说》和《洪范传》，乃得解疑正惑，"于是愿扫临川先生之门"，以至"朝虚而往，暮实而归，觉平日从师十年，不如从公之一日也"，[1] 获得极大的教益。陆佃后来成为王门高足，他最初在胡瑗和王安石之间产生一疑一信，可见王安石治学未追附当时极具影响的胡瑗，而是别开一种风气之先。这种新学风，相对于庆历学术草昧初创时的阔大气象而

---

[1] 陆佃：《傅府君墓志》，《全宋文》卷二二一〇，第101册，第244页。

言，是将道家理论引入儒学复兴思潮，由阔大气象转入深闳而肆。其思想体系，在熙宁以前颇领一代风骚，使王安石声名鹊起，打开了走向执政并推行变革的道路。如《续资治通鉴长编》说："嘉祐初，王安石名始盛，党友倾一时。"[1] 不仅同辈人对王安石推崇有加，包括欧阳修在内的庆历一代前彦，也对王安石多所赞誉。其学术思想之创见，甚至被同代人频繁称引，如《续资治通鉴》载："安石素与韩绛、韩维、吕公著相友善，帝（神宗）在藩邸，维为记室，每讲说见称，辄曰'此维友王安石之说也'。"[2] 宋神宗由此想见其人，为熙宁变法埋下了伏笔。

就思想理论的发展而言，庆历学者力图将《六经》等古代政治法典与时代现实结合起来，通过对《六经》的重新诠释以界定其政治宪纲之内涵。王安石新学派则以儒道两家的思想资源相互推阐，致思于统贯古今的普遍理性原则及其应用途径。也就是一方面以自然天道为纲，将道家的理论思维以及自然天道观念引入到政治哲学的建构中，以自然之理克服君主直信直行己意的弊病，同时也针砭汉唐以来儒家经典注疏中各种蒙昧的灾异附会之说。例如王安石的《洪范传》，通过诠释"五行""五事""农用八政""建用皇极"等概念，阐明一种推天道以明人事的思路，[3] 不同于汉唐注疏

---

[1]《续资治通鉴长编》卷二〇八，第5054页。
[2]《续资治通鉴》卷六六，第1619页。
[3] 详《临川先生文集》卷六五，《全宋文》卷一四〇一，第64册，第311—325页。

的解释。史称王安石"最不信《洪范》灾变之说",[1] 其所以不信，思想基础就在于吸收了道家的理论思维以及自然天道观念。另一方面，王安石新学派又通过阐发儒家经典之义理，充实自然天道的理论内涵，以克服道家之学的虚无杳冥之弊，解决道德之说的价值虚化问题。由此形成的新学派思想体系，大致而言是以道家之深思统驭儒家之博学，它有两个明显的特征：第一是站在道家宇宙意识的高度拓宽思想视野，着眼于道体之大全；第二是由此发其深至，致思于万殊一致之天道天理，据之确立社会文明秩序的最高理性原则，同时也确立其思想体系的逻辑前提。

从某种意义上说，以道家的宇宙意识拓宽理论思路或思想视野，其实是北宋儒学复兴运动的内在要求，因为只有在思想视野更加开阔的观念状态下，才可能不拘缚于儒家经典的个别结论，从而面对纷繁复杂的社会现实问题，统揽全局，以"大儒学"的观念和胸襟气魄，对不同的思想流派进行整合，对社会制度、文明秩序进行调整。这种内在要求，甚至在庆历之前，亦即在宋太宗、真宗朝以倡导古文而为儒学复兴之萌芽时，就表现为儒者的自觉意识。如古文健将孙何说："夫儒者即人伦之大宗，而世教之总名耳。《六经》为其书，五常为其行，唐、虞之所以帝，夏、商、周之所以王。"所谓世教之总名，意谓儒家代表了社会文明之整体，唐、虞、夏、商、周时天下道术未裂，乃其历史证明。据此

---

[1]《续资治通鉴长编》卷二七一，第6651页。

评判儒家与其他诸子百家的关系,则儒家是共同的渊源,而诸子百家为其异流,即所谓"儒之所谓端拱无为,化而为道家;儒之所谓历象日月,化而为阴阳家;儒之所谓明启刑书,化而为法家;儒之所谓必也正名,化而为名家;儒之所谓勤己节用,化而为墨家",等等。这样以儒学来统合诸子百家,无疑是一种"大儒学"观念。也正是根据这种观念,孙何又批驳《汉书·艺文志》的"王官"之说:"彼司徒者,生于儒术,六官之一,安可反谓儒家出于司徒之官也?果谓儒家出于司徒之官,助人君顺阴阳、明教化者也,则司徒之官果可以包《六经》而括五常乎?周公、孔子建皇极,叙彝伦,垂于无穷,为百家法,可止比于司徒之职乎?"[1]将这段话的意思说得更明白些,就是作为人君辅臣的司徒,只不过是个体儒者所堪充任的一种职位,而儒学作为一个文化整体的最高价值,却在于"建皇极,叙彝伦",也就是以文化为政治立宪,为社会确立规范。毋庸置疑,这种观念一经提出,对于以儒学为臣妾的现状就具有革命的意义,其所未至之处,在于理论论证还不够充分。而要论证这种观念,在中国古典文献中可为首选的理论资源,必推《庄子·天下》。以宇宙意识而独具广袤的思想视野,正是庄子哲学的一大特色,所以即便在主观上排斥异端的二程、张载等人,也承认"庄子有大的意思",可以诱发学者"大其心,使开阔"。这种广袤的思想视野,与《天下》篇通论天下道术,

---

[1] 孙何:《尊儒》,《全宋文》卷一八六,第9册,第202—203页。

针砭诸子百家学说各执其一偏而离析道之大全，在理论上是息息相关的。王安石对于庄子理论的吸收，同样也着眼于开阔其思想视野，而归结于确立道体大全的观念。《淮南杂说》中收录了王安石论述庄子思想的两篇短文，两引《庄子·天下》，以论证庄子的思想核心在于阐发"大道之全"，并推测庄子自我怀疑、自我否定式的论述，都旨在保存"天地之纯、古人之大体"。[1] 这两篇短文，为其子王雱及门下诸生广泛开展《庄子》研述，开辟了一种学术方向。其理论意图，大抵在于两方面。第一即开阔思想视野、拓宽理论思路，站在道体大全的宇宙意识高度，解决站在经验层面所难以解决的师古与用今问题，从而走出庆历学术之困境。关于这方面的辩议，王安石门下诸生多由体用关系立论，所谓"体不欲迷一方，用不欲滞一体"[2] 之说，一时盛行，从思想上突破了胡瑗的"明体达用"之学，由学问、修养之儒一变而为思考、创新之儒。第二是由道体大全论证最高理性原则亦即天道天理之存在，这也是其运思理路的内在逻辑要求。在新学派中，天道天理之被确立为最高的、普遍的理性原则，有两条论证思路，赜义渐深。其一是所谓"穷理尽性以至于命"，其二即道体大全之观念。"穷理尽性以至于命"的说法出自《说卦传》，由于王雱等人频繁议论，这句话一时成为热门话题，以至影响了张载、二程、二苏。王雱等人

---

[1] 详《临川先生文集》卷六八，《全宋文》卷一四〇四，第64册，第359—361页。
[2] 陆佃：《答李贲书》，《全宋文》卷二二〇六，第101册，第185页。

由"穷理"而论证万殊之物有其一致之理，类似于按照归纳法而得出综合判断，但理论上并不彻底，也不严格，因为他们只是按照万物皆含阴阳的共性预设，然后"物物而通之"，也就是向具象之物索求印证。由此类曲证旁通可否得出某种全称判断，王雱等人似乎并不担忧，他们事实上也没有这种逻辑规则的概念，倒更像是立一判断于此而经验又不能证伪，于是确信其通贯古今，放诸四海而皆准。但是，他们不能不担忧另外一个问题，即万物皆含阴阳的共性预设并不包括价值内涵，只是物物如此、无尊无卑的自然状态或事实，从中既不能推论出理性原则比具象之物具有更高价值的结论，其政治宪纲就依然难以建立，所以在逻辑上还必须由此共性预设向更高的形而上层面推演，使阴阳之说攀升为道体之论。其结果是，就阴阳而言虽物物平等，即道体而论则有某种存在对万物该揽无遗，道体大全的内涵便由此确立。这是一段逻辑环节极不明确的思想过渡，即由共性预设过渡为价值更高的理性原则，而为古今哲学之一大疑点。在纯粹理论思维的层面，这种疑点常被轻易放过，但在北宋时，由于其中包含了建构政治宪纲之实义，所以引起苏轼等人激烈的理论抗争。不过，就新学派自身而言，由有此道体大全之观念，便能够确立天道天理之存在，而天道天理既然存在，就必然超越于一切人类情感和意志，由之推演出刑名赏罚等政治制度，也必然是最为合理的模式。这一套运思理路，即所谓"由是而之焉"，将此运思理路转换成政治哲学的表达方式，即所谓"九变而赏罚可言"。

"由是而之焉"语出韩愈《原道》，但王安石的指意与韩愈不同。韩愈认为"仁与义为定名，道与德为虚位"，[1]其所谓"是"，质而言之指仁义，意即由仁义而行便是道，而王安石却反对道德的虚化，他在逻辑上将道德设定为仁义的合理性前提。"九变而赏罚可言"语出《庄子·天道》，被王安石援用，作为论文题目。这篇论文也见收于《淮南杂说》，反映出王安石入朝执政前关于现实政治问题的理论思考。放在新学派思想体系及其发展历程中来看，这篇论文可算是王安石建立其政治哲学的纲领性文件，此后新学派的诸多论述，都可以看作其理论观点及思想逻辑的展开。文章说："万物待是而后存者，天也；莫不由是而之焉者，道也；道之在我者，德也；以德爱者，仁也；爱而宜者，义也。仁有先后，义有上下，谓之分；先不擅后，下不侵上，谓之守。形者，物此者也；名者，命此者也。所谓物此者何也？贵贱亲疏所以表饰之，其物不同者是也。所谓命此者何也？贵贱亲疏所以称号之，其命不同者是也。物此者，贵贱各有容矣；命此者，亲疏各有号矣。因亲疏贵贱任之以其所宜为，此之谓因任。因任之以其所宜为矣，放而不察乎，则又将大弛，必原其情，必省其事，此之谓原省。原省明而后可以辨是非，是非明而后可以施赏罚。"对照《庄子·天道》，可以一目了然地看清此论之渊源，事实上王安石也并不回避这层渊源关系，坦然征引《庄子》"先明天而道德次之"云

---

[1]《韩愈文集汇校笺注》卷一，第1页。

云,并从《尚书》中引出许多例子来证明《庄子》的说法。这一番论证,用意不在于说明儒道可以兼通,而在于阐释其推天道以明人事的政治哲学思路,建明天道以树立政治宪纲,克服两种痼疾:其一即"直信吾之是非,而加人以其赏罚",其二是因畏惧天命而导致政事怠荒。如说:"至后世则不然,仰而视之,曰:'彼苍苍而大者何也?其去吾不知其几千万里,是岂能知我何哉?吾为吾之所为而已,安取彼?'于是遂弃道德,离仁义,略分守,慢形名,忽因任,而忘原省,直信吾之是非,而加人以其赏罚。于是天下始大乱,而寡弱者号无告。圣人不作,诸子者伺其间而出,于是言道德者至于窈冥而不可考,以至世之有为者皆不足以为,言形名者守物诵数,罢苦以至于老而疑道德。"[1] 在现实社会中,"直信吾之是非"与"疑道德",其实是一种恶性循环的关系,正因为帝王直信其是非好恶之情,不受道德仁义的约束,道德的价值在现实中找不到实现的途径,所以堕落成无根之浮谈;反之,正因为道德的价值遮蔽在窈冥而不可考的浮谈中,漂离于现实之外,亦即文化的价值被虚化,所以帝王政治不受约束,得以放任其是非好恶之情。在王安石看来,要解开这种恶性循环的死结,就必须站在肯定其现实价值的立场上建明天道,树立其无上权威。从明天道到行赏罚,经历了"九变"亦即九个环节,但归纳起来只有两个方

---

[1] 王安石:《九变而赏罚可言》,《全宋文》卷一四〇三,第64册,第338—339页。

面：其一是"因任"，也就是不以自我意志为意志，而以自然运行所昭示的理性法则为意志；其二反之，也就是因任而不放纵，知万物固有强弱不均之势，固相凌辱，但不能以无政府主义的态度纵容强者巧取豪夺，以至竭泽而渔，彻底破坏社会的生态循环，而必须将它维持在一个合理尺度及秩序的范围之内。这两个方面，前者可以概括为"任理而不任情"，是一种自然主义的理性精神；后者常被描述为"至诚恻怛之心"，是一种人文主义的情怀。由此两面并立而双行，就是新学派政治哲学的核心内容，它不仅在理论上深化、发展了庆历学术，更深化了批判和重建政治宪纲的现实思考。这是新学派作为北宋儒学复兴运动第二次主流思潮的重要贡献。但它同时也存在理论缺陷，即不能将理性精神与人文情怀两个方面有机地结合起来。自然理性被作为第一义的，人文情怀被作为第二义的，在理论上就表现为天人二分：人道人文服从于自然天道，在实践中则难以避免独断论；关于天道的解释既不受人道人文、人心所向的制约，它在事实上就必然成为政治强势的特权。这是新学派的一大思想盲点，有待于蜀、洛各派学者予以匡正。

三

元丰八年三月宋神宗卒，哲宗尚幼，历来享有"女中尧舜"美誉的高太后听政，起用司马光、吕公著等旧臣，开始对熙宁、元丰的新法措施进行全面检讨，史称"元祐更化"。

虽然在司马光最初执政的数月之间，曾倾力废除熙、丰新法的各项措施，延揽曾经遭受新党排斥的官员重返朝廷，从而打破旧党不予合作而新法又难以继续推行的政治僵局，使政坛回复到嘉祐年间的局面，但回朝的儒臣们很快就意识到，单方面废除新法措施并不能克服现实政治的重重积弊，不能解除内忧外患的压力。所以在政治局面基本扭转过来之后，朝野舆论便开始探讨如何兼用仁宗嘉祐、神宗元丰之政的问题，试图将变革与守常两种政治方针调和起来。在这种舆论的推动下，次年改元，定年号为元祐。此即吕陶《记闻》所说："元祐之政，谓元丰之法不便，即复嘉祐之法以救之。然不可尽变，大率新旧二法并用，贵其便于民也。议者乃云：'云对钧行法。'朝士善谑，乃云：'岂独法令然，至于年号，亦对钧矣。'然谑戏之谈亦有味，此可见当时改元意。"[1] 所谓对钧行法，首要意义就是调整政治方针，将元丰变革而有为与嘉祐守常而无为的政治结合起来，它包含两个层面。在现实的政治生活层面，"对钧行法"实际上意味着君主与士大夫共治天下，扩充士大夫的政治活动空间，加强士大夫的政治责任，以解决君主有为与无为两难的问题。在当时人的观念中，元丰是由宋神宗"乾纲独断"的政治，他通过"改制"亦即调整中央政府的官僚体制，将权力更高度地集中起来，而嘉祐之政实际上是大臣共和的政治，自嘉祐元年宋仁宗患神智迷乱之疾后，朝中便由文彦博、韩琦等

---

[1]《续资治通鉴长编》卷三六四注引，第8697页。

大臣决策。元祐"对钧行法"，就意味着既尊重皇权，又向士大夫分权，以此维持政权的平稳过渡，并唤起士大夫从政议政的热情和诚意，形成共治天下的局面，这在当时就叫做"广开言路"，从而对宋神宗的"乾纲独断"进行反正，既调整政治运作机制，也再次激起儒学复兴的思想活力。在政治理念的层面，"对钧行法"的实际意义就是将熙宁、元丰的改革转化为温和的政治改良，既追求励精图治的精神，又维持相对宽松、和谐的政治环境。自元祐元年九月司马光卒后，这种政治理念日益明确地成为主导思想，它与庆历新政以来的政治理念一脉相承，所以，"元祐更化"虽对熙、丰新法多所否定，但站在宏观历史的角度看，它其实是北宋政治变革运动的第三个阶段，是在积累了正反两方面的经验和教训之后，建立政治宪纲的理论思维进一步深化的表现。与其政治理念相呼应，主张改良的蜀洛两大学派，也在这个阶段表现得最为活跃，代表了儒学复兴的第三次主流思潮。

政治改良的理念，还通过其问题意识反映出来。作为北宋政治变革运动和儒学复兴思潮的第三个阶段，"元祐更化"所围绕的焦点问题既与前两个阶段具有内在联系，又在思想理论上表现得愈益明确。元祐二年苏轼为试馆职所撰写的策问题目，反映出这个阶段儒学的问题意识及其把握焦点问题的理论水平。需要说明的是，由于苏轼在策题中直指本朝失政，很尖锐，也很刺激，所以当时引起舆论哗然，尤其是在个人意气、文化情趣等方面本来就有差异的蜀洛两派，甚至围绕其提问方式发生冲突，形成蜀洛党争。正如许多历史事件一样,党争中不免有矛盾扩大化的倾向,以至交弹是非,但苏轼所提出的问题本身,却是蜀洛两党两大学派所共同关注的。苏轼问:"《传》曰:'秦失之强,周失之弱。'昔周公治鲁,亲亲而尊尊,至其后世,有浸微之忧。太公治齐,举贤而上功,而其末流,亦有争夺之祸。夫亲亲而尊尊,举贤而上功,三代之所共也。而齐鲁行之,皆不免于衰乱,其故何哉?国家承平百年,六圣相授,为治不同,同归于仁。今朝廷欲师仁祖之忠厚,而患百官有司不举其职,或至于偷。欲法神考之励精,而恐监司守令不识其意,流入于刻。夫使忠厚而不偷,励精而不刻,亦必有道矣。昔汉文宽仁长者,至于朝廷之间,耻言人过,而不闻其有怠废不举之病。宣帝综核名实,至于文学理法之士,咸精其能,而不闻其有督责过甚之失。何修何营可以及此?愿深明所以然之故,而条具所当行之事。"[1] 这是一个很现实同时又涉及政治宪纲的根本性问题。问题的实质在于,仁宗之政有偷惰苟且的流弊,而神宗矫枉过正,又失于苛细刻碎。元祐既兼行二法,走调和路线,那么如何达成宽仁与励精的平衡,克服偷惰与苛刻两种弊端,就决定了未来政治的方向和命运。由此现实问题上升为一般的政治理论,则如姜太公治齐,举贤而尚功,是注重事功的范例;伯禽治鲁,尊尊而亲亲,是崇尚礼义的范例。两种政治范例都有所长,亦各有所短,找到两种

---

[1]《师仁祖之忠厚法神考之励精》,《全宋文》卷一九五五,第90册,第175—176页。

政治的相结合之"道",从而形成优势互补的机制,就成为必须面对的时代课题。这个时代课题,是蜀洛两派共同的致思方向,也是两派建构政治宪纲的共同理念。

  要从理论上解决这个焦点问题,又不能不对新学派的思想理论有所澄清,这是由新学派在当时的影响所决定的,也是由思想发展的内在逻辑所决定的。鉴于新学派在当时广泛而且深刻的影响,必须从理论上指出其缺陷,否则不能发掘熙宁、元丰新法由励精图治而流于严刻苛碎的所以然之故,在思想上也就不能确立新的是非标准以拨乱反正。就思想发展的内在逻辑而言,元祐学术既与新学派属于同一个理论思维进程、同一次儒学复兴思潮的两个相衔接阶段,那么它就必须将新学派的学术成果作为历史阶梯,既延续其符合儒学复兴思潮的积极成果,又矫正其已经暴露出来的偏失。这在理论上,就表现为天人关系之辨。即一方面,新学派将建立政治宪纲问题提升到推阐天道的理论高度来思考,是元祐学术所要吸收的;另一方面,新学派又将天道预设为独立的前提,凌驾于人道之上,是元祐学术所要矫正的。这种理论澄清,不同于以行政命令废除新法,它要求对新学派的思想理论有一种深入的理解,掌握其思想逻辑以辨析其是非得失的所以然之故。也正是在这个意义上,以蜀洛两大学派为代表的元祐学术,对新学派基本上保持着一种理性批判的精神,整个过程中虽因党争的纠缠而发生了一些意气用事、盲目否定的现象,但理性批判依然代表了主流。

  最能够说明其理性批判精神的事例,莫过于元祐儒臣对待熙宁学术和政事的不同态度，即否定其政治措施，但肯定其《三经新义》所代表的学术方向。这个学术方向，简言之就是儒学义理化，贬斥章句声偶之小术。如元祐元年十月发生的国子司业黄隐案：黄隐排斥《三经新义》，主张用汉唐注疏，这实际上是儒学的倒退，当时即为清议所不允，受到多方弹劾。如御史中丞刘挚上疏说："故相王安石训经旨，视诸儒义说得圣人之意为多。……夫安石相业虽有间然，至于经术、学谊，有天下公论所在，岂隐之所能知也？"属于蜀党阵营的殿中侍御史吕陶也说："经义之说，盖无古今新旧，惟贵其当。先儒之传注既未全是，王氏之解亦未必尽非，善学者审择而已，何必是古非今，贱彼贵我，务求合于世哉？"监察御史上官均说："安石自为宰辅，更张政事，诚有不善，至于沉酣《六经》，贯通理致，学者归向，固非一日，非假势位贵显然后论说行于天下。其于解经，虽未尽得圣人之意，然比诸儒注疏之说，浅深有间矣，岂隐肤陋所能通晓，此中外士大夫之所共知也。"[1] 对黄隐的这些弹劾，用意都不在于维护王安石或新学派，而在于维护其必须维护的理性批判精神。没有这种精神，《三经新义》所代表的学术方向就必然遭受挫折，整个儒学复兴思潮会因政治变故而枯竭，上述苏轼的问题也就不可能找到答案。也正由于元祐儒臣本着此种理性精神以肯定《三经新义》所代表的学术方向，所以从熙宁到元祐始终保持着儒学复兴的连续性。事实

---

[1]《续资治通鉴长编》卷三九〇，第9497—9500页。

上，北宋儒学复兴的两种主要形式就是讲学和经义：讲学是对经义的推广，经义是讲学的范本。在这个过程中，儒家经典的地位不断提高，而最终确立其至上地位的，正是《三经新义》，即如马端临所说："经之所以获尊者，以有荆舒之三经也。"[1] 与此同时，《三经新义》作为科举范本的地位，在北宋时也并未受到真正的动摇，直至南宋初，《三经新义》依然与程颐的道学之说并行，所以马端临又说："自熙宁以来，士无不习经义之日矣。"[2] 由此看来，在北宋儒学复兴运动中，新学派至少在以经术造士方面发挥了极其重要的作用，据此理解它与前后两个阶段儒学的连续性，其实是必然的历史现象。

但是，新学派除阐发儒家学术的经义之外，还有推阐道家之学的另一面。蜀、洛等派学者对于新学派的批判，主要就针对这一面，因为它决定了新学派的指导思想和理论思路。相比之下，儒家经术在其政治哲学中反处于次要位置，是对其指导思想和理论思路的拓展和论证。这方面的拓展和论证固然也有诸多问题需要澄清，所以二苏和程颐等人都有自己的经义著作，如苏轼注《周易》《尚书》、苏辙注《诗经》《春秋》、程颐注《周易》等等，但不像澄清其指导思想那样具有正本清源的意义。从某种意义上说，二苏以及程颐的经义新解，正是为澄清新学派的指导思想而作，它们与

---

[1]《文献通考》卷三一，第917页。
[2]《文献通考》卷三二，第924页。

新学派的最大不同之处，并不在于经义训释本身，而在于由经义训释所彰显出来的指导思想。

站在当时的现实立场上看，批判新学派的指导思想，必不能只是无谓的义理高下之争，必有其理论意图。这个理论意图，大致而言就在于揭示新学派的指导思想与熙、丰新法偏于严刻的联系。在蜀、洛等派学者看来，新学派所推崇的老庄之学与熙宁、元丰新法，正如先秦道家与法家的关系一样，具有一种"道生法"式的思想联系。揭示这种联系以正本清源，是他们共同的着眼点，但不同的学派又有不同的思想角度和立场。这是一种有趣的现象，它充分展现出北宋儒学多元化的特征，反映出儒学内部的思想张力。所谓不同的思想角度和立场，大抵可以归结为三种类型，可以用司马光、苏轼和程颐作为代表。如司马光曾致书王安石说："光昔从介甫游，介甫于诸书无不观，而特好《孟子》与《老子》之言。今得君得位而行其道，是宜先其所美，必不先其所不美也。……何介甫总角读书，白头秉政，乃尽弃其所学而从今世浅丈夫之谋乎？"[1] 浅丈夫指吕惠卿等人，当时被目为王安石门下儇慧少年。王安石用这些人组成制置三司条例司，筹划变法措施，监督新法执行情况，负有立法和监察的双重权责，均输、青苗等新法，便都是这个机构所制置出的"条例"。依司马光所见，王安石听从此类少年之计议，以致"侵权""生事"，就违背了《孟子》所提倡的王道以

---

[1]《与王介甫书》，《全宋文》卷一二一一，第56册，第21—22页。

及《老子》所提倡的清静无为，是自变其所守，自乖其所学。这种批判，代表了宋初期实际奉行的黄老无为立场，可以置而不论。苏轼和程颐与司马光不同，他们早在嘉祐年间始入仕途时就发表过大量的政论，针砭时弊，呼吁变革。这种政治立场始终未曾改变，既决定了他们不反对变革本身，但反对王安石和宋神宗所推行的变革路线，同时也决定了他们对新学派的理论批判，不是要转回宋初期的黄老无为，而是要矫正其方向并继续向前推进，建立一个不同于新学派由道生法的政治宪纲。如苏轼说："昔周之衰，有老聃、庄周、列御寇之徒，更为虚无淡泊之言，而治其猖狂浮游之说，纷纭颠倒，而卒归于无有。……商鞅、韩非求为其说而不得，得其所以轻天下而齐万物之术，是以敢为残忍而无疑。"[1] 程颐说："老子之后有申、韩，看申、韩与老子道甚悬绝，然其原乃自老子来。"[2] 诸如此类的议论，都不是无的放矢，也不只是《史记》的旧调重弹。《史记》将老庄与申韩合为一传，以明其源流，这在北宋学界是一种常识，苏轼和程颐没有必要作专论或特意强调。其所以要重提这个旧话题，用意不外乎借古讽今。王安石父子及其门下诸生好尚老庄学，在当时是众所周知的事。由其老庄之学流而为熙、丰新法，在当时人的认识中几乎是对《史记》的印证，所以旧调重弹也就具有强烈的现实意义。

---

[1]《韩非论》,《全宋文》卷一九四九，第90册，第67页。
[2]《二程集·遗书卷第十八》，第235页。

既然新学派的理论偏失在于由其所谓道衍生出严刻之法，那么匡正其偏失的进路就必然是对道重新做出解释，在这点上苏轼与程颐的选择是相同的。而重新解释其所谓道，实质意义也就是重建政治宪纲，回答上述苏轼的问题。但在解释道的思路上，苏轼与程颐却又表现出不同的思想立场和角度。在程颐看来，由新学派偏重于自然的道而衍生出法家刑名之术是必然的，所以匡正的进路在于扬弃道家之说，回到儒家以人道与天道并重的立场上，将人道看作天道流行的显现，而不是首先将二者割裂开来之后，再去建立由此及彼的逻辑联系。这在运思理路上，即所谓"体用一源""理一而分殊"。而在苏轼看来，商鞅、韩非之所以由老庄之说流变为法术，是因为"求为其说而不得"，也就是未弄清老庄的论道之意，理解片面，而老庄论道自有其大全之意义在，所以"道生法"的流变只是一偏，是未必然的。这种看法，预示着苏轼对于道的重新解释将不像程颐那样排弃道家，而是力图寻绎与新学派不同的老庄论道之意，并与儒家的经史之学结合起来。所以，苏轼矫正新学派的进路不在于排道以弘儒，而在于提出另一种运思理路，即所谓"推阐理势"，以此走出新学派"由是而之焉"的逻辑陷阱。

"推阐理势"的运思理路，贯穿在蜀学派诸人的策论和经学著作中，其大旨是确立一种相对互动的思维方法：理指万殊一致之本体，势即动静万殊之现象。将本体与现象置于相对的关系之中，一方面由理以观势，本着万物统一性的观点来看待事物之间的差别，从而深达洞识，掌握其从过去到未来的变化趋势；另一方面又因势以明理，透过现象分析其内在的本质联系，既不停留在现象的表面而为褊狭碍陋之局见，也不脱离现象而预设某种先验的本体。按照这种"推阐理势"的思路来探讨其所谓道，则道作为形上本体固然是存在的，但对于道的认知却只能通过现象这条途径。现象可以观察，对于现象发生的所以然之故可以进行推测，这种推测，就是人类理解道的极限。过此以往而凿凿然推言道之内涵，为必然之论，都是脱离现象途径的本体论独断。本体与现象的相对关系既被割裂，其论断也就没有根据，不能成立。据此剖析新学派的"由是而之焉"，其所谓"是"指天道天理，就属于预设性的本体论独断。由天道天理演绎其"九变而赏罚可言"的政治哲学体系，偏失也就不在于演绎过程，而在于作为逻辑前提的天道天理出于一己之独断，未经过理性的批判，所以其体系形似天下之公论，而实乃一家之私言。

　　根据由现象推测本体的思维进路，苏轼认为，关于道的致思方向，不是从中能探知到什么，而是不能探知到什么，是知的界限。明确知的界限，则于其所谓道不可执为必然之论，从而将道保持在价值理念的层面，不致推度为刑名律法的绝对依据。道作为一种价值理念，其合理性又不是自在自为的，而取决于势。势在社会层面的表现，就是历史现实的变化发展状态，是由百姓的生存和生活方式所决定的历史总体趋势。由此将"推阐理势"落实到政治哲学的层面，就是一方面根据势的本然要求确立道的价值，另一方面又根据道的价值原则引导社会发展。如苏轼在《东坡易传》里说，《易》之所以道阴阳，是从万物生生不息的现象中推测出来的。因为万物生生不息，所以《易》以阴阳来表征其化机或本元。推测的有效性，只能到此为止。而万物皆出于阴阳，皆包含阴阳，由阴阳相推而生变化，就是具象万殊之物的同一性或共性，也就是道或一致之理。在苏轼看来，道并不是比阴阳更高的、更具形上意义的存在，即如解释《系辞》"一阴一阳之谓道"时所说："一阴一阳者，阴阳未交而物未生之谓也。喻道之似，莫密于此矣。"[1] 一阴一阳的譬喻在各种关于道的界说中之所以最为贴切，是因为它包含了阴阳未交的意思。阴阳未交是现象发生之前的状态，不可作更进一步的推阐，所以与道本体的存在状态最近似。

如上所述，明确人类认知道本体的知识界限，不执之为必然之论，是苏轼与新学派的第一层差别。他们之间还有另一层差别，即新学派由万物皆包含阴阳的同一性或共性，推度道为统合阴阳的更高本体，作为终极性的理性法则，而苏轼却认为阴阳已不可知见，只可推测，所以，政治可以效法的原则不是阴阳或更高的形上本体，反倒是其形而下者。如说："阴阳一交而生物，其始为水。水者，有无之际也，始离于无而入于有矣。老子识之，故其言曰'上善若水'，又曰'水几于道'。圣人之德，虽可以名言，而不囿于一物，

---

[1]《苏轼文集编年笺注》附录五《东坡易传》卷七，第12册，第258页。

若水之无常形，此善之上者，几于道矣，而非道也。"[1] 水是道之近似者，为政当效法于水，而不必刻意追求道的境界，就是苏轼所设想的政治目标。他以这套哲学力图匡正当时思想界的一种倾向，即所谓责义太深而求治太切。水在苏轼的政治哲学中既是一种理念，也是一种譬喻。作为理念，水是道在形而下世界的最初显现，他通常用"随物赋形"来描摹。随物赋形意味着政治不当有先验的模式，而必须依据政治对象的要求不断调整。这方面的思想大约来源于老子，是一种不执不滞、以百姓心为心的政治谋略。作为譬喻，水指的就是天下百姓。在《滟滪堆赋》中，苏轼对这层譬喻有很精彩的描述。这篇赋文，苏轼自认为是观"物理之固然"的作品，而其所观察到的物理之固然，大旨也就在于以理势相推，即水既有流淌之理，又有浩漫之势。顺适其流淌之理而宽大其浩漫之势，则温和条畅，"宛然听命"；反之，则奔腾湍急，"喧豗震掉，尽力以与石斗"。[2] 这种象喻性描述的指意，是说百姓所固有的生存和生活方式可顺而不可逆，顺其性并以宽大引导之，则民乐其生而和其性，保持社会的和谐与发展；反之，若以强力驱使百姓就范其逼仄的政治模式，阻遏百姓本然的生存和生活欲望，则天下之势必激而生变。结合《东坡易传》来看，这种象喻性描述的指意还有所延伸，如注坎卦说："所遇有难易，而未尝不志于行者，是

---

[1]《苏轼文集编年笺注》附录五《东坡易传》卷七，第12册，第258页。
[2]《苏轼文集编年笺注》卷一《滟滪堆赋》，第1册，第1页。

水之心也。物之窒我者有尽,而是心无已,则终必胜之。故水之所以至柔而能胜物者,维不以力争而以心通也。不以力争,故柔外;以心通,故刚中。"[1] 又如注涣卦说:"世之方治也,如大川安流而就下;及其乱也,溃溢四出而不可止。水非乐为此,盖必有逆其性者,泛溢而不已。逆之者必衰,其性必复,水将自择其所安而归焉。"[2] 显而易见,这些描述都是关于水的政治哲学隐喻。水本身当然没有那种柔外而刚中的拟人化心理,说水有选择的权力同样也是人性化的引申。从这里来看苏轼"推阐理势"的运思理路,其中还包含了一个深刻的闪光思想,即推行王道王政的必要性,并不仅仅是出于对百姓的怜悯,而是出于政治的理性选择。因为在不同时代的社会结构中,百姓固然像水一样属于弱者,但其生存和生活的欲望却不会枯竭,正如水终究要流行一样,百姓的生存和生活也必然要不断地延续下去。比较而言,延续是永恒的,而阻遏只能是短暂的,所以无数的历史经验都证明,在政府与社会、王者与百姓的冲突中,最终都是社会选择政府、百姓选择王者,而非相反。从这个角度来理解王道王政,它就不是弱者对于强者的乞求,而是弱者以历史事实向强者宣示的必然理势。这一思想,大抵可视为蜀学派长于策论并注重事功的真正核心。作策论、讲事功,都要判别利害,提出趋利避害的战略决策,而不只是判别道义

---

[1]《苏轼文集编年笺注》附录五《东坡易传》卷三,第12册,第174页。
[2]《苏轼文集编年笺注》附录五《东坡易传》卷六,第12册,第239页。

之是非。这使他们更多地看到不同社会势力的矛盾、消长等互动关系，因而也更具有历史的理性精神。从思想逻辑上说，这种建立在历史法则基础上的理性精神，是"推阐理势"的必然结果。相对于新学派建立在自然法则基础上的理性精神而言，它既是一种有力的矫正，也是北宋儒学理论思维的一大发展。

同样致思于建构政治宪纲，二程和张载又展现出另一种思维进路。他们虽也曾长期出入释、老，但最终却归本于儒家《六经》以建立其政治哲学体系。所以就表象而言，他们不同于新学、蜀学的明显特征在于攘斥异端，提倡道统，这也是后人将他们合称为道学的主要原因。若就运思理路而言，他们与新学、蜀学的不同之处则在于对天人关系的理解上。二程洛学的运思理路，被程颐概括为"体用一源，显微无间"；张载关学之要义，也被程颐概括为"理一而分殊"。这种运思理路，相对于新学派"由是而之焉"亦即由天之人而言，是一种天人互动的模式，略与蜀学"推阐理势"相同。但蜀学的"推阐理势"多就现象而言，现象是可以观察和感受的，所以蜀学偏重于情，坚信天理就体现在感性化的情感之中，如苏轼解读《尚书》，认为尧舜王道的真正魅力，在于"君臣相得之心，欢乐而无间"，[1] 与王安石所谓尧使鲧治水是"任理而无情"的说法，大异其趣。关洛学派的天人互动则主要着眼于本体论，他们虽然也讲"心统性情"等

---

[1]《书论》，《全宋文》卷二〇八八，第96册，第90页。

义理，并不将性与情分成两橛，但理论上更偏重于人性。人性是人类的共同本质，是人情的理性化。在他们看来，情只是用或分殊的一面，只有上升到体或理一的更高层面推阐人性，情的生发动用才具有其合理尺度。由此形成关洛学派天人互动的思维进路，就不是个性化的情感、意志与普遍秩序的相推相荡，而是人类共同理性与宇宙普遍理性亦即自然法则的对待流行。总体上看，从道统立场到"体用一源"的运思理路及其天道性命之展开，在思想逻辑上也是一以贯之的。道统是其天道性命之学的历史文化依据，天道性命之学则是道统的理论或精神内核，合而言之，道统亦即天道性命之学贯穿天地上下、历史古今，是社会文明的价值原则，同时也就是政治的最高宪纲。

张载、程颢以及苏轼、苏辙，同是嘉祐二年的进士，学术思想建构晚于王安石。他们都有一段从嘉祐呼吁变革到熙宁、元丰反思变革的思想历程，其思想理论体系，就是在反思中形成的。至元祐年间，张载和程颢皆已物故，关洛两大学派的精神领袖都是程颐，所以本文主要以程颐为例，分析其思想理论之梗概。程颐曾说："治道亦有从本而言，亦有从事而言。从本而言，惟从格君心之非、正心以正朝廷，正朝廷以正百官。若从事而言，不救则已，若须救之，必须变。大变则大益，小变则小益。"[1] 变革和格君心之非两条，与新学派的政治哲学主张基本上是相同的。比较而言，

---

[1]《二程集·遗书卷第十五》，第165页。

王安石的"九变而赏罚可言"或可谓之立君心之是,角度虽一正一反,但理论意图都在于为帝王政治确立宪纲。然而,王安石所立君心之是,按照程颐的理论逻辑正是必须格除的君心之非,因为他将天人关系刈裂成两截,蔽于天而不知人。有学生问:"介甫言'尧行天道以治人,舜行人道以事天',如何?"程颐回答说:"介甫自不识道字。道未始有天人之别,但在天则为天道,在地则为地道,在人则为人道。"[1] 在概念思维的层面,说王安石不识天人无别是指他由天道演绎人事的单向逻辑,天道被预设为独立的合理性前提,人事被作为次生的结论,在理论结构上就规定人事以及人性人情必须服从天道;而在政治哲学的层面,它实际上意味着对于天道的解释不受人性人情的约束,诸如"流俗不足恤"之类,在施政时就必然是推言天道而杂以霸术。这两个层面的天人关系之辨,意义都很容易理解,无须详论。更进一步的问题在于程颐如何论证天人无别,从而确立一个天人双关的逻辑前提。这是一种元哲学批判式的理论探讨,而关洛学者之所以要排斥佛、老,根本原因也就在这里。

从整个北宋儒学复兴运动来看,排斥佛、老有一个从强化儒家文化主体意识到满足儒学自身理论建设需要的发展过程。关洛学派属于后者,并因此达到一个不同凡响的理论高度,超迈于前人。早在柳开、王禹偁等人倡导古文时,排斥佛、老就成为其思想的一大内容,及庆历儒学复兴,排斥

---

[1]《二程集·遗书卷第二十二上》,第282页。

佛、老的思想就表现得更激烈，如孙复的《儒辱》、石介的《中国论》等，都发表了很激越的言论。其所以如此，是因为佛道教的长期流传对学风、士风以及意识形态领域都产生了深刻影响，如据李觏描述："儒者诟释氏，为其笼于世也，而不解其所以然。释之徒善自大其法，内虽不韪而外强焉。童而老，约而泰，无日不在乎佛。民用是信，事用是立。儒者则不然，其未得之，借儒以干上；既得之，则谓政事与文学异，孳孳唯府史之师，顾其旧说如蝉蜕。及其困于淫辟，恤乎罪疾，欲闻性命之趣，不知吾儒自有至要，反从释氏而求之。吾游江淮而南不一日，有庠序者不一邦，踵其地而问之：'栋宇修欤？'或曰：'为去官之舍馆矣。''委积完欤？'曰：'充郡府之庖厨矣。''刺史在欤？'曰：'某院参禅，某寺听讲矣。'"[1] 因为儒生只是将儒学当作入仕干禄的敲门砖，既不能将儒学和政治以及生活结合起来，不能在儒学中安身立命，又对弘扬儒学没有热情，反而因信仰佛教而抛荒儒学之事业，所以士风问题极其严重。要纠正这种风气，就不能不一方面对士风大加挞伐，另一方面又对佛道教进行破斥，既断其流，复绝其源。庆历以前有志于儒学复兴的儒者，事实上就正朝着这个方向努力，以此突现其儒家文化主体意识。但是，思想活动是一条永远都不会静止的河流，所以就在许多儒者都锐意于绝其源、断其流的同时，欧阳修便开创出另一种思路、提出另一种文化战略，即其《本论》所

---

[1]《邵武军学置庄田记》，《全宋文》卷九一四，第42册，第308页。

谓"修其本以胜之"（庆历二年）。[1] 本有两重含义，即儒道和王道。就儒道而言，修其本是要加强儒学自身的思想理论建设，就王道而言是要改善现实政治，改造社会环境以淡化祸福报应等功利性的信仰需要。关洛学者所走的就是这条道路，如二程说："方其（佛教）盛时，天下之士往往自从其学，自难与力争。惟当自明吾理，吾理自立，则彼不必与争。"[2] 然则，二程既选择这种"修其本以胜之"的文化战略，他们何以又发表许多排击佛、老的言论？这里面有具体情景方面的原因，因为相与议论的人往往好谈禅论仙，使他们感到不乐，自不免要起而驳正之。[3] 但更重要的原因却不在此，而在于儒学自身思想理论建设的需要，确切地说，排击佛、老是建构其天人双关之思想前提的题中应有之义。也正因为这个缘故，关洛学者排击佛、老有其特定的角度，并非泛泛地针对内容极其芜杂的佛道思想体系。具体而言，第一是针对老子失道而后德的历史观，第二是针对佛教缺乏历史文化意识以及万物生机观念。这种批判是破中带立的，在指出佛、老偏失的同时，就彰显出儒家以历史文化意识为背景的人性论。举一个例子就可以看出二程批判老子的特定角度。汉唐儒者评价老子有两种代表性的观点，其一是如扬雄《法言·问道》说："老子之言道德，吾有取焉耳。

---

[1]《欧阳修全集》卷一七，第290页。
[2]《二程集·遗书卷第二上》，第38页。
[3] 参见《二程集·遗书卷第二上》，第23页。

及推提仁义,绝灭礼学,吾无取焉耳。"[1] 其二即韩愈《原道》批评老子去仁与义而推言道德,并提出"仁与义为定名,道与德为虚位"[2]的论断。二程赞同韩愈,批评扬雄,如说:"若以老子'剖斗折衡,圣人不死,大盗不止',为救时反本之言,为可取,却尚可恕。如老子言'失道而后德,失德而后仁,失仁而后义,失义而后礼',则自不识道,已不成言语,却言其'言道德则有取',盖自是杨子已不见道,岂得如愈也?"[3] 在二程看来,将仁义礼智等人文规范看作道德的文明载体抑或看作道德沦丧的产物,是一个原则性的问题。按照前一种看法,人文与道德所表征的自然天道相统一;后一种看法反之,将人文与自然天道裂成两橛,从根本上就否定了人文规范的合理性依据,同时也就否定了儒家以历史文化意识为背景的人性论的全部价值。至于佛教,程颢说:"佛氏不识阴阳昼夜生死古今,安得谓形而上者与圣人同乎?"[4] 不识阴阳昼夜就是看不到或者漠视万物固有其生机,缺乏自然天道的观念;不识死生古今,就是缺乏历史文化意识。这两层缺陷,注定了佛教讲梵我一如、理事不二都是空洞的,没有真实或现实的内涵,所以佛教讲人性,基本思路是般若性空,直至禅宗讲明心见性,依然如此。这样抽干人性的具体内涵,就必然导致人性论的价值虚化,其危

---

[1]《法言义疏》,第114页。
[2]《韩愈文集汇校笺注》卷一,第1页。
[3]《二程集·遗书卷第一》,第5页。
[4]《二程集·遗书卷第十四》,第141页。

害，在二程看来比王安石所忧虑的道德虚化更严重，因为它实际上意味着人在自然天道面前丧失其权力和立场，奉天承运者因此可以无所不为，而儒家历来信奉的天听自我民听、天视自我民视的价值理念，也就被消解殆尽。正是基于这样的理论思索，二程认为王安石是以其天道独尊的理论而推行霸道政治，站在"国家"亦即政府利益的立场上，将社会当成单纯的作业对象，通过强化政府机器、提高其效率等措施，追求富国强兵，以至不恤舆情，强制推行其存在严重偏失的政治宪纲。为了匡正这种偏失，二程一方面对王安石新学派展开理论批判，强调"王道如砥，本乎人情";[1] 另一方面展开建设性的理论探讨，确立其"体用一源"亦即天道与人道浑融一体的思想前提，以之为宪纲而推行政治改良，实际上是一个社会文化改造的系统工程，此即二程所谓"大中之道"，亦即道学的理论和精神实质。

* * *

反思北宋政治变革运动和儒学复兴思潮的历史进程，可以看清北宋儒学本质上是一种政治哲学，儒学复兴的核心主题在于建构政治宪纲，借以制约君权，化解专制政体下集权与用权的矛盾。在中国历史上，由于专制政体长期存在，所以建构这样的政治宪纲也就成为永恒的思想主题，不独北宋如此。但由于北宋是一个在儒学复兴的文化支持下有序推行

---

[1]《论王霸札子》,《二程集·文集卷第一》，第450页。

政治变革的时代，所以理论思维异常活跃，形成各具特色的学派，构成儒学内部强健的发展张力，从而铸造出一个时代的辉煌文明。

然而，自元祐八年高太后卒，哲宗亲政，以科举为契机，兴起"绍圣"之说，意即继承神宗之政，又用蔡京议，以为"生杀与夺之柄，惟人主所独制，非人臣所可共"，[1]试图推行寡头专政，政治变革运动和儒学复兴思潮便走入死胡同。哲宗卒后，神宗向皇后听政，政事以"广仁恩，开言路，去疑似，戒用兵"为主，时号"小元祐"。当时舆论也认为"元祐、绍圣均有所失，欲以大公至正消释朋党"，[2]而执政的曾布、陆佃等人都主张调和，所以出现过短暂的政治调整时期，是曰"靖中建国"，但也只是昙花一现，是以理性驾驭现实政治的最后一次尝试。次年即崇宁元年，宋徽宗便在蔡京的操纵下，炮制"元祐奸党碑"，为蔡京擅权清除一切异己力量。与此同时，严令禁绝元祐政事和学术，不仅诏令焚毁苏轼、苏辙等人著作的印板，追毁程颐著作并尽逐其学徒，而且施行特务恐怖政策，如崇宁二年十一月诏："以元祐学术政事聚徒传授者，委监司举察，必罚无赦。"[3]学术的独立和自由被剥夺，政治调整与学术探讨的生机和活力因此枯竭，一个时代的辉煌文明，形将断送在宋徽宗、蔡京手中，而社会竟然没有办法制约这些历史罪人。至于被刻

---

[1]《续资治通鉴长编》卷四九〇，第11619—11620页。
[2]《续资治通鉴》卷八六，第2194、2207页。
[3]《续资治通鉴》卷八八，第2261页。

入"元祐奸党碑"的儒臣以及被蔡京扯作虎皮的王安石等人，也由一个文明时代的精神脊梁刹那间变成悲剧英雄。

关于北宋儒学复兴思潮和政治变革运动，历来研究者都有不同的评价。王夫之说："天章阁开之后，宋乱之始也。"[1] 庆历三年宋仁宗开天章阁，请范仲淹等人议时政，标志着政治变革之始，也标志着儒学复兴之始。但这个"始"究竟是激发了政事学术之活力，还是启导了动乱，却可能有截然不同的评价。历史事实是，政和六年十月，宋徽宗诏令以诚感殿长生大帝神像，"迁赴天章阁西位鼎阁奉安"，[2] 成了另一个标志，即政治变革和儒学复兴运动的彻底终结。次年宋徽宗自称"教主道君皇帝"，开展更大规模的崇道活动，北宋政权陷于一片狂迷和丧乱，濒临着灭亡的必然命运。

---

[1]《宋论》卷四，第97页。
[2]《续资治通鉴》卷九二，第2383页。

第一章 庆历学术与庆历新政

在中国历史上,宋仁宗不是那种励精图治的大有为之君。他性情温和,待臣属宽柔,所以当时养成一种敢于直言的士林风气。虽然在通常情况下,所谓直言都只是说说而已,很少被采纳,但政治上的禁忌少了,思想也便活跃起来。宋仁宗性情温和的另一种表现,是对于不同的政见左右都存顾虑,遇到大政决策问题,往往优柔寡断,推行政策尤其缺乏坚毅的精神,但由于不专权独断,所以也就不像强权意志的独裁者那样,或鲁莽灭裂,或成为历史进程的最大障碍和阻力。于是,在宋仁宗当位期间,发生了北宋历史上的两件大事:其一是范仲淹等人推行庆历新政,试图进行政治变革;其二是儒学呈现复兴局面,形成以儒学扶救世衰的思潮。

历史地看,这两件大事紧密联系在一起,是解决同一个问题的不同进路或不同层面。所谓同一个问题，就是北宋自开国以来在确立大政方针、进行制度化建设方面之不足。大致说来，北宋自开国以来所奉行的施政策略，同时也是它所取得的最大政绩，是采取渐进的方式将军人政权转变成文人政府，以此收拾长期以来藩镇割据之残局。为了缓和转变过程中必然产生的利益冲突，自宋太祖至宋仁宗，都以宽柔执政，所以宋初政治虽不明确提倡，但实际上近似于汉初之黄老无为，政治运作的基本方式是因循惯例，因任社会风气，而纲纪法度亦即大政方针和制度化建设，则有所未备。由此产生的不良后果，第一是政府缺少克服自身弊病的有效机制，"三冗三费"之类的积弊，沉疴难返，成为北宋中后期政治的最大难题。第二是高度集权的政治体制，要求中央政府掌握一套相对健全的法规制度，否则不能发挥与集权体制相适应的职能作用。而宋初未建立这样一套制度，所以养成因循偷惰之风，政治上诸事苟且，萎靡不振，既不能除弊，更不能兴利。要解决这两方面问题，确立政治方针、加强或健全制度化建设，就必须向儒学寻找文化资源，这是由儒学特质及其不可取代的独特优势所决定的。而南北朝以来广泛流行的佛道二教，则几乎无用武之地，就其教义的价值取向而言，甚至与制度化建设的时代要求背道而驰。客观历史的需要，是北宋儒学复兴的根本原因。儒学复兴表现为推阐《易》理，发挥《春秋》微言大义，研述《周礼》典章制度，同时排斥释、老，原因同样也在这里。在儒家经典中，《周易》讲变通，讲变通中的一以贯之之道，有助于从思想理论上解决体与用、师古与用今等问题，所以在北宋儒学复兴中，《周易》经传始终是一门显学。佛道教的某些理论，有助于解决这些问题，所以也被儒家学者不动声色地吸收。《春秋》是一部有关政治批评的经典，它在庆历学术初兴之时，能起到破沉滞的作用，而且《春秋》包含"尊王"之义，包含"攘夷"的引申义，对于政治上增强民族凝聚力、抵御北方异族侵扰，思想上排斥释、老，都具有现实意义，所以在庆历学术中也很突出。至于《周礼》，更是儒家推求政治制度的经典依据，所以在庆历和熙宁的儒学复兴以及政治变革中，发挥了直接的作用。

庆历学术与政治的联系，通过庆历新政的基本方针集中地体现出来。庆历三年（1043）九月，范仲淹上《十事疏》，提出一套革除时弊的方案。以这套方案为蓝图，庆历新政进入实施阶段。从内容上看，《十事疏》广泛涉及政治、经济、军事、文化等方方面面。因为范仲淹在提出方案之前便有所顾虑，认为"久安之弊，非朝夕可革"，所以其方案审慎而富于务实精神，深入剖析各方面的具体问题，提出解决问题的相应措施，具有很强的可操作性。但是，措施具体并不意味着《十事疏》只是一些事务性的条例，而实有其原则性的方针或宗旨。在十项具体措施之前，范仲淹曾写下一段文字。这段文字被《宋史》删节，而其实很重要，因为它阐明了范仲淹推行改革的基本方针。其说云：

> 我国家革五代之乱，富有四海，垂八十年，纲纪制

度，日削月侵，官雍于下，民困于外，疆场不靖，寇盗横炽，不可不更张以救之。然欲正其末，必端其本，欲清其流，必澄其源。臣敢约前代帝王之道，求今朝祖宗之烈，采其可行者条奏。愿陛下顺天下之心，力行此事，庶几法制有立，纲纪再振。[1]

显而易见，《十事疏》的改革方针是重建纲纪法度。在范仲淹看来，重建纲纪法度具有正本清源的意义，因为八十年来的积弊乃由于"纲纪法度，日削月侵"所造成，所以从根本上克服积弊的最高纲领，是"法制有立，纲纪再振"，亦即确立大政方针，健全法规制度。比较而言，范仲淹的庆历新政与前人各种扫除弊病的建议之所以不同，关键就在于前人多就事论事，范仲淹的改革却有其方针。这条方针，应该说是范仲淹与致力于复兴儒学的孙复、胡瑗、欧阳修、李觏等人经过大约十年探讨所达成的共识。从这个角度看，儒学复兴是政治改革的必要准备，只有通过儒学复兴运动，才能够彰显出重振纲纪法度的时代要求，使之成为明确的政治意识，而进行政治改革以兴利除弊，则是儒学复兴的必然要求。

第一节　庆历学术新气象

庆历前后儒学复兴，首先表现为一种精神振拔、以天下

---

[1]《续资治通鉴长编》卷一四三，第3431页。

为己任的新气象，不同于此前儒学论卑气弱之旧格局。在此之前，儒学并非不传，其通经明旨、关切治道的水平，也未必就如何低劣不堪，但没有庆历学术精神振拔的气象，不能充当现实政治的批评者和建议者角色，其所谓通经博古之学术，也就成为现实政治之附庸、花边点缀。

北宋初期，一些五代旧儒臣被吸收到新政府中来，如后周张昭、窦俨，南唐徐铉等。这些人在五代时都能对政治得失有所建明，而入宋后却只能在编校文献、叙议宫廷礼仪等方面呈一技之长。如张昭，其父张直在五代时便以《周易》《春秋》开学馆，能吸引远方学者。张昭承家学，未冠之年便能尽通《九经》之义，且自视甚高，以为超过马融、郑玄。后又遇赞皇程生，得传其史学，能驰骋上下数百千年事。程生之学以为，专门研究经义而不通古今历史，往往拘滞迂执，繁琐而不得要领；若推究王霸之道，经纬治乱，必须研究历史。张昭由此兼通经史，注《十代兴亡论》，并曾向后唐明宗提出一套"八审"的政治决策论。这套学术思路，与三苏之蜀学极近似。苏洵作《史论》，提倡以经史互证互训，认为"经不得史无以证其褒贬，史不得经无以酌其轻重"，经与史的关系是"体不相沿而用实相资"。[1] 由这种经史互训的方法，最终发展出蜀学"推阐理势"的理论思路，建立起政治哲学体系，成为北宋中晚期的一个重要学派。而张昭在宋初却无所作为，只是在乾德元年（962）宋

---

[1]《史论》，《全宋文》卷九二五，第43册，第143页。

太祖郊祀时，就宫阙、庙门、郊坛夜警晨严的设置提出奏议，另外为宋太祖提供过一次咨询，因为宋太祖擒获南汉后主刘铩后，不知该采用什么样的礼仪对待俘虏。[1] 又如窦俨，在后周世宗时曾上奏疏，认为历代致治的根本在于"六纲"，即崇礼以叙彝伦，崇乐以和二仪，熙政以整群务，正刑以慑巨奸，劝农以流资泽，经武以盛军功。这套政纲，与北宋中晚期各派儒学的说法亦多吻合，而窦俨在宋初同样无所作为，只是为新朝廷撰定祠祀乐章、宗庙谥号等。

像张昭、窦俨这样的例子，在宋初还有很多。北宋自开国之初便追求文治，儒学正符合其政治需要，为什么五代时学有造诣的儒者，入宋后都无所建树，以至儒学在开国气象中反而显现出凋零景象？其中原因或许很复杂、很深刻，而从有关史料来看，直接原因似乎只是新政权与旧儒臣在情感上的疏离。大抵说来，在五代十国那样混乱的年代，还没有出现一个政权稳固的君主，围绕社会何去何从、政治当如何建立等问题，便人人都可以发表见解。诸国间的政治竞争，使发表政见具有其不言而喻的合理性。而一旦稳固的政权建立起来之后，便会以这个政权为核心，划分出不同人物的远近亲疏。亲者近者可以向新政权提供政见，而远者疏者则有必要与之保持一种安全的距离。卢多逊在与赵普的政治斗争中彻底失败，便是一个例证。卢多逊也是后周旧臣，任左拾遗、集贤殿修撰，史称他"博涉经史，聪明强力，文辞敏

---

[1] 见《宋史》卷二六三，第9091页。

给，好任数，有谋略，发多奇中"，曾一度受到宋太祖的欣赏。但由于与赵普不和，又卷进赵宋宗室内部纠葛，结果并其亲属被宋太宗流放到崖州（海南岛），同时兴起大狱，诛杀多人。[1] 与卢多逊比较起来，赵普的才艺、学术似乎都无足称道，《宋史》本传说他"少习吏事，寡学术"，直到任相后，才在宋太祖的规劝下开始读书，所读之书又不过一部《论语》。[2] 相传"半部《论语》治天下"这句话，便是关于赵普的典故，意谓他只读了半部《论语》。但由于赵普早年便追随赵匡胤之父赵弘殷，被视为同宗族人，后来又成为赵匡胤所宠信的秘书（为掌书记），陈桥驿兵变中复有拥立之功，所以受到宋太祖、太宗的特殊信任，参与宋初的重大政治决策，如宋军不逞其锐气犹在而平北方契丹，却率先攻取软弱的江南，便出于赵普的谋略，结果遗患无穷。[3]

旧儒臣与新政权在情感上的疏离，必然阻碍其以儒学参政议政，所以宋初儒学之不兴，并非由于时代不需要儒学，而是由于未形成二者相结合的契机，不能将为政与为学有机结合起来，其结果便形成宋初儒学专务于礼仪、文献的状况，文化精神沉郁而难以张扬。大致说来，宋太祖用儒者只取其礼仪节文，前述张昭、窦俨外，又有聂崇义，也是后周

---

[1]《宋史》卷二六四，第9118—9119页。
[2]《宋史》卷二五六，第8940页。
[3] 钱穆《国史大纲》（下册，第593页）："石晋开运阳城之战，耶律德光几不免，周世宗一举而下三关，契丹非不可胜。但太宗才弱，又无贤辅耳。周世宗用兵欲先取幽州，则吴蜀不足平。宋则以赵普谋，先南后北为持重。兵力已疲，而贻艰巨于后人，则太祖之失也。"

旧臣，于建隆三年（962）上《三礼图》，画于国子监讲堂之壁，并受到宋太祖赐紫袍、犀带的特殊优待。聂崇义又与尹拙商讨祭祀所用玉鼎釜的制作规格，由中书省召集儒臣研讨，当时成为一件大事。宋太宗、真宗时，儒学比这种倡优所畜的状况要好些，主要从事两项工作：其一是校定《五经》《九经》之文本；其二是编纂类书，如《太平广记》《太平御览》《文苑英华》《册府元龟》等。又有杨亿、钱惟演等人创西昆体文学，追求文辞绮丽、声韵华美，形成柔弱轻浅的文风。由于杨、钱等人大受宋太宗、真宗赏识，极负盛名，所以其文风也很快流行起来，成为庆历儒学复兴运动的主要批判对象之一。

学术思想的长期低迷状态，不仅导致士林风气萎靡不振，同时也导致政治上因循苟且，尤其是不能形成明确的大政方针，致使高度集权的中央政府找不到政治目标，只能被动地被各种事态牵着走，一旦事态相对平息，政治就会迷失方向。这种状况，出现在宋真宗朝。"圣相"李沆的故事，是一个典型。真宗即位初，用李沆为相，王旦参知政事。当时与北方契丹正处于战争状态，以至君臣旰食，王旦因而感叹："我辈安能坐致太平，得优游无事耶？"李沆回答说："少有忧勤，足为警戒。他日四方宁谧，朝廷未必无事。"宋与契丹订立澶渊之盟后，李沆又说："善则善矣，然边患既息，恐人主渐生侈心耳。"及契丹、西夏边事小安，真宗果然在丁谓等人的怂恿下，上演一场天书下降的闹剧，东封泰山、西祠汾阴，同时大营道教宫观，开展大规模的崇道活动，被李沆不幸而言中，李沆也因此被当时人称为"圣相"。但是，在学术既微之时，圣相李沆也不能确立一条大政方针。当时有人议论李沆接待宾客常沉默寡言，不相与议论政事，于是李沆说："吾非不知也。然今之朝士得升殿言事，上封论奏，了无壅蔽，多下有司，皆见之矣。若邦国大事，北有契丹，西有夏人，日旰条议所以备御之策，非不详究。荐绅如李宗谔、赵安仁，皆时之英秀，与之谈，犹不能启发吾意；自余通籍之子，坐起拜揖，尚周章失次，即席必自论功最，以希宠奖，此有何策而与之接语哉？"上朝论奏，退朝交付有司处理，是按照惯例进行行政运作；详究北边西边防务，是应付特殊事态。这两方面，李沆都自认为无可指责，没有什么措置不当之处。至于大政方针，则荐绅先生亦即儒者，并不能提供建设性的、启发性的创意，所以难有建树。由此形成李沆的根深观念，不像儒家圣相，倒近似于释家一老僧。例如家人劝其修葺住宅，李沆说："念内典以此世界为缺陷，安得圆满如意，自求称足？今市新宅，须一年缮完，人生朝暮不可保，又岂能久居？"[1] 内典即佛经。按照佛经的说教来对待生活，或许会成为世外高人，若持之为政，必然诸事怠荒，更遑论确立大政方针、建立法规制度。这是由学术衰微导致政治萎靡的必然结果，而宋真宗朝"三冗三费"等积弊日益严重地显现出来，根本原因就在于此。至于王钦若、丁谓等被称为"五鬼"的人当政而败政，同样

---

[1]《宋史》卷二八二，第9539—9540页。

也是没有方针制度的结果。

由此看来,没有学术在思想理论方面的前导性探讨,大政方针就无从建立,而没有大政方针,政治就会出现两种情况:遇老成持重者执政,其政治就表现为因循惯例、因任常俗,一切息事宁人,得过且过;遇新进喜事之人执政,政治则表现为逞情制作,有很大的随意性。宋太祖、太宗时代的政治大抵属于前者,真宗时的政治就属于后者。这种状况,不能不引起士阶层的深重忧虑,同时还会将重建大政方针看做自己的责任。庆历前后儒学复兴,就以忧虑时政为内在动力,以重建大政方针为思想主题。

也正因为学术与政治的这种联系,忧虑时政弊失是一种普遍现象,所以庆历前后的儒学复兴,并不像通常所认为的那样,是由某些特殊学术传承造成的,而是一种社会思潮。其中,孙复、石介、胡瑗、李觏等人,都得到过范仲淹的支持,如《宋元学案》卷三王梓材案引《忠宣传》,称四人"皆客文正门",所以他们的学术思想虽各有侧重,但整体上形成一股合力,与庆历新政联系密切,有机遇站在时代思潮前列,因而也代表了庆历学术之主流。此外还有士建中、刘颜等人同时振兴儒学,《宋元学案》合并为《士刘诸儒学案》,全祖望《序录》说:

> 庆历之际,学统四起。齐、鲁则有士建中、刘颜夹辅泰山而兴。浙东则有明州杨、杜五子,永嘉之儒志、经行二子,浙西则有杭之吴存仁,皆与安定湖学相应。

闽中又有章望之、黄晞，亦古灵一辈人也。关中之申、侯二子，实开横渠之先。蜀有宇文止止，实开范正献公之先。筚路蓝缕，用启山林。[1]

这些学者，大都在郡县或民间教学，开创一方学风，培育一方人才，如士建中，"居乡里，教授数十百人"，楼郁执掌郡县教学三十余年，而两宋永嘉学术之盛，则自儒志先生王开祖、经行先生丁昌期开其风气之先。因为异地而兴，他们的学术风格互不相同，但由于特定的时代背景以及大致相同的思想主题，其学术又具有共同特征。其中最突出的，是经学不专守章句，而能以自由精神和开放的思想态度，对经义展开独立思考，且关注治道，不拘缚于文物训诂之小术，如士建中著《道论》以言帝王之道；刘颜著《儒术通要》《经济枢言》，留意于经世致用；浙东学者杨适，也"善言治道，究历代治乱之原"。在理论上，他们虽未必都自成体系，但某些论断往往有横空出世的气概，元气淋漓，有力地推动思想启蒙运动，如王开祖倡道统之说，宣称："由孟子以来，道学不明。今将述尧、舜之道，论文、武之治，杜淫邪之路，开皇极之门"，气魄感人。其所著《儒志编》，也确有惊世、警世的思想片段，如说："胶柱不能求五音之和，方轮不能致千里之远。拘庸庸之论者无通变之略，持规规之见者无过人之功。"这种言论，小则激励士气，大则呼吁变革。

---

[1]《宋元学案》卷六，第251—252页。

又作格言警句："君子有天下之私，小人有一身之公"，[1]深邃而富有哲理，很有启发性。后来程颐倡论"虽公天下事，若用私意为之，便是私"，[2]或许就受到王开祖的启发。在学风上，他们也摆脱旧式经师习气，不设狭隘的门户之防，具有一种追求真理的开放胸襟。如丁昌期有三子向学，兄弟相师友，自成一家学术规模，但彼此间并不曲意苟同，且曰："此理天下所共，不可为家庭有阿私也。"[3]也正是通过各地学者的努力，使当时儒学呈现出一种全新的局面，地方人才涌现，其学术思想水平，往往高出于太学学生，如尹洙说："今太学生徒，博士授经，发明章句，究极义训，亦志于仕禄而已。及其与郡国所贡士并校其术，顾所得经义，讫不一施，反不若闾里习诵者。"[4]太学作为当时的教育和学术中心，思想上受场屋习气的束缚，教学专以应科举为目的，结果学生水平低于地方，这是可悲的；而地方教学眼界更开阔，能摆脱思想上的束缚，不守陈规旧习，学生水平高出太学生徒，则是可喜的。庆历前后的儒学新局面，大概就形成于这一悲一喜之间。

地方学术兴起，必然因其与政治的主客观联系而波及政治中心，由此也就形成学术发展由地方推动中央的大趋势。或许正是在这种趋势下，范仲淹及其同道才得以推荐胡瑗、

---

[1]《宋元学案》卷六，第252、256、253、254页。
[2]《二程集·遗书卷第五》，第77页。
[3]《宋元学案》卷六，第255页。
[4]《敦学》，《全宋文》卷五八六，第28册，第15页。

孙复、石介、李觏等人,从地方书院到太学执教,为政治中心注入文化活力。恰其时风云际会,有欧阳修、尹洙等人力倡以古文复现古道,针砭当时流行的专务声偶、刻辞镂意之文风,共同开创出一派儒学复兴的新气象,人物气韵高昂,形势波澜壮阔。

就精神气韵而言,可以说庆历诸贤开创了一代新士风。在他们之前,也有一些士人具有超拔的人格,不佞世媚俗、蝇营狗苟,但未形成风气,多属于个体行为。而在庆历之际,以范仲淹为倡首,士林风气为之一变,即如《宋史》本传所说,范仲淹"每感激论天下事,奋不顾身,一时士大夫矫厉尚风节,自仲淹倡之"。[1] 范仲淹是兼带儒将风范的一代政治家,他具有一种令懦夫增节的人格魅力。例如富弼,庆历三年受命为枢密副使时,固辞不受,直至被告知"此朝廷特用,非以使北故也",才勉强受职。[2] 富弼之所以固辞,是惧怕要带兵出征西北,可见他不是一个很有勇气的人,但由于相伴范仲淹,从西北防务到入朝推行庆历新政,也成为一时俊彦,以至石介在《庆历圣德颂》中将他与范仲淹相提并论,说:"惟仲淹、弼,一夔一契。"[3] 至于欧阳修等人,更与范仲淹同声相应,同气相求。《宋史》本传称欧阳修"天资刚劲,见义勇为,虽机阱在前,触发之不顾",[4]

---

[1]《宋史》卷三一四,第10268页。
[2]《续资治通鉴长编》卷一四二,第3417页。
[3]《宋史》卷四三二,第12835页。
[4]《宋史》卷三一九,第10380页。

本来就气节高拔，所以无论是政治上还是思想文化上，都是范仲淹的坚决支持者和积极响应者。

究论庆历新士风的形成，应该说除范仲淹等人的人格魅力之外，还有一个很重要的原因，这就是庆历诸贤提出了一套与其尚气节之行为相应的思想观念。没有这种思想观念的纯粹个体行为，就会以个性化的形式表现为愤世嫉俗，甚至是恃才傲物。这是新士风与新观念之间的必然联系。在庆历诸贤之前，王禹偁便曾注意到这种联系，如说："古君子之为学也，不在乎禄位，而在乎道义而已。用之则从政而惠民，舍之则修身而垂教，死而后已，弗知其他。科试已来，此道甚替，先文学而后政事故也。"[1] 客观地讲，唐宋科举既为士人开辟了一条生活道路，同时也造成了士人对于这条道路的依赖，他们不像汉魏晋时的士族那样有庄园经济作后盾，科举功名便成为摆脱穷困生活的唯一出路。而科举的内容又主要是诗赋、策论等，杂乎百家之学，各种各样的思想学说都寄寓其间，并不能培养"道义"亦即以天下为己任的精神人格。要改变这种状况，就不能不树立新的思想观念。事实上，范仲淹等人原本也都生活在穷困之中，他和欧阳修都是孤儿，并没有经济积累作为仕途遭受贬谪后的生活保障，但新的思想观念却成为一种内在的精神支柱，使他们能以超然的态度对待个人得失，又以执着的精神对待天下兴亡。所谓新的思想观念，简言之就是为"名教"拨乱反正，

---

[1]《送谭尧叟序》，《全宋文》卷一五二，第7册，第428页。

以建设性的态度树立积极的"名教"观。范仲淹曾作《近名论》一文,批评老子"名与身孰亲"、庄子"为善无近名"之说,认为道家旨趣在于"使人薄于名而保其真",只可独善其身,不可为天下国家之用。与之相反,儒家则敦崇名教。敦崇名教有两重意义,第一是将名教作为政治的基础,如说:"圣人敦奖名教,以激劝天下。如取道家之言,不使近名,则岂复有忠臣烈士为国家之用哉?"第二是通过名教为政治确立价值准则,如说:"孔子作《春秋》,即名教之书也。善者褒之,不善者贬之,使后世君臣爱令名而劝,畏恶名而慎矣。"[1] 同样的思想,又见于范仲淹《上资政晏侍郎书》。按晏殊为资政殿学士,在天圣八年(1030)。此前三年,晏殊知应天府(今河南商丘),聘范仲淹教授生徒,北宋州府兴学,即始于此。可以想见,范仲淹以这套名教观教学,既培养士子的荣誉感,又从正面甄辨儒道两家价值观之得失,在当时的影响是很大的,后来成为儒学复兴之生力军的孙复、石介,便都在此时就学于范仲淹。[2] 从历史渊源上说,魏晋玄学曾面临"圣人贵名教,老庄明自然"的两难选择,提出过"越名教而任自然"的激烈口号。范仲淹树立其名教观,似乎是要拨魏晋玄学之乱,而实际上,范仲淹名教观的现实针对性和现实意义,比历史纠葛更重要得多。其所针对的对象,就是五代以来不重名节,不讲名教,没有荣

---

[1]《范仲淹全集·文集卷第七》,第129—130页。
[2] 参见陈植锷:《徂徕石先生文集·前言》。

誉感和正义感的政治风气。《宋史》评论五代时的君臣关系，曾说："其臣子视事君犹佣者焉，主易则他役，习以为常。"因为君臣之间是雇佣关系，所以没有关于名节的荣誉感，"伦义废矣"。[1] 主易则他役的情况到宋初是不会再发生了，但是，"宋初诸将，率奋自草野，出身戎行，虽盗贼无赖，亦厕其间"。[2] 对于这样的将领，太祖、太宗算是御之有术，未发生汉初那样的叛乱。然而宋太祖的驾驭之术，在开国后又不过以金钱收买其军权，如解除石守信等大将的兵权时，宋太祖的劝导词便是："人生驹过隙尔，不如多积金、市田宅以遗子孙，歌儿舞女以终天年。"石守信等人同意解除兵权后，"赏赉甚厚"。[3] 这就是有名的杯酒释兵权故事，以钱权交易为内幕，并不是一出政治浪漫剧。由此形成的价值观，则如大将曹彬所说："人生何必使相，好官亦不过多得钱尔。"[4] 而宋初将领的一个流行爱好，也就是大敛财利，另一个爱好是用敛得的财利营造佛寺，以求来世之福。如石守信"专务聚敛，积财巨万"，在西京募民建崇德寺，驱迫甚急，又不给工钱，"人多苦之"。[5] 文臣没有武将这样公然的恶行，但也没有树立起"名教"观念，如真宗后期、仁宗初期（章献太后听政）当政的王钦若、丁谓、夏竦

---

[1]《宋史》卷二六二，第9083页。
[2]《宋史》卷二七五，第9383页。
[3]《宋史》卷二五〇，第8810页。
[4]《宋史》卷二五八，第8980页。
[5]《宋史》卷二五〇，第8811页。

等人，便多行苟且以邀宠，专以奉迎为能事，被当时舆论斥为奸邪。针对这样的政治风气，范仲淹树立名教观，既激励士风，也针砭时弊，其现实意义是不言而喻的。

气韵高昂在学术思想上的表现，就是富于批判精神。这方面的代表，当首推孙复、石介。据石介《泰山书院记》说，孙复的学术思想以两部儒家经典为宗旨，其一是《周易》，其二是《春秋》，认为《周易》"尽孔子之心"，《春秋》"尽孔子之用"，是圣人确立的"治世之大法"，亦即弥纶古今的大政方针，所以作《易说》六十四篇、《春秋尊王发微》十二卷，予以阐扬。[1] 孙复的《易说》不传，其《春秋》学，大旨受唐代陆淳的影响，通过对《春秋》凡例的研究，抽绎出经典中针砭变古乱常的一些原则，也就是通过政治批评以求索王道，谓之"大中之法"。欧阳修曾概括其《春秋》学，谓之"不惑传注，不为曲说以乱经。其言简易，明于诸侯大夫功罪，以考时之盛衰，而推见王道之治乱"。[2] 所谓"推见王道之治乱"，也可以说就是孙复学术思想的宗旨。"推见"是研究《春秋》的方法，之所以要"推见"，是因为《春秋》中没有关于王道的正面阐述，但措辞有褒贬，这就是《春秋》凡例，其中包含着微言大义，亦即贯穿着圣人孔子评判各种历史事件的价值原则。推见王道，也就是抽绎出其中的价值原

---

[1]《徂徕石先生文集》卷一九，第223页。
[2]《宋元学案》卷二，第101页。

则，批判背离此原则的种种历史现象，为复兴王道清除障碍。这是一种以历史批判为素材，以政治批判为宗旨的学术。其现实意义，第一是对唐五代时的藩镇割据进行理论清算，以绝乱臣贼子之心，同时在"尊王"的名义下增强民族凝聚力，以抵御北方异族侵扰；第二是对扰乱纲常名教的佛道二教展开批判，孙复曾作《儒辱》一文，将佛道教的流传看作儒者的奇耻大辱。

石介是孙复的学生，他在学术思想上似乎没有更多的创发，大率坚持孙复所开创的批判方向，坚守其"推见王道"之学，更确切地说是致力于批判"王道"之所以日渐式微的原因及种种表现，大破多于大立。又由于他天性倔强劲质，遇事奋然敢为，经常抒发一些很偏激的议论，能产生鼓动甚至是煽动情绪的效果，所以发挥了不小的宣传作用。但也正由于他气韵高昂，敢于极言，同时也就暴露出在儒学复兴初期所存在的理论局限。从石介的文论来看他的基本思想，是将春秋战国以来的全部历史都看作乱世，致乱的根源则在于不遵循古代制度，而要恢复治平，就必须原本原样地照搬那些制度。如说："周、秦而下，乱世纷纷，何为而则然也？原其来有由矣，由乱古之制也。……夫古圣人为之制，所以治天下也，垂万世也，而不可易，易则乱矣。后世不能由之，而又易之以非制，有不乱乎？夫乱如是。何为则乱可止也？曰：'不反其始，其乱不止。'"[1] 所谓古制，包括君

---

[1]《徂徕石先生文集》卷五《原乱》，第64—66页。

臣之礼、什一之税、井田、诸侯封建、女正位乎内、后妃以及寺宦人数等等。对于这一套主张，石介的自信心很强，如说："《周礼》明王制，《春秋》明王道，可谓尽矣。执二大典以兴尧、舜、三代之治，如运诸掌。"[1] 这当然是一厢情愿的想法，既不符合先秦儒家三代不同礼的尚变通精神，在现实中更行不通。如果说还有什么思想理论价值，那就是使师古与用今的问题凸现出来。

师古与用今是北宋儒学复兴所面临的重大问题之一，许多思想家都意识到问题的存在，并潜思涵泳，探讨解决问题的各种可能性。而石介对这个问题似乎未产生明确的意识，他只是坚决主张复古，根本就不考虑现实是否也有其合理性。当石介以其个性化形式反复强调这一主张时，他就走到是古而非今的极端，同时将师古与用今问题以冲突的方式表现出来。石介批判现实的文论，突出特点是富有战斗性，经过他的渲染，思想文化领域的两大问题被突出出来：其一是释、老异端问题，其二是文风问题。石介曾作《怪说》三篇，仅就其议论的出发点来看，与当时儒学复兴思潮是吻合的，如说："夫尧、舜、禹、汤、文王、武王、周、孔之道，万世常行不可易之道也。佛、老以妖妄怪诞之教坏乱之，杨亿以淫巧浮伪之言破碎之，吾以攻乎坏乱破碎我圣人之道者，吾非攻佛、老与杨亿也。吾学圣人之道，有攻我圣人之

---

[1]《徂徕石先生文集》卷七《二大典》，第77页。

道者，吾不可不反攻彼也。"[1] 就当时儒学复兴的紧迫感而言，像石介这样划分阵营，与其他各种思想学说展开论战，应该说是正常现象，甚至在论争中出现一些攻击性言论也都是可以理解的。在当时儒者的文论中，这种紧迫感随处都可以感受到。从某种意义上说，紧迫感唤醒文化主体意识，也是儒学复兴的一种气象。但是，当紧迫感以石介的个性化方式表现出来时，却流于文化独断和思想专制的极端，成为儒学复兴思潮中的一种不健康因素。石介的《明四诛》一文，充分暴露出这种极端而不健康的倾向。在该文中，石介抬出《礼记·王制》的四诛之说，认为王道之所以不明，原因就在于不执行四诛。所谓四诛，即"析言破律，乱名改作，执左道以乱政，杀。作淫声、异服、奇技、奇器以疑众，杀。行伪而坚，言伪而辩，学非而博，顺非而泽以疑众，杀。假于鬼神，时日卜筮以疑众，杀"。而且说，"此四诛者，不以听"，也就是不容申辩。这种文化独断和思想专制的主张，似乎是以孔子诛杀少正卯的个案作为依据，而将之法制化，却出现在秦汉之际刑名学大倡的背景下。北宋政治务宽平，与四诛的极端主张正相反。石介不满于现实的宽平之政，于是激而为四诛大声叫好，说："大哉四诛，诚乎王制也！""夫天下皆干乎四诛而不诛，吾故明之。"[2] 按照这种逻辑，必然要以王道的名义诛杀许

---

[1]《徂徕石先生文集》卷五，第63页。
[2]《徂徕石先生文集》卷六，第70—71页。

多人，否则王道不能复现，天下不能大治。[1] 这种偏激的议论，既暴露出石介本身在思想上和政治上的不成熟，[2] 同时也使师古与用今的问题明朗化、尖锐化。

朱熹评价孙复的《春秋》学，曾说："观其推言治道，凛凛然可畏。"[3] 一种学说凛凛然可畏，其气韵必然高昂，但它同时也会让人感受到精神上的逼仄。当石介将这种学说推极而言的时候，逼仄的感受就更加强烈。比较而言，胡瑗的学说便从容得多。全祖望评品胡瑗与孙复精神气质之不同，曾有"安定（胡瑗）沉潜，泰山（孙复）高明；安定笃实，泰山刚健"之说。[4] 这种精神气质方面的差异，也反映在他们的学术思想中。胡瑗的学术思想，大旨可概括为"明体达用"。胡瑗的学生刘彝举其学大要，则曰："君臣父子，仁义礼乐，历世不可变者，其体也。《诗》《书》史传

---

[1] 早于石介的王禹偁，也遇到过同样的问题，有过与石介相类似的想法。在《用刑论》一文中，王禹偁自称幼服儒学，味经术，不喜刻薄寡恩的法家。入官后决断民讼，又领廷尉之职，逐渐熟悉本朝刑律，同时也就发现其"与古相戾"。最典型的案例，是《孔子家语》所载孔子诛杀乱法大夫少正卯，其罪状为"心逆而险，行僻而坚，言伪而辩，学非而博，顺非而泽"，而按照当朝刑律，少正卯罪不当诛，只应鞭笞，则圣人孔子反而是"故入人之罪者也"。王禹偁由此感叹说："古今之不同也如是，遂使圣人之言为空文尔。欲望刑措，其可得乎？"（《全宋文》卷一五五，第8册，第39页）
[2] 庆历三年推行新政时，欧阳修等人曾力荐石介为谏官，而范仲淹担心石介必以其个性化形式责人君行难行之事，激化矛盾，所以予以否决。（见《范文正公集·言行拾遗事录》卷一）
[3] 《朱子语类》卷八三，第2174页。
[4] 《宋元儒学案序录》，《宋元学案》卷首，第1页。

子集，垂法后世者，其文也。举而措之天下，能润泽斯民，归于皇极者，其用也。"[1] 体即本体，是贯穿古今历史的人文原则。古今社会不同，代有沿革，但仁义礼乐的人文原则却历代相同。推阐此人文原则，即是"明体"。将人文原则与现实结合起来，有益于社会民生，便是"达用"。根据这套学说，复兴儒学的宗旨就不是简单的制度复古，而是通过明体与达用的双向互动，将古与今有机地结合起来。按照这套学说推行教育，便形成胡瑗别具一格的教学方法，即设立经义、治事二斋。经义斋研习《六经》，主攻方向是"明体"，所以选择心性疏通、有器局可任大事的人参加，性情褊狭迂执者则不预其选。治事包括行政、军事、水利、算术等，科条纤悉具备。按照学生的爱好和专长分出类别，使之群居讲习，相互启沃。胡瑗也经常召集学生，使论其所学，同时还就经义、时政等出题目，让学生答对，并予评议，论其得失。其教学之法又很注重行为实践，要求学生从洒扫应对开始练习，不只是在书本文字上用功夫。在紧张的公私考试之余，胡瑗还会亲自主持仪典，召集学生奏琴瑟之雅乐，歌唱《诗经》。这套教学方法很有吸引力，而且成效显著。如胡瑗在太学讲学时，求学的人很多，以至学舍不能容纳，要取用邻近的官舍，而当时礼部录取的士人中，有将近半数都是胡瑗的学生。这些学生还很讲究仪表，从服饰到言谈举止，都有某些共同的特征，以至陌生人都不难将他们辨认出

---

[1]《宋元学案》卷一，第25页。

来。胡瑗毕生都致力于这样的教学，他最初在吴中创办学院，被知州范仲淹聘为苏州府学教授，后又在湖州推广其教育事业。范仲淹等人推行庆历新政时期，曾派特使下湖州取其教学之法，以政令的形式规定为太学的教学准式。胡瑗晚年到太学任教，前后大约不足十年，但影响极大，在他退休归故里的时候，学生饯行的帐篷百里不绝。这既是他个人所获得的极大荣誉，也是对一时学风昌盛的反映。

胡瑗与孙复、石介的学术风格不同，但都致力于振兴儒学之道统，即如全祖望所说："要其力肩斯道之传，则一也。"[1] 道学家自程颐始，对三人表示尊敬之意，朱熹曾有"伊川不敢忘三先生"的说法，后来他们就被合称为"宋初三先生"，被作为道学的先行者。李觏和欧阳修同样也是庆历儒学复兴的中坚力量，就思想理论的造诣而言，他们或许比三先生更高些，但他们未曾赢得道学家的同样尊敬。其中原因，主要在于思想倾向不同，李觏和欧阳修都程度不等地注重功利或实际事功，这在道学的立场来看就不免杂乎异学，不是纯正的王政或王道，丧失了君子行其义不必计其利的纯洁性。这是北宋儒学的一个大分际，由三先生所开辟的学术方向，至道学大加发畅，李觏的学术思想则为荆公新学一派之前导，欧阳修的学术思想与三苏蜀学也有较大的可比较性。

按照二程洛学的理论标准来衡量，孙复、石介的学术思想似乎多有扞格未通之处，但他们坚持以《春秋》之王道来

---

[1]《宋元儒学案序录》，《宋元学案》卷首，第1页。

评价全部历史，却体现出关于王霸、义利之辩的醇儒立场，与二程相同或者说很接近。例如程颐，据说他研究历史经常采用一种很特殊的方法："每读史到一半，便掩卷思量，料其成败，然后却看有不合处，又更精思，其间多有幸而成，不幸而败。今人只见成者便以为是，败者便以为非，不知成者煞有不是，败者煞有是底。"[1] 所谓"是"或"不是"，当然是一种价值判断，其中原则，便是王道："是"者之所以为"是"，因为它符合王道，反之亦然。程颐评价历史不以成败论得失，而以王道定是非，与孙复、石介的立场显然很接近。这或许就是他对孙复、石介表示敬意的根本原因。至于胡瑗，则与程颐有更深的渊源关系。按照道学的学统，程颐通常被看作是胡瑗的学生，因为在他十八岁游太学时，恰逢胡瑗以"颜子所好何学"为题令学生作文，程颐便在这个题目下写出他的第一篇成名作，受到胡瑗的高度欣赏，并因此聘以教职。所谓"颜子所好何学"，是启发学者超越功名、追求儒学之道的话头。类似的话头当时很流行，其含义是在人生观层面体现出非功利思想，与王霸、义利之辩是密切联系在一起的。胡瑗"明体达用"的学术思路，对程颐也有很深的影响。按照体用范畴来把握儒家人文原则与现实的关系，人文原则便具有贯穿古今历史的普遍意义，比孙复、石介专守三代制度更抽象，也更能从理论上解决古今同异问题。后来程颐治《易》，也抽绎出"体用一源，显微无间"

---

[1]《二程集·遗书卷第十九》，第258页。

的最高命题，不过，程颐的"体"是天理，是所谓"至微者理也"，其内涵比胡瑗所谓"君臣父子，仁义礼乐，历世不可变者"更加抽象，不仅具有古今历史的普遍意义，而且具有宇宙存在的普遍意义。

李觏和欧阳修注重功利或实际事功的思想倾向，引发了他们关于传统与现实之关系的另一种思考，即更多地考虑时代现实的需要，而对《六经》及王道之内涵仁义礼乐等，则保留一个自由选择的思想空间。从大的原则方面讲，他们也倡导王道、王政，但其内涵却不是原本原样地写在《六经》之中的，而是一种从现实需要出发的新版本。欧阳修甚至为此开创了一种怀疑经传之真实性的学术风气，李觏则试图对仁义礼智信等人文原则进行体系重构，从中特别提挈出一个礼来，作为制度化建设的最高纲领。也正因为他们更多地考虑时代现实的需要，所以他们的学术思想与庆历新政的联系更密切，或者说更直接。如同范仲淹一样，他们都强调变通的重要性，认为只有变通，才能够将王道、王政之传统与时代现实结合起来。这种结合，当然不是石介所设想的那种一变而之古，全方位恢复古代制度，而是开创出有以克服时代弊病、取得实际成效的政治新局面。变通的政治主张，在理论上就表现为关于师古与用今的思考。

第二节　师古与用今的理论思考

政治变革的主张，与忧患意识紧密联系在一起，二者是

同时提出来的。其所以忧患,是因为现实政治有种种积弊,内容很具体,不同于泛议秦汉以来王道之丧失。如范仲淹《上执政书》说:

> 惟圣人设卦观象,穷则变,变则通,通则久。非知变者,其能久乎?此圣人作《易》之大旨,以授于理天下者也,岂徒然哉?今朝廷久无忧矣,天下久太平矣,兵久弗用矣,士曾未教矣,中外方奢侈矣,百姓反困穷矣。……傥不思变其道,而但维持岁月,一旦乱阶复作,使天下为血为肉数百年,亦今相府负天下之过也。[1]

所谓"穷则变"云云,出《易·系辞》。按照《周易》理论,卦爻的阴阳推移到了尽极之处,便会发生相互转化,所以卦象代表了一个生生不息的循环系统。范仲淹引用这套理论来评议时事,其所谓"穷",又是指什么呢?从上文看,显然是指因朝廷无忧、天下太平所形成的政治方针。从表面上看,朝廷无忧、天下太平的政治状态似乎很好,然而,由此形成"而但维持岁月"的政治方针,却隐伏着严重的危机,其表征,有士曾未教、中外方奢侈、百姓反困穷等等。面对这种危机,必须运用《易》学理论,采取主动变革。这种变革,本质是"变其道",也就是改变政治方针。所谓

---

[1]《范仲淹全集·文集卷第九》,第180页。

"而但维持岁月",更明确地说也就是行黄老无为之政。范仲淹又曾作《帝王好尚论》,针对《老子》"我无为而民自化,我好静而民自正,我无欲而民自富,我无事而民自朴"的说法,认为老子只是描述远古之风,以警示多事之君。而自三代之后,社会环境不同于太古之世,所以治理天下必须"身先教化,使民从善"。又引《论语》"上好礼,则民莫敢不恭"云云,认为帝王治天下必须有所好尚,也就是有某种价值导向,关键只在于好尚有正邪之别。[1] 由此看来,范仲淹改革政治方针的主张,实际上就是要用儒家的礼乐名教来取代黄老无为。由这种政治立场,也就决定了他的文化立场,如《上时相议制举书》说:"圣人法度之言存乎《书》,安危之几存乎《易》,得失之鉴存乎《诗》,是非之辨存乎《春秋》,天下之制存乎《礼》,万物之情存乎《乐》。故俊哲之人,入乎《六经》,则能服法度之言,察安危之几,陈得失之鉴,析是非之辨,明天下之制,尽万物之情。使斯人之徒辅成王道,复何求哉?至于扣诸子,猎群史,所以观异同,质成败,非求道于斯也。"[2] 诸子之书无预于道亦即政治方针,政治方针必须依据圣人《六经》来建立,是范仲淹的基本立场。

但是,《六经》毕竟是古代的政治法典,在时过境迁之后,其法象节度是否完全适用于新的时代现实呢?这就不能

---

[1]《范仲淹全集·文集卷第七》,第127—128页。
[2]《范仲淹全集·文集卷第十》,第203—204页。

不摆脱盲目的恋古情结，展开理性的思考。范仲淹有《明堂赋》说："揖让而治天下者，明堂之谓也。惜乎三代以还，智者间间；诸儒靡协，议者喋喋。而皆胶其增损，忘礼乐之大本；泥于广狭，废皇王之大业。使朝廷茫然有逾远之叹，惘然有中辍之议。殊不知五帝非沿乐而兴，三王岂袭礼而至。为明堂之道，不必尚其奥；行明堂之义，不必尽其制。适道者与权，忘象者得意。大乐同天地之和，岂匏竹而已矣；大礼同天地之节，岂豆笾之云尔。"[1] 显而易见，范仲淹鄙薄那些拘泥于古代法象节度的腐儒，认为儒家文化之所以未能对政治发挥建设性的作用，原因就在于腐儒们喋喋不休地争论一些毫无意义的法象节度问题，不能因应时代变化而推行其道，从而丧失礼乐的根本精神，使礼乐名教与现实政治相隔绝。要摆脱腐儒的局碍，就必须采取得意忘象的方法，不受古代法象节度的束缚，通过文化变革体现出"大乐同天地之和""大礼同天地之节"的根本精神。进而言之，文化变革又不能由学者坐在书斋里按其理想的模式来完成，而必须俯就民意民俗，使之具有最普遍的适应性和合理性。范仲淹《政在顺民心赋》说："逆其民而理者，虽令不从；顺于民而化焉，其德乃普。是以究其所病，察其所宜。礼应时而沿袭，教随俗以彰施。欲求乎广所及也，必在乎俯而就之。"范仲淹由此推阐出一种政治理论，"政者为民而设，民

---

[1]《范仲淹全集·文集卷第一》，第5页。

者惟政是平",[1] 意即政治以民众的利益为目的，同时又是民众共同遵守的规则。这两者之间当然存在逻辑关系，从范仲淹的思想来看，他显然是以前一句作为逻辑前提的，所以其思想的更确切表述应该是，政治必须首先以民众利益为目的，然后才能够成为民众共同遵守的规则。这种理论，当然是对儒家民本思想的发挥，又很有些接近现代政治意识的意味，只不过他还没有想到政治可以由民众自设，否则也就跨越了从民本到民主的那一步之遥。

欧阳修的思想与范仲淹很接近，他同样也通过《易》学来论证改革政治方针的必要性。欧阳修《易》学的一个突出特点是重人事，确切地说是注重卦辞对于政治决策的指导意义，严厉抨击各种迂远疏阔的浮谈。这种思想倾向，正如范仲淹一样，有其现实的针对性。范仲淹《上执政书》曾说："或谓国家之灾，由历数之定，非政教之出。若如所论，则夏禹九畴之书果妖言耶？岂欲弃而焚之乎？苟天下有善则归诸己，天下有祸则归诸天，岂圣朝之用心？"[2] 将天命历数之说作为推卸政治责任的借口，其危害不仅仅在于掩盖了政治决策错误的真相，不能从中汲取教训，更在于废人事而听天命的观念严重地阻碍了政治方针的变革。同样的思想反映在欧阳修的《易》学著作中，就是清理各种藉附于《易》学的迂怪浮谈，复归于圣人急乎人事之用的作《易》本意，

---

[1]《范仲淹全集·别集卷第三》，第442页。
[2]《范仲淹全集·文集卷第九》，第194页。

如说:"《易》之为书无所不备,故为其说者,亦无所不之。盖滞者执于象数以为用,通者流于变化而无穷,语精微者务极于幽深,喜夸诞者不胜其广大,苟非其正,则失而皆入于贼。"在历代注家中,欧阳修只推崇王弼,因为王弼《易》学"推天地之理以明人事之始终,而不失其正",[1] 使《易》学在经过长期的迷失之后,回复到明人事的宗旨上来。本着明人事的宗旨来理解《易》的理论内核,欧阳修曾作出这样的概括:

> 《六经》皆载圣人之道,而《易》著圣人之用。吉凶、得失、动静、进退,《易》之事也。其所以为之用者,刚与柔也。乾健坤顺,刚柔之大用也。[2]

吉凶得失是判断,动静进退是决策。而判断和决策的依据,简言之就是一刚一柔。这种思想,欧阳修在《老子》书中得到印证,他因此对《老子》表示某种程度的欣赏,如说:"前后之相随,长短之相形,推而广之,万物之理皆然也。"在欧阳修看来,《老子》所说的前后相随等等,正与《易》道一刚一柔相同,都揭示了相反相成的道理,因此他认为《老子》包含了很高的政治智慧,"其于核见人情,尤为精尔"。[3] 相反相成的道理具有普遍性,是万物皆然的,

---

[1]《张令注周易序》,《全宋文》卷七一七,第34册,第68页。
[2]《送王陶序》,《全宋文》卷七一五,第34册,第28—29页。
[3]《老氏说》,《全宋文》卷七三八,第35册,第91页。

将它应用于政治上，就是采取一张一弛的文武之道：刚或张是励精图治、有为进取的政治，柔或弛是温和宽缓、与民休息的政治。当一种政治尽极之时，就要主动进行变革，向另一种政治转化，从而形成良性的发展机制，在运动中相互调整，保持平衡，像《易》卦一样生生不息。由此看来，欧阳修所设想的合理政治，是一种运动模式，而非结构模式。如他在《易童子问》中说："物极则反，数穷则变，天道之常也。""剥尽则复，否极则泰，消必有息，盈必有虚，天道也。是以君子尚之。""困，亨者，困极而后亨，物之常理也，所谓《易》穷则变，变则通也。"[1] 按照欧阳修对当时政治的看法，是"一切苟且，不异五代之时"，[2] 是一种剥尽困极的状况，所以必须师法《易》道，进行主动的变革。欧阳修评议道家，曾说："至或不究其本，弃去仁义，而归之自然，以因循为用，则儒者病之。"[3] 儒者中当然包括欧阳修本人，而以因循为用的弊病在仁宗朝已充分暴露出来，这就决定了欧阳修的文化立场，同时也决定了他的政治立场，如同范仲淹一样，欧阳修也是推行庆历新政的领袖人物之一。

通过《易》学，欧阳修完成了关于主动进行政治变革的理论论证，并阐明变革的方针是以有为进取替代无为因任。接下来的问题便是如何进行变革，包括变革的文化方略、政治蓝图等等。围绕这个问题，欧阳修也并非自始至终都有成

---

[1]《全宋文》卷七三七，第35册，第62、65、69页。
[2]《本论》，《全宋文》卷七三〇，第34册，第373页。
[3]《崇文总目叙释》，《欧阳修全集》卷一二四，第1891页。

竹在胸，而是面临着如何将师古与用今有机结合起来的困惑，于是投身到紧张的学术探讨和理论思索之中。他甚至为此抨击奢谈天道性命的学风，呼吁学术回到经世致用的轨道上来，共同为政治变革营造一种社会环境和文化环境。

针对当时流行的奢谈天道性命之学风，欧阳修在各种场合都发表评论，力图匡正方向，并提出一种"大中之道"，为学术思想探讨划分出可知与不可知的界限。如说："凡物有常理，而推之不可知者，圣人之所不言也。"[1] "万物生于天地之间，其理不可以一概。……圣人治其可知者，置其不可知者，是之谓大中之道。"[2] 从认识论上说，欧阳修为学术思想的探讨设定这样的界限，似乎过于褊狭局促，但在当时，他却突现出重建儒家文化以急乎世用的紧迫感，而且启示了一种政治新思维，即对于政治最高原则的"道"，只可能产生近似之知，不可能获得终极之知，所以政治决策的真实依据，是皎然明白的人情风俗、历史理势。所谓"道"，便存在于人情风俗、历史理势之中，逾越这个界限凿凿然称言其终极之道，都是发挥解释随意性的结果。这种政治新思维的代表人物，就是大受欧阳修激赏的苏东坡。从欧阳修到苏东坡，似乎可以看作北宋儒学的一个思想流系：欧阳修破浮谈，苏东坡立新义，相互呼应。欧阳修破浮谈的议论不少，而且切中时弊。如说："今学者不深本之，乃乐诞者之

---

[1]《物有常理说》，《全宋文》卷七三八，第35册，第95页。
[2]《怪竹辩》，《全宋文》卷七三一，第34册，第394页。

言，思混沌于古初，以无形为至道者，无有高下远近。使贤者能之，愚者可勉而至，无过不及，而一本乎大中，故能亘万世，可行而不变也。今以谓不足为，而务高远之为胜，以广诞者无用之说，是非学者之所尽心也。宜少下其高而近其远，以及乎中，则庶乎至矣。"[1] 又说："修患世之学者多言性，故常为说曰：夫性，非学者之所急，而圣人之所罕言也。《易》六十四卦不言性，其言者动静得失吉凶之常理也。《春秋》二百四十二年不言性，其言者善恶是非之实录也。《诗》三百五篇不言性，其言者政教兴衰之美刺也。《书》五十九篇不言性，其言者尧、舜、三代之治乱也。《礼》《乐》之书虽不完，而杂出于诸儒之记，然其大要，治国修身之法也。《六经》之所载，皆人事之切于世者，是以言之甚详。……或有问曰：性果不足学乎？予曰：性者，与身俱生而人之所皆有也。为君子者，修身治人而已，性之善恶不必究也。使性果善邪，身不可以不修，人不可以不治。使性果恶邪，身不可以不修，人不可以不治。"[2] 当时儒者谈论心性，大概都有一层与佛道教相颉颃的用意，而在欧阳修看来，这层用意是流末而不知本，与佛道教站在同一个层次上较量胜负，争一日之短长，而不知儒学的根本在于礼义之教、王政之施。他为此提出儒学的文化战略，是"修其本以胜之"，也就是使王政重现辉光，使礼义之教充于天下，使

---

[1]《与张秀才第二书》，《全宋文》卷六九七，第33册，第70页。
[2]《答李诩第二书》，《全宋文》卷六九七，第33册，第54—55页。

佛道教的祸福报应之说无所施于百姓。否则，即使有贲育之勇、孟轲之辩、太公之阴谋，都不可能完成排斥佛道教的任务，因为历史经验已经证明，用行政命令和意识形态斗争的方式排斥佛道教，只能陷入恶性循环，"已尝去矣，而复大集，攻之暂破而愈坚，扑之未灭而愈炽"。[1]

当然，要使王政重现辉光，就必须首先弄清楚王政究竟是什么，它与时代现实又是一种什么关系。这两个问题，前者是经学学术层面的，需要通过对《六经》的研究来回答；后者是思想理论层面的，需要将历史感与现实感结合起来进行理性的思考。

就经学学术层面而言，欧阳修并不怀疑《六经》载述了圣人之意，但怀疑其中有谬讹，并非全部《六经》都真实可信。针对《易·系辞》所谓"书不尽言，言不尽意"，欧阳修批评说："然自古圣贤之意，万古得以推而求之者，岂非言之传欤？圣人之意所以存者，得非书乎？然则书不尽言之烦，而尽其要；言不尽意之委曲，而尽其理。"[2] 这表明欧阳修肯定《六经》是推求圣人之意的依据。如何推求呢？欧阳修在《答祖择之书》中说，两汉时师道尚存，当时学者各守其经以自用，所以两汉之政理文章有后世莫及者。后来师法渐坏，学者没有坚定的信念，只是附庸于时俗以博取利禄，所以虽欲果于自用，但不知应用于现实的方法，结果就

---

[1]《本论》，《全宋文》卷七三〇，第34册，第366页。
[2]《系辞说》，《全宋文》卷七三八，第35册，第98—99页。

不免于妄。[1] 确实,历史上的许多经学家,都自以为其经术是治疗时代病的古传处方,但由于根本就不了解其时代病的病灶之所在,所谓经术也就成了屠龙术,却又不自知,仅由经典的描述便设想必然能取得某种理想的施治结果,所以通常都只是自说自话,发一通空泛的议论。鉴于经学的这种通病,欧阳修主张"师经必先求其意",而不是从中寻找现成的方案。从欧阳修的一些议论来看,他对于由《六经》而找到一套治世方案,持悲观至少是不乐观的态度,如说:"世无孔子久矣,《六经》之旨失其传,其有不可得而正者,自非孔子复出,无以得其真也。儒者之于学博矣,而又苦心劳神于残编朽简之中,以求千岁失传之缪,茫乎前望已远之圣人而不可见,杳乎后顾无穷之来者,欲为未悟决难解之惑,是真所谓劳而少功者哉!"然而,社会建设必须有相应的文化资源,所以对于经学的成果虽然不容乐观,但仍然需要有学者勉力为之。基于这样的考虑,欧阳修设想集众人之力来刊正《六经》,经过十取其一的严格选择,或许能够形成一个相对完善的经典文库。不过,欧阳修对这种设想也保持低调,谓之"庶几不至于大缪",[2] 意即不敢奢望最好的,只能寄希望于不算很坏的。照此看来,欧阳修不仅明确断定《易·系辞》非圣人所作,即使对《六经》本身,同样也有所怀疑。

---

[1]《全宋文》卷六九九,第33册,第98—99页。
[2]《答宋咸书》,《全宋文》卷六九七,第33册,第62页。

在思想理论层面上,欧阳修也同样没有提出完整的治世方略,但他却提出了一系列问题,极具挑战性,对理性思维的勃兴能起到刺激作用。如说:

> 为政者徇名乎?袭迹乎?三代之名,正名也;其迹,治迹也。所谓名者,万世之法也;迹者,万世之制也。……自秦迄今,千有余岁,或治或乱,其废兴长短之势,各由其人为之而已。其袭秦之名不可改也,三代之迹不可复也,岂其理之自然欤?岂三代之制止于三代,而不可施于后世欤?王莽求其迹而复井田,宇文求其名而复六官,二者固昏乱败亡之国也。然则孔子言为政必也正名,孟子言为政必始经界,岂虚言哉?然自秦以来,治世之主几乎三代者,唐太宗而已。其名迹固未尝复三代之一二,而其治则几乎三王,岂所谓名迹者非此之谓欤?岂遗名与迹而直考其实欤?岂孔、孟之所谓者有旨,而学者弗深考之欤?〔1〕

> 礼乐,治民之具也。王者之爱养斯民,其于教导之方,甚勤而备。故礼,防民之欲也周;乐,成民之俗也厚。苟不由焉,则赏不足劝善,刑不足禁非,而政不成。……夫先王之遗文具在,凡岁时吉凶聚会,考古礼乐可施民间者,其别有几?顺民便事可行于今者有几?行之固有次第,其所当先者又有几?礼乐兴而后臻于富

---

〔1〕《问进士策》,《全宋文》卷七三五,第35册,第43—44页。

庶欤？将既富而后教之欤？夫政缓而迂，鲜近事实；教不以渐，则或戾民。欲其不迂而政易成，有渐而民不戾者，其术云何？[1]

这些问题出现在科举考试的考场上，都没有现成的答案，如果考生缺乏类似的理性思索，必定手忙脚乱。不过，欧阳修在问题的最后或有所提示，或提出要求，如说"其酌古今之宜与其异同以对"，便是重要的提示。又说"儒者之于礼乐，不徒诵其文，必能通其用；不独学于古，必可施于今"，[2] 便是明确的要求。这些提示或要求，既能启发考生的理论思路，同时也反映出欧阳修自身的理论思路，其要义，就是将师古与用今、历史感与现实感、经典意识与时代意识有机地结合起来。当然，结合起来也不一定就能为上述问题找到圆满的答案，但它指示出一个大的运思方向，背离这个方向而将古今割裂开来，就必定不能找出答案。从欧阳修的提问方式来看，他所希望得到的回答，是如何才能够取得实际的政治效果，所以前一个题目举王莽、北周及唐太宗为例，后一个题目直接询问具体措施。王莽新朝恢复井田制，北周恢复《周礼》之六官，其一符合孟子所说的施行王政必自经界始，其一符合孔子所说的施政必先正名。孔孟没有机会将他们的想法付诸实践，王莽和北周实践了，但效果

---

[1]《武成王庙问进士策》，《全宋文》卷七三五，第35册，第35页。
[2]《武成王庙问进士策》，《全宋文》卷七三五，第35册，第35页。

很糟，成了两个昏乱败亡之国，这种结果，不能不让人对孔孟的主张产生疑虑。所堪疑虑的问题，实质在于三代政治之名与迹亦即法象制度，究竟可否应用于后世。如果答案是像王莽和北周所证明的那样不可，那么后世师法三代王政的内容究竟是什么？唐太宗不沿袭三代政治之名与迹，却取得了接近于三代的实际成果，这就启发学者去思考三代王政有名与实的分别。欧阳修显然倾向于不束缚其名迹而直取其实，所谓"名迹者非此之谓欤""岂孔、孟之所谓者有旨，而学者弗深考之欤"云云，都可以理解为诱导性的暗示，以期对孔孟的主张重新做出解释，俾之不与直取其实的倾向相冲突。这种倾向，在欧阳修的另一次出题中表露无遗，他批评当时的取士之弊说："知井田之不能复，妄设沿革之辞；知榷酤之不可除，虚开利害之说。"[1] 榷酤是政府专卖酒的制度，起源于汉武帝时，不是三代之制。按照此处说法，科试时辩议恢复井田制、废除榷酤制，都是一些不切实际的假问题。那么，为什么欧阳修自己在试题中也提出类似的问题呢？推寻其用意，或在于启发新思路。欧阳修的学生刘敞，曾作短文《言治》说："为治者有其迹矣，而迹未必可复也。语治者有其言矣，而言未必可常也。遗迹而因于时，忘言而徇于理，治之大方也。""为治者因于时，而迹不足守也；语治者徇于理，而言不足专也。故自《诗》《书》《礼》《乐》，治世之具者，皆遗迹而求其所以迹者也，忘言而索于

---

[1]《国学试策》，《全宋文》卷七三六，第35册，第56页。

所以言者也。"[1] 三代先王是为治者，孔孟是语治者，为治之迹未必可复，语治之言未必可常，必须遗迹忘言而求索其致治之理，这就是新思路，而且将欧阳修所暗示的意思说清楚了。所谓遗迹忘言而徇于理，既是从用今出发所选择的师古方式，也是从用今出发所设定的师古限度。

李觏的学术思想，在许多方面都与范仲淹、欧阳修近似，譬如同样都怀有深重的忧患意识，同样都通过《易》学来阐发与时变通的道理，同样都力振儒学并批判佛教。欧阳修的政治思想注重实际成效，李觏则更加明确地表现出功利主义倾向。这些近似之处，反映出庆历之际经世致用之学的一般特征。但是，李觏的学术思想又有其独特的个性，他将范仲淹"法度有立，纲纪再振"的方针落到实处，更加明确地要求进行社会的制度化建设，其思想理论也因此具有某些体系化的特征。

李觏的忧患意识，大概有现实感和历史感两个层面。前者真切，后者深邃。就现实感层面而言，李觏的忧患与范仲淹、欧阳修是相同的，例如他在《易论十三篇》中说："噫！作《易》者既有忧患矣，读《易》者其无忧患乎？苟安而不忘危，存而不忘亡，治而不忘乱，以忧患之心，思忧患之故，通其变，使民不倦，神而化之，使民宜之，则自天祐之，吉无不利矣。"[2] 居安思危是意识到时局表面无事的背

---

[1]《全宋文》卷一二八九，第59册，第264页。
[2]《全宋文》卷八九九，第42册，第91页。

后存在着危机,所以要像《系辞》所说的那样,"通其变,使民不倦",亦即采取主动的变革,将隐患消除在萌芽状态。为了达到这个目的,李觏写作《易论》,以"急乎天下国家之用",[1] 又献富国强兵安民之策,并提倡功利主义,批评儒者口不言利的迂阔之态,如说:"窃观儒者之论,鲜不贵义而贱利,其言非道德教化,则不出诸口矣。然《洪范》八政,一曰食,二曰货。孔子曰:'足食,足兵,民信之矣。'是则治国之实,必本于财用。"[2] 因为现实存在着财用不足、国力疲弱的问题,堪忧堪虞,所以学者不但要言利,而且要认真思索切实可行的营利办法,不能惺惺作态地奢谈什么尚义不言利。在李觏自己的著作中,就有许多言利并提出营利办法的内容。

就历史感层面而言,李觏对"忧患之故"亦即导致忧患之根本原因的思考,使他的思想达到一个独特的深度。如他在《潜书》中说:"名位不立,贵贱不分,天下其何如?曰:乱而已矣。名位既立,贵贱既分,天下其何如?曰:乱而已矣。敢问何谓也?曰:无名之乱,统不一也;有名之乱,欲而争之也。"[3] 无名之乱是放任自流而无序的混乱,有名之乱是受权力、利禄引诱的争夺之乱。有名无名都不离乎乱,这就是社会文明的内在矛盾,它通过无数的历史事实表现出来。感受到这种矛盾,似乎很有些《庄子》的思想意味。而

---

[1]《删定易图论序》,《全宋文》卷九〇〇,第42册,第92页。
[2]《富国策十首》,《全宋文》卷九〇五,第42册,第162页。
[3]《全宋文》卷九一〇,第42册,第245页。

事实上，李觏对庄子也不像当时的某些儒者那样尽其诋訾之能，如说："韩愈有取于墨翟、庄周，而学者乃疑。噫！夫二子皆妄言耶？今之所谓贤士大夫，其超然异于二子者邪？抑有同于二子而不自知者邪？何訾彼之甚也！"[1] 李觏不诋訾庄子，当然并不意味着他对庄子的思想理论有全面的认同，但其忧患以及由忧患所引发的情感关切、批判精神，往往与庄子相类。李觏自序其《潜书》说："泰伯闲居，有书十五篇，愤吊世故，警宪邦国，迆探切喻，辞不柔伏。"[2] 愤吊世故、辞不柔伏的文风，虽不像《庄子》的某些篇章那样偏亢，但灌注着同样的内在情感，有所忧，也有其愤。不过，庄子是由忧愤走向强烈的理性批判，而李觏则在批判的同时具有更充分的建设意识。在李觏的思想中，摆脱无名既乱有名亦乱的出路，不是复归于虚拟的自然和谐，而是进行社会的制度化建设，以合理的制度来保障秩序、克服动乱。

关注社会的制度化建设，似乎是李觏观察和思考问题的独特角度。在这点上，其历史感与现实感可以统一起来。在李觏看来，缺乏一套合理的社会制度，既是漫长历史所未能解决的问题，也是时代现实所面临的紧迫问题。按李觏对当时政局的判断，正当泰卦之时，此时"祸福倚伏"的隐患，不是范仲淹、欧阳修所担忧的无为因任的政治方针将导致政事怠荒，而是"物既大通，多失其节"。节即

---

[1]《原文》，《全宋文》卷九一三，第42册，第293页。
[2]《全宋文》卷九一〇，第42册，第243页。

制度。按李觏解释节卦初九爻说:"为节之初,将整离散而立制度者也。"〔1〕据此来理解其所谓"物既大通,多失其节",是说制度化建设跟不上社会发展的形势。正是基于这样的观察和思考,李觏写作《易论》《礼论》《周礼致太平论》等,藉附于传统经典,探讨制度化建设的法理依据及可能途径。

李觏的《易论》,大概可以理解为其制度化建设的法理依据。约略言之,厥旨有三。第一是以《易》为应时变通之书,为政治变革、建立法度提供经典依据。如说:"太史公叙术学,崇黄老而薄《六经》,其论以道家与时迁徙,应物变化,故曰圣人不巧,时变是守。以吾观之,盖不出夫《易》。《易》非《六经》乎?何其不察而遽薄之也?"〔2〕准此而言,尚变通是《易》中固有之义,非道家所专擅,所以崇尚变通不必归旨于黄老,可以将《周易》作为经典依据。在崇尚变通的意义上,李觏将《易》提高到一个特殊的位置,说:"《易》者,三圣之所以教人,因时动静,而终之以德义,《五经》特是为深矣。"〔3〕因时动静也就是应时变通,因为《周易》阐明了变通的合理性,使后世不拘缚于古代经典中的法象制度,所以说它是《五经》中义旨最深的著作,是指导经典解读的经典。按照这样的思路,李觏认为一切都是可变的,其中包括胡瑗所谓"仁义礼乐,历世不可

---

〔1〕《易论十三篇》,《全宋文》卷八九九,第42册,第89、83页。
〔2〕《策问六首》,《全宋文》卷九一三,第42册,第296页。
〔3〕《上苏祠部书》,《全宋文》卷八九三,第41册,第354页。

变"之体，如说："常者，道之纪也。道不以权，弗能济矣。是故权者，反常者也。事变矣，势异矣，而一本于常，犹胶柱而鼓瑟也。"正是在这种常道同样可变的理论前提下，李觏从仁义礼智信五常中特别提挈出"礼"来，作为制度化建设的总纲。第二，《易》道广大悉备，为制度化建设提供了具有普遍性意义的理论原则。如说："八卦之道大矣！有高焉，必乘其上；有深焉，必载其底；有旁焉，必环其外。幽无不贯，微无不彻。"[1] 其所以如此弥纶宇宙、包含无遗，是因为八卦抽象地概括了八种表德，乾为刚，坤为顺，震为动，巽为卑，坎为险，离为明，艮为静，兑为和。这八种表德，概括了天地万物的存在本质和运动属性，"万事之理，犹辐之于轮，靡不在其中矣"。其所具有的普遍性意义，对于制度化建设也不例外，"君得之以为君，臣得之以为臣"，[2] 古今君臣所遇之势、所处之事虽不同，但为君为臣之理是一致的。李觏说："时虽异矣，事虽殊矣，然事以时变者，其迹也；统而论之者，其心也。迹或万殊，而心或一揆也。若夫汤汤洪水，禹以是时而浚川；黎民阻饥，稷以是时而播种；百姓不亲，契以是时而敷五教；蛮夷猾夏，皋陶以是时而明五刑。其迹殊，其所以为心一也。统而论之，谓之有功可也。"[3] 不管是以一揆之心论还是以统而有功论，总之是其中包含着君之所以为君的内在规定，这个内在规

---

[1]《易论十三篇》，《全宋文》卷八九九，第42册，第81、91页。
[2]《易论十三篇》，《全宋文》卷八九八，第42册，第65页。
[3]《易论十三篇》，《全宋文》卷八九九，第42册，第87页。

定，也就是为君之道或理，超越古今之异时殊事而具有普遍意义。第三，《易》中包括为君之道、为臣之道等具体节目，为制度化建设提供了一些基本纲领。李觏《易》学的一大特色，在于它是"易论"，不是"易解"。"易解"的主体是"经"，而"易论"的主体是"我"。于是，李觏的《易论》分出各种义类，"撮其爻卦，各有部分"，[1] 也就是将卦爻作为思想资料，按照李觏自己所抽绎出的义理类别进行重新编排，摆脱经典本身的卦爻结构，形成一个全新的《易》学框架，诸如为君之道、为臣之道、治身之道、避祸之道、相应之道等等。这些节目中虽然没有关于君臣的职权与责任之划分、避祸以及应变时的决策机制等等，但它们提供了一些超越个案而可以普遍应用的原则，例如为君之道的内容有"用贵莫若恭，用富莫若俭""救弊之术，莫大乎通变"等等。所谓"用贵""用富"，可以理解为贵和富是君主的权力，而使用这两项权力的原则是恭和俭，不能倨傲而轻天下之士，也不能随意奢侈挥霍；所谓"通变"，是说君主对于政治变革具有最高决策权。又如为臣之道，内容有"政不可以峻刻也。虽不可过，亦不可未至而止也"等等，[2] 意即臣属执行政策法规既不能苛刻，也不能偷工减料，要掌握适当的节度。在遇人之道、避祸之道等条目下，李觏还讲述了一些政治生活中的道德规范以及通权达变的政治智慧等，如

---

[1]《上苏祠部书》，《全宋文》卷八九三，第41册，第354页。
[2]《易论十三篇》，《全宋文》卷八九八，第42册，第65、67、70页。

遇人之道说："夫心贵乎公，而量贵乎大，公则视人如一，大则无物不包。"避祸之道说："时乎时，智者弗能违矣。先时而动者，妄也；后时而不进者，怠也。妄者过之媒，怠者功之贼也。"[1] 公而大是道德规范，把握时机是政治智慧，这些内容对于制度化建设，都是重要的补充。

从总体上看，李觏的《易论》既为其制度化建设的主张开通思路，同时也提供了必要的理论支持。正是在《易》道尚变通的理论支持下，李觏顺理成章地由儒家人文之传统，推阐出制度化建设之新意义，即从仁义礼智信之五常以及礼乐刑政四门中，特别提摄出一个"礼"字，作为"法制之总名"，利用传统旧资源缔构出适应时代需要的新体系。在《礼论》中，李觏说：

> 曰：夫礼，人道之准，世教之主也。圣人之所以治天下国家，修身正心，无他，一于礼而已矣。曰：尝闻之，礼乐刑政，天下之大法也；仁义礼智信，天下之至行也。八者并用，传之者久矣。而吾子一本于礼，无乃不可乎？曰：是皆礼也。……不别不异，不足以大行于世。是故节其和者命之曰乐，行其宜者命之曰政，威其不从者命之曰刑，此礼之三支也。在礼之中，有温厚而广爱者，有断决而从宜者，有疏达而能谋者，有固守而不变者，是四者（按即仁义智信），礼之大旨也，同出

---

[1]《易论十三篇》，《全宋文》卷八九九，第42册，第76、77页。

于礼而不可缺者也。[1]

这是李觏跳脱传统的"八者并用"旧框架而提出的一套新说。在传统旧说中，仁义礼智信之五常，是五项道德准则，是价值理性层面的人文规范；礼乐刑政是推行政治和教化的四项措施，是工具理性层面的社会规范。两个层面的规范同时启用，形成相互调适的文化机制，可以维持社会的相对平衡。而在李觏看来，这两个层面都可能出现偏失，都需要有制度化形式来提供保障并予以制约，所以他将礼特别提挈出来，作为"人道之准，世教之主"，亦即制度化建设的最高准则。据李觏在《礼论》中说，刑政作为实际的政治运作措施，当然很重要，但如果不采用礼的制度来制约，就可能成为纯粹的执行赏罚的特权，其偏失将是非常严重的，如说："或重刑辟，变法律，伺人小过，钩人微隐，以为明察；或悲哀怯懦，容贷奸宄，以为慈爱；或急征横赋，多方揉索，抟聚畜积，以为强国；或时起土功，驱人为卒，用于无用，以为预备。若是类者，非礼之政也。或为辕裂鼎镬，炮烙菹醢，剥面夷族，以威天下，若是类者，非礼之刑也。"伺人小过，钩人微隐是苛细刻碎的政策；容贷奸宄以为慈爱，是姑息养奸的政策；急征横赋，驱人为卒是暴政；辕裂鼎镬，剥面夷族是酷刑。在历史上，随着君主的贤愚好恶，经常出现诸如此类的刑

---

[1]《全宋文》卷八九七，第42册，第44—46页。

政偏失，其根本原因，就在于缺乏健全、合理的制度，使刑政失去制约。同样，仁义智信作为价值理性层面的人文规范，既需要通过制度化形式更好地发挥作用，又需要用制度化的合理尺度来制约，否则也会出现偏失。李觏举例说，执政者剥夺农民的日常产业，占用农耕时节，加重农民的赋税负担，致使农民饥寒憔悴，却又偶尔赏赐粮食布帛来济困；制订烦琐而绵密的刑律，放任曲枉而酷恶的官吏，以至杀戮无数，却又偶尔颁发赦令以为爱人；这类行为，都是"非礼之仁"。使人背离君亲，疏离兄弟，而连接私党，以死相赴，以为共人之患；谄谀机巧以奉迎君主之意，屡次推辞爵位及财货以作出谦让的姿态；君主有过失而不能谏正，使之暴扬于外，自身有隐恶而不能改，却专意攻评他人短处以为强直；遇贤才果敢之人不能公正地进用，却以私情拉拢举荐以为己力；对百姓不能进行教化，陷之于恶，然后采用峻刑以诛灭之，以此标榜奉法；这类行为，都是"非礼之义"。有心智却不用来为民众生活想办法，为社会教化作贡献，提高政事以管理社会，加强军纪以防御动乱，用心于天下国家的长久之策，却锐意于机诈巧辩，投机钻营，以邀一时之利，这类行为，都是"非礼之智"。讲信约不是表现为统一号令，明确社会等级，守本职以建立业绩，使天下百姓景仰之而不疑，而是凡事因循苟且，前顾后盼，用些儿女生死的誓言来获取信任，这类行为，都是"非礼之信"。因为仁义智信都可能出现这样那样的偏失，所以李觏说："今有欲为仁义智信而不知求之于礼，是将失其本旨者矣。"[1] 意即失去礼的制度化约束，就可能在仁义智信的名义下出现本质相反的行为。

显而易见，李觏之所谓"礼"，是一个高度抽象的概念，他赋予这个概念的全新含义，是制度化形式。在这个意义上，李觏说："乐、刑、政者，礼之支也，未尽于礼之道也。"意即乐、刑、政是推行制度的具体措施，但不能像"礼"概念那样代表制度化形式本身。又说："仁、义、智、信者，实用也。礼者，虚称也，法制之总名也。""虚称"即高度抽象的概念。就仁、义、智、信与礼的关系来说，前者是可以具体应用的内容，后者是统合各种具体应用的制度化形式，用"法制之总名"来概括，相当贴切。为了阐明礼乃"法制之总名"，李觏还批评关于礼学的两种错误倾向。其一是谈礼流于浮夸，"阔大，其意汪洋，其文以旧说为陈熟，以虚辞为微妙，出入混沌，上下鬼神，使学者观之，耳目惊眩，不知其所取"。如此将礼学变成夸诞之术，对社会建设也就失去任何实际的作用和意义。其二是研究礼乐沉溺于礼仪节文，"但以器服物色、升降辞语为玩"，[2] 不理解古人制礼的宗旨，其所谓学术也就成为玩物丧志的一种游戏。

应当承认，李觏关于制度化建设的主张，在纯粹理论层面表现出很高的睿智，他看到社会发展需要有相应的制度提供保障，看到刑政等具体措施必须受到制度的约束，看到

---

[1]《礼论七篇》，《全宋文》卷八九七，第42册，第52、51页。
[2]《礼论七篇》，《全宋文》卷八九七，第42册，第52、55、53页。

仁、义、智、信等人文规范需要借助同时也必须接受制度的约束,才能够更好地发挥作用,所以从传统概念中提挈出"礼"来,作为制度化形式的表征,达到了在创新中将师古与用今结合起来的思想高度。但是,形式只是一种合理的框架,它还需要有符合时代要求的内容去充实。当李觏从理论上论证"礼"为制度化形式,并证明在这个形式下进行制度化建设乃时代所需之时,制度之内容究当为何物的问题便凸现出来,其中包括如何建立制度以及由谁来建立制度的立法机制问题,建立制度的信息资源问题等。对于这些问题,李觏似乎没有认真思索,他只是本着"急乎天下国家之用"的主观愿望,通过对古典的重新解释,独自完成关于制度的设计,其综合性成果,便是《周礼致太平论》。这部著作,是将《易论》《礼论》等文章中提出的主张总括到《周礼》的框架下,[1] 按照师古与用今的运思模式作出制度设计。这种设计究竟孰得孰失,不好轻易地作出评价,但假设有一种健全的议政机制,让李觏的设计作为立法提案提出来,想必能对制度化建设产生积极作用。不过,这已经不是一个学术思想问题,而是一个由政治体制所决定的时代现实问题了。

第三节　庆历新政的启示及影响

范仲淹等人推行庆历新政,实际时间还不到一年。庆历

---

[1] 关于《周礼致太平论》综合李觏此前文论的情况,可参照谢善元《李觏之生平及思想》(中华书局1988年版)。

三年九月范仲淹任参知政事，上《十事疏》，次年六月出任陕西、河东宣抚使，一切轰轰烈烈的政治变革就这样以失败告终。正如历史反复昭示的那样，任何一场政治变革都必然引发矛盾，庆历新政也不例外。它所引发的主要矛盾，在政治监督以及官员升降制度方面。因为范仲淹等人立志改革相沿成习的磨勘法，即文武官员不问政绩，三年、五年相例升迁，所以让一些侥幸之徒大感不便。与此同时，主要由谏官执行的政治监督，也使许多职位很高的按察使受到指控，于是形成党派之争，范仲淹等人被指责为朋党，这在当时的政治生活中是一个异常敏感的问题。面对这种局面，范仲淹等人处之泰然，"守所议弗变"，坚持其改革方针，不迁就反对派。范仲淹曾以其领兵西北的经验，从容地向宋仁宗分析党派问题，说战场上勇士会成为一党，懦夫也自成一党。欧阳修甚至专门写过《朋党论》，认为人有君子、小人之分，小人党之所以对政治构成危害，因为他们是小人，而朋党本身并不对政治构成危害。据说欧阳修本人就"笃于朋党"，对朋友很仗义，他不但积极创造机会使朋友施展才干，而且在朋友死后尽力帮助他的家庭。因为改革派已有这样的思想准备，有君子党的信念作为精神支柱，所以即使被指责为朋党，也不能动摇其改革的立场和决心。然而，政治改革事业还是失败了，而导致范仲淹辞职、新政失败的直接原因，竟然是一次微不足道的政治阴谋。玩弄阴谋的主角是夏竦，被阴谋所利用的主角是石介。据《续资治通鉴长编》庆历四年六月载，此前，石介曾致信富弼，要求他学习伊尹、周公故事以辅政，而夏竦怨恨石介曾斥己为奸（按即《庆历圣德颂》），又想借机倾倒富弼等人，于是让女奴暗中模仿石介笔迹，习成之后，篡改石介信中的"伊周"为"伊霍（霍光）"，又以其笔迹造作石介为富弼起草废立皇帝的诏书，一时流言蜚语，传闻到宋仁宗。这种阴谋算不上高明，篡逆的谣言在当时也很难获信于人，但它刺激了专制政体最脆弱的神经。在中国古代的专制政体下，大臣都必须保持高度的警惕，用心回避功高震主之嫌，北宋时尤其如此。宋初以来，君主每以唐五代时的藩镇割据为警戒，使大臣的功勋和权威问题变得异常敏感，而范仲淹、富弼从统帅西北军事到入朝后日夜谋虑推行新政，既建立了不凡的功绩，也获得了很高的政治威望。政治威望越高，回避嫌疑的必要性也就越强烈，所以在谣言的攻击下，他们再也没有以前那种处变不惊的政治家风度，都不敢自安于朝廷，于是请求出使西北边务，新政随之而罢。[1] 这样的历史现实，不免让人产生疑

---

[1]《续资治通鉴长编》（卷一五〇，第3637页）："始，范仲淹以忤吕夷简放逐者数年，士大夫持二人曲直，交指为朋党。及陕西用兵，天子以仲淹士望所属，拔用护边。及夷简罢，召还，倚以为治，中外想望其功业。而仲淹亦感激眷遇，以天下为己任，遂与富弼日夜谋虑兴致太平。然规摹阔大，论者以为难行。及按察使多所举劾，人心不自安；任约恩薄，磨勘法密，侥幸者不便。于是谤毁浸盛，而朋党之论滋不可解。然仲淹、弼守所议弗变。先是，石介奏记于弼，责以行伊、周之事，夏竦怨斥己，又欲因是倾弼等，乃使女奴阴习介书，久之习成，遂改伊周曰伊霍，而伪作介为弼撰废立诏草，飞语上闻。帝虽不信，而仲淹、弼始恐惧，不敢自安于朝。"又《宋史·范仲淹传》（卷三一四，第10275页）："比去，攻者益急，仲淹亦自请罢政事，乃以为资政殿学士、陕西四路安抚使、知邠州。其在中书所施为，亦稍稍沮罢。"

惑：如果历史就这样受制于幕后的政治阴谋，那么像庆历学者那样苦心孤诣地复兴儒学，为政治变革提供文化支持，究竟还有没有意义，有没有价值？

当然，历史不会因为一场政治改革的失败就宣告终结，学术思想的价值也有更长的实现过程，并不局限于产生它的那个时代。历史证明，如果一种政治改革的方向符合社会发展的必然要求，那么即使失败了，它也会在另一个时间里复活。复活的必然性取决于社会发展的必然性，而复活的政治文化质量，则不能不在一定程度上受到学术思想的影响，这就是学术思想的历史价值和意义。以历史的眼光看，庆历新政虽然失败了，但它依然是在庆历学术思想推动下所取得的一项重要成果。它对于当朝现实的改变也许不大，没有达到预期的深度，但它预示了一个历史方向，即发展学术思想以探讨社会变革的出路，在文化的框架内调整现实政治，以适应社会变革的必然要求。

自庆历学术创榛辟莽，儒学复兴与政治变革便成为两大历史主题。在整个北宋儒学复兴的历史进程中，庆历学术是思想启蒙阶段，古代学者谓之"草昧初创"。作为新儒学的开拓者，他们排斥释、老，推尊儒家之王道，以创新精神解读《六经》，开创出儒学复兴的局面；但也正因为是开拓者，面临着大破大立的双重任务，大破的一面甚至更紧迫，否则不能起沉滞。所以与熙宁以后儒学渐趋于圆润而周密的气象相比较，庆历学术的理论形态不够成熟，观点往往自相矛盾，缺乏明确而内在的一以贯之之道，论述也时常有一股强梗之气。通过这样的比较，我们可能会意识到在学术思想的历史发展中存在某种逻辑——如果我们不局趣于评判其深浅优劣，这种意识就会自然而然地显豁出来。

就学术风格或理论形态而言，庆历学术是经世致用之学，熙宁以后诸学派都程度不等地表现为**本体论和心性论哲学**。所谓经世致用之学，在理论上就表现为正面面对师古与用今的思想主题，立论既本于经术，又关切现实之应用，不搞用意玄远的浮谈。熙宁以后儒学探讨本体论和心性论问题，与庆历经世致用之学当然有差别，但这种差别并不像某些学者评估的那样严重，因为熙宁以后儒学并没有放弃师古与用今的思想主题，只不过将这个主题放在本体论和心性论的层面来解决：本体论研究具有最高普遍意义的天道或天理，贯通古今的道或理即在其中；心性论研究人的共同本质、履行天道或天理的内在依据，同样也是古今之人即在其中。本体论很抽象，但并非空洞，其中就包含了师古与用今的真实内容。事实上，熙宁以后各派学者围绕这个问题的探讨，并不比庆历一代学者逊色，只是现代人似乎对其天道或天理的抽象意义更感兴趣，很少关注其抽象命题中所固有的师古与用今之内涵。心性论与体验联系在一起，即通常所谓功夫，能使人感受到某种超乎言表的意境，显得很深邃，但并不神秘，只不过采取了体验古代圣贤之乐的实践方式，所要探索的问题，不外乎本质相同的古今之人履行古今相同之道的可能性。从这个角度看，熙宁以后的本体论和心性论，其实是对庆历经世致用之学的深化和发展，二者之间存在历史的同时也是逻辑的联系。

第二章 王安石"由是而之焉"的政治哲学

北宋政治变革和儒学复兴运动的第二次浪潮，是由王安石推动的。嘉祐三年（1058），王安石入朝等候迁任，曾向宋仁宗上书，提出政治改革主张。此时上距庆历新政，凡十有五年。就北宋政治变革运动的连续性而言，王安石无疑是庆历新政的继承者，以其《上仁宗皇帝言事书》与范仲淹的《十事疏》相比较，可以发现他们从推行变革的指导思想到具体措施，都有一些相同之处。范仲淹认为各种政治积弊的根源在于纲纪法度日削月侵，革除政治积弊的出路则在于重新确立政治方针，庶几"法制有立，纲纪再振"；同样，王安石也认为导致各种内忧外患的根源在于"不知法度"，此所谓法度，不是指刑名律法，而是指最高的大政方针，如说："今朝廷法严令具，无所不有，而臣以谓无法度者，何哉？方今之法度，多不合乎先王之政故也。"[1] 先王之政也就是王道、王政，是通过三代政治实践所展现出来的先王"为天下国家之意"。效法先王为天下国家之意，意味着克服当朝皇帝的政治意志。当朝的仁宗皇帝主张因任无为，师法黄老，曾有过"黄老亦何负于天下哉"[2] 一类的议论，所以，克服其政治意志实即摆脱黄老无为，重新确立大政方针。这个指导思想，与范仲淹无疑是相同的。在具体措施层面，王安石也如同范仲淹一样，将重点放在官僚队伍的整顿上，主张"明黜陟"，以《尚书》所说的"三载考绩"亦即三年一度的政绩考核，代替现行的、不问实际政绩的"磨勘"法，并如同范仲淹等人一样，强烈要求进行科举改革，先策论而后诗赋，以造就能够从政而不只是能够写文章的人才。这些相同之处，一方面说明范仲淹和王安石都抓住了现实政治的关键问题，另一方面也说明他们的政治改革具有连续性，是同一个历史进程的两个阶段。

然而，宋仁宗依然还是宋仁宗，范仲淹的改革实践既因政治矛盾、宋仁宗的犹疑而告失败，王安石的改革呼吁也同样未能产生反响。此后数年之间，北宋朝廷经历了从仁宗到英宗，又从英宗到神宗的皇位更迭。当时虽有韩琦、司马光等大臣从中操持，维护大局，基本实现了权力的平稳过渡，但伴随着政局变化、人事沉浮，也发生了"濮议"等纷争。在朝儒臣陷身其中，加上最高层的政治动向不明朗，所以政

---

[1]《全宋文》卷一三八〇，第63册，第328页。
[2] 转引自彭耜：《道德真经集注杂说》卷上，《道藏》第13册，第259页。

见上难有大的建树。而王安石在上书之后便续赴外任，既远离权力中心，同时也就避开了纷争的漩涡，得以从容思考，围绕政治变革问题展开更加深入系统的理论探索，并通过著述讲学等活动，创立学派，形成独具一格的政治哲学思路，从而将北宋儒学复兴运动推向一个新的阶段，达到一个新的理论高度。

王安石政治哲学之梗概，可以结合当时流传的三句口号来分析，即所谓"天命不足畏，祖宗不足法，流俗不足恤"。这三句口号，不一定真是王安石提出来的，但确实反映出王安石政治哲学的基本面貌。所谓"天命不足畏"，意即天命不能作为政治决策的最高依据，这一条不仅符合王安石的基本思想，而且是他在理论上有所创获的突破口。史称王安石最不信《洪范》灾异之说，其所作《洪范传》，按照推天道以明人事的理论思路解释"洪范九畴"，批评汉以来的灾异、术数等附会之说，反映出以自然天道代替天命之说的基本思想。天命是神秘的、准宗教的，而自然天道是通过万物大化流行朗现出来的秩序，所以是理性的、可以进行逻辑的掌握。历史地看，王安石阐发自然天道，是宋儒站在政治哲学角度思议天道、天理之始。在王安石的政治哲学体系中，自然天道是一个不证自明的合理前提，由这个前提推导刑名赏罚等政治制度，即所谓"由是而之焉"，也即所谓"九变而赏罚可言"。这两句话分别来源于韩愈《原道》和《庄子·天道》，但王安石提出了自己的解释，用以克服政治决策的两种流弊，即天命论和君主意志论。"祖宗不足法"代表了王安石对宋初以来政治方针的基本评价，也反映出他主张改革的政治立场。因为宋初以来实际奉行无为因任的政治路线，缺乏明确而富于进取精神的政治方针，导致积弊重重，所以必须推行变革，按照"由是而之焉"的思路重铸政治体系。所谓"流俗不足恤"，在人格上是王安石的个性和作风问题，在政治上是纳谏抑或拒谏的决策机制问题，而在哲学思想上则是天人关系问题。正是在这个问题上，蜀、洛等学派与王安石新学派发生思想分歧，认为他将自然天道作为独立的理论前提，将人道、人事仅仅作为次生的结论，按照推天道以明人事的单向逻辑建构政治哲学体系、推行政治变革，就在事实上用自然天道压制了社会群体的本然要求。大致说来，这三句口号反映出王安石政治哲学的基本面貌及其所得所失，准确理解其含义，可能是从整体上掌握王安石政治哲学的简便方法。至于其哲学思路形成的所以然之故，则须结合历史现实进行分析。

第一节 "祖宗不足法"的变革主张

上述三句口号，是熙宁三年（1070）流传开来的。在当时，这三句口号不但惊世骇俗，而且集中反映出变法派与反对派的政治分歧和思想分歧。反对派领袖司马光，曾利用策试学士院的机会，出了这样一道题目：

先王之治盛矣，其遗文余事可见于今者，《诗》

《书》而已矣。《诗》曰:"文王陟降,在帝左右。"《书》曰:"面稽天若。"盖言王者造次动静,未尝不考察天心而严畏之也。《诗》曰:"毋念尔祖,聿修厥德。"《书》曰:"有典有则,贻厥子孙。"盖言三代嗣王,未有不遵禹、汤、文、武之法,而能为政者也。……今之论者或曰:"天地与人了不相关,薄食震摇,皆有常数,不足畏忌。祖宗之法,未必尽善,可革则革,不足循守。庸人之情,喜因循而惮改为,可与乐成,难与虑始。纷纭之议,不足听采。"意者,古今异宜,《诗》《书》陈迹,不可尽信邪?将圣人之言,深微高远,非常人所能知,先儒之解,或未得其旨邪?愿闻所以辨之。[1]

这道策问题目包括了上述三句口号的全部内容。薄食震摇不足畏忌即"天命不足畏",祖宗之法不足循守即"祖宗不足法",人情不足听采即"流俗不足恤"。第一条是哲学思想问题,我们留待后文讨论。后两条都是敏感的政治问题,在反对派看来,王安石上不遵祖宗法度,下不恤舆情反对,其所推行的熙宁变法,也就是强行己意,没有合情合法的依据,所以要将问题提出来,发起公开讨论。而站在王安石的立场上看,从观念上明确"祖宗不足法""流俗不足恤",

---

[1]《学士院试李清臣等策目》,《全宋文》卷一二二〇,第 56 册,第 173 页。

都是有效推行变革以消除积弊的必然要求，是为了实现富国强兵的最高利益而不得不做出的抉择。

我们先谈"流俗不足恤"问题。不管这个口号是否王安石提出来的，从他日常言论来看，可信他确有这种鄙视"流俗"的思想倾向。如《送孙正之序》说：

> 时然而然，众人也；己然而然，君子也。己然而然，非私己也，圣人之道在焉尔。夫君子有穷苦颠跌，不肯一失诎己以从时者，不以时胜道也。故其得志于君，则变时而之道，若反手然，彼其术素修而志素定也。……呜呼！予观今之世，圆冠峨如，大裾襜如，坐而尧言，起而舜趋，不以孟、韩之心为心者，果异众人乎？[1]

道即圣人之道，是王安石所向往的、前代圣贤之成其为圣贤的内在精神理念。时即世俗现实，确切地说是王安石对当时世俗之儒的看法。在圣人之道与时俗现实之间，王安石显然感受到某种冲突。这种感受，大概是进入思想状态时通常都会产生的心境，也是思想家们往往要面对的困境，不独王安石如此。许多思想家，其实就以这种冲突为起点，开始其思想历程。但由于精神气质等方面的差异，他们又会对冲突采取不同的态度，选择不同的排解方式。有些人将冲突作为永不枯竭的情感之源，从方方面面产生感受，也从方方面

---

[1]《全宋文》卷一三九七，第64册，第265页。

面进行抒发，这些人最终会成为诗人。有些人乐于坐而论道，披抉冲突之前因后果，探寻化解冲突的可能途径，这些人最终可能成为哲学家。还有些人倾向于身体力行，试图通过现实的政治途径来解决冲突，如果有恰当的机遇，这些人最终会发展成政治家。王安石倾向于身体力行，所表现出来的，是政治家的态度。从他主张"不以时胜道""变时而之道"的立场来看，还应该说是一个理想主义的政治家。

以理想主义政治家的态度对待道与时的冲突，或许正是王安石坚信"流俗不足恤"的思想根源。此所谓"流俗"，不是指民众，而是指那些圆冠大裙、尧言舜趋的俗儒。俗儒自矜其态，但缺乏儒之成其为儒的内在精神，所以王安石对他们十分鄙薄。鄙薄虽然只是一种情绪，但却鼓励了另一种自信心，即只要坚信圣人之道在我，便可以做一个"己然而然"的君子，信道而行与信己而行，在这里是同义的。

抒发这番议论的时候，王安石只是一名新科进士，年二十二岁。但议论却反映出他后来奉行不渝的主张，反映出他的基本性格，并非一时书生意气，偶尔风发。如他有《众人》诗说：

> 众人纷纷何足竞，是非吾喜非吾病。颂声交作莽岂贤？四国流言旦犹圣。唯圣人能轻重人，不能铢两为千钧。乃知轻重不在彼，要之美恶由吾身。[1]

---

[1]《王荆文公诗笺注》，第507页。

莽即王莽，旦是周公姬旦。王莽在篡汉之前，曾受到舆论的普遍称赞。周公摄政的时候，反而遭到舆论的多方非难。这一正一反两个政治家的先例，使王安石相信，舆论的向背不足以判定政治家的贤愚是非，而最伟大的政治家（圣人），则根本不受舆论的牵制。

这种追求精神独立的孤介性格，对于一个政治思想家来说无疑是高贵的品质，它使人保持独立的理论思考，不佞世，不媚俗，虽然有时会感到孤独，但内在的精神理念足堪慰藉寂寞。如王安石有《孟子》诗说："沉魄浮魂不可招，遗编一读想风标。何妨举世嫌迂阔，故有斯人慰寂寥。"[1] 孟子的风标，在于养"浩然之气"，在于不诎道以从时。这种风标，对于作为政治思想家的王安石来说，是精神上的极大慰藉。

然而，王安石并非只是一个政治思想家，思考现实政治的各种问题，他还是北宋历史上最有魄力的政治家，投身于政治实践，着手解决现实政治的各种问题。而当王安石的孤介性格在政治实践中表现出来时，他便因刚愎自用、果敢自决，使同僚们感到难以合作。在当时的一些人看来，由于王安石性情执拗，作风强梗，对于新法的推行，遇阻力反而执之弥坚，听不进反对意见，而学识才辩又足以济其说，所以每当出现反对意见时，便势成僵局，不能调和。而在王安石自己看来，他与反对派的根本分歧，并不是诸如此类的工作

---

[1]《王荆文公诗笺注》，第1243页。

作风问题，而是政治方针和政治决策问题，即如《答司马谏议书》所说："窃以为与君实游处相好之日久，而议事每不合，所操之术多异故也。"[1]"所操之术"是政治方针，也是所奉行的道。政治方针上的重大分歧，就是因循守常抑或推行变革。如果确立推行变革的政治方针，那就必须百折不回，坚决贯彻，而不能犹疑徘徊，朝令夕改，不能因人、因习惯势力而废法度。而要保证既定方针的坚决执行，又有一个如何进行决策的问题。《临川集》有这样一道策问，从中可以看出当时围绕"流俗不足恤"口号的真正分歧之所在，策问说：

> 尧举鲧，于《书》详矣。尧知其不可，然且试之邪，抑不知之也？不知，非所以为圣也；知其不可，然且试之，则九载之民其为病也亦久矣。幸而群臣遂举舜、禹，不幸复称鲧，此亦将以九载试之邪？以尧之大圣知鲧之大恶，其知之也足以自信不疑矣，何牵于群臣也？必曰："吾唯群臣之听，不自任也。"圣人之心急于救民，其趣舍顾是否何如，岂固然邪？必以为后世法，得无明哲之主牵制以召败者邪？或曰："尧知水之数，故先之以鲧。"或曰："久民病以大禹功。"是皆不然，尧必不以民病私禹，禹必不以利民病而大己功。以民病私其臣，利民病以为己功，乌在其为尧、禹也？又以为

---

[1]《全宋文》卷一三八九，第64册，第112页。

泥于数,其探圣人滋浅矣。且谓之有数,鲧何罪其殛死也?圣人之所以然,愚不能释,吾子无隐焉耳。[1]

可以相信,策问所提出的,是王安石思索政治决策问题时所遇到的实际困扰,并非刻意制造舆论,向反对派施加压力。那么,对于这个问题应该如何理解呢?

从逻辑上说,问题似乎十分简单,其所以成为问题,是由一个假设性的前提引起的,即尧作为大圣人,无所不知。这个假设性前提,不是由王安石首先提出来的,而是古人普遍认可的、具有常识性质的一种公设。因为公设与事实相违背,尧虽大圣,但听信群臣之议,错误地选用鲧治理河水,前后九年,结果成为一场灾难,于是学者们又要对事实做出解释。一种解释是蒙昧的、神秘主义的,即所谓"尧知水之数";另一种解释带有阴谋家的味道,即所谓"久民病以大禹功"。这两种解释,在王安石看来都很荒唐,所以他要将《尚书》的记载作为问题提出来,探寻一种新解释。

探寻新解释,当然不像从逻辑的表面所看到的那样简单,因为它并非真是一个前提假设问题。北宋自开国形成的政治制度,以文官制约武将,又以谏官与宰相掣肘,以防出现悍将、重臣。这一套制度,确实能加强皇帝的集权。但当皇帝过分行使高度集中的权力时,又会遭到群臣的抵制或消极抵抗,例如宋太宗时,便出现过这种情况。至于臣僚,

---

[1]《策问一》,《全宋文》卷一四〇六,第65册,第29—30页。

因为都处在相互掣肘之中,所以在执行政务时,大多数人都不求有功,但求无过。这种政治,养成因循苟且的风习,从中央到地方的各级政府,都缺乏必要的决策能力,也缺乏推行政策的应有力度。放在这样的历史背景下来看,王安石所提问题的真实含义,是皇帝在政治决策中应该如何对待群臣之议,应不应该秉持天道以乾纲独断。

正如某些现代哲学家所说,在任何一种形式的提问中,都包含着提问者所希望得到的答案。王安石考试预备官员的策问,尤其如此。从《洪范传》以及王安石与宋神宗的日常讲论来看,他所希望得到的答案,同时也是他已经做出的新解释,就是由支持他推行变革的宋神宗秉持天道而乾纲独断,"任理而无情"。在《老子注》中,王安石曾说:

> "圣人不仁,从百姓为刍狗。"静而不污,洁而不垢,其祭祀足以隆礼而致恭者,刍狗之为物也,始之将用,则被之以文绣,盛之以箧衍。及其已用,则行者践其首,樵者爨其躯,不胶其所爱,不泥其所有。通则用之,与时宜之;过则弃之,与物从之。而天地、圣人之仁,岂离乎此哉?盖天之体不能生生,而生生者真君也,而真君未尝生;地之体不能化化,而化化者真宰也,而真宰未尝化。则出显诸仁。故凡在天地之间,形物声色也,皆制于我,而物不得以疏。及夫已生已化,则入而藏诸用,故物有分之类有群,各以附离而忘有于我,而物不得以亲。虽然,天能生而不能成,地能成而

不能治，圣人者出而治之也。是故体显以为仁，而其出也同吉凶之患，故凡万物之生，皆辅相而不失其宜；体藏以为用，而其入也虽圣人不与之同忧，故泯迹冥心而视物以异。呜呼！圣人之于天地，又岂以仁忧累其心也欤！故物之出，与之出而不辞；物之入，与之入而不拒。……万物有以称，亦有以憾。而老子所谓"天地不仁，以万物为刍狗；圣人不仁，以百姓为刍狗"，其言岂离乎此哉？后学者专子子之仁，而忘古人之大体。故为人则失于兼爱，为己则失于无我，又岂知圣人不失己，亦不失人欤！与时推移，与物运转，而"天地之间，其犹橐籥乎"。故"动而愈出"，则正己而无我者，所以应物而非以敌物；"虚而不屈"，则无己而丧我者，所以绝物而非所以成物。噫！天地、圣人之道，其仁以百姓、万物为刍狗者，可以一言而尽矣。[1]

这段注文，可以看作对"任理而无情"的解释。在中国思想史上，由《老子》的"天地不仁""圣人不仁"之说，曾流变出刻薄寡恩的法家政治学，所以后来注解《老子》的思想家们，往往都要面对这样一些敏感问题：如何诠释《老子》的这些说法？如果认同《老子》所阐发的自然之道，是否也应该合乎逻辑地认同法家的政治理论？这些问题，质而言之又不仅仅是诠释学意义上的，而是通过诠释所反映出来

---

[1]《王安石老子注辑佚会钞·五章》，第26—27页。

的政治哲学的基本问题，即作为政治哲学最高原则和政治决策最高依据的道或理，究竟是绝对的自然法则还是某种从仁爱情感出发的人文法则？在这个问题上，儒家讲仁义礼乐，代表了一种立场，同时也代表了一种政治思维方式，即认为政治之所以产生，是因为先王有仁爱之心、忧患之志，而政治的合理性，也正在于它体现出仁爱、忧患。这种立场和政治思维，有一套完整的操作系统，即礼乐制度，而且与古史传说也相吻合。古史传说中的先王，都是同情生民疾苦，忧患于生民蒙昧而开发民智、创造文明的圣人。但是，在对现实政治的干预中，这种政治思维又只能不断塑造仁心爱民的政治典范，对君主政治构成舆论性的环境约束，却不能形成制度化的规范。君主是否学习先王典范，在更大程度上要取决于君主的意愿，而非取决于典范的魅力。老子的自然之道，开辟了另一种立场，同时也开创了另一种政治思维方式，即认为最合理的政治乃是效法天地之自然，不掺杂那些难以把握的情感和意志因素，所以政治的合理措施就是不采取任何措施，无为以顺任，而效果却如同天地化生万物一样，"无不为"。法家继承了老子的自然之道，但在应用于政治哲学体系的建构时，却进行了一次关键性的转换，即将自然之道转换为社会之法，将顺任自然而无为的政治设想，转换为纯任法治的政治运作。这种转换，解决了老子哲学不能进入实际操作的问题，由理论转化为实践，使道家的形上之道落实到形下层面，但却遭到庄子学派的强烈反对。庄子学派同样也继承老子的自然之道，在理论上与法家同源，为什么又强烈反对法家呢？这个问题，在逻辑上也许能找到很多解释，而本质却只有一个，那就是对法家政治的现实感受。《庄子·天下》评论慎到之道，谓之"非生人之行而至死人之理",[1] 就是对法家政治的现实感受。法家将自然之道的绝对合理性转化为社会之法的绝对合理性，从而也就形成极端的政治压迫。但是，庄子学派固然维护了老子的本来立场，却同样不能解决如何进入实际操作的问题。所以，儒道两家虽各有一套政治哲学，但用来干预现实政治，又都存在缺陷，不够圆满，不能自足，由乎此，也就形成以儒道两家思想传统为标帜、以天人关系为理论形式的中国哲学问题：天道与人道、自然法则与人文法则，究竟何为本，何为末，本末能否达成统一？将这个问题表述为更容易理解的现实感受，就是天道之理与人道之情，究竟孰轻孰重，政治能否达到既符合天理又顺乎人情的统一？在这个问题上，王安石做出了"任理而不任情"的选择，似乎与法家同调。但此所谓情，并不是指同情生民疾苦之情、关注家国命运之情，而是指帝王的勇怯之情、阻挡变法的旧党舆情。前一种情，与他所推阐的"由是而之焉"的道、"天下之正理"，并不存在矛盾，因为在他看来，只有遵循这样的道或理，才能够确立政治方针，从根本上克服社会危机，解民于倒悬，而后一种情，则与其政治方针发生直接的、事实上的冲突。这两种情，究竟应该如何分辨取舍呢？这依然不是一个思辨理论问

---

[1]《庄子集释》卷一〇下，第1088页。

题，而是历史事实问题，是社会力量的依违问题。他所同情的生民百姓之情，只是他自己的内在情怀，是他的精神动力，但生民百姓既没有自我表达的机会和途径，也就不能形成舆论，给予他以精神上、道义上的支持。而旧党之舆情，却甚嚣尘上，造成很大的思想压力，所以他的对话对象或思考焦点，主要是旧党舆情。对于这种情，如果不进行抵制，彰显出"由是而之焉"的道、"天下之正理"以凌驾其上，就不能确立推行变革的政治方针。从这个角度看，王安石讲"任理而无情"，是一种立足于现实的选择，在北宋政界因循苟且之风大盛的背景下，有其现实合理性，但作为一项政治决策的原则，却又潜伏着极大的冒险性。然而在当时，只有苏轼等少数人进行过明确的抵制，苏轼还因此被贬出中央政府。而更多的人，则因为问题涉及皇帝的绝对权威，所以通常都在"流俗不足恤"的题目下做文章，将政治决策问题转变成王安石个人的秉性问题、工作作风问题。这是在专制政体下经常会出现的怪现象，即不能在更深的理论层面上就问题本身展开讨论，反而使严肃的政治问题庸俗化、戏剧化，既没有健全的舆论监督机制，舆论本身也表现得很不健康。而王安石本人对于工作作风的指责，更表现出执而弥坚的个性，如他有《商鞅》诗说："自古驱民在信诚，一言为重百金轻。今人未可非商鞅，商鞅能令政必行。"[1] 在"能令政必行"的意义上肯定商鞅，更使人怀疑他所推行的政治变革

---

[1]《王荆文公诗笺注》，第1243页。

是学老庄而流于刑名法术，也更增加了反对者对于新法的抵触情绪。不但苏轼等人有过这方面的评论，连王安石的学生陆佃，也在《鹖冠子注》中批评学黄老而流于刑名之弊。这个历史教训，无疑是深刻的。为了有效地推动改革，收到预期的改革成果，王安石不惜以决策机制作为代价，力图将决策权全部集中到宋神宗手中，要求宋神宗像唐尧一样"任理而无情"，即所谓"尧行天道以治人"，置舆论于不顾，同时也将改革的希望全部寄托在宋神宗的充分理解和完全支持上，寄托在社会对宋神宗权威的绝对服从上。但是，一方面由于其决策思想不能取得社会认同，不能获得社会的广泛支持，消解了支持改革的社会基础；另一方面也由于宋神宗的权威必然受到各种社会力量的制约，所以注定了其改革方案不可能取得完全成功。从某种意义上说，也唯其不完全成功，所以熙丰变法之后依然保持着政治调整机制，否则，一旦形成朕即天道、朕即国家式的专制独裁，彻底打破宋初以来逐渐形成的君臣共治局面，所谓改革也就从必要性走到了危害性的另一面。

如果说"流俗不足恤"所反映出来的，是一个敏感的政治决策问题，那么"祖宗不足法"所反映出来的，则是一个尖锐且具有挑战性的政治方针问题。其所以尖锐且具有挑战性，是因为问题涉及对北宋开国以来政治方针的基本评估，涉及变革的必要性和合理性。如果确认北宋开国以来所形成的那些成文以及不成文的政治方针都是神圣的、不可动摇的，是完美的、无须改变的，那么进行变革就是强生事，是无端扰民而乱政，没有必要性和合理性。反之，如果从现实政治的各种弊端出发，从潜伏或者已经暴露出来的社会危机出发，那么就必须进行政治改革，除旧布新，建立新的政治方针，抛弃旧的政治方针，不管它是不是"祖宗"们制定并遗留下来的。这个问题，可以说是自范仲淹等人推行庆历新政以来就已经存在的老问题。如果联系到英宗朝的"濮议"之争，问题可能还涉及皇统的性质，即英宗、神宗父子与仁宗究竟是一脉相承还是异脉相续，相应地，所谓祖宗之法也就可以理解为仁宗之政。仁宗之政尚宽柔，这是当时许多人都怀念留恋的；仁宗之政又因宽柔而怠荒，这是当时许多人都深感忧虑的。究竟应该如何对待仁宗之政，能否既继承其宽柔又革除其积弊，是围绕"祖宗不足法"所要探讨的问题。在这个问题上，司马光倾向于继承其宽柔，程颢主张进行政治改良，苏轼深刻地觉悟到时代困惑，而王安石则坚定地走上变革之路。

不同的选择，无疑有不同的思想基础和学术背景，王安石也不例外。但他毕竟又是当时的一大政杰，具有独特的个性，独特的胆识。也许正出于这样的个性和胆识，使他对当时的政治形势做出了理性而近乎冷峻的判断，选择变革之路，则是这种判断的必然结果。

王安石对于政治形势的判断，集中于四次上书，一是嘉祐三年的《上仁宗皇帝言事书》，二是嘉祐六年的《上时政疏》，三是熙宁元年回答宋神宗咨询的《本朝百年无事札子》，四是约与此同时的《拟上殿札子》。四次上书，王安石都只谈大政方针,不回避严峻的政治形势问题,不像当时的某些官僚那样,专拣皇帝生活、宫中琐事来表现自己的忠诚。就判断政治形势而言,在中国历史上似乎有一条定律,即讲形势一遍大好的人得宠,讲形势大为不妙的人失意,在政治形势表面无事而实际上确为不妙的时候,尤其如此。王安石属于后一种人,如果不是前有庆历新政,使变革思潮在道义上取得优势,使许多人都意识到政治危机的严重性,"先天下之忧而忧"的士风已经被激励起来;又如果不是年轻的宋神宗也有同样的危机意识并立志改革,大概王安石就难有机会面对危机挺身而出。从这个角度看,王安石之得以执政,发动变革,不仅仅是与宋神宗的偶然君臣相得,更是那个时代的选择。英宗朝百废待兴,而朝政又一塌糊涂,暮气沉沉,足以证明时代需要贤相,需要新的政治思维和政治活力,而参加庆历新政的老一代改革派,或被庸俗的官场习气拖得疲惫不堪,如欧阳修,或因阅历而变得世故,如富弼,大都已不能应命。

然而,适应时代需要并不意味着前途会一帆风顺,一呼百应,相反,由于应命者必须首先揭破潜在的社会危机,其次解决社会危机,唤醒梦寐中人起来与时间赛跑,所以会使人产生难以承受的紧迫感,产生莫名的抵触情绪。对于这种现实处境,王安石并非全无察觉,如他在《答王深父书》中说:"某以谓期于正己而不期于正物,而使万物自正焉,是无治人之道也。无治人之道者,是老庄之为也。所谓大人者,岂老庄之为哉?正己不期于正物者,非也;正己而期于正物者，亦非也。正己而不期于正物，是无义也；正己而期于正物，是无命也。"[1] 不期于正物是独善其身，期于正物是兼利天下，前者无义，后者无命。面对这种两难选择，王安石也曾犹疑徘徊过，例如他多次拒绝入朝任职，坚守外任。但国家天下所濒临的严重危机，终于促使他做出慨慷赴义的选择。这种选择，注定了他将正面面对危机，其执政必然给人以紧迫感和沉重的精神压力。如《本朝百年无事札子》说：

> 本朝累世因循末俗之弊，而无亲友群臣之议，人君朝夕与处，不过宦官女子，出而视事，又不过有司之细故，未尝如古大有为之君，与学士大夫讨论先王之法，以措之天下也。一切因任自然之理势，而精神之运有所不加，名实之间有所不察。君子非不见贵，而小人亦得厕其间；正论非不见容，然邪说亦有时而用。以诗赋记诵求天下之士，而无学校养成之法；以科名资历叙朝廷之位，而无官司课试之方。监司无检察之人，守将非选择之吏。转徙之亟既难于考绩，而游谈之众因得以乱真。交私养望者多得显官，独立营职者或见排沮。故上下偷惰，取容而已，虽有能者在职，亦无以异于庸人。……其于理财，大抵无法，故虽俭约而民不富，虽忧勤而国不强。赖非夷狄昌炽之时，又无尧、汤水旱之

[1]《全宋文》卷一三八八，第64册，第105页。

变,故天下无事过于百年,虽曰人事,亦天助也。盖累圣相继,仰畏天,俯畏人,宽仁恭俭,忠恕诚悫,此其所以获天助也。……知天助之不可常恃,知人事之不可怠终,则大有为之时,正在今日。[1]

从宋朝开国到神宗即位,百有余年,国家基本安定,相对于此前五代十国的政权迭变,确实有值得总结的成功经验。在宋神宗提出本朝何以百年无事的题目下,即使不刻意奉上赞美之词,歌功颂德,至少也可以顺理成章地采取微言讽咏的方式,进行正面鼓励。然而,王安石所思虑的,不是如何为圣祖贤宗们树碑立传,评功摆好,而是当前政治积弊重重、危机四伏的问题,所以在他看来,立国百年无事,只不过侥天之幸而已,并没有什么值得依恃的成功之道。那么百年政治的根本问题是什么呢?用现代语言转述王安石的意思,就是没有一条像样的政治方针。"一切因任自然之理势"算不算政治方针?站在黄老学的立场上,回答无疑是肯定的,而站在王安石的立场上来看,则根本不能算数,因为那只是一种不确立方针的方针,"精神之运有所不加",弄出来的政治便时好时坏,偶得偶失,虽有能人,却无能政,君子是否见用,端的看国家运气如何。由此积重难返,便形成偷惰苟且的风气,能人都在被排挤之列,庸人却大行其道。科举考试因循隋唐惯例,诗赋为进士,记诵号明经,培养不出

---

[1]《全宋文》卷一三八二,第64册,第15—16页。

识时务、通政事的人才；对官员政绩的考核又没有标准，不得其法，只是到时间照例升迁，不问能力，不看实事；财政管理也只是得过且过，马马虎虎，没有规划，不讲策略。这种政治状况，在王安石看来就像是一潭死水，表面上无风无浪，一派安定景象，实际上日渐腐朽，日渐污浊，如果不及时制定一条明确的政治方针，主动变革，就必然有新生力量代之而起，既代替现政权完成必然变革的历史使命，也代替现政权的天命。

显而易见，王安石对建国百年政治的评估，不仅仅是低调的，而且是批判性的。按照这样的评估，祖宗足不足效法，也就不言而喻了。

祖宗既不足法，又将以什么作为法则来制定政治方针呢？在中国历史上，有过一些公认的政治成功范例，如文景之治、贞观之治等等。文景之治行黄老无为，与宋朝建国百年的政治性质相类似，所以王安石并不仰慕，虽曰政治尚宽柔，但据王安石看只是小仁，即如其《汉文帝》诗所说："轻刑死人众，丧短生者偷。仁孝自此薄，哀哉不能谋。露台惜百金，灞陵无高丘。浅恩施一时，长患被九州。"[1] 只行小恩惠，不成大事业，当朝虽然无事，过后遗患无穷，这在王安石看来，正是偷惰苟且之弊政。贞观之治的情况好些，但也不是王安石理想中的政治。在励精图治方面，王安石肯定唐太宗、魏征的所作所为，如说："昔唐太宗贞观之

---

[1]《王荆文公诗笺注》，第297—298页。

初，人人异论，如封德彝之徒，皆以为非杂用秦、汉之政，不足以为天下。能思先王之事开太宗者，魏文贞公一人尔。其所施设，虽未能尽当先王之意，抑其大略，可谓合矣。故能以数年之间，而天下几致刑措，中国安宁，蛮夷顺服，自三王以来，未有如此盛时也。"[1] 但作为确立当朝政治方针的典范，则贞观之治仍嫌不足，如回答神宗问"唐太宗何如"时说："陛下当以尧、舜为法。太宗所知不远，所为不尽合先王，但乘隋乱，子孙又皆昏愚，所以独见称述。"[2]

通过对当朝百年政治以及对汉、唐政治的评估，阐明了确立政治方针当以尧、舜为法。那么什么是尧、舜之法呢？要回答这个问题，就不能不研究《尚书》《周官》等经典，尧、舜时代的政治，都记载在这些经典里。这是王安石托古改制的必然逻辑。然而时代变了，照搬照抄经典中记载的政治，在当代必然行不通，所以还必须对经典做出符合时代要求的新解释，借鉴老庄哲学思维，从尧、舜政治的旧痕迹中寻找其"所以迹"。这又是王安石托古改制之所以要援用老庄哲学的必然逻辑。"祖宗不足法"而效法尧、舜为政之意的政治方针，大概就由此两个方面来建立。

《上仁宗皇帝言事书》是王安石所提出的政治改革纲领，全文八千余字，是一个举本统末的系统政纲。本即政治方针，末是具体措施。谈政治方针，自然还是从形势判断、忧

---

[1]《上仁宗皇帝言事书》，《全宋文》卷一三八〇，第63册，第342页。
[2] 王称：《东都事略》卷七九《王安石传》，《王安石年谱长编·附录》，第2275页。

患意识开始:

> 顾内则不能无以社稷为忧,外则不能无惧于夷狄,天下之财力日以穷困,而风俗日以衰坏,四方有志之士,㧑㧑然常恐天下之久不安。此其故何也?患在不知法度故也。[1]

类似的话,王安石说过很多次,《拟上殿札子》《上时政疏》等都可以互为参证。那么,究竟什么是王安石所强调的"法度"呢?曾经有过那么一段时期,学界流行一种观点,认为王安石之"法度"乃法家之法,以此证明王安石褒法而非儒,代表历史进步的力量。这个观点,不能说完全没有依据,与王安石同时而反对他的人,同样也说他学黄老而流于刑名,刑名即法家之术。虽然古今褒贬不同,但认为王安石的思想倾向于法家,却是一致的。现在看来,这种观点颇有片面性,没有抓住王安石的思想核心。所谓王安石的思想核心,准确说来并不在于强化法治,而在于调整政治方针,这也是他反复强调"法度"的真实含义。从早年《上运使孙司谏书》[2]反对峻法,到后来认为"今朝廷法严令具",王安石始终不将刑名律法问题作为当时政治的主要问题,不认为百年政治之弊在于缺少刑名法律,充其量,王安石也只是

---

[1]《全宋文》卷一三八〇,第63册,第328页。
[2]《全宋文》卷一三九二,第64册,第163—164页。

在"能令政必行",亦即在维护法律严肃性的意义上认同于法家,至于确立大政方针,则无疑以《周官》《尚书》等儒家经典为基础。对经典需要做出新诠释才能够确立新的政治方针,但新诠释的主要特征,并不是法家化,而是在理论方法上吸收道家哲学。这一点,我们可以从他关于"法度"的进一步阐释中看得很清楚:

> 夫以今之世,去先王之世远,所遭之变、所遇之势不一,而欲一二修先王之政,虽甚愚者,犹知其难也。然臣以谓今之失,患在不法先王之政者,以谓当法其意而已。夫二帝三王,相去盖千有余载,一治一乱,其盛衰之时具矣。其所遭之变、所遇之势亦各不同,其施设之方亦皆殊,而其为天下国家之意、本末先后,未尝不同也,臣故曰"当法其意而已"。法其意,则吾所改易更革,不至乎倾骇天下之耳目,嚣天下之口,而固已合乎先王之政矣。[1]

所谓法先王"为天下国家之意",在理论方法上显然借鉴了《庄子》的"迹"与"所以迹"之辨。对于这种理论方法,王安石亦可谓研精析微,大有心得,如他在《非礼之礼》一文中说:"古之人以是为礼,而吾今必由之,是未必合于古之礼也;古之人以是为义,而吾今必由之,是未必合

---

[1]《上仁宗皇帝言事书》,《全宋文》卷一三八〇,第63册,第329页。

于古之义也。夫天下之事，其为变岂一乎哉？固有迹同而实异者矣。今之人誾誾然求合于其迹，而不知权时之变，是则所同者古人之迹，而所异者其实也。事同于古人之迹而异于其实，则其为天下之害莫大矣，此在人所以贵乎权时之变者也。"[1] 王安石还有《太古》一文，以为太古之时人与禽兽相朋，经过文明陶冶，人得以与禽兽相区别。区别是根本性的进步，所以政治不能以复归太古为目标。如说："太古之道果可行于万世，圣人恶用制作于其间？必制作于其间，为太古之不可行也。顾欲引而归之，是去禽兽而之禽兽，奚补于化哉？吾以为识治乱者，当言所以化之之术，曰归之太古，非愚则诬。"[2] 由此看来，王安石的托古改制，基本特质是从古代政治中发掘新的政治方针，而不是效法古代政治的具体措施。至于其所推行的青苗、免役、市易等法都引据《周官》，[3] 大概只是为了建立合理性依据，使变革"不至乎倾骇天下之耳目"，是一种技术性的舆论依托，并不代表他托古改制的思想实质。在这点上，王安石与王莽根本不同，虽然他们同样依附《周官》进行托古改制，但王莽之古是形式主义的、教条的，而王安石之古，本质上是建立新的政治方针的基础。这种差别，既与不同时代的思想背景有关，又与王安石本人对老庄哲学的研究分不开。

针对偷惰因循之弊政，运用老庄的哲学理论，诠释《周

---

[1]《全宋文》卷一四〇三，第64册，第342—343页。
[2]《全宋文》卷一四〇五，第65册，第3页。
[3]《上五事札子》，《全宋文》卷一三八二，第64册，第7—8页。

官》《尚书》等经典,以此阐发"为天下国家之意",并站在历史发展的角度,辨古今名实之同异,大概就是王安石重建政治方针的学术理路。这个政治方针,可以用《上时政疏》中的一段话来概括:

> 盖夫天下至大器也,非大明法度,不足以维持;非众建贤才,不足以保守。苟无至诚恻怛忧天下之心,则不能询考贤才,讲求法度。贤才不用,法度不修,偷假岁月,则幸或可以无他,旷日持久,则未尝不终于大乱。[1]

"大明法度""众建贤才",就是王安石所确立的政治方针。前者意味着对宋初期的政治进行根本性的变革,是最高政治决策层面的;后者意味着彻底改造官僚队伍,作为推行其政治方针的必要保障。所谓"至诚恻怛忧天下之心",也是王安石谈论政治问题时经常用到的语言,恻即恻隐,怛乃忧患。这句话的意思不是泛泛地谈论心性问题,而是针对皇帝大臣的警诫之词,同时也是确立其政治方针的动因或出发点。在《上仁宗皇帝言事书》中,王安石举了一个反面例子:"昔晋武帝趣过目前,而不为子孙长远之谋,当时在位亦皆偷合苟容,而风俗荡然,弃礼义,捐法制,上下同失,

---

[1]《全宋文》卷一三八一,第63册,第344—345页。

莫以为非，有识固知其将必乱矣。"[1] 这种苟且的心态，在专制的政治体制下，在继位之君享国既久之后，实在是一种常见的现象。以这种心态对待政治问题，就不可能明法度、建贤才，不可能意识到没有政治方针的严重性，一方面坐享其成，一方面坐以待毙。何以如此呢？王安石在《材论》一文中做了有意思的分析："天下之患，不患材之不众，患上之人不欲其众；不患士之不欲为，患上之人不使其为也。夫材之用，国之栋梁也，得之则安以荣，失之则亡以辱。然上之人不欲其众，不使其为者，何也？是有三蔽焉。其尤蔽者，以为吾之位可以去辱绝危，终身无天下之患，材之得失，无补于治乱之数，故偃然肆吾之志，而卒入于败乱危辱，此一蔽也。又或以谓吾之爵禄贵富足以诱天下之士，荣辱忧戚在我，吾可以坐骄天下之士，将无不趋我者，则亦卒入于败乱危辱而已，此亦一蔽也。又或不求所以养育取用之道，而諰諰然以为天下实无材，则亦卒入于败乱危辱而已，此亦一蔽也。"[2] 在专制政体下，皇帝对各类人才都有生杀予夺之权，这不能不养成他轻慢天下之士的坏习惯；绝对的权力不受制约，没有竞争对象，这又不能不怂恿他的骄妄心态。然而，一旦天下之士对这个政权普遍感到失望，不愿合作，一旦出现公开旗号的竞争对手，这个政权也就面临着败乱危辱的必然命运。由此看来，在专制政体下，能否树立

---

[1]《全宋文》卷一三八〇，第63册，第339页。
[2]《全宋文》卷一四〇〇，第64册，第302—303页。

"至诚恻怛忧天下之心"，能否自觉地培养建设性的政治意识，是一个涉及成败存亡的大问题，在一个政权维持了相当长的时间之后，这个问题尤其突出。如果不能自觉培养建设性的政治意识，所谓重建政治方针也就无从谈起。而要培养建设性的政治意识，树立"至诚恻怛忧天下之心"，就必须拓宽视野，摆脱宫廷生活养成的满足感，以大政方针成就天下国家的宏大事业，克服蝇营狗苟的习气，激发起创造性活力。也唯其如此，才可能克服已经形成的政治危机。相对于克服危机的紧迫性而言，偷惰苟且的"祖宗之法"又有什么值得留恋的呢？这在王安石看来，其实是无须争辩就应该达成的共识。

第二节 "由是而之焉"的运思理路

王安石要重建大政方针，彻底改变宋初以来的政治局面，在大政方针的引导和制约下，使皇帝像政治家一样地当皇帝，使大臣也像政治家一样地作大臣。这种构想，现代的政治思想家们不免会为之心动，然而在当时，这种设想颇显得责义太深而求治太切，与现实的政治文化基础有很大的差距。虽然皇帝大臣们都读过许多经史，但要当个政治家，依然准备不足，许多必修课都未完成，其中包括对社会真实状况的了解、必要的政治思维训练等等。更为严重的是，由因循苟且的政治风气所培养的官僚，会做官的人越积越多，能办事的人越磨越少，官僚们念兹在兹、思虑稔熟的，不是如何发现并且解决政治问题,而是在官僚机器中的自保之策、晋升之术。对于这种状况,王安石的清醒认识也同样造成紧迫感,甚至是压迫感:

> 臣尝试窃观天下在位之人,未有乏于此时者也。夫人才乏于上,则有沉废伏匿于下,而不为当时所知者矣。臣又求之于闾巷草野之间,而亦未见其多焉。岂非陶冶而成之者非其道而然乎?臣以谓方今在位之人才不足者,以臣使事之所及,则可知矣。今以一路数千里之间,能推行朝廷之法令,知其所缓急,而一切能使民以修其职事者甚少,而不才苟简贪鄙之人,至不可胜数。其能讲先王之意以合当时之变者,盖阖郡之间往往而绝也。朝廷每一令下,其意虽善,在位者犹不能推行,使膏泽加于民,而吏辄缘之为奸,以扰百姓。[1]

官员是通过科举考试选拔出来的,进士会写诗,明经能背诵,但未必因此而达政理,也缺乏从政经验,所以在执行政策时,往往被吏员所利用。吏员是从各色人中聘用的,能凭着社会经验钻政策的空子,于是一项政策贯彻下去,就变成一次扰民事件。人才匮乏与政治积弊密切相关,它既是政治改革所必须面对的问题,也是政治改革的现实基础。就问题而言,人才匮乏由两方面原因造成,一是因袭唐以来的科

---

[1]《上仁宗皇帝言事书》,《全宋文》卷一三八〇,第63册,第329页。

举惯例,二是作为本朝人事制度的"磨勘"法,合而言之,即"陶冶而成之者非其道",在政策和文化引导方面都存在习而不察的偏失。相应地,解决问题就必须废除旧法,建立一套综核名实的新制度,同时还必须进行科举改革,使科举成为培养政治人才的工程,而不是制造政府冗员的机器。就政治改革的现实基础而言,人才匮乏现象反映出真实的社会环境、政治文化背景,在这种环境和背景下推行改革,就必须提出新的政治思维,"讲先王之意以合当时之变",将古典精神与时代现实结合起来,既立足于现实又超越现实局障,高屋建瓴,统揽全局,从整体上改变社会环境和政治文化背景本身,不能停留于头痛医头、脚痛医脚的措施层面。这是王安石所设想的变革深度和广度。达到这一深度和广度的途径,则在于按照"由是而之焉"的哲学思路重铸政治体系。

说王安石有一套政治新思维,大概不会有人否认,因为否认了就无法理解他所推行的政治改革。而谈到新思维的本质内涵,则可能有各种不同的见解。在通常情况下,研究者都习惯于按照先秦诸子百家的模式,来界定秦汉以后的思想源流、学术范型,这是一种简便易行的方法,能够三言两语就说清楚一个完整的意思。譬如王安石,一种观点认为他的思想属于法家,另一种观点认为他的思想以《周官》为基础,属于儒家,即所谓"荆公之学,原本经术"。[1] 这两种观点,都很明确,而且都有相当的证据。但从整体上来看王

---

[1] 蔡上翔:《王荆公年谱考略》卷六,《王安石年谱三种》,第315页。

安石的学术思想，似乎又并不那么简单。如前文《叙论》所述，王安石的政治哲学更推重天道、天理，不同于宋神宗强调刑名律法，所以将王安石归类于法家，并不符合其基本思想。《周官》在王安石的政治学说中，确实占有重要的地位，如他在《周礼义序》中说：

> 惟道之在政事，其贵贱有位，其后先有序，其多寡有数，其迟数有时。制而用之存乎法，推而行之存乎人。其人足以任官，其官足以行法，莫盛乎成周之时；其法可施于后世，其文有见于载籍，莫具乎《周官》之书。盖其因习以崇之，庚续以终之，至于后世，无以复加，则岂特文、武、周公之力哉？犹四时之运，阴阳积而成寒暑，非一日也。自周之衰，以至于今，历岁千数百矣。太平之遗迹，扫荡几尽，学者所见，无复全经。于是时也，乃欲训而发之，臣诚不自揆，然知其难也。以训而发之之为难，则又以知夫立政造事追而复之之为难。然窃观圣上致法就功，取成于心，训迪在位，有冯有翼，亹亹乎乡六服承德之世矣。以所观乎今，考所学乎古，所谓见而知之者，臣诚不自揆，妄以为庶几焉。[1]

《三经新义》中，《周官新义》是由王安石亲自训释的。而他训释《周官》的宗旨，大要有两条：一是"道之在政

---

[1]《全宋文》卷一三九八，第64册，第269—270页。

事",也就是政治理论;二是"法可施于后世",也就是政治操作的具体措施。另外还有一个主要用途,即"以经术造士",也就是作为基本教材,培养适应改革需要的官员。由这两条宗旨、一个主要用途,似乎能形成一套体用兼备的体系,从理论和实践两方面构成一套完整的政治改革方案。由此推断王安石的改革思路来源于《周官》之学,似乎是可以接受的。但稍作推敲,又会发现这种推断并不可靠。第一,成立经义局,专门研究《周官》《尚书》《诗经》等经典,事在熙宁六年,至熙宁八年完成《三经新义》,颁行学官,时间远在熙宁二年发动改革之后。从这个先后次序来看,《周官新义》或许可以说是对熙宁变法的理论总结,但不能说是熙宁变法的理论基础。事实上,王安石关于变法的理论准备,完成于嘉祐、治平年间。熙宁元年王安石始任参知政事,与宋神宗议论变法,可以说是关于变法的舆论准备,而《三经新义》则是变法的一个重要组成部分,属于"文教改革"。换言之,王安石在训释《周官》之前,便展开了关于政治改革的理论思考,并非在训释《周官》、形成系统的经义新学之后才从容地发动改革。这说明他的改革思想,有《周官新义》之外的根源。第二,也是更为重要的一点,王安石训释《周官》时,已明确地认识到古今差异,同样也明确地认识到要将古代的政治法典运用到当代的政治实践中,就必须站在更高的理论层面,展开抽象思维,以把握古今为政之道的抽象统一性,从而克服古今政治因具体环境不同而形成的差异,否则不能克服"训而发之"的困难,更不能克服"立政造事追而复之"的困难。换言之,王安石训释《周官》,还必须以某种更高的理论思维方法,借以克服古今社会的差异,而《周官新义》之所以新、之所以能够新,无疑与这种思维方法分不开。

那么,王安石的思维方法究竟是什么?又是如何形成的呢?追本溯源是探寻学术脉络的常用方法,后人为了探寻王安石学术的脉络,便采用过这种方法,但得出的结论并不令人满意。早在宋代,已流传这样一种说法,称王安石曾求学于周敦颐,因遭受挫折,尔后始发愤。这种传说之不可靠,单看清人蔡上翔在《王荆公年谱考略》中的辩诬,便可明了。还有些学者从其学术思想有相同或相近之处的角度,推测王安石可能与李觏有某种关系,但推测毕竟是推测,未能证实。是则王安石的学术必然别有渊源,其渊源,我们可以结合王安石的自述来分析:

> 某自百家诸子之书,至于《难经》、《素问》、《本草》、诸小说无所不读,农夫女工无所不问,然后于经为能知其大体而无疑。后世学者与先王之时异矣,不如是不足以尽圣人故也。扬雄虽为不好非圣人之书,然于墨、晏、邹、庄、申、韩,亦何所不读?彼致其知而后读,以有所去取,故异学不能乱也。惟其不能乱,故能有所去取者,所以明吾道而已。[1]

---

[1]《答曾子固书》,《全宋文》卷一三八九,第64册,第121页。

我们知道，北宋儒学复兴的一个重要方式就是讲学。讲学有官方和民间两种形式，但都很重视师资传承，这就是所谓的"讲学风气"。自洛学、关学兴起后，师资传承的重要性尤为突出，它就像禅宗传授衣钵一样，是甄别学术真伪、衡量理论得失的重要依据。然而，套用这样的标准来衡量王安石的学术，恐怕会谬以千里，因为王安石的学术是创造性的，得之于博学、审问、慎思、明辨，而非得之于某个名师指点。博学则读书无禁区，审问可及于农夫女工，慎思能知大体而无疑，明辨乃以异学明"吾道"。"吾道"即王安石所理解的儒学之道、先王治理天下国家之道，异学主要有佛道二家。王安石第二次罢相后，退居江宁，曾对佛教发生浓厚兴趣，但那已是烈士暮年之事，是脱离政治和学术主流之后的个人心境问题，并不能反映王安石作为一个政治家和思想家的真实面貌。从思想特质上说，王安石的政治变革理论，也不可能来源于佛学，因为二者之间存在价值趣向上的根本差别。就王安石的政治变革理论而言，我们认为他用来明"吾道"的异学，主要是老庄哲学。其所谓扬雄有所去取，指《法言·问道》"老子之言道德，吾有取焉耳。及捶提仁义，绝灭礼学，吾无取焉耳"，可为佐证。

老庄哲学之所以能够明"吾道"，能够被用来发掘古代政治法典的新义，是因为老庄所阐发的自然天道可以作为"由是而之焉"的"是"，亦即重铸政治体系的合理前提；老庄推天道以明人事的思想逻辑，可以作为重铸政治体系的基本思路，作为政治决策的基本原则，既制约"直信吾之是非而加人以其赏罚"的君主意志，也克服因畏惧天命而导致人事怠荒的积弊。王安石在《九变而赏罚可言》一文中说：

> 万物待是而后存者，天也；莫不由是而之焉者，道也；道之在我，德也；以德爱者，仁也；爱而宜者，义也。仁有先后，义有上下，谓之分；先不擅后，下不侵上，谓之守。形者，物此者也；名者，命此者也。所谓物此者何也？贵贱亲疏所以表饰之，其物不同者是也。所谓命此者何也？贵贱亲疏所以称号之，其命不同者是也。物此者，贵贱各有容矣；命此者，亲疏各有号矣。因亲疏贵贱，任之以其所宜为，此之谓因任。因任之以其所宜为矣，放而不察乎，则又将大弛，必原其情，必省其事，此之谓原省。原省明而后可以辨是非，是非明而后可以施赏罚。故庄周曰："先明天而道德次之，道德已明而仁义次之，仁义已明而分守次之，分守已明而形名次之，形名已明而因任次之，因任已明而原省次之，原省已明而是非次之，是非已明而赏罚次之。"是说虽微庄周，古之人孰不然？古之言道德所自出而不属之天者，未之有也。尧者，圣之盛也，孔子称之曰"惟天惟大，惟尧则之"，此之谓明天。"聪明文思安安"，此之谓明道德。"允恭克让"，此之谓明仁义。次九族，列百姓，序万邦，此之谓明分守。修五礼，同律度量衡，以一天下，此之谓明形名。弃后稷，契司徒，皋陶士，垂共工，此之谓明因任。三载考绩，五载一巡狩，

此之谓明原省。命舜曰"乃言底可绩",谓禹曰"万世永赖,时乃功","蠢兹有苗,昏迷不恭",此之谓明是非。"皋陶方祗厥叙,方施象刑,惟明",此之谓明赏罚。至后世则不然,仰而视之,曰:"彼苍苍而大者何也?其去吾不知其几千万里,是岂能知我何哉?吾为吾之所为而已,安取彼?"于是遂弃道德,离仁义,略分守,慢形名,忽因任,而忘原省,直信吾之是非而加人以其赏罚。于是天下始大乱,而寡弱者号无告。圣人不作,诸子者伺其间而出,于是言道德者至于窈冥而不可考,以至世之有为者皆不足以为,言形名者守物诵数,罢苦以至于老而疑道德。彼皆忘其智力之所不赡,魁然自以为圣人者此矣。悲夫!庄周曰:"五变而形名可举,九变而赏罚可言。""语道而非其序,安取道?"善乎!其言之也。[1]

此文大约也是《淮南杂说》中的一篇,作于嘉祐、治平年间。在新学派政治哲学的形成和发展中,它似乎是一个纲领性文件,不仅代表了王安石本人的政治哲学思路,而且对王雱、陆佃等人深有影响。此文大旨,可以从学术和思想两个层面来理解。

就学术层面而言,此文旨在以《庄子》与《尚书》相发明,确切地说,是以《庄子·天道》的思想为主纲,取

---

[1]《全宋文》卷一四〇三,第64册,第338—339页。

《尚书》各篇为印证，以突现其"九变而赏罚可言"的思想主题。换个角度也可以说，是按照《庄子》的理论思路，对《尚书》中的政治学说进行重新组合和重新诠释。所引《尚书》，出于《尧典》《舜典》《大禹谟》诸篇，按照《庄子》"九变"的思想逻辑，阐发为一个从明天、明道到推行赏罚的政治学框架。虽然王安石在字里行间并没有明显的推崇《庄子》之处，但就其思想逻辑而言，显然是以《庄子》的"九变"之说为纲领，泛引《尚书》为之张目，取儒家之博以证道家之要。

就思想层面而言，此文旨在探讨政治决策的理论依据，也就是克服现实政治中"直信吾之是非而加人以其赏罚"的问题。所谓"直信吾之是非"，也就是统治者的意志，按照统治者的意志施行赏罚，进行政治决策和政治运作，在王安石看来是天下大乱、以强凌弱的根源。如何克服这种唯意志论式的胡乱决策呢？《庄子·天道》提出了一个"九变"的决策论，王安石试图使这个决策论成为一种理性原则，即"由是而之焉"的道。

《庄子·天道》在阐述其"九变"的决策论之后，还谈到治之道和治之具问题，说："骤而语形名，不知其本也；骤而语赏罚，不知其始也。倒道而言，迕道而说者，人之所治也，安能治人？骤而语形名赏罚，此有知治之具，非知治之道；可用于天下，不足以用天下；此之谓辩士，一曲之人也。"[1]

---

[1]《庄子集释》卷五中，第473页。

形名法规在现实政治中固然很重要，但说到底，它又只是执行赏罚的政治工具。工具都有一个使用者主体，这个主体，在专制政体中的最高体现当然是皇帝。皇帝又按照什么样的原则来使用这件工具呢？是凭着他个人的是非好恶之意、喜怒哀乐之情还是依据某个更高的理性原则？围绕这个政治决策的核心问题，老庄推阐出一套道体论，作为执政者行使决策权的理性原则。王安石闻风而悦，从中发现了建构政治哲学的逻辑前提，仍然是那个"由是而之焉"的道。

所谓"由是而之焉"，语出韩愈《原道》，但王安石的立意，与韩愈颇有不同。韩愈《原道》说："博爱之谓仁，行而宜之之谓义，由是而之焉之谓道，足乎己无待于外之谓德。"这个论述次序，先仁义而后道德，所以，"是"作为指示代词实指前文之主词仁义，意即由仁义而行便是道，使仁义内化为主体自觉而不假外求便是德。在王安石文中，"是"也是指示代词，但由于他的论述次序是先道德而后仁义，仁义从道德的内涵中推衍出来，是从天道到刑名赏罚的一个逻辑环节，不是"由是而之焉"的主词，所以，其所谓"是"指天道，非指仁义。这种差别，反映出唐宋时儒道思想的一个大分际。唐宋时儒道两家思想虽呈融合趋势，但作为思想体系最高原则的"道"究竟是自然天道还是仁义之道，依然存在分歧。韩愈作《原道》，主旨在于论证"仁与义为定名，道与德为虚位"，[1] 代表了儒家的原则立场，因而受到二程

---

[1]《韩愈文集汇校笺注》卷一，第1页。

的高度赞扬。而王安石深感忧虑的一大理论问题，就是道德亦即自然天道的价值虚化，自然天道被推演到杳冥难知的形而上层面，不与现实发生关联，对现实失去指导意义，就为君主"直信吾之是非而加人以其赏罚"留下了很大的空间。要解决这个问题，就必须将自然天道重新确立为最高原则，确立为不证自明的"是"，作为检验政治合理性、调整现实政治方针和结构的客观标准。也正是在这个意义上，王安石用韩愈的"由是而之焉"与《庄子》的"九变而赏罚可言"互证互训，阐述其推天道以明人事的政治哲学思路。

试图在帝王的喜怒好恶之上确立某种更高的原则，其目的无疑是要对皇权有所限制。为了达到这个目的，中国古代的思想家们可谓煞费苦心，想尽了各种办法。儒家讲仁义，墨家讲兼爱，试图以仁义、兼爱来陶冶皇帝及其臣佐的性情，使仁义、兼爱内化为他们的意志，希望他们按照这种升华后的意志进行自觉的政治决策，达到天下大治，百姓和睦，万机得理。到了汉代，思想家们大概已发现仁义、兼爱的作用十分有限，相对于专制制度所赋予的绝对权力而言，仁义、兼爱的倡导在争取君主意志方面，实在太被动了，根本不足以抵挡君主们的喜怒好恶，于是又提出天人感应的学说，宣称在君主的绝对权力之上，还有一个更高的监督者，有一个终极裁判，这就是"天"。而且天听自我民听，天降祥瑞以鼓励善政，或者降灾异以惩罚恶政，都依据百姓的生活状况来决定。这套学说，在一些现代研究者看来未免粗俗，既缺乏审美价值，也不能从中获得理性思维的满足，但即便如此，也不能低估它在历史上的实际作用，不能低估它在权力监督方面化被动为主动的实际意义。

由此我们便必然要联想到熙宁年间流传的另一句口号。从一些历史资料来看，如果说"流俗不足恤"和"祖宗不足法"两条在当时引起的是震惊，那么由"天命不足畏"所引起的，则可以说是恐慌。如《宋史·富弼传》载：

> 时有为帝言灾异皆天数，非关人事得失所致者。弼闻而叹曰："人君所畏惟天，若不畏天，何事不可为者！此必奸人欲进邪说，以摇上心，使辅拂谏争之臣，无所施其力。是治乱之机，不可以不速救。"即上书数千言，力论之。[1]

在专制政体下，臣僚要想对君主的权力有所约束，就不能不借重天命这根法杖。如果诱说君主相信"天命不足畏"，又将以什么来约束君主的无边权力呢？因为这个问题而引起恐慌的，在当时不只富弼一人，为此上书的，也同样不少。由这种历史背景，我们就不能不追问，王安石与富弼等人关于天命或自然天道的思想分歧究竟在哪里？

熙宁年间新旧两党，亦即改革派与反对派的冲突，在舆论上是对抗性的。反对派试图钳制宋神宗行新法，也每每以地震、久旱等"天命"入说。面对这种要么推行新法要么废

---

[1]《宋史》卷三一三，第10255页。

沮新法的严峻形势，王安石或许会提出"天命不足畏"那样的口号，从王安石的哲学思想来看，也有提出这种口号的基础。但这并不意味着他对天命之说在实际政治中的作用无所认同，这一点，我们从上引《九变而赏罚可言》一文中便可以看出来，王安石明显注意到信天命与守道德之间的联系，注意到天命之说的政治功能和社会功能。但是，王安石又力图建构一个比天命之说更高的理性原则，作为政治方针、政治决策的依据，如他在《洪范传》中说：

> 世之言灾异者非乎？曰：人君固辅相天地以理万物者也，天地万物不得其常，则恐惧修省固亦其宜也。今或以为天有是变必由我有是罪以致之；或以为灾异自天事耳，何豫于我，我知修人事而已。盖由前之说则蔽而葸，由后之说则固而怠。不蔽不葸，不固不怠者，亦以天变为己惧，不曰天之有某变必以我为某事而至也，亦以天下之正理考吾之失而已矣。[1]

显而易见，王安石反对关于天命、灾异之说的两种偏颇倾向：其一是将天命、灾异与人事一一对应起来，由信天命而导致人事上的畏缩懦怯；其二是完全割裂天人联系，陷溺于僵化固执，不能站在更高的思想境界上，对人事之得失做出判断。这两种偏颇倾向，在古代是围绕天命之说经常会出

---

[1]《全宋文》卷一四〇一，第64册，第322—323页。

现的现象。而出现任何一种倾向或出现二者对立，又都必然对人事、对政治产生不良影响。从理论上说，天命观念也是一种信仰，正如其他形式的信仰一样，很难为它找到一个适当的度。而且，既然是一种信仰，便不管它最初是不是针对皇帝的绝对权力提出来的，都必然会在实际流传中对全社会发生作用，而不只是对皇帝发生作用。其结果是，天命之说不但对限制最高权力具有正负两方面作用，对社会的精神引导也同样具有正负两方面作用，即一方面敬畏天命，以防人无忌惮；另一方面又会成为精神枷锁，因听天由命观念的扩散而导致人事荒废。人无忌惮是以人胜天，听天由命是以天胜人，这两种弊端，与天命之说的正面作用常常联系在一起。如何既保持天命之说的正面作用，又克服其弊端呢？在先秦，荀子曾针对"神道设教"问题提出一种说法，即所谓"君子以为人道，小人以为神道"，意即君子将"神道"作为人文教化的一种方式，小人信仰"神道"，以为实有其事。这当然也是解决问题的一种办法，但毕竟让人怀疑君子对小人是否采取了欺骗手段。从王安石的论述来看，或许也有与荀子相类似的想法，因为他只是着眼于天命之说的功能问题，分析它用于教化的正负两方面作用，拒不讨论天命之说的真实性问题，将欺骗遮掩起来。但是，王安石又不像荀子那样划分君子与小人，而是提出一个更高的理性原则，即所谓"天下之正理"，以此解决天命之说的利弊两分问题。从某种意义上说，划分君子小人是试图为信仰找到合适的度，小人之度在于知其然，君子之度在于知其所以然，而提出理性原则，则是由信仰向理性思维的升华。这种理性思维的升华，或许就是王安石与富弼等人的思想分歧之所在。放在北宋儒学复兴运动中来看，王安石推阐自然天道、"天下之正理"，打开了重建政治哲学之新局，其思想虽不被富弼等政治家所接受，但对二苏、二程等思想家却深有影响，成为新的思考起点。二苏、二程等人与王安石的思想分歧，不在于天道、天理是否可以作为最高原则以代替天命观念，而在于对天道、天理之内涵的不同理解或诠释。

第三节 天道之义涵

承上所述，王安石将自然天道作为不证自明的合理前提，力图克服天命论和君主意志论两种决策思想，按照"由是而之焉"的思想逻辑建明宪纲、重铸政治体系。仅就确立天道或天理以克服两种决策思想而言，王安石与二苏、二程等人是大旨相同的，但他们对于天道义涵的理解和诠释不同，表现出更深层次的理论探讨和对话。

以王安石与程颢为例，二人相与论道，彼此间曾有过善意的批评。王安石批评程颢，说是"公之学如上壁"，程颢反批评，谓之"参政之学如捉风"。[1] 就立政造事而言，"上壁"固然很难，"捉风"也同样不易。前者难在欲推行其难行之理想，后者难在欲化虚为实，使内涵虚阔的自然天

---

[1]《二程集·遗书卷第十九》，第255页。

道成为政治体系的最高原则。另据《二程集》记载：

> 先生（程颢）尝语王介甫曰："公之谈道，正如说十三级塔上相轮，对望而谈曰，相轮者如此如此，极是分明。如某则戆直，不能如此，直入塔中，上寻相轮，辛勤登攀，逦迤而上，直至十三级时，虽犹未见相轮，能如公之言，然某却实在塔中，去相轮渐尽，要之须可以至也。至相轮中坐时，依旧见公对塔谈说此相轮如此如此。"介甫只是说道，云我知有个道，如此如此。只佗说道时，已与道离。佗不知道，只说道时，便不是道也。[1]

有关王安石与程颢从容论道的记载不多，但这条资料已很能说明二人对于"道"的不同理解，即程颢注重关于"道"的经验性体贴和感受，同时也更注重"道"的社会现实、历史文化内涵，表现为不离人事而求道。王安石之所谓"道"是一种纯粹的、对象化的客体，是为了确立最高的合理前提而做出的逻辑预设。它脱离或者说超越社会现实、历史文化背景之上，也不具有相应的内涵，是将自然之理作为涵盖一切的普遍真理，换言之也可以说，是以天道统贯人道。

当然，程颢的譬喻性描述有其自身立场，但对王安石思

---

[1]《二程集·遗书卷第一》，第5—6页。

想的理解大旨说来是准确的。按照王安石"由是而之焉"的思想逻辑，必须首先预设一个代表普遍真理的"是"亦即"道"，然后才能够"之焉"，也就是推导出合理的政治体系。站在批评者的角度看，这种前提预设不包含人的本然立场和权力要求，人在"道"之外，所以本质上是一种虚设。而站在同情理解的角度将其思想逻辑反过来看，既然由"是"可以"之焉"，合理的政治体系是从前提预设中推导出来的，那么其预设就必然具有特定内涵，有其认识论基础，是可以思议、可以理解的，不是某种奇怪而不可解的理论独断或虚设。王安石说：

> 万物莫不有至理焉，能精其理则圣人也。精其理之道，在乎致其一而已。致其一，则天下之物可以不思而得也。《易》曰"一致而百虑"，言百虑之归乎一也。苟能致一以精天下之理，则可以入神矣。既入于神，则道之至也。[1]

所谓"致一"，就是王安石进行前提预设的认识论基础，所谓"致一以精天下之理"，就是其前提预设的特定内涵。这个认识论基础和特定内涵的确立，一方面依据天下万物固有其一致之理，另一方面也依据传统经典，《周易》和《老子》书中"致其一"以至于精义入神的思维艺术，都是前人

---

[1]《致一论》，《全宋文》卷一四〇二，第64册，第334页。

通过思维实践所创造的范例。《周易》六十四卦可以归类为八卦，八卦可以归类为阴阳二爻，阴阳二爻又可以归结为一太极，象征着纷繁复杂的事物具有其统一性，有其一致之理。依据一致之理推断具体事物之休咎，是一致而百虑；从不同角度致思于万事万物的一致之理，是百虑而一致。《老子》是这种思维艺术的另一个范例。《老子》讲涤除玄览，讲抱玄守一，试图通过抽象的理性思维把握万事万物的共同本质，并在共同本质的意义上抽绎宇宙原理，是即所谓"道"。立足于这种思维艺术或艺术化思维的认识论基础之上，关于"道"或"是"之前提预设所当思议的，就不是其存在与否的问题，而是其蕴涵问题。在中国思想史上，"道"之为存在从来都不证自明，但对于"道"的蕴涵却有各种不同理解，先秦时的百家争鸣如此，北宋时的学派纷呈也如此，而程颢与王安石的思想分歧，如实说来就正在对于"道"的理解上，塔内塔外的虚实之分，是理解方式和境界亦即最终结论之分，不是"道"本身的有无之分。

对于"道"之蕴涵的不同理解，主要集中在相互关联的两个方面。就其外延而言，是诸子百家之"道"的离与合；就其内涵而言，是天道与人道的关系。

所谓诸子百家之"道"的离与合，是自先秦以来便形成的两种哲学传统，其一贵合而贱离，其一贵离而贱合。如杨朱讲"为我"、墨子讲"兼爱"、法家讲刑名法术、兵家讲奇兵战胜等等，都突出强调某一方面的主张，是贵离而贱合。其所谓"道"，内涵都很具体而丰富，但外延却很小，彼此隔离，不能相通。相对于这些思想流派而言，儒家立足于整个社会文明体系而讲仁义礼乐，是贵合而贱离。其所谓"道"的外延因此更宽广，但内涵不像法家、兵家那样直接落到特定的操作层面，而是整个社会文明体系的协调发展。比儒家之道外延更宽广的，是道家之所谓"道"，它力图以宇宙意识统贯百家之道而求其一致，所以外延极大，而内涵很少，以至于大而无当、大而无用，缺乏可操作性。这种离合消长，也就是概念的外延与内涵之间所具有的反变关系。

按照反变关系来看诸子百家对于"道"的不同理解，事情似乎很简单，此详则彼略，各有所长，亦各有所短，是展开概念思维的必然现象。然而，"道"并不只是一个通常意义上的概念，它还是中国文化的根本精神和最高理念，中国的思想家，总是依据对于"道"的理解来推进社会文明体系的批判与重建，所以，在表面看来极其简单的逻辑问题背后，实际包含着诸子百家关于社会文明体系的不同设想，思想内容极其丰富。从思想史上看，诸子百家言"道"而立场各不相同，一方面固然构成了思想发展的张力，从不同角度或层面反映出社会文明体系的固有因素，代表了文明体系中各种必要的组成部分，理论上的彼此攻驳，并不妨碍现实中的相互为用、相互补充；但另一方面，诸子百家又只是各执一端，如果百家由此往而不返，只见树木，不见森林，没有一个更高的形而上之道对诸子百家的主张进行思想整合，那么就必然会由思想分歧导致现实纷争，对于社会文明体系的批判与重建，就不可能取得整体性的协调和发展。例如法家主张法治，固有其合理性，但片面强调纯任法律，忽视甚至排斥社会的伦理建设，割裂伦理与法律之间所固有的补充与制约关系，就必然使法律体系丧失其社会基础，同时也丧失其合理性依据。又如杨朱讲"为我"、墨子讲"兼爱"，都抓住了社会伦理的一个侧面，也都有其合理性，但如果不能站在更高的合理性层面将两种对立观点统一起来，就不可能建构起完整的伦理体系，对于个人来说必然陷于矛盾，对于社会来说必然产生冲突。这类问题，在社会变革时代表现得尤其突出，相应地，扩大"道"之外延以期解决问题，对各流派的思想成果进行整合，也就成为社会文明发展的必然要求。

扩大"道"之外延以推进思想整合，是在天下无道则诸侯争霸的现实逻辑刺激下，关注社会整体利益的意识不断增强的渐进过程。社会整体利益在观念上的反映，就是通贯三才、弥纶百家的形上之道。这个过程发生在春秋战国时代，并最终形成了两种归旨相同但风格互异的传统，其一以《庄子·天下》为代表，其一以《易传》为代表。《天下》篇富于批判精神，《易传》富于建设意识，思想风格存在差异，但二者都旨在阐明道之大全，所以归旨是相同的。《天下》篇说："天下之治方术者多矣，皆以其有为不可加矣。"又说："天下大乱，贤圣不明，道德不一，天下多得一察焉以自好。譬如耳目鼻口，皆有所明，不能相通。犹百家众技也，皆有所长，时有所用。虽然，不该不遍，一曲之士也。判天地之美，析万物之理，察古人之全，寡能备于天地之美，称神明之容。是故内圣外王之道，暗而不明，郁而不发，天下之人各为其所欲焉以自为方。悲夫，百家往而不反，必不合矣！后世之学者，不幸不见天地之纯，古人之大体，道术将为天下裂。"这种叙述方式所表现出来的批判精神是显而易见的，但其立足点亦即展开批判的思想参照，却是"天地之纯，古人之大体"。天地之纯即所谓"不离于宗，谓之天人"，是人文之事不违背自然天道的原始完整状态；古人之大体即所谓"明于本数，系于末度"，是道体之全与其全体大用的统一，具体体现在《诗》《书》《礼》《乐》等经典的整体表达中，即"《诗》以道志，《书》以道事，《礼》以道行，《乐》以道和，《易》以道阴阳，《春秋》以道名分"。以这种全体大用作为理想的参照，则对道术为天下裂的现实不得不持批判态度。也或许正因为现实与其理想的差距太大，找不到二者的结合点，所以庄子哲学遥然超拔于现实之上，追求"稠适而上遂"的精神向上一路，以至"上与造物者游，而下与外死生无终始者为友"。[1]《易传》同样也致思于道之大全，但其思想焦点不在于以现实与理想相参照从而展开批判，而在于由易道之全体大用实现开物成务，流露出饱满的建设意识。如《系辞》说："易与天地准，故能弥纶天下之道"，"夫易，圣人所以崇德而广业也"，"夫易，圣人之所以极深而研几也。唯深也，故能通天下之志；唯几也，故能成天下之务"，"夫易，开物成务，冒天下之

---

[1]《庄子集释》卷一〇下，第1065—1099页。

道，如斯而已者也"。又《说卦》说："昔者圣人之作易也，将以顺性命之理，是以立天之道曰阴与阳，立地之道曰柔与刚，立人之道曰仁与义。"[1] 所谓弥纶天下之道、冒天下之道，都是讲整合诸子百家思想的道体大全。本着道体大全以开物成务，其精神路向就不是"稠适而上遂"，而是"极高明而道中庸"，由极深研几走向切合现实的广泛应用。

从批判精神和建设意识的不同角度推阐道体大全，或许是完整的文明体系不断取得发展的必然要求，也是一种相对互动、互补的文化发展机制。批判精神能发挥破沉滞的作用，为重建文明体系扫清障碍，建设意识则为批判精神创造价值归宿，使剖斗折衡之言具有"正言若反"的意义。这种互补机制，就个别思想家而言可能是不自觉的，许多思想家，事实上都更愿意强调自己的理论个性，但就整个文明体系而言却是自然而然的。先秦时《庄子·天下》与《易传》的风格差异如此，北宋时王安石与程颢等人的思想分歧也如此。比较而言，程颢、程颐继承了《易传》的传统，并由此确立其"道统"的理论渊源，形成其"极高明而道中庸"的理论特质。极高明是研精析微，推阐天道性命之理，道中庸是立足于社会现实的广泛应用，所以二程提倡"大中之道"，主张以系统的文化改造推动政治改良。而王安石则表现出对于《庄子·天下》的更充分理解和认同，他不仅像《天下》篇批判百家之学一样地批判时俗之儒，而且也表现

---

[1]《十三经注疏（清嘉庆刊本）》，第160、163、168、196页。

出"稠适而上遂"的精神追求；差别只在于，庄子生当昏君乱相之间，所以其"稠适而上遂"是个体生命的选择，而王安石得君得位以行其道，所以其"稠适而上遂"是为家国天下所做出的选择。从某种意义上说，得之于《庄子·天下》的道体大全观念，或许就是王安石作为一个理想主义政治家力主改革的思想根源。从庄子的逍遥一世之上到王安石的以天下为己任，差距似乎极大，但二者的背后都有一个道体大全观念作为精神支撑，回到这个观念的基点上，差距可以泯除，游世以逍遥与入世担当可以转化。如王安石说：

> 世之论庄子者不一，而学儒者曰："庄子之书，务诋孔子以信其邪说，要焚其书、废其徒而后可，其曲直固不足论也。"学儒者之言如此，而好庄子之道者曰："庄子之德，不以万物干其虑而能信其道者也。彼非不知仁义也，以为仁义小而不足行己；彼非不知礼乐也，以为礼乐薄而不足化天下。故《老子》曰：'道失后德，德失后仁，仁失后义，义失后礼。'是知庄子非不达于仁义礼乐之意也，彼以为仁义礼乐者，道之末也，故薄之云尔。"夫儒者之言善也，然未尝求庄子之意也；好庄子之言者固知读庄子之书也，然亦未尝求庄子之意也。昔先王之泽，至庄子之时竭矣，天下之俗，谲诈大作，质朴并散，虽世之学士大夫，未有知贵己贱物之道者也。于是弃绝乎礼义之绪，夺攘乎利害之际，趋利而不以为辱，殒身而不以为怨，渐渍陷溺，以至乎不可救

已。庄子病之，思其说以矫天下之弊而归之于正也。其心过虑，以为仁义礼乐皆不足以正之，故同是非、齐彼我、一利害，则以足乎心为得，此其所以矫天下之弊者也。既以其说矫弊矣，又惧来世之遂实吾说而不见天地之纯、古人之大体也，于是又伤其心于卒篇以自解。故其篇曰："《诗》以道志，《书》以道事，《礼》以道行，《乐》以道和，《易》以道阴阳，《春秋》以道名分。"由此而观之，庄子岂不知圣人者哉？又曰："譬如耳目鼻口，皆有所明，不能相通；犹百家众技，皆有所长，时有所用。"用是以明圣人之道，其全在彼而不在此，而亦自列其书于宋钘、慎到、老聃之徒，俱为不该不遍一曲之士，盖欲明吾之言有为而作，非大道之全云耳。然则庄子岂非有意于天下之弊，而存圣人之道乎！伯夷之清，柳下惠之和，皆有以矫于天下者也，庄子用其心，亦二圣人之徒矣。然而庄子之言不得不为邪说比者，盖其矫之过矣。夫矫枉者欲其直也，矫之过则归于枉矣。庄子亦曰："墨子之心则是也，墨子之行则非也。"推庄子之心以求其行，则独何异于墨子哉？后之读庄子者，善其为书之心，非其为书之说，则可谓善读矣。此亦庄子之所愿于后世之读其书者也。今之读者，挟庄以谩吾儒曰："庄子之道大哉，非儒之所能及知也。"不知求其意而以异于儒者为贵，悲夫！

学者诋周非尧、舜、孔子，余观其书，特有所寓而言耳。孟子曰："说《诗》者不以文害辞，不以辞害意，以意逆志，是为得之。"读其文而不以意原之，此为周者之所以诋也。周曰："上必无为而用天下，下必有为而为天下用。"又自以为处昏上乱相之间，故穷而无所见其材，孰谓周之言皆不可措乎君臣父子之间，而遭世遇主终不可使有为也。及其引太庙牺以辞楚之聘使，彼盖危言以惧衰世之常人耳。夫以周之才，岂迷出处之方而专畏牺者哉？盖孔子所谓隐居放言者，周殆其人也。然周之说，其于道既反之，宜其得罪于圣人之徒也。夫中人之所及者，圣人详说而谨行之，说之不详，行之不谨，则天下弊。中人之所不及者，圣人藏乎其心而言之略，不略而详，则天下惑。且夫谆谆而后喻，譊譊而后服者，岂所谓可以语上者哉？惜乎！周之能言而不通乎此也！[1]

这是王安石论述《庄子》的两篇文章，其大旨，是通过探寻庄子立言真意来调和儒道思想，使洋溢着批判精神的庄子哲学能够入于世用，转化为建设性的思想资源。为了阐明这一大旨，王安石从三个方面展开辩议。

第一是在方法论上，王安石主张采取"以意逆志"的方法来解读《庄子》，不以辞害意。按照这样的解读方法，他对庄子产生一种同情的理解，即以历史现实之弊来理解庄子立言之故。历史现实之弊的突出表现，是战国时代的知识群

---

[1]《庄周》，《全宋文》卷一四〇四，第64册，第359—361页。

体普遍陷于文化价值失落的精神状况中,礼义的真实意义被扭曲,文化被用作个人谋利的工具或手段。庄子因此产生深重的忧患,激发起强烈的批判精神,"思其说以矫天下之弊而归之于正"。但由于他忧虑太深,以为礼义既在现实中被用作谋利的工具,便不足以用来矫正现实,所以提出同是非、齐彼我、一利害等学说,对礼义等外在的文明价值尺度及行为准则进行解构,以"足乎心"的主体意识自觉为旨归。因为庄子的立言真意在于矫正时俗弊病,不在于非谩礼义的议论形式,所以其说虽矫枉过正,但在立言真意的更深层面,与儒家立场并没有冲突。这样"以意逆志"地解读《庄子》,不但排解了学儒和学道者的相互诋诃,同时也为王安石自己从政治哲学的角度吸收庄子理论,消除了隔阂,做出了必要的思想铺垫。

第二是在理论造诣上,王安石推崇庄子,认为庄子立言之深旨非才性庸常者所能通解。单从字面上看,王安石似乎认为庄子不及传《六经》的圣人,因为圣人顾虑到"中人"以下的局限性,不说那些容易引起误解的深奥道理,而庄子甚言之。但这种颇带讥讽意味的议论,似乎也表明王安石其实认为庄子所言之理比圣人《六经》更深奥。虽然圣人也可能深知奥理,但在《六经》中毕竟未反映出来。这种议论,与魏晋玄学的"三玄品次"之辩,其实是同一种思路,即假设老庄所明之道乃周孔圣人知之而不言者。换个角度也可以说,站在儒家的立场上可以接受庄子所言奥理,至于言或者不言,本质上只是一个顾虑到社会影响的策略或技术性问题。由此我们也就可以进而追问：老庄在春秋战国时代极言天道，急于开人心，或许太早了，是文化上的失策，那么在北宋时是否依然太早呢？这个问题就涉及老庄的哲学理论是否适应北宋时代的需要。从北宋儒学复兴的实际情形来看，答案是不言而喻的，因为包括荆公新学在内的北宋儒学诸派，皆融摄老庄理论以推阐其天道性命之理，至于诸派又都取其实而不张扬其名义，根本原因在于时代需要建设意识，而老庄的批判精神太浓重。

第三是赞赏《庄子·天下》所阐发的"天地之纯，古人之大体"，也就是道之大全。在王安石看来，这一点或许就是《庄子》书中最有价值的思想论断。就《庄子》本身而言，正是这一论断使其上抨击三皇、下病痛一身的激烈批判具有价值归旨，既针砭道术为天下裂的时代通弊，也揭露自身的理论局限，从而将古人的道体大全彰显出来。就思想界整体而言，《天下》篇的论断可谓孤声先发，由道之大全推阐道所代表的最高价值原则，为摆脱诸子百家的精神局障、拓宽思想视野，开创了一个全新的致思方向。也唯其致思于道之大全，才可能摆脱现实的思想、利益等各种纷争，使道体之论具有最高理念的价值，否则，百家论道而若矛盾相向，所谓道也就不成其为最高理念，不能代表最高的、普遍的价值原则，而是现实纷争的集中表现。

结合北宋儒学复兴运动来看，王安石对《天下》篇的充分理解和认同，使他达到一个特定的理论高度，既超越宋初期的好尚《老》《庄》者流，也超越庆历诸贤，从而站在道体大全的理论层面上,以闳博的政治哲学来重建政治方针,把握复杂的政治变革问题。

宋初期的晁迥、罗处约等人,曾表现出对于《老》《庄》之说的崇尚,但思想层次不高。如晁迥说:"古今名贤多好读《老》《庄》之书,以其无为无事之中,有至美至乐之理也。"[1] 这是一种玩赏式的解读方法,以《老》《庄》所言之理消遣时日,乐趣在于无为无事,属养生家言。又说:"予自少及老,以儒学求仕进之外,而志于道也久矣。"这是将儒学与求道分成两橛,儒学只被作为求仕干禄的敲门砖,志于道则是在儒学世务之外寻找精神安顿,其所得之深者,就是以庄子的三句话会通佛教三法门,即以"其动若水"会通"无碍法门",以"其静若鉴"会通"无意法门",以"其应若响"会通"无住法门"。[2] 这一套人生哲学及其背后的思想态度,正是北宋儒学复兴的重要批判对象。罗处约作《黄老先六经论》,着眼点比晁迥高些,试图调和关于《史记》先黄老而后《六经》的争论,但最终归结于清净无为,只能算作对宋初期政治的说明,未能由儒道思想资源开拓出政治思想新局面。如说:"老聃世谓方外之教,然而与《六经》皆足以治国治身,清净则得之矣。汉文之时,未遑学校,窦后以之而治,曹参得之而相,几至措刑。"在宋初,这样的议论当然有其合理性,但无法调和黄老无为与

---

[1] 彭耜:《道德真经集注杂说》卷上引《昭德新编》,《道藏》第13册,第263页。
[2] 《闻思三法资修记》,《全宋文》卷一三七,第7册,第147—148页。

《六经》宗旨的矛盾。其论《六经》，则曰："《易》以明人之权而本之于道；《礼》以节民之情，趣于性也；《乐》以和民之心，全天真也；《书》以叙九畴之秘，焕二帝之美；《春秋》以正君臣而敦名教；《诗》以正风雅而存规戒。"[1] 敦名教、存规戒，都是政治上的有为，不是无为。据此来看罗氏之调和黄老与《六经》，是在宋初期理论探讨尚未展开的背景下，意识不到二者的真正矛盾，其所谓清净之道，严格说来只是在操作层面上要求淡化政治意志、权力意识，不像王安石那样站在建构政治宪纲的意义上推阐道之价值。

与庆历诸贤相比较，王安石由吸收《天下》篇的道体大全观念，引发了关于体用问题的新说，学术气象也由庆历时期的草昧初创一变而为深闳而肆。如陆佃说：

> 盖君子之学，有体有用。体不欲迷一方，用不欲滞一体。而古之圣人，本数、末度足以周上下，圆神、方智足以尽往来，而蹈常适变莫逆于性命之理者，如此而已矣。……自王者之迹熄而《诗》亡，夫子没而大义乖。道德之体分裂，而天下多得一体，诸子杂家各自为书，而圣人之大体始乱矣。故言体者迷于一方，言用者滞于一体，其为志虽笃，其为力虽勤，而不幸不见古人之大体，长见笑于大方之家者，由此也。嗟乎！道之不一久矣。而临川先生起于弊学之后，不向于末伪，不背

---

[1]《全宋文》卷一六八，第8册，第306页。

于本真，度之以道揆，持之以德操，而天下莫能罔，□□莫能移，故奇言异行无所遁逃，而圣人之道复明于世。[1]

这段议论，可以相对于胡瑗的"明体达用"之学来理解。陆佃又曾说："嘉祐、治平间……淮之南学士大夫宗安定先生之学，予独疑焉。得荆公《淮南杂说》与其《洪范传》，心独谓然，于是愿扫临川先生之门。后余见公，亦骤见称奖。语器言道，朝虚而往，暮实而归，觉平日就师十年，不如从公之一日也。"[2] 安定先生即胡瑗。胡瑗讲学，以"明体达用"为宗旨。其所谓体，是"君臣父子、仁义礼乐，历世不可变者"；所谓用，是"举而措之天下，能润泽斯民，归于皇极者"。[3] 胡瑗以这套学说成为一代名师，在当时影响极大。但陆佃对其学心存疑虑，从中不能获得思想的满足，及至读到王安石的著述，乃拳拳服膺，并大获进境。这说明王安石治学与胡瑗的差异很大，至少在陆佃看来如此。而其所以产生差异，关键就在于胡瑗之所谓体是儒家的人文伦理，王安石之所谓体则指道体之大全。也正是在这个意义上，才形成其"体不欲迷一方，用不欲滞一体"的学术新气象，思想视野更开阔，赋予学术的意义即所谓用，也因此更深闳，不只是对百姓"润泽斯民"式的文化养育、伦

---

[1]《答李贲书》，《全宋文》卷二二〇六，第101册，第185页。
[2]《傅府君墓志》，《全宋文》卷二二一〇，第101册，第244页。
[3]《宋元学案》卷一，第25页。

理教训，还包括陶铸最高政治宪纲、重建政治体系。

推阐天道义涵的另一条思维进路，是天道与人道的关系问题。在王安石的思想体系中，这个问题主要是围绕有无、本末等范畴展开的。如其《老子注》说：

> 道一也，而为说有二。所谓二者，何也？有、无是也。无则道之本，而所谓妙者也；有则道之末，所谓徼者也。故道之本，出于冲虚杳眇之际；而其末也，散于形名度数之间。是二者，其为道一也。而世之蔽者常以为异，何也？盖冲虚杳眇者，常存于无；而言形名度数者，常存乎有。有无不能以并存，此所以蔽而不能自全也。夫无者名天地之始，而有者名万物之母，此为名则异，而未尝不相为用也。盖有无者，若东西之相反而不可以相无也。故非有则无以见无，而无无则无以出有。有无之变，更出迭入，而未离乎道。[1]

以有、无言道而至不能以并存、若矛盾之相向，是自魏晋玄学以来一直存在的老问题，即贵无、崇有之争。从理论的表面上看，论争的焦点在于至道本体究竟是有还是无，是一个认知和描述道本体的思辨问题，认知即所谓"意"，描述即所谓"言"，所以道体有无之争又表现为言意之辩。因为以有、无言道皆不足尽其意，于是还要进入更幽微深远的

---

[1]《王安石老子注辑佚会钞·一章》，第15页。

玄思，通过纯粹思辨达到对道本体的最高认识。而实质上，有无之争所反映出来的，是名教与自然的冲突。崇有论者重名教，贵无论者尚自然。名教即礼乐刑政，也就是人文之道；自然即万物大化流行之理，也就是自然天道。前者表现为有凭有据的现实社会规则，所以是道体之有；后者表现为潜移默化的自然秩序，视之不见、听之不闻，所以是道体之无。在名教与自然相冲突的背景下叙议其贵无或崇有的理论，宗旨都在于明道，也就是为社会文明确立一个最高的价值原则，但观点立场互不相同。崇有而重名教，意味着现实的礼乐刑政便是道本体的必然显现，所以不能冲决礼乐刑政别求一个至道本体。反之，贵无而尚自然，意味着现实的礼乐刑政只是道本体无中生有的衍生物，当礼乐刑政流末而不知本的时候，就必须采取"举本统末"的方式进行调整，通过自觉的有序改革以返本开新。由正始玄学所创发的这套政治哲学，在魏晋禅代之际被各种错综复杂的现实矛盾所扭曲，于是激变出竹林玄学的"越名教而任自然"。自然与名教不能并存而两立，贵无与崇有也就成了两种难以调和的哲学观点，这就是元康玄学的有无之争。论争的结果，是酿造出郭象的独化论玄学，对有无本末、自然名教等问题都做出了相对圆融的回答。然而，哲学的圆融并不能弥合现实的裂变，自八王之乱、永嘉之乱后，不仅玄学的理论建构面临着玉树凋零，玄学以有无之辩探讨名教与自然的关系，锐意于社会文明体系建构的致思方向也微言将绝。厥后佛教般若学和道教重玄学大兴，成为东晋以迄隋唐时的一股思潮，"非有非无""妙有妙无"之说流传数百年，理论的思辨形式固然更见精微缜密，但有无之辩所蕴藉的政治哲学之内涵却日渐淡出，究极道德之言局趣于个体感受和精神情趣的满足，道德的真正价值也便因此虚化。从这种历史大背景来看，王安石关于有无问题的论述，其要紧处并不在于理论思辨水平的高低，而在于恢复了有无问题的政治哲学之内涵。如注文所称"散于形名度数之间"，是化用《天下》篇"明于本数，系于末度"之说：本数指道体之无、道体大全，也即自然天道；末度指道之散殊，是道在各种社会规范中的具体体现，如礼乐刑政等，也就是玄学之所谓名教。按照王安石的说法，道体大全虽然是本，是一切规范的最高合理性依据，但由于它蕴藉于冲虚杳渺之际，既无形可见，也没有具体的规则可以掌握，所以称之为"无"；道之散殊则各有规则，可以遵循，也可以调整，总而言之是有事有物，所以称之为"有"。如果拘泥于有无之名，也就是停留在概念的表面，二者似乎是对立的，"不能以并存"，"若东西之相反"。若就本质而言，所谓有、无都只是关于道体存在形式的描述，提高到道的层面来看，有与无其实互为前提，互为存在依据，是"不可以相无"的。这样摆脱关于有无的概念思辨游戏，将思考焦点还原到有无之辩的主体——道之上，就不仅凸现出统贯有无的道体大全，即所谓"有无之变，更出迭入，而未离乎道"，同时也排解了本与末、自然与名教、天道与人道的冲突，彰显出道作为社会文明体系之最高价值原则的意义。如说："两者，有无之道，而同出于道也。言有无之体用皆止于道。世之学者,常以无为精,有为粗,不知二者皆出于道,故云'同谓之玄'。……圣人能体是以神明其德,故存乎无则足以见其妙,存乎有则足以知其徼,而卒离乎有、无之名也。其上有以知天地之本,下焉足以应万物之治者,凡以此。"[1] 上知天地之本也就是理解形而上的自然天道,下应万物之治也就是推行形而下的礼乐刑政等人道,二者虽有上下本末之别,但就道体而言又是统一的。

恢复有无之辩的政治哲学涵义,并从理论上阐明道体统贯有无,论证本与末、自然与名教、天道与人道相统一,意义在于说明现实的礼乐刑政都有一个更高的价值原则,有其更根本的合理性依据。按照这个价值原则或合理性依据,对礼乐刑政可以进行调整,进行变革。这与王安石批判俗儒拘泥于古代礼乐制度的思想是一致的,反映出他关于政治变革的学理性思考,是推天道以变革人道。但另一方面,在价值原则的层面阐明天道与人道相统一,并不意味二者了无间隔,甚至以天道遮盖人道,以天道无为的绝对合理性排斥人道有为的相对合理性。王安石在《老子》一文中说:

> 道有本有末。本者,万物之所以生也;末者,万物之所以成也。本者,出之自然,故不假乎人之力而万物以生也;末者,涉乎形器,故待人力而后万物以成也。夫其不假人之力而万物以生,则是圣人可以无言也,无

---

[1]《王安石老子注辑佚会钞·一章》,第15—16页。

为也。至乎有待于人力而万物以成，则是圣人之所以不能无言也，无为也。故昔圣人之在上而以万物为己任者，必制四术焉。四术者，礼乐刑政是也，所以成万物者也。故圣人唯务修其成万物者，不言其生万物者，盖生者尸之于自然，非人之力所得与矣。老子者独不然，以为涉乎形器者皆不足言也，不足为也，故抵去礼乐刑政，而唯道之称焉，是不察于理而务高之过矣。夫道之自然者，又何预乎？唯其涉乎形器，是以必待于人之言也，人之为也。其书曰："三十辐共一毂，当其无，有车之用。"夫毂、辐之用，固在于车之无用，然工之琢削未尝及于无者，盖无出于自然之力，可以无与也。今之治车者，知治其毂、辐而未尝及于无也，然而车以成者，盖毂、辐具则无必为用矣。如其知无为用而不治毂、辐，则为车之术固已疏矣。今知无之为车用，无之为天下用，然不知所以为用也。故无之所以为用者，以有毂、辐也；无之所以为天下用者，以有礼乐刑政也。如其废毂、辐于车，废礼乐刑政于天下，而坐求其无之为用也，则亦近于愚矣。[1]

这是对老子无为之说的批判，也是对宋初期政治方针的批判。按照老子的思想逻辑，由万物化生所昭示出的宇宙最高法则，是"道法自然"。在自然造化中，道只体现为顺任，

---

[1]《全宋文》卷一四〇四，第64册，第357—358页。

无所干预，相应地，社会政治也应以顺任自然为法则。顺任而不干预，由社会自行发展，便是"无为"之用。老子曾采用譬喻来表达这种思想，如说："三十辐共一毂，当其无，有车之用；埏埴以为器，当其无，有器之用；凿户牖以为室，当其无，有室之用。故有之以为利，无之以为用。"车、器、室都可以用来譬喻政治，政治不被礼乐刑政等具体措施所充斥，便会拥有虚阔的空间，从而发挥更大的作用。按照这种思想，政治只是为社会发展所架设的一种框架、轮廓，其作用在于造设空间，不在于占用空间，所以说政治之有可以为利，而利在应用中的体现则是无。王安石的思想逻辑显然与老子不同，老子的"道法自然"是将人事问题按照天道的方式来解决，而王安石的"道有本有末"则分辨天人之别：本即自然天道，不需人事的参与而化生，所以说"生者尸之于自然"，意即以自成其然的过程为主导；而末则是人类以礼乐刑政等方式参与到自然的造化之中，使自然化生具有成就的意义，而非随起随灭、方生方死式的循环。按照这种思想，从自然到人事，就像从树干发展到枝叶，既互为一体，又自有分别，将二者割裂开来固然不对，笼统地以本代末也同样地存在弊端。这个弊端在现实政治中的表现就是有"务高之过"，由理想中的无为而治导致现实的无为而不治，在理论上的表现就是不知大自然的无形造化必须有人事的参与才能够显示出意义，有所作用。而以人事参与自然造化，就不能不采取礼乐刑政的方式。就像工匠琢削为车一样，实际的政治运作只能在礼乐刑政上用力，亦即通过礼乐刑政的调整来发挥政治的功能或作用，而"无为"不具备可操作性——正如自然造化不可操作也无须操作一样，所以说，那种端坐垂拱以等待"无为"发挥作用的政治理想，只是一种"近于愚"的想法。通过这样的批判，王安石就从理论上澄清了天道与人道的本末之辨：人道既不能混同于天道，则天道之自然无为必不能作为现实政治无为的依据或借口，而现实政治之有为，乃在于对礼乐刑政进行调整。

进而言之，自然天道既不能作为礼乐刑政的完整模式，它同时也就不能作为礼乐刑政的完全依据，而只是建立礼乐刑政之合理性依据的一个方面，其意义在于以客观的自然法则制约"直信吾之是非"的文化独断，使礼乐刑政的价值建立在理性的基础之上，符合"天下之正理"。另一方面，礼乐刑政还必须符合人心人性，根据人心人性的历史变化及其时代特点进行调整。正是站在这样的政治哲学层面，从建构政治哲学体系的立场出发，王安石推阐性命之理，探讨人性善恶问题。如说：

> 先王之道德出于性命之理，而性命之理出于人心。《诗》《书》能循而达之，非能夺其所有而予之以其所无也。经虽亡，出于人心者犹在，则亦安能使人舍己之昭昭而从我于聋昏哉！[1]

---

[1]《虔州学记》，《全宋文》卷一四〇七，第65册，第37页。

所谓道德，在这里可以理解为包括礼乐刑政在内的社会规范。先王制定社会规范，并不是按照一己之私欲，按照个人的意志，而是以生民百姓所共有的性命之理为依据。所谓性命之理，又非一己之私见、出于个人的是非判断，而是出于生民百姓所固有的人心。按照这个思想逻辑，人心就是一切社会规范的永恒的合理性依据，也是矫正礼乐刑政之偏失的直接依据。对于生民百姓来说，高深玄远的天道也许难测难知，但对自己的内心愿望却昭然明白，所以不管王官们以学术形式制造出多少思想烟雾，生民百姓都有一个永恒的尺度，简易明白地衡量礼乐刑政究竟合不合理。这可能是王安石思想中与法家学说最不能相入的焦点，他也因此对荀卿提出批评：

> 呜呼！荀卿之不知礼也。其言曰"圣人化性而起伪"，吾是以知其不知礼也。知礼者，贵乎知礼之意，而荀卿甚称其法度节奏之美，至于言化，则以为伪也，亦乌知礼之意哉？故礼始于天而成于人，知天而不知人则野，知人而不知天则伪。圣人恶其野而疾其伪，以是礼兴焉。今荀卿以谓圣人之化性为起伪，则是不知天之过也。……故曰：礼始于天而成于人，天则无是而人欲为之者，举天下之物，吾盖未之见也。[1]

对荀卿的这种批评，标志着王安石在思想出发点上与法

---

[1]《礼论》，《全宋文》卷一四〇二，第64册，第327—328页。

家有着根本性的差异。中国历史上的法家，起源也许很古远，但作为自成一套理论体系的学术流派，却是由韩非光大荀卿学说而形成的。作一个不尽恰当的类比，其渊源大约相当于现代人所说的律学，韩非之法家则可以相应地类比于法学。与荀卿同时游学于齐国稷下学宫的申不害等人之刑名学，大概可以算作由律学向法学的过渡。过渡的思想史意义，在于援引黄老学之道，作为立法的理论依据，这一点，显然被略晚的韩非吸收了。而韩非更主要的学术来源和思想来源，无疑出于他的老师荀卿。荀卿说礼为化性起伪，是依据其性恶论所必然得出的结论。因为人性本恶，所以必须制礼以矫拂其性，立法以钳制其性，从荀卿到韩非的思想流脉，一个重要方面就是将性恶论作为礼与法共同的合理依据。同样站在其性恶论的立场上，荀卿又批评庄周"蔽于天而不知人"，因为庄周立论的重要思想基础之一，是"生民常性"，亦即人的自然本性、天性。在这两个问题上，王安石都与荀卿有着重大的思想分歧。在王安石看来，礼与法的合理性依据并不相同，礼是因循人性的，而法却属于起伪，如其《老子注》说："法令者，禁天下之非。因其禁非，所以起伪。盖法出奸生，令下诈起，故曰：'法令滋彰，盗贼多有。'"[1] 针对荀卿批评庄周"蔽于天而不知人"，王安石则提出一种反批评，将他的礼乃化性起伪之说，归结为"不知天之过"。如果说荀卿对庄周的批评是矫枉过正，走向了以

---

[1]《王安石老子注辑佚会钞·五十七章》，第79页。

人胜天的另一个片面,与庄周以天胜人的思想相对立,那么王安石则试图克服两种片面性,以自然作为本原依据,以人文、人事作为对自然的合理彰显,即所谓"礼始于天而成于人"。

由道德依据性命之理,性命之理又出于人心,王安石推阐出"贵乎礼之意",而不必恋念其法度节奏之美,亦即不必偏滞于礼仪节文的思想。由此礼之意进而言之,就必然涉及两个问题:一是对古来相传的礼仪节文是否可以进行简化,进行改革?二是就此性命之理而言,人性与人情是否统一?所谓人性,在政治哲学中的真实含义又是什么?

关于前一个问题,王安石说:

> 体天下之性而为之礼,和天下之性而为之乐。礼者,天下之中经;乐者,天下之中和。礼乐者,先王所以养人之神,正人气而归正性也,是故大礼之极简而无文,大乐之极易而希声。简易者,先王建礼乐之本意也。[1]

所谓中经、中和,就是建礼乐以具有最普遍的适应性为原则。因为建礼乐的出发点是"体天下之性""和天下之性",而不是体先王个人或某个社会阶层之性,所以礼乐制度适应于全社会,能发挥治理天下国家的政治作用,而不是某个阶层用来矜态自持的工具。而且,礼乐制度既以最普遍的适应性为原则,就不能流于繁文缛节,而必然是以简易为

---

[1]《礼乐论》,《全宋文》卷一四〇二,第64册,第329页。

其合理尺度，否则，一人守之或易，众人行之必难，也就违背了建礼乐的本意。据此礼乐之本意而言，对古来相传的礼仪节文进行改革，无疑是合理的，也是必要的。

关于后一个问题，王安石说：

> 性情一也。世有论者曰"性善情恶"，是徒识性情之名而不知性情之实也。喜、怒、哀、乐、好、恶、欲未发于外而存于心，性也；喜、怒、哀、乐、好、恶、欲发于外而见于行，情也。性者情之本，情者性之用，故吾曰性情一也。[1]

又说：

> 夫太极者，五行之所由生，而五行非太极也。性者，五常之太极也，而五常不可以谓之性。此吾所以异于韩子。且韩子以仁义礼智信五者谓之性，而曰天下之性恶焉而已矣。五者之谓性而恶焉者，岂五者之谓哉？孟子言人之性善，荀子言人之性恶。夫太极生五行，然后利害生焉，而太极不可以利害言也。性生乎情，有情然后善恶形焉，而性不可以善恶言也。此吾所以异于二子。孟子以恻隐之心人皆有之，因以谓人之性无不仁。就所谓性者如其说，必也怨毒忿戾之心人皆无之，然后

---

[1]《性情》，《全宋文》卷一四○三，第64册，第345页。

可以言人之性无不善，而人果皆无之乎？孟子以恻隐之心为性者，以其在内也。夫恻隐之心与怨毒忿戾之心，其有感于外而后出乎中者，有不同乎？荀子曰："其为善者伪也。"就所谓性者如其说，必也恻隐之心人皆无之，然后可以言善者伪也，为人果皆无之乎？荀子曰："陶人化土而为埴，埴岂土之性也哉？"夫陶人不以木为埴者，惟土有埴之性焉，乌在其为伪也？且诸子之所言，皆吾所谓情也，习也，非性也。扬子之言为似矣，犹未出乎以习而言性也。古者有不谓喜、怒、爱、恶、欲情者乎？喜、怒、爱、恶、欲而善，然后从而命之曰仁也，义也。喜、怒、爱、恶、欲而不善，然后从而命之曰不仁也，不义也。故曰，有情然后善恶形焉。然则善恶者，情之成名而已矣。[1]

围绕人性问题，孟轲、荀卿、扬雄、韩愈都提出过各自的理论。韩愈的理论最简单，将仁义礼智信五种伦理规范塞进人性概念，但没有做出论证。扬雄说"人之性也善恶混"，比较接近王安石的观点，但以善恶来谈人性，理论思路仍然不到位。孟轲主张"性善"，荀卿立论"性恶"，是两种最有代表性的观点。对于这两种观点，王安石采取二律背反式的论辩方法，互为矛盾，两不成立。性善论的论据是人皆有恻隐之心，性恶论则立足于善乃化性起伪的基本判断。以人

---

[1]《原性》，《全宋文》卷一四〇四，第64册，第361—362页。

皆有恻隐之心，可知性恶论之偏；以人不只有恻隐之心，同时也还有怨毒忿戾之心，又可证性善论之失。通过这样的论辩，王安石使关于人性的思考进入另一个更高的理论层面，即人性的内涵不能按照善恶来界定。所谓善恶，是按照一定的社会规则对人的行为所做出的判断，符合社会规则的谓之善，违背社会规则的谓之恶。可见善恶是社会性的判断尺度，不是人之成其为人的本质规定，亦即不是人性判断的内在依据。由此王安石便得出结论，孟、荀等四人都只是在情的层面上讨论人性问题，未能进入人性问题所应有的理论层面。据此言之，排解人性论之争的关键，不在于评判其观点之是非得失，而在于调整、更新理论思维角度。那么王安石又站在什么样的理论思维角度呢？

在中国哲学史上，围绕人性问题有两条理论大思路：其一是儒家讲善恶，其二是道家辨真伪。儒家讲善恶，严格说来是站在伦理学层面，将人性判断作为伦理体系的逻辑前提。针对儒家的伦理体系，法家采取几乎与之相同的思想逻辑，也以其人性判断作为法治的逻辑前提。道家讲真伪，从逻辑上说同样也是其道法自然思想的必要前提，即以自然为真，视人事、人文为伪。在理论上，道家不局趣于人的社会性来讨论问题，而是将社会性与自然性对应起来，将人性问题放到天人关系中思考，似乎更具有理论思辨性。但是，道家提出人性真伪问题的根本宗旨，却不在于展开理论思辨，而在于对伦理体系、法治体系等提出彻底的怀疑，即从人以自然为其真实本性的前提出发，否定伦理教化、法治束缚的合理性。王安石既然不赞同儒家讲善恶的理论思维角度，是否接受道家的真伪之辨呢？围绕这个问题，也许可以就其学术风格、概念思维之特征等等，展开复杂的讨论，但这种讨论对于我们理解王安石的立论真意，却不一定能产生实质性的帮助，因为王安石讨论这个问题的最终目标，不在于表明对儒道两家的态度，也不在于玩赏两条理论思路的趣味，而在于解决时代所面临的政治问题。相对于他所要解决的问题而言，道家之说或许具有思想启发意义，但道家否定伦理、法治的思想归旨却绝不能接受；同样，儒家立足于伦理建设是可取的，但从孟、荀等人的善恶之论中，又不能获得理论的满足。这使王安石不得不跳出儒道两家的思维模式，向可塑性更强的孔子之说复归，如说："吾所安者，孔子之言而已。""孔子曰：'性相近也，习相远也。'吾之言如此。"[1]

按照《论语·公冶长》的记载："夫子之文章，可得而闻也；夫子之言性与天道，不可得而闻也。"[2] 孔子对于人性问题，并没有展开更多的议论。但对于王安石来说，孔子"性相近也，习相远也"一语，足可以作为进一步推阐的思想前提，因为由孔子此语，至少可以演绎出两点意思：第一是性与习两个概念，涵义互不相同；第二是人与人之间虽千差万别，但在本性上是相近的。

所谓习，是社会化的观念形态和行为方式。性既不同于

---

[1]《原性》，《全宋文》卷一四○四，第64册，第361、362页。
[2]《十三经注疏（清嘉庆刊本）》，第5373页。

习，则其涵义便只能是社会化之前的自然状态，是人之异于禽兽并具有文明可塑性的内在因素，这是由第一点所可能得出的引申。这种引申是否受到了佛学的某种启发呢？这是个值得研究的问题。如王安石在答人问佛性时曾说："所谓性者，若四大是也；所谓无性者，若如来藏是也。虽无性，而非断绝，故曰一性所谓无性。曰一性所谓无性，则其实非有非无，此可以意通，难以言了也。惟无性，故能变。若有性，则火不可以为水，水不可以为地，地不可以为风矣。长来短对，动来静对，此但令人勿着尔。若了其语意，则虽不着二边而着中边，此亦是着。"[1] 从这个答问来看，王安石对佛学的研究似乎颇入三昧，而佛学"一性所谓无性"给予他的启发，与他对孔子之说的引申，在逻辑上也是相通的，只是概念不同而已。佛学所谓无性，指物无自性，也就是没有坚实不变的自我规定性。按照佛学的思想逻辑，本来要由此说到"缘起性空"等等，而王安石却满足于由此所得到的"变"的观念。由佛学无性之说而着眼于"变"，由孔子性与习之别而着眼于人的可塑性，思想逻辑似乎可以类推：佛学无性犹孔子之所谓性，由佛学论性所引申出的变，则可以类比于由孔子论性所引申出的可塑性。据此以论，不能排除王安石曾受佛学启发的可能。但是，这种启发只能限定在概念思维的层面，一旦超出这个层面深入到思想归旨问题，王安石便会表明他批判佛教同时批

---

[1]《答蒋颖叔书》，《全宋文》卷一三九三，第64册，第194页。

判道教的基本立场：

> 呜呼！礼乐之意不传久矣。天下之言养生修性者，归于浮屠、老子而已。浮屠、老子之说行，而天下之为礼乐者独以顺流俗而已。夫使天下之人驱礼乐之文以顺流俗为事，欲成治其国家者，此梁、晋之所以取败之祸也。然而世非知之也者，何耶？特礼乐之意大而难知，老子之言近而易晓。圣人之道得诸己，从容人事之间而不离其类焉；浮屠直空虚穷苦，绝山林之间，然后足以善其身而已。[1]

王安石站在有为入世的立场上批判佛道二教，与他由孔子"性相近"之说演绎出的政治思想，在逻辑上是一致的，而这也正是其穷理尽性之学的最终落脚点。如说：

> 通天下之志，在穷理；同天下之德，在尽性。穷理矣，故知所谓咎而弗受，知所谓德而锡之福；尽性矣，故能不虐茕独以为仁，不畏高明以为义。如是则愚者可诱而为智也，虽不可诱而为智，必不使之诎智者矣；不肖者可革而为贤矣，虽不可革而为贤，必不使之困贤者矣。夫然后有能有为者得羞其行，而邦赖之以昌也。[2]

---

[1]《礼乐论》，《全宋文》卷一四〇二，第64册，第331页。
[2]《洪范传》，《全宋文》卷一四〇一，第64册，第317页。

茕独、高明之说，源出《尚书·洪范》："无虐茕独而畏高明。"[1] 意即不欺凌孤弱，不畏惧豪强。这种追求公正的政治，也是王安石所向往并且反复强调的，如说："人君蔽于众，而不知自用其福威，则不期虐茕独而茕独实见虐矣，不期畏高明而高明实见畏矣。茕独见虐而莫劝其作德，则为善者不长；高明见畏而莫惩其作伪，则为恶者不消。善不长，恶不消，人人离德作伪，则大乱之道也。"[2] 追求公正反映出王安石同情民间疾苦、抑制豪强大户的政治倾向，他所采取的一系列改革措施，也都具有这种倾向性。现代一些研究者认为，这种倾向性与他自身的庶族地主身份有关。但王安石毕竟又是一个政治思想家，他的着眼点是整个国家和全社会所面临的危机问题，并不只是代表庶族地主提出政治要求，所以围绕政治的公正问题，他还必须做出理论思考和学术论证，不能只是打着为民请命的旗号。从某种意义上说，王安石的穷理尽性之学，就正是为其公正政治所作的论证，其要义在于这样两条，即天下万物都遵循一个共同的道理，天下万民都有彼此相近的本性。共同的道理即"莫不由是之焉者"，也即"天下之正理"，是超越于天命、仁义之上的最高原则。彼此相近的本性既是推行政治、教化的合理前提，同时也是必须公正对待不同阶层的合理前提。

---

[1]《十三经注疏（清嘉庆刊本）》，第402页。
[2]《洪范传》，《全宋文》卷一四〇一，第64册，第316页。

第三章 王雱"任理而不任情"的政治哲学
——兼论陆佃、刘概等人对道家哲学的阐发

新学派自王安石发轫，形成一种儒道兼综的学风。王安石的儿子王雱，弟子陆佃、刘概、陈详道等人，都一方面投入《三经新义》的修撰，并进而解注《春秋》《礼记》《尔雅》《论语》等儒家经典；另一方面又对《老》《庄》展开研述。从总体上看，这种学风的形成，是出于建构新型的政治哲学的需要，围绕政治变革这个焦点问题，反映出新学派的基本思想以及整体风格。但在学术建构上，弘道和阐儒又属于两个不同的层面，前者集中反映出新学派的理论思考，后者旨在统一经学思想，二者既有联系，又存在差别。就其差别而言，推阐《老》《庄》之学的宗旨在于确立自然主义的理性原则，主要涉及三个问题：第一是推阐道本体作为万殊一致之理的内涵，以此阐明万物的同一性、普遍性原理；第二是站在道体大全的高度寻绎性命本真，以期克服各种精

神局障，超越个性化的情感、意志，从而论证人性与道体是同一的；第三是推论道既为万物同一性、普遍性原理，它同时也就是政治的最高宪纲，借以克服天命论和意志论两种决策思想。修撰《三经新义》作为变革的一项重要措施，用意则在于以经术造士，也就是通过经典文本的规范化和诠释的统一化，改变人各异辞、家存异说的经学局面，从而将经学思想统一起来，为政治变革培养人才。这种学术层面的差别，既与儒道两家的传统有关，同时也取决于儒学复兴思潮。在儒学复兴的时代思潮中，统一思想必须用儒家经典，但理论创新可以借鉴道家之说，所以新学派的学术建构从两方面同时展开。就其内在的思想联系而言，由推阐《老》《庄》之学确立了新学派推天道以明人事，即所谓"由是而之焉"的理论思路，而儒家的经义之学则是对这条理论思路的拓展和论证。这种新型的儒道互补结构，对于北宋儒学复兴思潮具有理论深化的意义。即一方面，儒家经术尤其是汉唐注疏存在博而寡要的弊病，长期流行的章句训诂之学，诱使儒生皓首穷经而不得其道，也就是找不到儒学的最高纲领，其间或有追求向上一路的思想努力，但又流于天命灾祥之说，以各种牵强附会的蒙昧主义解释作为儒家人文体系的合理性依据，将庞大的儒家人文体系建立在极其薄弱的理论基础上，所以在意识形态领域表现得疲软无力，既不能阻挡玄佛道思想的扩张，更难以彰显儒家经术对于建立政治宪纲的价值，反而使经术成为现实政治之臣仆。要克服这种流弊，就必须重铸其理论基础，而援引道家自然主义的理性精神，也就成为一种有效的选择。另一方面，道家之学又蔽于天而不知人，详于形而上的本体论，略于形而下的社会具体应用，尤其是自魏晋以来，道家之学一直存在极言于窈冥的倾向。魏晋玄学辩道体之有无，隋唐重玄学论道体非有非无，在理论上不断掏空自然天道的内涵，自然天道作为思想体系之最高概念，也就面临着价值虚化的问题。要解决这个问题，就必须将自然天道推进到儒家的人文体系之中，使之获得真实的价值内涵。由此构成新型的儒道互补，同时也是一种新型的天人之学，即试图将道家之天道与儒家之人道结合起来。但在展开具体的理论建构时，又难免畸轻畸重，详于此则略于彼，所以新学派内部又存在两种相对不同的学术倾向。其一以王雱为代表，主张"任理而不任情"，强调自然主义的理性原则；其一以陆佃为代表，强调王安石所提出的"至诚恻怛之心"，更多地表现出儒家的人文情怀。这两种倾向，反映出新学派内部的思想张力。又由于新学派不能将天道与人道有机结合起来，在推行变革时就难免由道而生法，所以引起蜀、洛等学派的理论批判。新学派的理论建构因此成为北宋儒学复兴运动的一个重要环节，代表一个阶段的主流思潮。

第一节　新学派中的《老》《庄》之学

王雱字元泽，熙宁九年（1076）病卒时，年仅三十三岁，但在新学派学术思想的建构中，他却是一个中坚人物。

其学术广泛涉及儒释道三家,不但是《三经新义》的主要作者,又作策论三十余篇,极论天下之事,而且著有《佛书义解》及《老子训传》《南华真经新传》等,从时事政治到思想学术,发表过一系列的议论。从现存的王雱著作来看,他的思想理论在新学派中是有代表性的,在北宋学术思想的整体发展中,也是一个重要的环节。但此前的思想史研究,大体上说没有王雱的一席之地,其中原因,就新学派作为一个整体而言,是由于后人更关注其政治主张,而非学术思想,王安石的历史地位和影响,也使其后学普遍受到遮蔽;而就王雱个人而言,则是由于一次涉及基本品德问题的事件。这次事件,使他留下一个蛮横粗暴的人格形象,以至研述和爱好其学术思想的后来者,往往要首先抬出不以人废言的前提,甚至有人作过这样的设想,以王雱的才华学识,如果追随二程,则成就不可限量。[1] 爱慕其才学而厌其为人,大致就是后人对待王雱的普遍态度,而其人之所以可厌,又只是由于这次事件,并没有其他的"劣迹"。

然而,这次事件究竟是真是伪,却有两种截然不同的说法,是一段历史疑案。现在我们将两种说法都摆出来,以见始末。

最初记载这次事件的,是北宋邵伯温的《邵氏闻见录》。因为事件涉及程颢,所以朱熹在编辑《河南程氏外书》时,

---

[1] 见《四库全书总目》卷一四六《子部五十六·道家类》王雱"南华真经新传"条引王宏撰《山志》。

予以辑录:

> 荆公置条例司,用程伯淳为属。一日盛暑,荆公与伯淳对语,公子雱囚首跣足,携妇人冠以出,问荆公曰:"所言何事?"荆公曰:"新法数为人沮,与程君议。"雱箕踞以坐,大言曰:"枭韩琦、富弼之首于市,则新法行矣。"荆公遽曰:"儿误矣。"伯淳正色曰:"方与参政论国事,子弟不可预,姑退。"雱不乐去。伯淳自此与荆公不合。[1]

辑录此事,大概表明朱熹信其真,而以朱熹的历史声望和影响,无疑又会增加事件的可信度,所以《宋史》记载王雱行事,同样也征采其说,并由此对王雱做出一般的人格描述和判断,如说:"安石更张政事,雱实导之。常称商鞅为豪杰之士,言不诛异议者法不行","为人剽悍阴刻,无所顾忌"。[2]

最早对此事进行考证辩诬的,是清人李绂的《穆堂初稿·书〈邵氏闻见录〉后》:

> 邵氏所录最骇人听睹者,莫甚于记王元泽论新政一事。严君之前,贤者在座,乃囚首跣足,携妇人之冠,

---
[1]《二程集·外书卷第十二》,第422—423页。
[2]《宋史》卷三二七《王安石传》附,第10551页。

矢口妄谈，欲斩韩、富，容貌辞气，痴妄丑恶，至于如是，使天下后世读之者，恶元泽因并恶荆公。顾尝思之，元泽以庶几之资，早穷经学，著书立说，未及弱冠已数万言，岂中无知识者？今岁消暑余暇，偶一阅，略为稽考时日，乃知《闻见录》盖无端造谤，绝无影响。考荆公以熙宁二年二月参知政事，夏四月始行新法，八月以明道为条例司官。明年五月，明道即以议论不合，外转签书镇宁节度使判官。而元泽以治平四年丁未科登许安世榜进士第，明年戊申即熙宁元年也，至二年则元泽久已由进士授旌德尉，远宦江南。是明道与荆公议新政时，元泽并未在京。直至熙宁四年，召元泽除太子中允、崇政殿说书，然后入京师，则明道外任已逾年矣，安得如邵氏所录与闻明道之议政哉？邵氏欲形容元泽丑劣，则诬为囚首跣足，欲实其囚首跣足，则以为是日盛暑。不知明道以八月任条例司官，次年五月即已外转，始深秋，讫初夏，中间并无盛暑之日也。明道长元泽仅九岁，成进士仅早十年，盖兄事之列。而韩、富年辈则尤在荆公之前，论是时德望，亦非明道可比，邵氏乃谓明道正色言"方与参政论国事，子弟不当预，姑退。"而雩即避去。是元泽敢言斩韩、富，独于年辈不甚远，又为其父属官之人，一斥而即去。此皆情事所不然者。[1]

---

[1] 转引自蔡上翔：《王荆公年谱考略》卷一五，《王安石年谱三种》，第444—445页。

按照这个考证,王安石与程颢商讨新政问题时,王雱远在江南,不在汴京,所以根本就没有参与其事的可能。《邵氏闻见录》关于事件情节的描述,也同样暴露出作伪的痕迹,一是程颢与王安石商讨新政问题,在他任职制置三司条例司官员期间,而在此期间并没有盛暑季节;二是韩琦、富弼的年辈长于王安石,都是推行庆历新政的核心人物,到熙宁年间,皆为政坛耆艾,有很高的政治声望,而程颢却只是王安石的从属官,如果王雱真的狂妄到敢于放言斩韩、富,又何以对程颢如此畏惧呢?这在情理上也同样说不通。按照《邵氏闻见录》的描述,事件发生时的王雱,似乎只是一个顽劣少年,而其实,此时的王雱已做过地方官,而且有著作传世,并非横行无忌的纨绔子弟。《邵氏闻见录》又有王雱死后大受地狱之苦,王安石因而舍其居为佛寺云云。这些说法,都不仅仅是王雱的个人品德问题,而且项庄舞剑,意在沛公,都包含着诋毁王安石、攻击熙宁新法的真实意图,所以维护王安石及熙宁新法的李绂、蔡上翔等清代学者,都极力为王雱辩诬;并推测《邵氏闻见录》中诬诟王雱的记载,非邵伯温原本,而是其子邵博编纂此书时所加,时值南宋初绍兴二年(1132),王安石之新学新政受到普遍攻击,邵博造谣,盖意在希世邀宠。

确实,历史既是人创造出来的,同时又是人写出来的。创造历史时人与人的冲突,通常都会在写历史时再次表现出来。北宋中晚期是一个冲突剧烈的时代,由当时人写下的历史,就难免有置身于冲突之中的倾向性,而如何记载围绕王安石的各种事件，在当时更是一个敏感的政治问题。[1] 因为政治问题未能解决，记载历史也就不能形成公认的尺度，所以后人研究宋史，往往觉得当时的文献记录如同儿戏，与王安石有关的记录尤其如此。

反对者的记录既不可信，我们又依据什么来评议王雱之为人呢？陆佃有《祭王元泽待制墓文》，在各种文献记载中，大概是一份较为可信的资料。文曰：

> 惟公才豪气杰，超群绝类。据依《六经》，驰骋百氏。金版六韬，坚白异同。老聃瞿昙，外域所记。并包渟蓄，迥无涯涘。形于谈辩，雄健俊伟。每令作人，伏首抑气。譬彼沧溟，万川俱至。惊澜怒涛，驾天卷地。又如白日，云雾斗起。风裂雨骤，雷震霆厉。倏忽敛氛，澄霁妩媚。异态殊状，率有义味。自云功名，可以力致。何作弗成，何立弗遂？熙宁逢辰，既昌且炽。立谈遇主，腾上甚锐。公亦慨然，任天下事。命也奈何，半途而税。孰夭孰寿，孰兴孰废。自古皆然，竟亦何为。念昔此邦，初与公值。曷敢定交，公我所畏。倾盖相从，期以百岁。今我来思，如复更世。岂无友人，先我而逝。怀旧感今，掷笔掩袂。犹想当年，拍手论议。

---

[1] 如《宋史·陆佃传》载，元祐年间陆佃与范祖禹、黄庭坚等又共修《神宗实录》，双方便围绕王安石问题多有争辩，陆佃维护王安石，黄庭坚说："如公言，盖佞史也。"陆佃答："尽用君意，岂非谤书乎！"（《宋史》卷三四三，第 10918 页）

白下长干,倒屣曳履。遗舟夜壑,求马唐肆。顾瞻空山,潸焉出涕。[1]

据《宋史·陆佃传》说:"安石子雱用事,好进者坌集其门,至崇以师礼,佃待之如常。"[2] 据此,陆佃在王雱还活着,并在士林颇著影响以至受到某些人崇拜的时候,对王雱并不阿谀曲附,而能保持人格的独立,所以可信他在王雱卒后的评议是相对公允的。单从此《墓文》本身来看,也非一般的应景之作,非滥用溢美之辞,字里行间所透露出来的感情是真挚的,对王雱人物风范的叙述也可信不是出于错觉记忆或有意夸张。按照陆佃的叙述,王雱确有睥睨一世之上的气度或精神气质,生命意志很张扬,从总体上看是一个浊世佳公子的形象。这种气度,当然离不开自信,也离不开卓越的才华。但也正由于卓越的才华,加上个性鲜明,不自掩抑,在待人接物方面,就难免不合常规。后来之所以有王雱蛮横粗暴的传言,想来也不完全是空穴来风,而与他睥睨一世之上的人物风范有某种关联。不过,王雱的一生事业,主要在学术思想方面,而以其人物风范、精神气质致意于思想学术,同样也会取得不同凡响的成就,尤其是在阐发道家理论方面。如《四库提要》评其《南华真经新传》时说:

---

[1]《全宋文》卷二二一一,第101册,第273—274页。
[2]《宋史》卷三四三,第10918页。

史称雱睥睨一世，无所顾忌，其狠愎本不足道。顾率其傲然自恣之意，与庄周之滉漾肆论，破规矩而任自然者，反若相近，故往往能得其微旨。[1]

早在王雱卒后不久的神宗元丰、哲宗元符年间，便有学者肯定他在解注《老》《庄》方面所取得的成就，但与《四库提要》不同，既没有关于王雱狠愎的说法，同时也不认为其成就在于纵恣而得《庄子》微旨，而是认为他阐发了《庄子》的道德性命之理。《道藏》本王雱《南华真经新传》，是现存此书的最早传本，书前有元丰得其著后之丙子（1096）佚名氏序，说云：

王元泽待制《庄子》，旧无完解，其见传于世者，止数千言而已。元丰中，始得完本于西蜀陈襄氏之家，其间意义渊深，言辞典约，向之无说者，悉皆全备焉。予是时锐意科举，思欲独善，遂藏箧笥，盖有岁年。前一日，宾友谓予曰："方今朝廷复以经术造士，欲使天下皆知性命道德之所归，而庄子之书，实载斯道，而王氏又尝发明奥义，深解妙旨。计其为书，岂无意于传示天下后世哉？今子既得王氏之说，反以秘而不传，则使庄氏之旨终亦晦而不显也。与其独善于一身，曷若共传于天下与示

---

[1]《四库全书总目》卷一四六《子部五十六·道家类》，第1246页。

后世乎?"〔1〕

《道藏》中又有北宋人所纂《道德真经集注》,收录唐玄宗、河上公、王弼、王雱四家,特于王雱之说最全。书后有元符元年(1098)前权英州军事判官梁迥《后序》,说云:

> 昔之为注者有三,曰河上公,曰明皇,曰王弼。夫三家之说,其间不能无去取,然各有所长,要其归宿,莫非究大道之本。近世王雱,深于道德性命之学,而老氏之书,复训厥旨,明微烛隐,自成一家之说,则八十一章愈显于世。然世之学者,以老氏为虚无无用之文,少尝加意,陈言鄙论,自以为得,殊不知大道之本,由老氏而后明;老氏之经,由数家而后知,非俗学者所易闻也。〔2〕

这两篇序文的写作时间,距离王雱卒年分别为二十年、二十二年,作者与王雱都是同时代人。在他们的印象中,王雱既非顽劣不堪的恶少,其学术思想也不是破坏性的纵恣之

---

〔1〕《道藏》第 16 册,第 154 页。案,此本亦非完本,缺《骈拇》至《天地》五篇注,实存二十八篇。《四库全书》所收明传本,与《道藏》本同,或同源。南宋褚伯秀《南华真经义海纂微》,录王雱《内篇》注数条,而以刘概《外杂篇》续之,所佚五篇,仅录一条,亦难窥全豹。
〔2〕《道藏》第 13 册,第 105 页。

论，而是通过诠释《老》《庄》，阐发出一套道德性命之学，既超越了前人的注疏，也使《老》《庄》之学复活，对于时代文明建设具有现实意义。

由上引资料，我们大概可以纠正由于历史原因所造成的关于王雱的不良印象，还之以思想家的本来面目。作为思想家，王雱有洞见卓识之处，也有其思想盲点，但那是理论方法以及理论立场方面的问题，不是个人的道德品质问题。就本文而言，澄清这一点无疑是必要的，因为从某种意义上说，只有在排除王雱所受到的九百年诬诟之后，才有可能理性地分析其思想理论的是非得失，否则，我们会在展读其著作时带上某种心理阴影，步入解读的误区。而在研述人类智慧结晶的思想史、哲学史上，大概也可以说从来就没有顽劣恶少的存在空间。

与王雱英气逼人的精神气质比较起来，陆佃的显著性格特点是厚实而稳健。这种性格，既表现在他的人生实践中，也表现在他的学术风格中。

陆佃（1042—1102）字农师，越州山阴（今浙江绍兴）人。在王安石的学生中，他就学时间较早，从学时间较长，并且深受王安石赏识；在王安石卒后，对于王安石的个人声誉以及荆公新学，也以他维护最力。但对于王安石所发动的熙宁变法，他却持反对意见。终其一生来看，可以说是学术坚持王氏，政见坚持独立。这两个方面，既铸造了陆佃自身的人格完整，同时又作为一个例证，反映出新学的复杂性，反映出荆公新学与其政治主张的复杂关系。虽然就思想主流而言，荆公新学与其政治主张具有内在的联系，但学术的思维空间毕竟比现实政治的思维空间广袤得多，而荆公新学，严格说来也不像一般印象中的那样，仅仅服务于熙宁变法。

熙宁三年（1070），陆佃应科举入京，据《宋史》本传说："方廷试赋，遽发策题，士皆愕然；佃从容条对，擢甲科。"[1]这份使举子们愕然的试题，使陆佃获得荣誉的试卷，至今保存在《陶山集》中，其思想主旨，明显来源于王安石的《上仁宗皇帝言事书》和《九变而赏罚可言》二文，突出强调王安石所提出的"至诚恻怛之心"。但也正与此同时，陆佃向王安石明确表示不赞同新政的意见。如《宋史》本传载：

> 适安石当国，首问新政，佃曰："法非不善，但推行不能如初意，还为扰民，如青苗是也。"安石惊曰："何为乃尔？吾与吕惠卿议之，又访外议。"佃曰："公乐闻善，古所未有，然外间颇以为拒谏。"安石笑曰："吾岂拒谏者？但邪说营营，顾无足听。"佃曰："是乃所以致人言也。"[2]

因为吏缘为奸，青苗法在实际推行中出现扰民现象，王安石本人又因鄙弃流俗而被认为刚愎自用，拒不纳谏，是当

---
[1]《宋史》卷三四三，第10918页。
[2]《宋史》卷三四三，第10917页。

时变革中出现的两个焦点问题,都很敏感。陆佃直言不讳,既表现出他对于王安石的坦诚,同时也表现出他对于政治问题的严肃态度,不曲附苟且。这种态度,在他后来的政治生涯中也奉行不渝,并由此形成他的卓越政见。如宋徽宗即位初,陆佃针对长期以来新旧两党的纷争,上疏说:

> 近时学士大夫相倾竞进,以善求事为精神,以能评人为风采,以忠厚为重迟,以静退为卑弱。相师成风,莫之或止,正而救之,实在今日。神宗延登真儒,立法制治,而元祐之际,悉肆纷更。绍圣以来,又皆称颂。夫善续前人者,不必因所为,否者赓之,善者扬焉。元祐纷更,是知赓之而不知扬之之罪也;绍圣称颂,是知扬之而不知赓之之过也。愿咨谋人贤,询考政事,惟其当之为贵,大中之期,亦在今日也。[1]

所谓"神宗延登真儒",指王安石任相而主变法。神宗死后,嗣位的哲宗尚年幼,司马光执政,在高太后的支持下推行元祐更化,将熙宁、元丰年间的所有变革措施一概废除,走向一种极端。及哲宗成年,亲掌大政,又在"绍圣"的名义下全面恢复熙、丰之政,走向另一个极端。政治方针的一波三折,本是专制政体下决策随意性的必然结果,是中国历史上的常见现象,但在北宋中晚期,政治方针问题又与

---

[1]《宋史》卷三四三,第10919页。

新旧党争问题纠缠在一起，引发各种盘根错节的政治矛盾和人事矛盾，情形尤其复杂。当此之时，如何站在大中之道的高度确立适合现实需要的政治方针，避免两种极端化倾向，摆脱各种矛盾纠缠，便成为政治决策的核心问题。结合北宋历史来看，可以毫不夸张地说，这是一个直接关系着社稷安危和政权命运的大问题。在当时，程颐、苏辙等人也如同陆佃一样，保持着清醒的头脑，反对极端化倾向，反对意气化的派性政治。然而，他们的理性思考未能对现实政治发挥作用，宋徽宗在蔡京等人的煽动下，打着"崇宁"——崇尚熙宁之政的旗号，将派性政治推向极端。由蔡京一手策划，对政治上的异己者，亦即不符合其集团利益的人进行一次总清算，统统归入"元祐奸党碑"，致使北宋政权进入最为污浊昏暗的时期，也使它面临着灭亡的必然命运。

陆佃名在党籍中。其中原因，表面上看是他在熙宁年间不赞同王安石变法，而实际上是由于在徽宗初年陆佃执政时，主张参用元祐人才，试图进行派性调和，用人以现实政治对于人才的需要为依据，不以派性为依据，违背了蔡京等人的集团利益。这原本是蔡京当政时出现的问题，与王安石无关。但由于陆佃名在元祐党籍，所以后来有人怀疑他的学术是否忠实于荆公新学，如《四库提要》说：

> 佃以不附安石行新法，故后入元祐党籍，其学问渊源则实出安石。晁公武《读书志》谓"其说不专主王

氏，亦似特立"，殆未详检是编，误以论其人者论其书欤?[1]

晁公武的《郡斋读书志》，由政治态度判断学术向背，因陆佃不赞同王安石新法，便怀疑其学术也脱离荆公新学而独立，严格说来是没有看到新学思想内容的复杂性，没有看到荆公新学与熙宁变法的复杂关系。为了驳正晁公武之说，《四库提要》对陆佃的著作《埤雅》进行考证，发现其中多引王安石《字说》，并且有尊崇王安石的明确态度。但《四库提要》同样也认为陆佃名入党籍的原因，是不附王安石行新法，便将徽宗时因蔡京排斥异己而引发的政治斗争，与王安石推行新法混为一谈了。其实，蔡京虽在名义上推尊王安石，但已完全背离了熙宁变法的政治目标，只不过将它作为派性斗争的工具而已。否则，王安石既能宽容陆佃的不同政见，让他专心研究学术，即《宋史》所谓"专付之经术"，蔡京又有什么理由认为他背叛了王安石，因而要追加惩罚呢？况且，在王安石病故，政治风向逆转，一些原本追随王安石的人都隐晦其政治态度的元祐年间，陆佃独率领学生哭祭王安石，受到社会的道德赞誉，同时又作为史官，坚决维护王安石的声誉，成为新学派中尊师守道的代表人物。这说明，按照向背两分的简单逻辑，不足以剖析陆佃的政治态度

---

[1]《四库全书总目》卷四〇《经部四十·小学类》陆佃"埤雅"条，第342页。

和学术态度。

放在新学派之整体中来看,陆佃是礼学、名数之学的专家。名数之学是一种将文字与物理结合起来的学问,陆佃在这方面的代表作即《埤雅》。《四库提要》概括其书大旨说:"其说诸物,大抵略于形状而详于名义,寻究偏旁,比附形声,务求其得名之所以然。又推而贯通诸经,曲证旁稽,假物理以明其义",并评价说:"其推阐名理,亦往往精凿,谓之驳杂则可,要不能不谓之博奥也"。[1] 在古代,这种学问属于博物学,也是新学派的重要内容之一,其经典之作,即王安石的《字说》。放在新学派的学术体系中来看,探讨名数或名理之学,是重新诠释传统经典的必要准备,用以正《六经》之义,通百家之说。与陆佃同样锐意于礼学的王安石弟子,还有福州人陈详道,作《礼书》一百五十卷传于世。

除礼学、名数之学外,陆佃、陈详道以及思想学术上追随王安石的开封人刘概(字仲平),又都曾解注《老》《庄》。此三人的《老子》注解,都有佚文保存在南宋彭耜《道德真经集注》、李霖《道德真经取善集》、元刘惟永《道德真经集义》等文本中。陈详道、刘概的《庄子》注解,则有佚文保存在南宋褚伯秀的《南华真经义海纂微》中。此外,陆佃又著有《鹖冠子解》,探讨黄老刑名的是非得失问题。这些著作,如同王雱的《老》《庄》注解一样,既从总

---

[1]《四库全书总目》卷四〇《经部四十·小学类》,第342页。

体上反映出新学派吸收道家思想的一面，又反映出新学派内部的两种不同思想倾向。

就新学派吸收道家思想的一面而言，他们都继承王安石所倡导的以意逆志的解读方法，力图站在道本体或道之大全的高度，调和儒道关系，并以《老》《庄》作为重要的思想资料，探讨"穷理尽性以至于命"的时代思想主题。如刘概的《庄子统论》说：

> 道体广大，包覆无遗。形数肇一，奇偶相生。自此以往，巧历不能算矣。古之人，循大道之序，顺神明之理，于是有内圣外王之道。其在数度者，杂而难遍，然本末先后之出于一而散为万者，未尝不通也。故时出时处，或静或动，能短能长，以矫天下之枉而曲当不齐之变。且伏羲非无法也，而成于尧；二帝非无政也，而备于周。不先时而好新，不后时而玩故，此圣人之在上者有所不能尽备也。伊尹，任也，伯夷矫之以清；清近隘也，柳下惠济之以和。不逆世以蹈节，不徇俗以造名，此圣人之在下者有所不能尽全也。道至于孔子而后集大成，盖几千百年而一出。孔子之上，圣人之因时者，有不得已也；孔子之下，诸子之立家者，各是其是也。庄子之时，去圣已远，道德仁义裂于杨、墨，无为清净坠于田、彭，于是宋钘、尹文之徒闻风而肆。庄子思欲复仲尼之道，而非仲尼之时，遂高言至道以矫天下之卑，无为复朴以绝天下之华，清虚寂寞以拯天下之浊。谓约

言不足以解弊，故曼衍而无家；谓庄语不足以喻俗，故荒唐而无崖。著书三十三篇，终之以天下道术。其言好尊老聃而下仲尼，至论百家之学，则仲尼不与焉。先之以墨翟、禽滑厘之徒，次之以老聃、关尹，而后自叙其学，结以惠施多方。盖谓道非集大成之时，则虽博大真人，犹在一曲。老聃之书得吾之本，故调适而上遂；惠子之书得吾之末，未免一曲而已。呜呼！诸子之书曷尝不尊仲尼哉？知其所以尊者，莫如庄子，学者致知于言外可也。[1]

王安石曾作《三圣人》一文，探讨士人的处世态度，亦即入仕与自处的合理尺度问题。文章说，最初伊尹为士作则，树立了一种榜样，不管世道治乱，都努力进取。后来士人不能求伊尹之心，养成"多进而寡退，苟得而害义"的风气。于是伯夷出而矫之，树立另一种榜样。而士人又不知求伯夷之心，养成"多退而寡进，过廉而复刻"的弊风。于是又有柳下惠出而矫之，树立起一种新的为士准则，"遗逸而不怨，厄穷而不悯"。然而士人还是不能求柳下惠之心，养成"多污而寡洁，恶异而尚同"的弊风。文章最后说："至孔子之时，三圣人之弊各极于天下矣，故孔子集其行而制成法于天下，曰：'可以速则速，可以久则久，可以仕则仕，可以处则处。'然后圣人之道大具

---

[1] 转引自褚伯秀：《南华真经义海纂微》卷一〇六《天下第四》，第1401—1402页。原引作"刘概《统论》"，据文意及此书体例，改题为《庄子统论》，以醒目。

而无一偏之弊矣。"[1] 意即孔子最终确立了为士的合理尺度。刘概《统论》的思想，大概来源于王安石此文。但由于是就《庄子》抒发议论，话题本身的思维空间更开阔，所以刘概由处世态度问题进而谈到道体之大全，上升到伏羲之法、尧舜二帝之政亦即内圣外王的理论高度。站在这个理论高度，刘概也同样认为孔子是集大成者，而庄子则是尊敬孔子并真正理解孔子集大成之价值的杰出代表。显然，这种议论与其说是为庄子正名，将庄子思想纳入孔子的思想体系，毋宁说是将庄子思想诠释为孔子思想，确切地说，是按照《庄子·天下》所阐发的大全之道来理解孔子之道。这种道之大全的观念，既是刘概兼融儒道的理论高度，也是他探讨现实问题、建构内圣外王之政治哲学的思想角度。

同样的理论高度和思想角度，也体现在王雱对于《老》《庄》的研述中。如其《南华真经新传序》说：

> 世之读庄子之书者，不知庄子为书之意，而反以为虚怪高阔之论，岂知庄子患拘近之士不知道之始终，而故为书而言道之尽矣。夫道不可尽也，而庄子尽之，非得已焉者也，盖亦矫当时之枉而归之于正，故不得不高其言而尽于道。道之尽则入于妙，岂浅见之士得知之？宜乎见非其书也。[2]

---

[1]《全宋文》卷一三九九，第64册，第296—297页。
[2]《全宋文》卷二二六九，第104册，第41页。

按照王雱的理解，庄子著述的用意，在于阐明道之始终，矫正拘近的偏失。所谓道之始终，与拘近相对，也就是道之大全，是超越于常俗近情、常识浅见之上的理论高度。正是站在这样的理论高度之上，或者说正是从致思于道之始终、道之大全的思想角度出发，王雱融贯儒道，阐明孔孟、老庄互为始终的关系。如注《老子》第十九章说：

> 或曰：孔孟明尧舜之道，专以仁义，而子以老氏为正，何如？曰：夏以出生为功，而秋以收敛为德。一则使之荣华而去本，一则使之凋悴而反根。道，岁也；圣人，时也。明乎道，则孔、老相为终始矣。[1]

注《老子》第八十章说：

> 窃尝考《论语》《孟子》之终篇，皆称尧、舜、禹、汤圣人之事业，盖以为举是书而加之政，则其效可以为比也。老子，大圣人也，而所遇之变，适当反本尽性之时，故独明道德之意，以收敛事物之散而一之于朴。诚举是书以加之政，则化民成俗，此篇其效也，故经之义终焉。[2]

---

[1]《道德真经集注》卷三，《道藏》第13册，第27页。
[2]《道德真经集注》卷一〇，《道藏》第13册，第103页。《老子》第八十章，王雱理解为最后的理论归旨，至于第八十一章，则为自陈作经之意的总序，故有"经之义终焉"之说。

又如其《南华真经拾遗》说：

> 庄周之书，载道之妙也。盖其言救性命未散之初，而所以觉天下之世俗也，岂非不本于道乎？夫道，海也；圣人，百川也。道，岁也；圣人，时也。百川虽不同，而所同者海；四时虽不同，而所同者岁。孔孟、老庄之道虽适时不同，而要其归则岂离乎此哉？[1]

道犹岁、圣人乃四时的譬喻，与陈景元之说相同。究竟谁先发明这个譬喻，或许不必深论，所当注意的，是他们的身份虽然互不相同，但融贯儒道的思想旨趣并没有本质的区别。其所谓道，就形上理论而言乃老庄之道，但又是在剥离了老庄"正言若反"的言诠形式之后，才使道之内涵正面彰显出来。这种剥离，也就是王安石所提倡的以意逆志的解读方法。正是通过这样的解读方法，王雱将老庄之说与"穷理尽性以至于命"的时代思想主题结合起来，既使《老》《庄》之书成为时代文明建设的重要思想资料，又对《老》《庄》的思想宗旨做出了不同于秦汉黄老、魏晋玄学以及隋唐重玄的新解释。如《南华真经拾遗》说：

> 庄周之书，究性命之幽，合道德之散，将以去其昏昏而易之以昭昭，此归根复命之说、剖斗折衡之言所以

---

[1]《道藏》第16册，第272页。

由是起矣。虽然，道于心而会于意，则道问而无应，又奚俟于言者欤？盖无言者虽足以尽道之妙，而不言者无以明，故不得已而后起，感而后动，迫而后应，则驾其所说而载之于后，而使夫学者得意则亡象，得象则亡言，此亦庄子之言有冀于世也。[1]

又如注《大宗师》说：

夫庄子作《大宗师》之篇，而始言其知天，次言其知人，而终言其委命者，盖明能知天则所谓穷理也，能知人则所谓尽性也，能委命则所谓至命也。穷理尽性而至于命，此所以为大宗师也。[2]

注《老子》第十六章说：

有生曰性，性禀于命，命者在生之先，道之全体也。《易》曰："穷理尽性以至于命。"观复，穷理也；归根，尽性也；复命，至于命也。至于命，极矣，而不离于性也。[3]

由王雱对《老》《庄》思想宗旨的理解来看，当时人评

---

[1]《道藏》第16册，第271—272页。
[2]《南华真经新传》卷六，《道藏》第16册，第190页。
[3]《道德真经集注》卷三，《道藏》第13册，第24页。

价他深于道德性命之说,并非枉言。这种理解,当然是诠释学意义上的,是结合时代思想主题的推陈出新。其理论价值,并不在于独见老庄立言本旨,甚至也不在于诠释《老》《庄》本身,而在于通过这种学术形式,展开了关于时代精神的理论思考。

同样,陆佃对《老》《庄》立言宗旨的理解,也从性命之说出发。如注《老子》第十六章说:

> 言根则知有所谓本,言命则知有所谓性。故言"归根曰静",则复者本也;"静曰复命",则归根者性也。《庄子》曰:"自本自根,未有天地,自古以固存。"自根者,归根曰静是也;自本者,静曰复命是也;自古者,复命曰常是也。自本者无所因于本,自根者无所出于根,自古者无所历于古。虽然,归根曰静,静曰复命,复命曰常,其本一也。[1]

《老子》书中有"复命曰常"的说法,但未曾论及"性"的问题,由《老子》"复命"之说"则知有所谓性",是陆佃的引申发挥。正是通过这样的引申发挥,陆佃使《老》《庄》之学切入"穷理尽性以至于命"的时代思想主题。

由此看来,站在道之大全的理论高度调和儒道关系,并

---

[1] 转引自李霖:《道德真经取善集》卷三,《道藏》第13册,第862页。

按照"穷理尽性以至于命"的时代思想主题重新诠释《老》《庄》，重新确认其立言宗旨，是荆公新学第二代学者的思想大方向。其思想之展开，则以"穷理"的本体论哲学作为逻辑起点。

第二节 "穷理"的本体论哲学

王雱等人的"穷理"之学，大致可以分为三个层次来理解。首先是由具象万殊之物寻绎其一致之理，也就是探讨事物的同一性原理问题。其次是推阐此一致之理的内涵，认为万物皆出于阴阳，既自然独化，又相因为功。最后是将此一致之理上升到道本体的高度，按照有无体用等范畴，对其涵蕴进行思辨性的理论考察。虽然王雱等人都是通过解注《老》《庄》来表达其思想，理论随着经典原文的展开而展开，没有独立于经文并且自成框廓的逻辑形式，但当我们将其"穷理"之学作为一种本体论哲学来理解时，却可以看到实际上包含着这样三个层次的内在逻辑结构。掌握这种逻辑结构，或许是掌握其本体论哲学的必要准备，也是系统解读其著述的必要方式。

所谓寻绎具象万殊之物的一致之理，就是通过理论思维发现事物本身所具有的同一性。在理解王雱等人关于这个问题的论述时，我们有必要注意到古今哲学的理论视角之不同，即在现代哲学中，探讨一致之理，只是一个抽象思维不同于具象思维的方式方法问题，而在中国古代哲学中，抽象的理论思维方式通常被作为某种特殊的精神境界来看待，被理解为超越于个人情感和感性直观之上的天地境界，是不同于常识俗见之精神局障的另一种精神状态。换言之，它不只是特定的思维方法，同时也是独特的精神体验。所以王雱等人在论述时，往往由此及彼，由致思同一性问题关联到"尽性"的自我超越和精神修养问题。如王雱注《老子》第十六章说："虚静则明，明则见理。见理非以有为，将观复性之情也。复，复性起用，复还性根。动植虽殊，理归一致。"[1] 复性起用是超越有情感、有意志的现实之我，达到"尽性"的精神境界，正是在这层精神境界上，可以发现"动植虽殊，理归一致"，也就是发现万事万物的同一性。又如注《老子》第四十九章说："万法虽殊，等为实相，信与不信，生于自私。"[2] 用在这里的所谓自私，大概不具备伦理学意义，而是指有常俗局障的小我。超越小我以理解万殊一致之理，既是一种思维活动，也是一种精神修养。在中国古代哲学尤其是在道家流系的哲学中，抽象的理论思维往往被作为精神修养的重要途径。因为这个缘故，王雱等人谈论万殊一致之理，往往联系到精神体验，而非做出纯粹的存在论或逻辑化证明。但这并不意味着其所谓一致之理只是精神体验中的存在状态，是主体感受，不反映客观世界的真实面目，而只是将对于事物本质的认知活动与认知主体的精神修

---

[1]《道德真经集注》卷三，《道藏》第13册，第23—24页。
[2]《道德真经集注》卷七，《道藏》第13册，第67页。

养联系起来而已。从某种意义上说，以逻辑的方式证明一致之理的存在，或许更具理性色彩，而以感受的方式体验一致之理的存在，也可能更富有审美意识，但就本体论哲学的建构而言，二者是殊途而同归的，归旨都在于确立本体论前提。王雱注《庄子·齐物论》说："物为化之所役，所遇虽殊，而同归一致，此物我不得不齐也。"[1] 注《老子》第十章说："能专气则性定，性定则智明，智明则可以荡涤除去而玄览至理矣。既烛其理，则世间万态同为至妙。倪睹一疵，则非识理也。"[2] 注四十八章又说："方其穷理之时，物物而通之，凡以求吾真，非以为博也，故曰益而无害。至于穷理已上，则以损为益矣。见理之后，物物知非，不期乎损而所有渐销矣。"[3] 所谓荡涤，所谓损，都是针对小我的成见或偏见而说的。克服了小我的成见或偏见，体悟万殊一致之理，则看待差异万殊之物"同为至妙"，达到审美境界，而一致之理作为本体论前提，也就在此审美境界中得以确立。

进而言之，所谓一致之理或万物的同一性，又非指宇宙化生之初的共同本原，而是即目前见在之万物便有此一致之理或同一性。在这个问题上，王雱的思想与《老子》是有所不同的。《老子》之所谓道，也是万物的一致之理或同一性，但其理论表达方式，却是将道冥想为万物发生的共同本原，以生成论的理论形式，凸现道作为一致之理的意义。这种生

---

[1]《南华真经新传》卷二，《道藏》第16册，第159页。
[2]《道德真经集注》卷二，《道藏》第13册，第15页。
[3]《道德真经集注》卷七，《道藏》第13册，第66页。

成论的理论形式，不符合王雱的本体论哲学的思想逻辑，所以他在解注《老子》时，要就生成问题进行辨析。如注《老子》首章说：

> 受命于无而成形于有，故曰天地之始、万物之母。《易》曰"有天地然后有万物"，此言与《易》之序同。据覆载之间，方生之物，故以天地为先。物与天地，本无先后，推而极之，有无同体，始、母之言，亦筌蹄也。且天地虽大，而受命成形未离有无，而此乃独言万物之母，然则老氏之言，姑尽性而已。[1]

又如注《老子》第二十五章"有物混成，先天地生"说：

> 道之中体，混然而成，其视天地，亦由一物耳。而此特云先天地者，老氏将敛天下之散乱迷错而复之性本，故且举混成而已。盖由万殊而观，则此为道之全；由道本以观，则虽混成者犹散殊也。……凡老氏之说，言道之中体，未尽绝际，姑尽性而已。[2]

所谓"推而极之，有无同体"，是一种本体论观点，意

---

[1]《道德真经集注》卷一，《道藏》第13册，第4页。
[2]《道德真经集注》卷四，《道藏》第13册，第35—36页。

谓有与无的同一性，在于二者同时并存，且共为一体，而不在于生成与被生成的关系。《老子》所谓"有物混成"，是对道体的象喻性描述，说道体"先天地生"，是一种生成论冥想，在《老子》书中，万物的一致之理或同一性，是按照这种生成论冥想来理解的。而在王雱看来，老子之说只是为使天下复归性本而设置的一个逻辑前提，因为万物同生于道，所以复性的修养有一个本初的依据。但这种理论并不是彻底的本体论，所以王雱谓之"未尽绝际，姑尽性而已"，意即理论以尽性的修养为归旨，未在穷理的层面彻底展开。

与王雱相同，陆佃等人也致思于万殊之物的同一性或一致之理。如陆佃说："天道一而不二，故自其同者视之，夷貉一家也；人道二而不一，故自其异者视之，肝胆楚越也。"[1] 陈详道说："近取诸身以明天地，则天地一指也；远取诸物以明万物，则万物一马也。盖天地虽大，不离乎有体；万物虽众，不离乎有用。不离有体，则于空中犹一指而已；不离有用，则于天下犹一马而已。"[2] 二家之说，思想都来源于《庄子》，而放在新学派中来看，其旨趣都可以说如同王雱的议论一样，是由阐发老庄思想而必然延伸出的关于世界同一性的重新确认。

确认世界的同一性，也就是寻绎普遍存在于具象万殊之中的一致之理，按照王雱等人的论述，其内涵大抵可以概括

---

[1]《鹖冠子解》卷上，《道藏》第27册，第205页。
[2]《南华真经义海纂微》卷三《齐物论第二》，第64页。

为万物本于阴阳和自然独化两个方面。一如前述，这两个方面的内涵，也都与"尽性"的精神修养联系在一起。

关于第一个方面，王雱说："凡类属阴阳，数由一二者，理极则反，物物皆然。至人以此适盈虚之时，顺消息之理。""识阴阳之情，则物物有理，皆可以师。强梁殒身，物之至恶，苟识理者睹之，足以鉴消息之理以为教父，不亦宜乎。"[1] 又说："万物受阴阳而生，我亦受阴阳而生，赋象虽殊，而所生同根。惟能知其同根则无我，无我则无物，无物则无累。此庄子之所以有《齐物》之篇也。"[2] 在这里，万物与我同本于阴阳，既是关于一致之理的认知结论，也是超越私情私意之小我的精神境界。谈到阴阳问题，北宋时有一个值得注意的现象，即当时解注《庄子》者，都按照阴阳之说来理解《逍遥游》的北冥南冥之说，陈景元、王雱、陈详道、吕惠卿、林疑独等，无一例外。如陈详道说：

> 道散而为阴阳，阴阳散而为万物。出阴阳而复于道，则无适而不逍遥；入阴阳而丽于道，则无适而不系累。……夫鲲之为物，阴中阳也；鹏之为物，阳中阴也。潜北、徙南，不离阴阳之方；九万、六月，不离阴阳之数。背若太山，翼若垂云，不免乎有体；化则资水，抟则资风，不免乎有待；怒而飞，不能无情；飞而

---

[1]《道德真经集注》卷六，《道藏》第13册，第61、62页。
[2]《南华真经新传》卷二，《道藏》第16册，第158页。

息,不能无穷。以鲲鹏之大,其囿于阴阳也如此,况蜩鸠斥鷃乎?[1]

王雱之说大旨与此相同。显而易见,对于《庄子》之所谓逍遥,王雱、陈详道等人都理解为尽性之学,因为鲲鹏不能出离阴阳之外,所以他们都认为鲲鹏并不逍遥,亦即未能达到尽性的真境界。究竟什么是王雱、陈详道所理解的逍遥境界,我们可以放到其尽性之学中去讨论,这里仅从寻绎一致之理的角度来理解,他们显然认为阴阳是一切有体之物的大限,物有形体,即含阴阳,换个角度也可以说,阴阳即是万物的共同本质或本原,这也就是"阴阳散而为万物"的意思。结合北宋学术思想来看,由《庄子·逍遥游》中的一些譬喻,在当时曾引发各种本体论思想,不过感受互有不同。王雱、陈详道由这种本体论所感受到的,是精神不能真正逍遥,亦即不能达到真实自由的现实局限,而张载却由这种本体论感受到现实的自然和谐。这种差别,我们留待后文探讨张载的本体论哲学时,再作分析。因为张载的本体论哲学,同样也以《庄子》此篇作为重要的思想资料,与上述各注家,有着相同或相近的知识背景和思想背景,具有很强的可比较性,而张载的本体论哲学,则是在此思想资料的基础上所建构起来的完整体系,最具代表意义。

就王雱等人的"穷理"之学而言,万物同本于阴阳,是

---

[1]《南华真经义海纂微》卷一《内篇逍遥游第一》,第11页。

一致之理的一方面内涵；万物莫不自然独化，是一致之理的另一方面内涵。这两个方面，既有理论主题上的联系，乃致思于同一个理论问题，又有思维角度上的差异：前者致思于事物之体亦即存在的本质，是存在论层面的，回答存在之物究竟是什么的问题；后者致思于事物之变亦即运动生成的最根本依据，是发生论层面的，回答存之物如何发生又何以存在的问题。围绕自然独化问题，王雱的思辨表现出很强的理论鉴别力。由于自然独化是郭象解注《庄子》时所阐发的理论，作为一种本体论哲学，与《老子》关于"道生"的生成论哲学存在着微妙的差别，所以当王雱按照自然独化的本体论哲学来解读《老子》时，就如同寻绎万殊一致之理或同一性一样，发现《老子》的理论存在不彻底的问题，并对这种不彻底进行理论的补正。如注《老子》第二十三章"希言自然"说：

> 自然者，不因物而然也。希不与物并而无所交感，独出于万法之上，故曰自然。凡人之生，不待物而有，所谓独化者是也。不待物而有，则固希而自然也。而失性者妄有我体，而从事于道，故屈己以从道。然则道为之主，而吾所谓其君者反臣于道矣。故从事于道者，有此道德失之三等，而同归于失。此由不冥于希而立己待物，离一为二，而交感生患也。[1]

---

[1]《道德真经集注》卷四，《道藏》第13册，第33—34页。

注《老子》第二十五章"人法地，地法天，天法道，道法自然"说：

> 自然在此道之先，而犹非道之极致，假物而言，则此四者如以次相法，而至论则不知其所始，非有先后。《庄子》曰："季真之莫为，接子之或使，在物一曲。"佛氏曰："非因非缘，亦非自然。"自然者，在有物之上而出非物之下。此说在庄、佛之下，而老氏不为未圣者，教适其时而言不悖理故也。使学者止于自然以为定论，则失理远矣，不可不察也。[1]

将《老子》所谓自然解释为"不因物而然"，显然是以郭象的独化论作为参照或依据的，自然与独化，在王雱这里是同义语。按照独化论，世间万物都是突然自生而不知其所以然的，并不存在因果关系，因而也就不存在以次相法的合理性。所谓因果关系或相法，在《庄子》书中就是有待无待问题，如陈详道注《齐物论》说："夫天下之物，自迹观之未尝不相待，自理观之未始有待。"[2] 未始有待即独化，事物之间既不存在此因彼果的联系，也不存在相互效法的合理性。而《老子》却提出一个以次相法的链条式的命题，以自然作为最高法则，含有作为第一原因的逻辑意义，与独化论

---

[1]《道德真经集注》卷四，《道藏》第13册，第37页。
[2]《南华真经义海纂微》卷四，第106页。

第三章　王雱"任理而不任情"的政治哲学

不合，所以王雱认为《老子》之说并没有揭示出"道之极致"，只是"假物而言"，亦即理论不彻底。为了将理论推向彻底，王雱要对《老子》之说进行辨析，以为其所谓自然也不可执以为定论，否则，自然便成为外在于自我的更高原则。人皆以自然作为最高原则，便如同失性者"屈己以从道"一样，不知自我与道本来一体，反而生出分别，构成相对的关系，结果南辕北辙，必然是越追越远，愈求而愈失。

"穷理"之学的第三个层面，是将一致之理上升到道本体的高度，按照有无体用等范畴，对其涵蕴进行思辨性的理论考察。在这个层面上，王雱等人思想的展开，正如许多诠释性的思想体系一样，曾遇到概念的继承与发展问题，即一方面继承老庄的"道"概念，作为最高的理论范畴；另一方面又以一致之理对"道"的义涵做出诠释。由于本体论思维的基本性质是概念思维，所以在本体论哲学的叙述中，概念的界定往往很重要，而王雱等人对于概念的使用，通常都带有会意的性质，这不能不在一定程度上造成理解的困难，妨碍其思想的清晰表达。大致说来，在王雱等人的叙述中，道与理两个概念是可以互训的，但又有微妙的差别，即"理"往往以具象之物作为思维背景，是事理物理之理，"道"则是更高度的逻辑抽象，以天地万物之大全作为思维背景。如王雱的《道经解题》说：

> 道者，万物之所道，在体为体，在用为用，无名无迹，而无乎不在者是也。故虽圣人之言，常在一曲。虽

在一曲,而异乎诸子百家者,不失理而当于时而已。[1]

又如注《老子》第五十二章说:

> 万物由道以出,道为之母,故谓之子。得道则万物之理不待识而知。至人虽殚穷物理,而知理无实相,故虽知之而不逐理而离道,故曰复守其母也。[2]

注《老子》第二十七章说:

> 智者有知,有知能见有物之理,而不知无物之妙,故道妙至此,智者大迷。[3]

殚穷物理是认知过程,反过来说,理可以作为认知对象,通过不断的认知活动,可以穷尽物理,而对于道,却不可能有终极、圆满之知,虽圣人之言,常在一曲。这是道与理的第一层差别。其次,殚穷物理不同于经验知识,但又不能脱离经验知识,是"有知能见有物之理",而道却是"无物之妙",必须摆脱经验感知的束缚,才可能体悟。最后,殚穷物理也许是体道悟道的必要过程,但物理之知的积累并不意味着必然悟道,相反,沉迷于物理之知的积累会背离道

---

[1]《道德真经集注》卷一,《道藏》第13册,第3页。
[2]《道德真经集注》卷七,《道藏》第13册,第71页。
[3]《道德真经集注》卷四,《道藏》第13册,第39页。

体。将这三个层面的差别综合起来看，所谓物理大概可以说是关于现象世界的知识，可以分，也可以合，有殊相之知，也有万殊一致之理，而道却是万殊存在的自在本体，唯其理解宇宙之大全，而后能理解道的存在问题。

对于道既然不可能有终极、圆满之知，即使是圣人对于道的描述，也只在一偏一曲，不该不遍，那么，应该采取什么样的思想进路去接近这个自在本体？王雱注《老子》第七十一章说："道不可知，且不足知，而彼乃昭然有知，是未尝知道也。未尝知道而自以为知，则是妄见一切耳，其病大矣。"[1] 明确承认道不可知、未尝尽知也许是必要的，否则，以其无知为有知，以其未知为已知，自以为掌握终极之道、绝对真理，便必然陷入独断论，导致决策性的错误。但是，对于道又不能不力求其知，否则会永远停留在经验的层面，思想狭隘，精神局促，不能站在道之大全的理论高度看待世间万物，理解社会的历史发展；并且，由于人的经验互不相同，纯粹依据经验做出判断，进行选择，便必然导致人与人的冲突。由此看来，承认不知、未知是必要的，力求其知同样也是必要的。这两个方面，并不构成矛盾，不知、未知是现实状态，力求其知则是人类不断超越现实状态的发展方向。从某种意义上说，力求认知一个不可最终认知的领域，正是激发人类智慧的内在动力。求知与不可知，并不是一个逻辑问题，而是理性思维与生俱来的张力。所以，对于

---

[1]《道德真经集注》卷一〇，《道藏》第13册，第95页。

道所指喻的自在本体，问题并不在于是否应该力求其知，而在于如何力求其知，在于求知的思想进路。围绕这个问题，王雱认为圣人之言皆有其片面性，得道之一曲而不得大全，唯独对庄子情有独钟，产生深刻的认同。

庄子探讨至道本体问题，就哲学而言，他无疑代表了先秦诸子百家所取得的最高成就。但也正因为是面对至道本体而展开思考，站在至道本体的理论层面抒发议论，所以庄子自叙其学时，表现出思想家们少有的谦逊，既自称"不可与庄语"，不敢附丽于正言说论，又说是"寓言十九，重言十七"，"卮言日出，和以天倪，因以曼衍，所以穷年"，不敢自执己意以为定论，只是附会物变聊加演述。正是这些说法，使王雱等人产生深刻的认同，视之为最能接近至道本体的思想进路。如王雱在《南华真经拾遗》中说：

> 卮言，不一之言也。言之不一，则动而愈出，故曰日出。言不一而出之，必有本，故曰和以天倪。天倪，自然之妙本也。言有其本则应变而无极，故曰因以曼衍。言应变无极，则古今之年有时而穷尽，而吾之所言无时而极也，故曰所以穷年。此周之为言虽放纵不一，而未尝离于道本也。故郭象以周为知本者，所谓知庄子之深也。[1]

---

[1]《道藏》第16册，第270页。

对于庄子的同样理解和评价，又见于陈详道、刘概的《庄子》注。如陈详道注《齐物论》说：

> 夫道之在天下，无终无始，非有非无，及散而寓于物，则终始相循，有无相生。故自徼观之，则有始也者，有有也者；自妙观之，极于未始有夫未始有始，未始有夫未始有无，斯为至矣。……今先以有始而继以有无，即用以原其体而已。夫道之为物，无而非虚，有而非实，无在无不在，无为无不为，故古之言道者，常处以疑似而不胶于有无，所以遣为言之累也。[1]

刘概注《寓言》说：

> 水之在卮，言之在德，不满则不发也。自外来者益之而不可增，由中出者虽多而未尝亏，故曰卮言日出。物之有际，必有端倪，自然之倪，始卒若环，故曰和以天倪。如草曼水衍，以譬自然之绪，道全而物不伤，故可以尽年也。终身言未尝言，终身不言未尝不言，则《六经》不为支离，《老子》不为简约矣。[2]

按照这些解释，"卮言"是不执着己见以为定论，其意

---

[1]《南华真经义海纂微》卷三，第77页。
[2]《南华真经义海纂微》卷九一，第1198页。

义类似于苏轼所说的"随物赋形",不同于西晋王衍的"口中雌黄"。史称,王衍好《老》《庄》之学,持"贵无"之论,在辩论时,义所难安,随即更改,世号"口中雌黄",[1] 也就是立论没有准则。而庄子所谓"卮言",是以"天倪"为准则的,"天倪"即万物大化流行、生生不已的自然状态。所谓"因以曼衍",意即因循此自然状态而衍述无穷。在王雱等人看来,这既是一种著述风格,也是一种接近至道本体的思想进路。因为至道本体不是某种封闭的、僵化不变的定在,所以庄子的思想进路最为合理,非同于一曲之论,而堪称"未尝离于道本"。

认同于庄子"卮言日出,和以天倪"的思想进路,意味着王雱等人对至道本体的理解与庄子相近似。庄子谈道,是所谓"时恣纵而不傥,不以觭见之也","其应于化而解于物也,其理不竭,其来不蜕,芒乎昧乎,未之尽者",既有"稠适而上遂"的向上一路,但又与关尹、老聃"以本为精,以物为粗"的致一之思不同,老子哲学对于道本,是所谓"主之以太一",而庄子则"弘大而辟,深闳而肆"。王夫之说:

> 庄子之学,初亦沿于老子,而"朝彻""见独"以后,寂寞变化,皆通于一,而两行无碍。其妙可怀也,而不可与众论论是非也;毕罗万物,而无不可逍遥;故

---

[1] 见《晋书》卷四三,第1236页。

又自立一宗，而与老子有异焉。老子知雄而守雌，知白而守黑。知者博大而守者卑弱，其意以空虚为物之所不能距，故宅于虚以待阴阳人事之挟实而来者，穷而自服；是以机而制天人者也。《阴符经》之说，盖出于此。以忘机为机，机尤险矣。若庄子之两行，则进不见有雄白，退不屈为雌黑；知止于其所不知，而以不持持者无所守。虽虚也，而非以致物；丧我而与物无撄者，与天下而休乎天均，非姑以示槁木死灰之心形，以待物之自服也。[1]

庄子哲学与老子哲学的差别，反映到道体论上，就是老子有所守，而庄子则抱着更彻底的与时俱化、与物俱化的态度，是非付之两行。王雱没有继承是非两行的理论，但却继承了庄子与物俱化的态度，并以这种态度解注《老子》。如注《老子》首章说："可道之道，适时而为，时徙不留，道亦应变。盖造化密，未尝暂止，昔之所是，今已非矣。而曲士揽英华为道根，指蓬庐为圣宅。老氏方将祛其弊而开以至理，故以此首篇。明乎此，则方今之言犹非常也。"[2] 注《老子》第二十章又说："万化相推，终则有始，生生无尽，岂有央乎？而世人欲物物为之美恶，不亦惑乎？唯圣人能知万古一时而无得失于其间也。""乘乘

---

[1]《庄子解》卷三三《天下》，第358页。
[2]《道德真经集注》卷一，《道藏》第13册，第3页。

者，乘万物之变而不自私，故若无所归。盖唯变所适，无所向著故也。"[1] 诸如此类的议论，也许可以说是为其政治变革的主张作理论张本，但同时我们又应该看到，这种变动不居、不胶不滞的道体论，合乎玄学以后中国哲学发展的历史逻辑。

什么是中国哲学的历史逻辑？何以见得变动不居、不胶不滞的道体论就合乎玄学以后的历史逻辑？这些问题都不是本文所宜系统探讨的，但我们可以宏观地、粗略地把握玄学前后中国哲学的变化。大体上说，玄学之前的先秦子学和两汉经学，都以文化整合为其内在功能或价值趣向，整合的方略虽然各家不同，如或主仁义礼乐，或主兼爱尚同，或主自然因任，或主刑名法术，但这些差别，是方略或具体主张层面的，而不是价值趣向层面的。就各派思想的价值趣向而言，先秦子学以及两汉经学的文化整合，与文化中国的最终形成、华夏民族的融合，是相互适应的。文化整合可以说是历史发展的内在需要，它在思想史上的反映，就是从先秦到西汉的思想发展以百家合流为主导方向，而反映到哲学上，就是儒、墨、道、法等主要学派都站在统贯之道的层面上立论，并在汉代明确为着眼于宇宙社会之整体的天人之学。也正是在这样的价值趣向下，铸造出弥纶天地宇宙、人类社会之整体的观念，即所谓"道"。这个历史进程，是"道"之观念的形成过程。而从魏晋玄学伊始，已经建立起来的

---

[1]《道德真经集注》卷三，《道藏》第13册，第28、29页。

"道"观念不需再建，但需要对其内涵重新做出解释，以适应社会历史的变化发展。从魏晋到隋唐，重新解释的主流方向就是不胶不滞。王弼"以无为本"的哲学命题，对于秦汉时以天德、四季循环等为基本内涵的"道"观念，无疑具有某种解构的作用。而佛教般若空宗适逢其时的思想介入，更加强了解构的力度，"非有非无""法无自性"之谈，到隋唐时乃传衍为思想界的常识。与此同时，道教也以其重玄学术融入时代思潮的主流中，既继承玄学的理论命题，又吸收般若空宗的思想方法，创造性地对道家之所谓"道"重新做出解释；其大旨，即道体变动不居、不胶不滞，不可偏执以为定在。从某种意义上说，对于"道"的重新解释，是与魏晋以后的社会变革联系在一起的。变革中的现实社会需要有适应变革的思想理论，而魏晋以后的社会变革，宏观地看是统一帝国内部的自我调整，相应地，思想理论的历史使命，也就不完全等同于秦汉时代的引导统一并巩固统一局面，而是建立内部调整的理论依据。从这种宏观历史的角度者，王雱等人变动不居、不胶不滞的道体论，可谓合乎中国哲学发展的历史逻辑，正如熙宁变法合乎中国社会发展的历史逻辑一样。至于其哲学理论是否正确，变法的方略是否适当，则属于另一个层面的问题。

王雱等人按照有无体用范畴对道体进行理论的考察，可以说就是其变动不居、不胶不滞之道体论的思辨性展开，并在展开中援引佛学的概念，即所谓真空妙有。如王雱注《庄子·庚桑楚》说：

夫老子之道，以真空为体，以妙有为用，非至人孰能心得之？……夫得于真空则至虚也，达于妙有则至静也，虚静无为则与天地同其流，阴阳同其和，不迕于物，而所居皆化。[1]

又如注《老子》首章说：

《易》之阴阳，《老》之有无，以至佛氏之色空，其实一致，说有渐次耳。世之言无者，舍有以求无，则是有外更有，安得为无？故方其有时，实未尝有，此乃真无也。有无之体常一，而有有以观者但见其徼。欲观其妙，当知本无，而本无之无，未尝（维）〔离〕有也。既曰常无，又曰常有者，以明有无之不相代，无即真有，有即实无耳。……有无本一，未有二名。自学者言之，则有不如无之精。既得其道，则两皆至理，初无彼此。[2]

注《老子》第十一章说：

无非有对，因有有无。于无之中，复有妙有，不穷之用，妙有之功。若夫有物之有，具存形质，非能应于

---

[1]《南华真经新传》卷一二，《道藏》第16册，第228页。
[2]《道德真经集注》卷一，《道藏》第13册，第4页。

不穷者也。……虽然,此有无之论耳。极而言之,则无不离有,有亦真无,非有非无,乃真妙有也。[1]

如果按照现代哲学的语言来诠释,那么王雱之所谓有,是指道本体的存在性,意即道本体是存在的;所谓无,指道本体的存在状态,相对于具象可感知之物而言。王雱所要表达的意思,大概是说在存在论的层面上,有与无是同一的。这层意思,按照现代哲学来理解并不复杂,也不会产生思辨的紧张。但放在中国哲学史上来看,有无问题最终在存在论的层面上得以明确,并最终达成理论的同一,却经历了一个过程。有无关系作为一个哲学问题,最初是由《老子》提出来的,即所谓"有无相生"云云。至《庄子·齐物论》,乃就有无问题展开繁复的思辨,说:"有始也者,有未始有始也者,有未始有夫未始有始也者。有有也者,有无也者,有未始有无也者,有未始有夫未始有无也者。俄而有无矣,而未知有无之果孰有孰无也。"[2] 采取这种思辨形式对有无问题进行穷幽赜微,宗旨在于证明宇宙万物并不存在某个最初的一元开端,万物的发生及存在,如同道本体一样,乃自本自根,亦即郭象由之阐发的"独化"。就存在论而言,有无问题在庄子哲学中可谓已经解决,但由于有无又涉及政治的有为无为,有为意味着强化政治意志、礼乐刑政的作用,无

---

[1]《道德真经集注》卷二,《道藏》第13册,第17页。
[2]《庄子集释》卷一下,第79页。

为意味着淡化这种作用，所以在玄学中，有无问题再次被提出来，并成为理论焦点，形成贵无和崇有两种对立的学说。自东晋以后，有无二论相对立的话题被佛道二教接纳，佛教般若学诸宗展开了十分繁复的理论思辨，道教重玄学也吸收般若空宗的"非有非无"之论，重新诠释《老》《庄》之所谓道，并提出"妙有妙无"以区别于"粗有粗无"，提出"妙本"以区别于作为万物本原的生成之本。从中国哲学史上看，王雱论述道本体的有无体用问题，显然吸收了佛道二教的思想理论，不过，他以真空为道之体、以妙有为道之用的提法，别有一层政治哲学的含义：真空为体意味着政治的原则在于唯变所适，妙有为用意味着合理政治不是黄老之"无为"。这层含义，大概不是佛道二教所直接关注的。

陆佃等人关于有无体用问题的议论，也可以与王雱之说相互印证，反映出新学派在这个问题上的共识。如陆佃注《鹖冠子》说："夫道，有情有信，非若断空，虽无形而非理也，要在致而究之。"[1] 注《老子》第十一章又说："有无相用，不可以一偏，故无无则不足以用有，无有则不足以见无。以有为利，则或至于止；以无为用，则用常至于无穷。"[2] 又如刘概注《老子》第三十八章说："上德无为而无以为，此心迹俱无为者也，所谓真空是也。真空者，圣人所以极高明，而其崇以效天者也。下德为之而有以为，此心

---

[1]《道藏》第27册，第204页。
[2]《道德真经集注》卷三，《道藏》第13册，第130页。

迹俱有为者也，所谓妙有是也。妙有者，圣人之所以道中庸，而其卑法地者也。"[1] 陆佃所说的道非断空，意即肯定道体之存在，所谓有无不可以一偏，也与王雱之说一样具有政治哲学的含义。至于刘概引《中庸》所谓"极高明而道中庸"，以与"真空妙有"相互训释，则政治哲学的含义更加明显。

第三节 "尽性"的精神哲学

"穷理"与"尽性"，在王雱的思想中既保持着逻辑上的一以贯之，又属于不同的思考层面。"穷理"是致思于具象万殊之物的同一性及其内涵问题，而"尽性"则是致思于人的共同本质及其内涵问题。

从思想逻辑上看，王雱的"尽性"之学，以一个来源于老庄哲学的前提设定为起点，前提即人性是"朴"。所谓"朴"，包含有本来的、原始的、内在的、平等的、圆满的等含义。如注《老子》第三十二章说："朴在人为性，于数为一，不主一气，而能成万象，故常在事物之先，孰能臣之？"[2] 注第二十八章说："性能成万法而不主一器，故曰朴。……盖至人从性起用，大于守气，圣于制法，神于体神，要其极也，复归乎性而已。"[3] 注《庄子·让王》说："夫天之生人也，均与之性，同付之命，岂使以外物而伤其

---

[1]《道德真经集注》卷一〇，《道藏》第13册，第181页。
[2]《道德真经集注》卷五，《道藏》第13册，第45页。
[3]《道德真经集注》卷四，《道藏》第13册，第41页。

性命之情欤！"[1] 所有这类说法，都旨在阐明人性是"朴"的逻辑前提及其含义。但对于逻辑前提本身，王雱却没有做出比《老》《庄》二书更加充分的理论证明。人类是否有某种共同的本性？又何以见得共同的本性即其所谓"朴"？这类问题，在现代哲学中也许是必然要予以追问的，而在王雱的著作中却找不到明确的答案。对于王雱来说，前提的设定似乎不是一个逻辑问题，而是体悟或思维活动的境界问题，即如注《老子》第四十七章所说："天下之众，天道之微，其要同于性。今之极，唯尽性者，胶目塞耳而无所不达，苟唯见而后识，识而后知者，是得其万殊之形而昧于一致之理。然则所谓识知者，乃耳目之末用，而非心术之要妙矣。彼自谓博，而不知其寡之至也；彼自谓智，而不知其愚之极也。"[2] 按照这个说法，人性为"朴"的逻辑前提之得以确立，是以"心术"为中介的。"心术"作为一种思维方法，与见而后知的经验性感知不同，而是摆脱经验局限的理性思维。换言之，只有在这种理性思维的境界之上或状态之中，才能够体悟到人的共同本质是"朴"，而"朴"则包含有本来的、原始的、内在的、平等的、圆满的等含义。

正如许多中国古代的思想家一样，王雱思想的展开，也不在于设置某个逻辑前提并穷诘其合理性，而在于将这个逻辑前提投入到社会生活中，以社会生活的真实内容来阐释逻

---

[1]《南华真经新传》卷一七，《道藏》第16册，第250页。
[2]《道德真经集注》卷七，《道藏》第13册，第65页。

辑前提的思想内涵。这在王雱"尽性"之学中的表现，就是追问人如何丧失其"朴"之性，又如何实现复归，将丧失了的本性重新找回来。这两个问题，是王雱"尽性"之学的焦点。

围绕这两个问题，王雱的思路主要从社会的文明规范和人的欲望两方面，追寻丧失"朴"之性的原因以及相应的复归之路。就社会的文明规范方面，王雱注《老子》第七十二章说："民性本自广大流通，而世教下衰，不能使之复朴，乃蹙其居之广而使狭，厌其生之通而使塞。夫唯狭其居故民不淳而伪，唯厌其生故民不厚而薄狭。圣人不然，使民逍遥乎天下之广居，而各遂其浩然之性，则其有干威者乎？"[1]注第十九章又说："民之性质，纯粹无疵，以其失真沉伪，故强立圣智以为君师。而民因圣智之迹，更逐而不反，离本愈远矣。故有一时之小补，而终使民丧其不赀之朴。"[2] 所谓"世教下衰""圣智之迹"，也就是文明的异化。在王雱看来，由圣智而设立世教，亦即建立各种文明规范，本意只在于维护民众本来具有的广大流通、纯粹无疵之性，这也是文明规范的内在价值和精神。但当文明规范丧失其内在价值，异化为外在于人性、束缚人性的对立物时，就非但不能发挥维护人性的作用，反而扭曲人性，成为人性自然伸展的障碍。

既然文明规范有可能异化为人性的对立物，那么，是否

---

[1]《道德真经集注》卷一〇，《道藏》第13册，第96页。
[2]《道德真经集注》卷三，《道藏》第13册，第27页。

应该抛弃一切文明规范，让人性在自然的原野上驰骋？对于这类问题，王雱的回答是否定的，他的思想倾向，是按照人性的要求来建立文明规范的合理尺度，而不是将二者对立起来，以呼唤人性的姿态扫落一切文明规范。所谓合理尺度，包括对异化的批判和"建中抱一"之道的重新建设两个方面。针对文明的异化，王雱以及陈详道在解注《庄子·缮性》时都进行过批判，王雱说："夫矫削僻异之行，非出于人之天真，而生于世俗之伪心。伪心用则正性所以失，正性失而不悟其自失，复欲以伪而完治矣，此庄子因而作《缮性》篇。"[1] 陈详道说："缮性于俗，则真沉于伪矣，而欲以俗学求复其初，则学愈博而性愈失；滑欲于俗，则正沦于邪矣，而役思以求致其明，则思愈烦而志愈迷。古之治道者不然，以恬养知，故能致其明而理无不穷；以知养恬，故能复其初而性无不尽。性者知与恬之本，和理者知与恬之用。知恬交相养，则仁义礼乐混而为道德；知恬交相失，则道德枝而为仁义礼乐。夫仁出于德，义出于道，固已薄矣，又况乐出于仁，礼出于义哉？"[2] 从理论逻辑上说，文明规范既然已经异化，就不能再作为清除异化、复归人性的途径，这是不证自明的。但什么样的文明规范属于已经异化并违背人性，什么样的文明规范又属于未曾异化且符合人性的要求呢？这个问题很难按照理论逻辑来做出判断。在王雱的著作

---

[1]《南华真经新传》卷九，《道藏》第16册，第204页。
[2]《南华真经义海纂微》卷四九，第680页。

中，也未曾提出某个判断的标准，只是因为诠释《老》《庄》，随文附注，反映出批判异化现象的思想倾向。

与批判异化现象的思想倾向相联系，王雱提出"建中抱一"之道，作为文明规范的合理尺度。即如注《老子》第五十四章所说："圣人修己治人，要在乎建中抱一，此万法之极致，天地有终而不可易者也。故能贻法无穷，功被四海，而天人归德，泽及苗裔也。"单从字面上来理解，这个"建中抱一"之道似乎是终极的、绝对的真理，放之四海而皆准，垂法古今而不可易。王雱相信有这样一种真理存在并自信发现了这种真理，不免让人怀疑他的"尽性"之学具有独断论的倾向。但究而言之，其所谓"建中抱一"又非圣人之私意私智，而是以人心人性为依据，以社会的固有状态为法则。如同上章注说："圣人之于有物也，尽理之极而不容私智，故无不克也。故修身则法一身之理，尽一身之理则身治矣。自此以往，施一家则一家以为心，治一乡则一乡以为法。夫然，故所遇弥广而弥有余也。"[1] 政治和教化以其对象为法则，不以执政者的意志为法则，是王雱所谓"建中抱一"之道的基本内涵。这层内涵，从"穷理"的角度讲就是不持一己之私智或偏见，如注《齐物论》说："不偏见，不滞碍，晓然洞彻而冥于至理者，此庄子之所谓达者也。虽然，不废万物之成毁，而但寄之常用而不自有，故曰寓诸庸

---

[1]《道德真经集注》卷八，《道藏》第13册，第74—75页。

也。庸则济天下之用而无所往而不通矣。"[1] 而从"尽性"的角度讲就是克服个人意志,以百姓心为心,以人心人性的本然状态为尺度,如注《老子》第二章说:"圣人无心,以百姓心为心,虽事而未尝涉为之之迹,虽教而未尝发言之之意,故事以之齐,教以之行,而吾寂然未始有言、为之累,而天下亦因得以反常复朴也。……万物并作,圣人各尽其性而无所辞,以吾心空然无所去取故也。苟怀去取之虑,则物之万态美恶多矣,焉能不辞哉?"[2] 注第二十七章说:"盖圣人所为救人,亦不使迁其性而已,故虽有言行,而泯然无迹,且常定于一,不以计数乱其心。"[3] 不使迁其性就是不改变人性的本然状态,不以外在于人性的文明规范对百姓的行为进行矫拂,而是容其自得。王雱注《缮性》说:

> 德者得也,自得则和不欲出也,故曰得和也。道者道也,可道则必有其理,故曰道理也。自得而能容,则兼爱矣,故曰"德无不容,仁也"。可道而顺理,则必当矣,故曰"道无不理,义也"。义当则得中而物附矣,故曰"义明而物亲,忠也"。"中纯实而反乎情,乐也"者,所谓乐由中出也。"信行容体而顺乎文,礼"者,

---

[1]《南华真经新传》卷二,《道藏》第16册,第162页。
[2]《道德真经集注》卷一,《道藏》第13册,第6页。
[3]《道德真经集注》卷四,《道藏》第13册,第39页。

> 所谓礼自外作也。礼乐者,道德之绪余,圣人不专用而治天下也,故曰"礼乐偏行而天下乱矣"。[1]

道德之教的宗旨在于容人自得,而仁义礼乐之教却不完全符合这一宗旨,所以就"尽性"而言,道德之教是根本。这是老庄的思想,王雱显然接受了这一思想。但老庄因为道德与仁义礼乐的差异而剽剥仁义,而王雱却力图将二者结合起来,既依据仁义礼乐出于道德而肯定其合理性,同时也以道德作为仁义礼乐的合理尺度。

世教下衰亦即社会文明规范的异化,是诱使人丧失其纯朴之性的一方面原因,相应的复归途径在于将道德作为仁义礼乐的合理尺度;而人欲的膨胀是另一方面原因,相应的复归途径则在于辨别性分之内外。

所谓辨别性分之内外,思想渊源于《庄子》及郭象的《庄子注》,而作为一个理论问题,所要探讨的则可以说就是人欲的合理尺度。王雱注《老子》第六十四章说:"圣人所谓无为无执者,故未至于释然都忘也,但不于性分之外更生一切耳。且民饱食暖衣,性所不免,欲此而已,不为有欲。而离性之后,更贵难得之货,此乃愚人迷妄,失本已远故也。故圣人常欲不欲,以救其迷而反之性。"[2] 饱食暖衣作为生存的基本欲望,是性分内之事,也是自然之欲,满足这

---

[1]《南华真经新传》卷九,《道藏》第16册,第204页。
[2]《道德真经集注》卷九,《道藏》第13册,第88页。

种生存欲望，并不会导致纯朴之性的迷失。但是，由于人人都生存在不断创造财富的社会中，面对财富以及其他种种诱惑，又受到出于本能的生存竞争的驱动，就很难坚守住生存之欲的边界。而且，所谓生存之欲也并没有某个亘古不移的标准，它总是随着生活状况的改变而改变。所以，以生存欲望作为人欲的合理尺度，具有很大的不确定性，在理论上是说不清楚的。王雱阐发老庄思想，一方面固然肯定生存之欲、自然之欲的合理性；另一方面又不纠缠于什么是自然之欲的问题，而上升为主客内外的理论思辨，试图以极高明的理论，来解决生活中所遇到的极实际的问题。王雱注《老子》第四十四章说：

> 庄子云"定乎内外之分，辨乎荣辱之境"。余尝有言：内外两境虽真伪不侔，贵贱悬绝，而常更相为轻重，不可不察者也。失性之人，忘其不赀之有而贪逐外物，矜揽无穷，自以为得，而不知所取者尘秽臭腐，非可己畜之物，而所耗失沉陷者，乃吾之所以为我者也。其为亲疏多寡之计，亦已愚甚，可不哀乎？盖知无待于外而唯内之务，始可与语道。……今之士非乏聪明之资，而志徇其外，外重而内轻，察其天机，已在肝隔之上、面目之间，去本远矣。而犹欲语古人之至论，则亦见其劳而无功也。[1]

---

[1]《道德真经集注》卷六，《道藏》第13册，第62—63页。

注《老子》第二章又说：

> 离道而我，我则有彼。彼我既分，编类为二矣。此六对者，物之所以不齐，而喜怒哀乐生死之变更出迭入，而不能自止者也。凡此皆不冥夫阴阳之本，而随其末流，自生分别，执一废百，以妄为常故耳。[1]

这两段议论，既讲要辨别物我，又讲要冥同物我，理论上很矛盾，思想陷于两难的困境之中。这种矛盾和困境，是沉思自我在天地宇宙间的位置时，往往会出现的，与经验层面的生活感受，有所同，也有所不同。在生活经验的层面上，孰为外物，孰为自我，似乎很清楚，不待辨而明，不待教而知。然而，经验性的物我之分，总会生出许多是非得失，并因得失而产生欢乐与烦恼。得到所欲之物时固然欢乐，失去所欲之物时就不免烦恼，反之，失去非所欲之物时虽然轻快愉悦，得到非所欲之物时就难免苦累；再加上期待外物时的焦灼，守护外物时的忧虑等等，正所谓扰扰万绪起。所谓自我，似乎只是为感受各种忧乐而存在，既没有独立性，也没有独立的意义，被外物日侵月蚀，被忧乐之情撄缚缠绕，经验层面的物我之分也就成为得失之分，忧乐之分，自我因此受遮蔽，辨别物我与迷茫于物我，也就划不清界线。上升到思想的层面来做物我之辨，也不会从根本上改

---

[1]《道德真经集注》卷一，《道藏》第13册，第5页。

变这种迷茫的人生处境，差别只在于自觉与不自觉而已。正因为思想层面的迷茫是自觉的，因为认识到物我之间并不存在终极而且稳定的界线，所以王雱又如同庄子一样，主张冥同物我。从辨别物我到冥同物我，思想上既具有逻辑联系，又经过了旨趣的转化。大致说来，《老子》追问"名与身孰亲"之类的问题，是在思想的层面上展开物我之辨，并在辨别中进行价值选择，鄙薄名利等身外之物，强调自我亦即生命主体的价值。到《庄子·齐物论》时，却发现在更加深邃的思辨领域里，物我的界线原来十分模糊，如说："非彼无我，非我无所取。是亦近矣，而不知其所为使。若有真宰，而特不得其朕。可行己信，而不见其形，有情而无形。百骸，九窍，六藏，赅而存焉，吾谁与为亲？汝皆说之乎？其有私焉？如是皆有为臣妾乎？其臣妾不足以相治乎？其递相为君臣乎？其有真君存焉？如求得其情与不得，无益损乎其真。一受其成形，不忘以待尽。与物相刃相靡，其行尽如驰，而莫之能止，不亦悲乎！终身役役而不见其成功，苶然疲役而不知其所归，可不哀邪！人谓之不死，奚益！其形化，其心与之然，可不谓大哀乎？人之生也，固若是芒乎？其我独芒，而人亦有不芒者乎？"[1] 因为自我是相对于外物才得以确认的，自我本身并没有自满自足的规定性，所以在脱离外物来冥思自我究竟是什么的问题时，会感受到精神和情感都依附于形骸，而形骸百般，终不知自我究竟隐藏在哪

---

[1]《庄子集释》卷一下，第55—56页。

里。由乎此，庄子发现了一系列令人迷茫的问题。因为世界上根本就不存在某个彻底脱离外物的自我，所以庄子提出的这些问题，从理论上说是无解的。也正因为无解，于是庄子倡导"齐物"，"齐物"既包括冥同物象之间的差别，也包括冥同物我之间的差别。王雱辨别物我以及冥同物我的思想，无疑师法于老庄。不过，王雱又吸收郭象《庄子注》中的性分自足之说，作为"尽性"修养的基础，并在修养论的意义上，将老子的辨别物我与庄子的冥同物我结合起来。如注第三十三章说："性分之内，万物皆足，穷居不损，大行不加。而愚者或舍至贵而徇腐余，故知有万之富则轻天下而不顾矣，此真富也。《孟子》曰'万物皆备于我矣'，岂非富乎？"[1] 注第五十五章又说："常者性有定分，能尽其性则自别于物，而物莫能迁，故曰常。盖自性分之外，一皆蛊伪，无有常者。"[2] 性分既然自足，那么悟知此自足之性分而不假外求，便成为"尽性"修养的下手功夫，此即注《老子》第三十三章所说："尽道养神之人，虽形体万变，而真性湛然，无所终极，可谓寿矣，此至于命者也。尝原此篇，自知而后知所贵，知所贵而后能修。修者要在胜利欲之私，胜其私者要在知内外之分。夫然后能强行而进此道矣，此尽性复命之序也。盖自知自胜者始也，不可以不知人不胜人也。而知人胜人者，盖将自知自胜而已。"[3] 自知性分然后

---

[1]《道德真经集注》卷五，《道藏》第13册，第47页。
[2]《道德真经集注》卷八，《道藏》第13册，第76页。
[3]《道德真经集注》卷五，《道藏》第13册，第48页。

能克服性分之外的利欲之心,是王雱"尽性"修养的第一层意思。

王雱的"尽性"修养还有第二层意思,话题虽围绕庄子之所谓"逍遥",而归旨却趋近于佛教。

围绕庄子之所谓"逍遥",两晋时便出现过不同的解释。一种解释是由向秀、郭象提出来的,以为万物各有其性分,满足性分即为有待之逍遥,而圣人冥于物化,乃无待之逍遥。另一种解释是由东晋学僧支道林提出来的,他针对向、郭逍遥义反驳说,暴君桀纣以残害为性,如果适足性分便是逍遥,那么桀纣也可称得上逍遥了。这种反驳,大概包含了般若学的"性空"思想,即认为事物并没有定在不变的自我规定,亦即没有"性分"所指谓的那种真实的本质。正是从这条思路出发,支道林论证逍遥必然无待,若有待者得其所待,只是饥者一饱,渴者一盈,达不到逍遥的境界。[1] 王雱对逍遥的理解,大旨同于支道林,即认为逍遥是超越性分有待的局限,达到无待的境界,但他同时又坚持性分为实有的观点,并不接受支道林无待逍遥中所包含的"性空"思想。如注《逍遥游》说:

> 夫道无方也,无物也,寂然冥运而无形器之累,惟至人体之而无我。无我则无心,无心则不物于物,而放于自得之场,而游乎混茫之庭,其所以为逍遥也。至于

---

[1] 参见拙著《道教哲学》中篇第二章(华夏出版社1997年版)。

鲲鹏，潜则在于北，飞则徙于南，上以九万，息以六月；蜩莺则飞不过榆枋，而不至则控于地，此皆有方有物也。有方有物，则造化之所制，阴阳之所拘，不免形器之累，岂得谓之逍遥乎？郭象谓"物任其性，事称其能，各当其任，逍遥一也"，是知物之外守，而未为知庄子言逍遥之趣也。[1]

所谓"逍遥之趣"，也就是将逍遥理解为某种独特的精神体验，不同于现实的、满足性分之所待的生存状态。对于这种精神体验，王雱注《逍遥游》也作过描述：

> 然鲲鹏、斥鷃各有其体，所以不逍遥尔。夫逍遥者，岂复离乎本体哉？但能各冥其极，均为逍遥；累乎其体，则均为困苦。故逍遥之与困苦，特在其了与不了之间尔。
>
> 夫乘天地之正而御六气之辩，以游无穷者，此圣人之所能也。夫圣人尽道之无，入神之妙，与物不迕，惟变所适，其所往则不疾而速，其所来则不行而至，圆通周流，无所滞碍，了然逍遥，而岂有所待，故曰彼且（呜呼）〔恶乎〕待哉？此庄子之所谓逍遥，而佛氏之所谓身遍法界，自非圣智之所达，孰可与于此矣！[2]

---

[1]《南华真经新传》卷一，《道藏》第16册，第154页。
[2]《南华真经新传》卷一，《道藏》第16册，第155、156页。

所谓"了",也就是达到穷理的觉悟境界,逍遥则是由此觉悟境界而出现的精神体验。王雱注《德充符》说:"夫了于不生不死,则寂然忘形而与化为一,虽穹壤倾侧而岂有遗丧,故曰'虽天地覆坠,亦将不与之遗',此言穷理之妙也。至于审乎无假而不与物迁,所谓尽性之奥也。命物之化而守其宗,所谓至于命也。"[1] 注《大宗师》说:"夫至人者,与造化同功而冥运于天地之间,以生为外物,以死为复真,生不求其始而死不知其终,异物非我之所异,而我非异物之所殊,旷然两忘而俱非我有,内寓六骸而外象耳目,周流无极而莫穷本始,超然游六虚之外,而寂然处真空之内,岂务拘执于礼法而骇凡常之闻见乎?"[2] 这种至人境界,大概也只能说是完全超越于人类情感之上的精神体验,它不像有待之逍遥那样具有现实感,而义近于佛教"身遍法界"的真空无我、大我无我之说。

第四节 "任理而不任情"的政治哲学

王雱政治哲学的核心命题,是"任理而不任情""任理而不任意"。所谓任理,既是一种政治宪纲或方针,如注《老子》第七十三章说:"天任理而不任意,其祸福也付之自为。如木有华,还当结实,岂或开而结之哉?而无一不如法

---

[1]《南华真经新传》卷四,《道藏》第16册,第175页。
[2]《南华真经新传》卷六,《道藏》第16册,第187页。

者。今世之人，多疑祸福之应，诚以小智，自私任意而不知理，故但见一曲而不睹夫大致也。"[1] 同时，任理也是一种因时适变的政治策略，如注《老子》第八章说："任理而不任情，积柔弱而胜重大。"注第九章说："揣者巧于度情，锐者利于入物。且事物无尽，而吾持一身以遇其变，则揣锐之工有时困矣，岂可长保乎？故圣人因时乘理，而接之以无我，则其出无方而所应不穷也。"[2] 注第四十一章又说："进道当因时任理，以直养之，不可躁于有成，故若退也。"[3]

放在中国思想史上来看，王雱"任理而不任情"的政治哲学命题，来源于道家的自然天道观，其要义，在于强调天道或天理的非意志、非情感化的自然性，不为尧存，不为桀亡，也就是将天道理解为无意志、无情感的自然法则，从自然万物的大化流行中寻绎出普遍原理，作为人事的准则。与之趣归不同的另一种天道观，是将天道或天理理解为情感化的、具有意志倾向的神学主宰者，将灾异祥瑞等自然现象敷释为天道意志的体现，以此规诫人事。这两种天道观，都包含有限制绝对集权、任意用权的主观意图。但是，由于灾异祥瑞所指谓的自然现象，与人事之得失并没有实际的联系，所以在解释上，神学化的天道观通常都难免牵强附会，在天道必然的理论形式下掩盖着真实

---

[1]《道德真经集注》卷一〇，《道藏》第13册，第97页。
[2]《道德真经集注》卷二，《道藏》第13册，第12、13页。
[3]《道德真经集注》卷六，《道藏》第13册，第59页。

的理论随意性。而就天道或天理作为政治决策的最高依据而言，这两种观点可以说是一个宪纲思想的大分际，也是宋代学术不同于汉代学术的一个标志。再结合北宋时的历史背景来分析，王雱阐发道家的自然天道观，与王安石"天命不足畏"的思想口号是相呼应的。同样的思想，也反映在陆佃等人的著作中，如陆佃注《鹖冠子·泰录》说："尧、舜、三代诰命，未尝不称天者，盖以倚威立命而已。若夫致治之自，则岂可以取赖于天哉？是在我者也。此纣之矫诬上帝而无益于乱。"[1] 不可否认，新学派强调天道的自然性，相对于汉代流行而北宋时依然活跃的神学化的天道观而言，确实是一大思想进步。

另一方面，由突现自然天道观，还必然超越对于先王法则的情感依恋，并由此论证推行政治变革、不僵守陈旧模式的合理性。这方面，王雱与陆佃等人的思想也是一致的。如王雱注《老子》第五章说："夫万物各得其常，生死成坏，理有适然，而天地独为之父母，故不得无爱。而原天地之心，亦何系累哉？故方其爱时，虽以至诚，而万物自遂，实无足爱者。反要其终，则粪壤同归，而已岂留情乎？""天地之于万物，圣人之于百姓，应其适然，而不系累于当时，不留情于既往，故比橐籥之无穷也。"[2] 陆佃注《鹖冠子·泰鸿》说："神圣契理而有以制命，则齑粉万物而不为戾，虽

---

[1]《鹖冠子解》卷中，《道藏》第27册，第218页。
[2]《道德真经集注》卷一，《道藏》第13册，第9—10页。

以慰地责天，可也。昔者老子上毁五帝，通及三皇，而西域之学有喝佛骂祖者，岂近是乎？"[1] 在中国历史上，儒家尊崇先王法则，将《六经》视为前代圣王的政治法典，以为研究《六经》，通其义奥，可以为现实政治确立根本的原则。而道家推重自然法则，以为《六经》皆先王陈迹，过时不弃，即为民妖，只有万物大化流行中所昭示的自然之理，才是永恒的，对于现实政治具有立法依据的意义。对于道家的自然法则，王雱、陆佃显然是接受的，王雱所说的"不留情于既往"，陆佃引禅宗喝佛骂祖为连类，以阐明其所谓"神圣契理"，都表现出超越对于先王法则的情感依恋，接受道家自然法则的思想倾向。其所以如此，一方面固然是由于诠释道家经典，附议其说的缘故，而更重要的一方面，则是由于道家的自然法则符合政治变革的理论需要。在新学派人物中，陆佃的政治倾向较为保守，但在解注《鹖冠子·环流》时，他也同样主张应时适变，如说："礼义法度，应时而变，时命不停，法亦随故。而昧者胶柱刻舟，守先王之腐余，其道虽备，而只益困穷，此犹枕卧刍狗而更以遭魇，岂易恒也哉？"刍狗是祭祀时所用的道具，譬喻先王使用过的政治法规或措施。在陆佃看来，即使这些法规十分完备，但时过境迁之后，也应该视同腐余之物，予以摈弃，否则会招来祸患。陆佃的保守倾向，表现在他认为"应时"即顺应民之所安，与王安石强调民难与虑始，可与乐成的观点不同，

---

[1]《鹖冠子解》卷中，《道藏》第27册，第218页。

如注《鹖冠子·天则》说："民之所未安，圣人不强行；民之所未厌，圣人不强去。"[1] 注同书《度万》所谓"法不败是，令不伤理"时又说："是出于义，变而不可常，法者所以趋变。王出于理，一而不可变，令者所以守法。"[2] 按照王安石的观点，政治应该走在民众的前面，而按照陆佃的观点，政治应该走在民众的后面，这就是他的保守倾向的表现。但是，时势永远在变化中，民之所安也永远在变化中，相应地，礼义法度也就不能不变，所以陆佃的保守倾向不同于僵化、守旧。如同王雱、陆佃一样由接受道家自然法则而阐述其变革理论的，还有陈详道，如注《庄子·天运》说："圣人之治天下，乘时以制宜，因民以立法。果可以利其国，不一其用；果可以便其事，不同其礼。故伏羲、神农教而不诛，黄帝、尧、舜诛而不怒，夏质而不文，周文而不质，古之法其可行于今，今之法其可胶于古乎？孔子推古以御今，非胶之也，欲缘迹以复于所以迹而已。……谚曰：'以书学驭者不尽马之情，以古制今者不达事之变。'"[3] 乘时制宜、因时乘理之类的语句，在王雱、陈详道等人的《老》《庄》注解中频繁出现，其所谓乘时、乘理云云，都可以说是政治变革主张的理论表达方式。

由此看来，新学派的自然天道观显然包含了两方面的理论意图。其一是确立一条政治宪纲，作为政治决策的最高依

---

[1]《鹖冠子解》卷上，《道藏》第27册，第207、206页。
[2]《鹖冠子解》卷中，《道藏》第27册，第211页。
[3]《南华真经义海纂微》卷四五，第636—637页。

据，用以克服因执政者权力意志的膨胀所导致的决策盲目性、随意性，同时也用以克服当时关于政治方针、政治策略的各种纷争。其二是为其变革的政治主张建立理论依据，也就是以天道变化证明现实政治变革的合理性。围绕这两方面的意图而建构理论，将政治问题提高到理论的层面来探讨，无疑有其现实的合理性。

但是，一种政治理论有其现实的合理性，并不意味着这种理论已尽善尽美，将成为没有争议的公理。王雱的政治理论，尤其如此。一方面，由于王雱"任情而不任理"的命题本身就包含着情与理的矛盾，具有崇尚天理以抑制人情的思想倾向，容易让人产生紧张感，让人联想到刻薄寡恩的法家、刑名学；另一方面也由于抽象的天道或天理终必转化为现实的法度，而王雱的命题又是在王安石推动熙宁变法的政治环境中提出来的，所以难免让人怀疑王雱的抽象命题是否暗示着某种特殊的现实内容，怀疑其纯任天理的思想主张是否会导致纯任法度的现实政治。由于这些原因，王雱"任理而不任情"的政治哲学命题便显得很敏感，甚至在新学派内部，陆佃等人的思想倾向也与王雱不尽相同。陆佃更突出强调王安石所提出的"至诚恻怛之心"，也就是以忧虑民生的情怀作为施行政教的思想支点，而王雱"任理不任情"的命题，则带有纯粹理性所必然附着的灰冷色调，如同《老子》"天地不仁""圣人不仁"的命题一样，理性固然伸展，但不能使人从中获得感情的满足。

从王雱的《老》《庄》注来看，他主要是站在天道的高度对政治问题展开抽象的理论思索，很少就现实的政治运作发表议论。当他因《庄子》的一则寓言而有所议论时，便表现出与陆佃等人的思想差异。

《庄子·齐物论》中有这样一则寓言："昔者尧问于舜曰：'我欲伐宗、脍、胥敖，南面而不释然。其故何也？'舜曰：'夫三子者，犹存乎蓬艾之间。若不释然，何哉？昔者十日并出，万物皆照，而况德之进乎日者乎！'"按照郭象以来绝大多数注家的理解，这则寓言的寓意，是说政治应当付之自若，宽容是非两行。如郭象说："夫日月虽无私于照，犹有所不及，德则无不得也。而今欲夺蓬艾之愿而伐使从己，于至道岂弘哉！故不释然神解耳。若乃物畅其性，各安其所安，无远迩幽深，付之自若，皆得其极，则彼无不当而我无不怡也。"[1]宗、脍、胥敖是三个未开化的小国，尧不忍其自适于蓬艾之间，要以讨伐的形式进行文明开发，输入文化。这种政治是否合理呢？按照郭象等人对《庄子》寓意的理解，不能忍受文化差异，不能宽容差异而付之自适，正是政治日渐逼仄的思想根源。而王雱对这则寓言的理解，却与郭象等注家大异其趣，其说云：

> 圣人无我而物无不顺，傥有不顺，则不得不伐，此《老子》所以有"用兵有言"之章，而《庄子》所以有"尧伐宗、脍、胥敖"之言也。夫无我者与物齐也，物

---

[1]《庄子集释》卷一下，第89、90页。

不我齐则不谐矣，不谐而圣心岂得自安欤？此尧之所以南面而不释然也。[1]

与物齐的所谓"无我"，在政治学的意义上大概可以理解为克服权力意志，体现普遍的民意。但是，一种政治是否体现民意，究竟根据什么来进行判断，又由谁来判断呢？在现代的政治学讨论中，对于这类问题必然要追根究底，不肯糊涂放过。但在中国古代，由于专制的政治体制决定了民意难以伸张，决定了什么是民意、什么样的政治符合民意非由民众自己来判断，所以思想家们通常都只能就政治体现民意的问题，抒发一般原则性的议论。这种议论，有各种不同的指意，其一是旨在提出要求，即要求改变政治现状以顺适民意；其二是旨在就政治的法理基础、抽象合理性问题进行理论探讨；其三是旨在为现实政治，甚至是为某个政治行动进行辩护。王雱的议论，大概介于第二、第三两类之间。就其为尧伐三国进行合理性辩护而言，与绝大多数注家对《庄子》寓意的理解是相反的，与新学派其他人的观点也不一致。例如陈详道对于这个问题的看法，便与王雱不同，说：

> 道未始有封，稊稗瓦砾，无乎不在也。言未始有常，存而不论，议而不辩也。及道降为德，出而有畛，以体则有左右，以理则有伦义，以言则有分辩，以事则

[1]《南华真经新传》卷二，《道藏》第16册，第163页。

有竞争，何望乎物之齐哉？道昭而不道，公孙休之徒是也；言辩而不及，公孙龙之徒是也；仁常而不成，墨翟之徒是也；廉清而不信，於陵仲子之徒是也；勇忮而不成，北宫黝之徒是也。此五者，皆锐其圭角，能锉而圆之，则近于道矣。推而上之，极于不可知之神，所谓真知无知是也。……不言之辩，无所不举；不道之道，无所不通。此即道以尽性之效也。弘于道者，一视而同仁，笃近而举远。若以物我为心，是非为辩，而欲攻人于蓬艾之间，至南面而不释然，则所希者小，所损者大，非所谓知葆光也。[1]

按照这个说法，尧攻三国是未能弘于道的缘故。未能弘于道而以物我为心，是非为辩，也就难免文化偏见。当政治机器在文化偏见的作用下施行讨伐时，也就背离了是非两行、未始有封的道。所以，站在至道本体的立场上看，尧伐三国是不合理的。

从探讨政治的法理基础、抽象合理性的角度来分析王雱的议论，也应该说他的思想具有片面性。这种片面性的集中表现，就是单纯以天道或自然法则作为政治的法理基础，以天道的绝对合理性推论政治的绝对合理性，以为克服权力意志而纯任天道的政治即是绝对合理的政治，忽略了人心人性、人的生活方式对于政治法度的合理限制。而且，如同天

---

[1]《南华真经义海纂微》卷三《齐物论第二》，第82—83页。

道一样的政治充其量也只有一种逻辑的可能性，在现实世界中根本就不存在，所以当他的抽象理论落实为具体的政治实践时，就必然在执行天道的名义下使权力意志更加膨胀。也正因为这个缘故，所以中国古代政治哲学的主流传统，是一方面讲天道，一方面讲人心。天道是立法的法理基础，人心是立法的合理尺度。新学派中陆佃等人的思想，大致说来是符合这一主流传统的。例如陆佃，一方面肯定法度的必要性和合理性，另一方面又强调至诚恻怛之心，视之为推行法度的思想支点。如注《鹖冠子·天则》说：

> 法令不行，小人敢为负谩而无忌惮也。虽然，秦以苛察相高，其弊徒文具耳，而至于土崩，更甚乎无法者，无恻怛之实故也。由是观之，内无至诚恻怛之实，欲以一切从事于法，则将以考真也，适足以起伪；将以稽治也，适足以招乱。[1]

就法令维护社会秩序而言，无疑是必要的，就法令派生于道而言，无疑也是合理的。陆佃注《鹖冠子·兵政》说："一阴一阳之谓道，制而用之谓之法，利用出入，民咸用之谓之神。"[2] 但是，由于道或自然法则本身并不能对政治对象的要求、状况等做出衡量，自然法则与现实政治的联系必

---

[1]《鹖冠子解》卷上，《道藏》第27册，第205页。
[2]《鹖冠子解》卷下，《道藏》第27册，第223页。

然以人的判断为中介，而在中国古代，依据自然法则制定法令的又总是极少数人，接受法令制约的则是绝大多数人，所以在制定和施行法令时，就必须以内在的至诚恻怛之心作为思想支点，从体贴人情的角度出发掌握法令的合理尺度，对法令做出价值理性的判断。否则，法为人情所不堪，就不能发挥其致治的工具理性的作用，反而成为招乱的根源。陆佃注《鹖冠子·博选》说："夫专任法制，不以厚德将之，而欲以持久，难哉！"[1]所谓厚德，可以理解为价值理性。所谓以厚德将之，也就是以价值理性驾驭法令，作为立法和行法的精神主导。从这样的思想角度出发，陆佃既肯定法令的必要性和合理性，又批评专任刑名法术的法道家，并警告学黄老道德有流弊于刑名的危险，即如其《鹖冠子序》所说："其道舛驳，著书初本黄老，而末流迪于刑名。传曰：申、韩厉名实，切事情，其极惨礉少恩，而原于道德之意。盖学之弊有如此者也。故曰孔、墨之后，儒分为八，墨离为三。呜呼，可不慎哉！"[2]申不害、韩非的刑名之弊，简言之就是单方面地由黄老之道亦即自然法则推导法治，以立法为能事，而不考虑人情接受法度的有限性。

进而言之，由自然之天道到人事之法度，也不是简单的比附或对应关系，而有其推行次序。关于这方面，王雱与陆佃等人的论述各有侧重，但基本思想一致，都远宗于《庄

---

[1]《鹖冠子解》卷上，《道藏》第27册，第203页。
[2]《道藏》第27册，第202页。

子·天道》，近师于王安石的《九变而赏罚可言》。王雱注《天道》"先明天而道德次之"云云，即录自王安石此文。陆佃在《御试策》中也说：

> 臣闻圣人之王天下也，教有条理，政有节目，其为数虽大且多，而其要乃在于任贤立本而已。……其智能哲，其仁能惠，则其施于任贤立本之际也，无所不宜。使之以因任，责之以原省，翼修者无卑栖，器近者无远用，而长于教者不以典刑，审于礼者不以司乐，此百官之所以各得其职也。道德已明，然后次之以仁义；刑名已详，然后次之以分守。其治至于定，然后文之以礼；其功至于成，然后文之以乐。小大有秩，先后有宜，此万事之所以得其序也。[1]

陈详道注《天道》也说：

> 庄子于人道则述君臣父子之义，于天道则推春夏秋冬之理。自天至刑名，明道与物之自然；因任至赏罚，明人事之使然也。盖因任不足然后有原省，原省不足然后有是非，是非不足然后有赏罚。赏罚虽非治天下之道，亦治之具也。[2]

---

[1]《全宋文》卷二二〇二，第101册，第109页。
[2]《南华真经义海纂微》卷四一，第581—582页。

《庄子》的思想倾向，一般认为是剽剥仁义，非谩礼法，但《庄子·天道》谈到治之道与治之具的关系问题，批评骤而语形名赏罚的偏失，以为在形名赏罚等治之具之上，还有一个作为政教法规之根本的治之道。从治之道到形名制度有五个环节，从治之道到施行赏罚有九个环节，须渐次推阐明晰，才可能构成完整的政治哲学并陶铸健康的现实政治。九个环节即天、道德、仁义、分守、形名、因任、原省、是非、赏罚。这段论述，在《庄子》书中可算是正言谠论，正面叙述了作者的政治思想，也较系统地阐述了道家从自然天道到社会规则的文化建构设想。

对于《庄子》的这段论述，自王安石之后的新学派诸人，显然是高度欣赏的，他们一方面接受其中所包含的以天、道德作为政治最根本依据的理论，一方面又肯定刑名赏罚的必要性和合理性，并试图借此阐明从治之道到治之具的内在逻辑结构。他们之间的差别，在于陆佃代表了现实感较强的思想倾向，审度人情，关注礼法制度的可行性，而王雱则代表了历史感较强的思想倾向，致思于道本体亦即政治的法理基础或抽象合理性，至于谈及现实的礼法制度，通常都相对于道本体而言，并由此表述其去末归本的思想倾向，如注《老子》第三十八章说：

> 礼所以定上下，别亲疏，审隆杀也。种种分别，得失始彰，纯诚已亏，乃制其外。外貌既严，责望深矣，虽名止邪之具，兹实争乱之端。窃尝原礼，于物为火，

于时当夏。夏者，万物去本盛末之时。观四时之有夏，则礼者圣人所不免也。方期去末归本，则以礼为非，亦所不免也。圣人之教，时而已矣，何常之有？而归本之言，于学者为要矣。[1]

以道为本，以礼法为末，是新学派的通行说法，但并非所有人都像王雱这样强调去末归本。如刘概注《庄子·渔父》说："夫天真与人理相去远矣，而其本末先后未尝相废。真积于内，神动于外，刑名礼法之用又其外者焉。"[2] 据此言之，刑名礼法虽然是外在的，与内在的道德依据有本末之分，但本末先后又不能相互废黜，所以在价值趣向上也就不宜弃其一方而归于另一方。

王雱既突出强调去末归本，就必然要对所谓"本"做出进一步的阐释。在政治哲学的层面上，其阐释的核心概念即"无为"。

由《老》《庄》所提出的"无为"，在秦汉黄老学中被理解为君主无所作为，相对于臣民有所作为而言，其中心含义是君主不代下司职。而在魏晋玄学中，则被理解为政策法规的合理尺度，即认为符合社会各阶层性分要求的政治作为便是"无为"，这方面，以郭象玄学为代表。两种不同的理解或解释，前者具有可操作性，后者上升到政治原则的高

---

[1]《道德真经集注》卷六，《道藏》第13册，第53页。
[2]《南华真经义海纂微》卷九八，第1298页。

度，更抽象，也因而具有更普遍的理论意义。王雱的运思理路，也在政治原则的高度展开，但由于他的"尽性"之学与郭象的性分学说有所不同，所以他的思考焦点不是像郭象那样以满足性分作为"无为"的尺度，而是如何克服权力意志以纯任天理的问题。如注《老子》第五十八章说：

> 民失其性而不冥夫道，自有生以来盖已如此，非一日之积矣。而为政者方乃事其察察然，而欲使天下毕协于吾一偏之正，既为不可，而又不知其所谓正者未尝正也。圣人则不然，虽方廉且直，以道德之光烛天下，而体常混然，不示人以迹，故民得安常复朴，而风俗淳淳也，岂曰小补之哉？[1]

反对"欲使天下毕协于吾一偏之正"，也就是反对权力意志；断定一偏之正未尝正，归旨在于彰显大全而无偏的天道或天理。这两个方面，出于同一种思想逻辑。也正是从这种思想逻辑出发，王雱将政治无为阐释为因时乘理、顺物为变。如注《老子》第二十九章说：

> 至人体神合变，与物为一，虽兼制天下，而未常有有，故能从容无为，而业无不济，糠秕土苴将陶铸帝王。若夫块然有己，以己遇物，则虽六尺之身，运转妨

---

[1]《道德真经集注》卷八，《道藏》第13册，第80页。

滞，若将不容，而乃况天下之大欤？取者取物，是其有我；为者造作，是其有为。有己有为之人，方且存乎忧患之间，而何暇治人乎？[1]

注《庄子·人间世》又说：

> 至人无心，乘万物以为心，来去无碍而不居其一，所谓游心者也。既乘物以为心，则无为而已矣。[2]

显而易见，王雱之所谓"无为"，不是端坐垂拱，静默无声，而是顺适物理变化而为。在这样的运思理路上，王雱认为有为无为是统一的，如注《庄子·应帝王》说："夫帝王之道，无为为本，而有为为末。无为有为，均是至妙，任之各以时也。"[3] 注《老子》第三十七章说："君人体道以治，则因时乘理而无意于为，故虽无为而不废天下之为，而吾实未尝为也。"[4] 按照王雱的思想逻辑来理解，顺应物理变化、适合时宜的有为，也可以说就是无为。其所以又强调无为为本，是因为无为中包含着克服权力意志的实质含义。在王雱的思想中，权力意志与纯任天理是不两立的，唯其克服权力意志，达到无我、无心的境界，才可能彰显出天理。

---

[1]《道德真经集注》卷四，《道藏》第13册，第41—42页。
[2]《南华真经新传》卷三，《道藏》第16册，第172页。
[3]《南华真经新传》卷六，《道藏》第16册，第191页。
[4]《道德真经集注》卷五，《道藏》第13册，第51页。

如注《老子》第二十二章说："至人冲虚，其行如水，无心于物而顺物之变，不与物迕。""曲者虚己而应理，缘物为变而不与物迕。"[1]

无为既然不是端坐垂拱，而是在克服权力意志、纯任天理的意义上所达到的有为与无为之统一，那么所谓无为就不是纯粹思辨的，而有其可操作性。如何操作呢？王雱注《庄子·则阳》说：

> 夫大人并合而为公者，以其混一风俗而无私也。混一之道自外而格于人，人知所向而不拘矣，故曰自外入者有主而不执。所向之道自内之所知，能守其正而不违矣，故曰由中出者有正而不距。[2]

注《庄子·列御寇》又说：

> 性者天之所付也，人受天之性而其才各有所从也，缘其所从而习贯，则同于自然而已矣。故缓之才性从于学，其终所以为儒也；翟之才性从于俭，其终所以为墨也。故曰"造物者之报人，不报其人而报其人之天"。报其人之天者，所谓使之习贯而同自然也。[3]

---

[1]《道德真经集注》卷三，《道藏》第13册，第32、33页。
[2]《南华真经新传》卷一四，《道藏》第16册，第242—243页。
[3]《南华真经新传》卷一九，《道藏》第16册，第262页。

准此以言，所谓"自然"并非绝对不可改变的状态。人的才性是出于自然的，社会风俗也是出于自然的，但由于个人生活不是封闭的，社会风俗更不是封闭的，所以在内外因素的相互作用下，个人的才性总有一个由隐而显的实现过程，社会风俗也总有一个因时而易的过程。在这两种过程中，自然的状态都有所改变。所以，问题的关键不在于改变自然的状态是否合理，而在于依据什么来改变。就社会而言，王雱认为改变的依据是"混一风俗"，也就是依据社会风俗的普遍状况。这种依据的确立，仍然要以"无私"亦即克服权力意志为前提。唯其如此，所以社会规则虽外在于个人，但个人对规则有认同感，有自然自发的认知能力，行之而不违。就个人而言，依据则是本来才性，按照不同的才性进行不同的选择，则后天的习惯与先天的自然，可以实现统一。

附录一　陆希声的《道德真经传》[1]

陆希声，唐末人。在唐末风雨欲来、大厦将倾的社会环境中，他既度过一段相当长时间的隐居生活，又对政局变化保持着高度的关注。在王仙芝起事之前，他目睹连年灾荒而州县政府强制推行严苛之政，曾上书朝廷，警告当局已濒临

---

[1] 唐末陆希声和北宋陈景元的《老》《庄》传注，一方面吸收了隋唐重玄学的理论成果，另一方面又立足于政治哲学的诠释角度，与新学派的思想理论具有较强的可比较性，故以二文附录于此。

社会动乱的危机。次年王仙芝发动民众攻掠州县，证实了他的预言。当此社会动乱已经发生之时，陆希声不再栖隐遁世，反而步入仕途，以至升任歙州刺史、唐昭宗宰相等职。作为乱世宰相，他并没有取得戡定离乱、光复王室的政绩，但围绕政治理论的一些基本问题，展开了相当深邃的哲学思考，著有《易传》《春秋通例》《道德真经传》等。前两种书皆佚，仅存清人黄奭、马国翰辑本各一卷，难窥全豹。《道德真经传》则完整地保存在《道藏》中。从这部四卷本的诠释性著作来看，陆氏政治哲学所围绕的主要问题，是道家的自然之道与儒家仁义礼乐，以及与现实之刑名法规的关系问题。就其思想性质或学术范型而言，与北宋时的一些学派尤其是荆公新学派颇类似，都可以视为一种新型的儒道互补。从陆希声到北宋时的这些学派，间隔一个半世纪，未必有学术上的源流关系，北宋诸儒也不称引其说，但就新型的儒道互补的学术范型而言，陆希声确实可以作为北宋学术的一个先例。

所谓新型的儒道互补，我们可以结合陆希声对历代老学的总结、对老子思想的理论概括以及评价来分析。

在《道德真经传序》中，陆希声对历代老学有过这样的总结：

> 夫唯老氏之术，道以为体，名以为用，无为无不为，而格于皇极者也。杨朱宗老氏之体，失于不及，以至于贵身贱物；庄周述老氏之用，失于太过，故务欲绝

圣弃智；申、韩失老氏之名，而弊于苛缴刻急；王、何失老氏之道，而流于虚无放诞。此六子者，皆老氏之罪人也。而世因谓老氏之指，其归不合于仲尼，故訾其名则曰捶提仁义，绝灭礼学；病其道则曰独任清虚，何以为治。於乎！世之迷其来远矣，是使老氏受诬于千载，道德不行于当世，良有以也。……自昔言老氏术者，独太史公近之；为治少得其道，唯汉文耳。其他诐辞诡说，皆不足取。[1]

这番总结，是按照一个既定目标进行的。目标即将孔子之学与老子之学，也就是将儒道两家传统，凝合成一个宗旨统一而又应用多方的思想体系。应用包括四个方面，即体、用、名、道。这四个方面又即一对范畴："道以为体，名以为用"。道之所以为体，既是万物的自然之理，又是政治体制的根本依据和终极目标；名之所以为用，既指仁义礼乐之教化，也指刑名法规之运作。后文我们将看到，陆希声的政治哲学思想，正是围绕这对范畴展开的，"道以为体，名以为用"的命题，正是其政治思想之核心。为了凸现出这一核心命题，陆希声对前人做出批评性的总结和评价。其说虽未必尽当，但却真实地反映出陆氏本人的理论意图。就其批评杨朱、庄周而言，意图在于强调老子具有如同孔子一样的人文情怀，扶衰救乱，悲天悯人，并论证仁义礼乐是拯救衰乱

---

[1]《道藏》第12册，第115页。

之世的必然途径。就其批评申不害、韩非以及何晏、王弼而言，意图在于建立一种既不同于秦汉道法家，又不同于魏晋玄学的政治哲学，即新型的儒道互补。

陆希声之批评申不害、韩非"弊于苛缴刻急"，从浅显的层面讲是因为他主张政治宽容，而从更深的理论层面讲，则是因为他的政治哲学纳入了道德性命之说。申不害和韩非将老子之道推度为法家刑名政治的前提，按照"道生法"的思想逻辑，以自然之道论证帝王之法，是即道法家。汉初黄老学，实际奉行的就是这一套刑名政治理论，只不过在现实运作中，因民力凋敝未至严苛刻碎。作为一种政治哲学，其大旨是首先确立清静无为的君主政治，即在肯定君主具有如同道体一样绝对权威的前提下，主张君主无为而臣民有为，同时又以一套刑名制度作为法律系统，按照循名责实的运作方式，督责臣民之所为必须符合刑名规范。就其主张君主无为的一面来看，可以限制中央集权对于社会的各种随意性干预，减轻非理性决策必然造成的破坏，从而发挥社会自身所固有的创造力，缓和专制政体下中央政府与社会各阶层的矛盾。但它在思想逻辑上又存在严重的缺陷，即单纯以自然的合理性和有序性，设定并论证现实政治的合理性和有序性，却忽略了必须同等关注的人性因素。政治以人为对象，忽略人性因素的政治，必然要出现致命的思想盲点。由这个盲点所导致的结果，其一是君主无为的设想毫无保障，君主既是绝对的立法者，又是绝对的执法者，权力非但不受制度的约束，甚至滥用权力也不受道义的谴责。而刑名政治作为一种机制，随着其功能在实际运作中不断扩大，只享受自然合理性的抽象论证，不接受人性要求的约束，清静无为的宽政也就必然变成苛政，不以君主意志的形式逼迫人情，而以法度逼迫人情，由此所造成的政治紧张和社会矛盾，往往是社会阶层的分裂和对抗，即在官逼民反的幕后，隐藏着法逼民反的实际内容。官僚体系的社会行为，受到法律体系的幕后支持和鼓励。于是，发动战争以推翻旧王朝及其法律体系，也就成为解决社会矛盾的必然选择。其二是刑名政治不以人性要求作为思想前提，在实际运作中往往走向僵化，不能因应并依据人心人性的时代变化进行调整和变革。从天道自然到刑名政治，构成一种对等且可以类比的逻辑结构——天道是必然之理，刑名政治是必然之法，二者具有同样的绝对合理性，自然天道仅此一途，刑名法度也别无二式。当社会在历史发展中提出变革的必然要求时，当人性觉醒并与刑名法度相抑抗时，刑名政治就难免捉襟见肘，找不到新的进行变革的理论参照和现实依据，照旧走因事立法的老路，不能对社会问题采取其他文化形式的疏导，法愈繁而人情愈不堪，其所谓刑名法度自然也就要退出历史舞台。汉武帝终于接受董仲舒建议，以儒术取代汉初奉行的黄老学，或许可以由此得到一个所以然层面的理论解释——虽然董仲舒的性分三等之说并不是一种圆满的人性论，但毕竟在自然天道之外，为礼乐刑政补充了另一个必要的前提。与此同时，《淮南子》也带着兼容百家学说的时代新气象，在思想主旨上向先秦老庄复归，如《精神训》《俶真训》等。

陆希声政治哲学与申、韩道法家的最大不同点，就在于他的政治哲学具有双重前提，一是自然天道，二是道德性命。

从同样援引老子之道的角度看，何晏、王弼玄学与申不害、韩非的刑名学，代表了两种相反的思想倾向或诠释方向：申、韩将抽象的道转化为现实的法，何、王则将现实的法消融在抽象之道的世界中。陆希声既批评申、韩，同样也批评何、王，谓之"虚无放诞"。这种批评，也可以作深浅两个层面的理解。就其浅者而言，是指玄学学风以及与之有联系的魏晋士风。玄学风格高阔玄远，魏晋士风清虚放旷，而针对性的批评，也自东晋时便开始了，不独陆希声。东晋时的范宁，将士风虚诞放旷之弊归咎于何晏、王弼玄学，甚至判定其罪深于暴君桀、纣。从东晋到近现代，类似的批评亦可谓史不绝书，但大多数批评者都只是立足于自己所倡导的学风和士风，并非在认真的历史性研究之基础上做出公正的评价，所以看不到或者是不敢正面看到，魏晋之丧乱，罪在政体及其执政者，不在议政者。而玄学家，只是一些因忧患于时代丧乱而议政的知识分子。议政受时代局限，有其缺漏，这可能是陆希声批评何晏、王弼的更深一层的意思。

笔者之所以认为陆希声的批评还有此更深一层的意思，是因为他所主张的儒道互补与何晏、王弼有所不同，并通过对老子哲学的总体概括和评价表现出来。就陆希声批评何、王"虚无放诞"而言，与其他的批评一样，似乎说不通。"虚无"即贵无论玄学，是一种极高明的政治哲学，"放诞"

则是魏晋时某些士族的行为方式，二者之间固有一定的联系，但没有它们与历史现实之间的联系来得重要。二者是同一种历史原因的两种结果，所以从理论上说，批判贵无论玄学，应该与批评放诞士风区分开来。陆希声统而言之，将范宁的旧说重新提起，盖亦有其理论背景，非无故抄袭陈言。

让我们先谈儒道互补问题。同样的儒道互补，其实有各式各样的差别，可以采取不同的理论形式，在不同的层面展开。例如《晋书·阮瞻传》记载阮瞻见司徒王戎事，王戎问："圣人贵名教，老庄明自然，其旨同异？"阮瞻答："将无同。"[1] 这是一个模棱两可两不可的暧昧回答。在魏晋时，以尽可能暧昧的态度，调和或者淡化名教与自然的矛盾关系，达成生活态度层面的儒道互补，是名士们乐于采取的一种方式。阮瞻便因这三个字的回答，备受嗟赏，被征辟入仕，时人称为"三语掾"。当时的哲学家，则往往采取思辨的方式，在表里之间，作儒道文章。如《世说新语·文学》载：

> 王辅嗣弱冠诣裴徽，徽问曰："夫无者，诚万物之所资，圣人莫肯致言，而老子申之无已，何邪？"弼曰："圣人体无，无又不可以训，故言必及有；老、庄未免于有，恒训其所不足。"[2]

---

[1]《晋书》卷四九，第1363页。
[2]《世说新语笺疏》卷上之下，第235页。

本来,《六经》不谈有无,谈有无是老庄的理论特色。而王弼玄学的宗旨在于"贵无",致思于有无体用、有无本末诸问题,阐发以无为本、举本统末等义旨,理论渊源于道家。但对于周孔圣人之名教,又不能从其存在合理性的角度进行否定,于是就有必要展开思辨性的敷释,既在价值原则上推尊周孔,又在理论实质上归旨于老庄。[1] 这种正言若反式的逻辑思辨,也正是玄学"三玄品次"议题中"老不及圣"之说的基本依据,即周孔圣人体无而不言,老庄谈无而体未至。然而,"三玄品次"虽有这样的区分,但儒道互补的思想毕竟通过有无之辨,在互为表里的意义上得到论证,即儒家以有为表,以无为里,道家反之,以无为表,以有为里。

根据贵无论的思想逻辑,王弼又在《老子指略》一文中,就老子立言宗旨做出总结:"《老子》之书,其几乎可一言而蔽之。噫!崇本息末而已矣。观其所由,寻其所归,言不远宗,事不失主。文虽五千,贯之者一;义虽广瞻,众则同类。解其一言而蔽之,则无幽而不识;每事各为意,则虽辩而愈惑。"[2] 这是突出强调老子对于"本"的掌握,崇本可以息末,执古无为之道可以御今之有,是王弼政治思想的基本内核,也形成其贵无论玄学的主体风格,即深度阐发

---

[1]《世说新语笺疏》卷上之下《文学第四》(第236页)引陈澧《东塾读书记》说:"辅嗣谈《老》《庄》,而以圣人加于老、庄之上。然其所言圣人体无,则仍是老、庄之学也。"
[2]《王弼集校释》,第198页。

老子关于"无"的理论,穷幽极远,将具体的礼乐刑政问题放在抽象的本体论中去解决。所谓本末,在王弼玄学中是高度抽象的理论概念,其所涵盖的实际内容,就是道与礼乐刑政的关系。由这种思想最容易得出的一种推衍方式就是,只需理解并把握住"道",则礼乐刑政问题不难解决,可以在不执意于调整和变革中得到调整和变革,可以在不追求功用时发挥功用。就逻辑而言,王弼玄学也许能自圆其说,但面对现实时,则可能正像何劭讥评王弼之为人一样,"浅而不识物情",[1] 不知礼乐刑政与社会现实的联系,比它与抽象的道本体的联系来得更紧密。这大概是王弼玄学的一层缺陷,而后来者的各种指责,也正是以放大化的方式看待这层缺陷的结果。

进而从历史的角度看,王弼玄学的缺陷又不只是一个纯粹的理论问题,而有其特定的历史背景。简言之,在何晏、王弼大唱玄风的正始年间,两汉时所形成的名教体系已经崩溃,曹操、曹丕父子所奉行的刑名政治也已破产,时代处在旧名教、旧式的刑名政治已颓废难立,而新名教、新型的刑名政治又未形成的困境中。阮瞻的"三语掾",典型地反映出士族处此困境中的思想状态,即抽象的名教代表抽象的礼法制度,是古往今来生民安身立命、齐家治国的必然依据,必须予以肯定,而现实的名教已经崩溃,并在崩溃中造成长期的社会灾难,既不能发挥协调社会的正面作用,又为人情

---

[1]《三国志》卷二八《魏书·钟会传》注引何劭《王弼传》,第796页。

所不堪。王弼玄学在此困境中的建树，就是确立一种理论原则，作为调整、变革乃至重塑名教体系的指导思想。这也是那个时代的要求，是士族在有意无意间普遍关注的问题，王弼只不过以其理论天赋，发挥其逻辑思维之长才，就这个问题做出了最有代表性的理论思考和学术论证，他也因此代表了那个时代的精神。后来的历史并没有按照王弼的理论原则发展下去，但由于他代表了那个时代的学术精神，所以许多人都要求他对现实的丧乱负责。

陆希声人云亦云的批评，本也不足叙说，只是由于他的批评并非出于评头论足的嗜好，而是旨在自立一家新说，所以也就别有一层意思。在《道德真经传序》中，陆希声以一种平实的思路，论证孔、老旨归相同，说云：

> 仲尼阐五代之文，以扶其衰；老氏据三皇之质，以救其乱，其揆一也。盖仲尼之术兴于文，文以治情；老氏之术本于质，质以复性。性情之极，圣人所不能异；文质之变，万世不能一也。《易》曰"显诸仁"，以文为教之谓也。文之为教，其事彰，故坦然明白。坦然明白则雅言者详矣。《易》曰"藏诸用"，以质为教之谓也。质之为教，其理微，故深不可识。深不可识则妄作者众矣。[1]

同样围绕儒道关系的议题，陆希声的议论既不暧昧，亦

---

[1]《道藏》第12册，第115页。

非玄思，这大概就是不同时代的不同学术风格。依陆氏之说，孔子和老子的立言宗旨或根本目的，都在于扶衰救乱，所以是一致的；差别在于所取角度和表现形式有所不同。孔子着眼于人与人之间的感情联系，所以重文教，以人文化成缔结感情纽带，表现形式也因之坦然明白。老子着眼于人的根性，所以重本质，试图在共同根性的深层，克服人类社会的纷争，表现形式也因此幽微难识。无论是孔、老之同，还是孔、老之异，陆希声都显得见地明白。其所以明白，并非因为陆希声的理论思维水平比王弼等人更高，而是因为儒道互补的议题在魏晋时处于一种不确定或未能确信的状态，而陆希声则在观念中予以确信。确定或确信与否，最终会涉及如何解决自然天道与礼乐名教的关系问题，处于不确定状态必然要借助逻辑思辨来解决问题，处于确定状态则可能形成具有现实内容和可操作性的思想体系。所以这个问题在陆希声看来很重要，他也因此要抨击不同己见者，为老子辩诬，并对老子之学做出一个全新的概括和评价：

> 老氏本原天地之始，历陈古今之变，先明道德，次说仁义，下陈礼乐之失、刑政之烦，语其驯致而然耳。其秉要执本，在乎情性之极，故其道始于身心，形于家国，以施于天下，如此其备也。而或者尚多云云，岂不厚诬哉？昔伏羲画八卦，象万物，穷性命之理，顺道德之和；老氏亦先天地，本阴阳，推性命之极，原道德之奥，此与伏羲同其元也。文王观《大易》九六之动，贵

刚尚变而要之以中；老氏亦察《大易》七八之正，致柔守静而统之以大，此与文王同其宗也。孔子祖述尧舜，宪章文武，导斯民以仁义之教；老氏亦拟议伏羲，弥纶黄帝，冒天下以道德之化，此与夫子合其权也。此三君子者，圣人之极也，老氏皆变而通之，反而合之，研至变之机，探至精之赜，斯可谓至神者矣。[1]

按照陆希声在同书中的说法，得道有五种境界："上得之为神，中得之为圣，下得之为哲，偏得之为贤才，无所得为众人。"[2] 准此而言，老子统合三圣人之道而称"至神"，境界犹在伏羲等三圣人之上。这个极高的评价，再次表现出陆希声对于儒道互补的确信。而他对老子之学的总结，其一为秉要执本，其二为施于天下国家能大备而无遗。这两个方面，大旨同于司马谈《论六家要指》之评道家，即所谓"道家使人精神专一"和"赡足万物"。[3] 就其秉要执本的一面说，与王弼的"崇本息末"有意义相近之处，都旨在强调抓根本、抓纲领的重要性。但王弼鄙弃末事之繁，谓之"辩而愈惑"，陆希声则如同司马谈一样，肯定其普遍的应用价值。这种差别，援用程颐的术语来讲，就是王弼只注重"理一"，而陆希声则"理一"与"分殊"并重。反映到各自的思想体系中，则王弼的运思焦点凝注于道本体，而

---

[1]《道德真经传序》，《道藏》第12册，第115页。
[2]《道德真经传》卷一，《道藏》第12册，第116页。
[3]《史记》卷一三〇《太史公自序》，第3289页。

陆希声的本体论沉思乃从现实的礼乐刑政问题出发。因为思想倾向不同，陆希声之批评王弼也就在所难免。

但是，观点性的批评是一回事，理论性的吸收又是另外一回事。我们知道，王弼的玄学体系是通过《易》《老》互训的方法建构起来的，这一套方法，显然被陆希声吸收了。如其称引伏羲、文王、孔子，即历史上关于《周易》渊源的"人更三圣"说。老子之道契合于三圣人，也就是契合于《易》道，这是以《易》《老》互训的方法论证儒道相通。在注解《老子》时，陆希声也多引《周易》，互为参证，引申发挥。我们还知道，王弼的玄学体系是由本末、体用等范畴建构起来的，范畴蕴含着辩证的逻辑思维。这种思维方法无疑也被陆希声吸收了，并且同样通过本末、体用等范畴表现出来。所以从总体上看，陆希声对于前人研述《老子》的成果，持一种扬弃的态度，既有所批判，也有所吸收，即一方面批判地吸收玄学的思想理论，另一方面又在直接关切现实的意义上，认同于汉初黄老学的宗旨。这种总结前代的思想态度，似乎决定了陆希声的思想进路，将是理旧业而绎新说，初步形成诠释《老子》的学术新范式，其学说也因此具有承传转合的历史地位。所谓承传转合，不是指他刚好处在历史长河的这一段，而是指他的思想内容可以作为思想史的一个逻辑环节，既有所继承秦汉黄老学、魏晋玄学，又有所启迪北宋儒学。陆希声思想的主要内容，大旨可以概括为两个方面。其一是以自然天道之公正无私，论证现实政体须公正无私，同时也以自然天道之有序性，设定礼乐刑政之有序性。其二是将自然天道与人文精神结合起来，发性情之蕴，既据之披讨礼乐教化的合理性依据问题，也由之构筑社会和谐的文化理想。这两个方面，也就是从天道观和人性论的双重前提出发，探讨其政治哲学的两大问题，即政体问题和礼乐刑政的合理尺度问题。

对于任何一种政治哲学来说，政治体制都是一个必须面对而又复杂难解的问题，在中国古代尤其如此。中国自秦始皇实行郡县制，就以官僚组织的形式建立起专制专政的政治体制。然而，也就在秦始皇行使专权，巡视天下以耀武扬威的时候，一个因避仇而流亡的青年，遥指着不可一世的秦始皇说："彼可取而代也。"[1] 这个流亡青年，就是楚霸王项羽。于是，一个要专制独裁，一个想取而代之，便成为中国古代政治剧的两大角色，在专制政体的黑幕下，循环往复地上演，造成一次又一次的社会混乱和灾难。因为专制政体是一切社会问题、政治问题的总根源，所以中国古代的政治思想家，不管从哪个思维角度出发，最终都必然要面对这个问题，陆希声也不例外。

然而，要就这个问题提出一套合理而且可行的方案，谈何容易！在陆希声生活的唐朝末期，尤其如此。唐朝自安史之乱后，形成藩镇割据的局面。藩镇割据即军阀割据，其特征，周谷城的《中国政治史》概括为三点："一、占有独立的地盘，所谓'大者连州十数，小者犹兼三四'是也。

---

[1]《史记》卷七《项羽本纪》，第296页。

二、拥有独立的权力，所谓'既有其土地，又有其人民，又有其甲兵，又有其财赋'是也。三、权力成为世袭的，所谓'父死子握其兵，而不肯代'是也。"[1] 割据势力在名义上服从中央政府，而实际上搞独立王国。由中央王朝分化成性质相同而规模不等的地方王朝，专制政体的性质并没有改变，只不过像孙悟空变小猴子一样，由一个变成了多个，由一家专制分裂成多家专制。所以，随着中央集权的分散，随着中央政府失去控制地方政府的能力，其结果不是走向政治开明，而是走向昏暴和混乱——出于割据势力之间的竞争需要，加剧了横征暴敛；自下而上的权力监督机制既未形成，原来由中央政府执行的、自上而下的权力监督又已失去作用。于是，暴政横行，民不聊生，全国性的大分裂、大动乱，已到了一触即发的边缘。

由此看来，解决政治体制问题的出路，不在于加强中央集权或实行地方分权，而在于从根本上废除专制专政的政治体制。而要废除这种政治体制，又不能采取以暴易暴的方式，走恶性循环的老路。于是，政治思维的问题便凸现出来，即必须首先纠正政权意识。明末清初的思想家黄宗羲，写了一卷《明夷待访录》，其中第一条《原君》，即旨在破斥"以我之大私为天下之大公"的专制思路，以大无畏的理性精神，提出一套大胆而且接近近现代政治意识的政体方案，诸如废除一家之私法而行天下之公法，以学校为议政机

---

[1]《中国政治史》，第178页。

构等。陆希声未曾提出同样明确的政体方案，但对于专制政体却展开了同样深刻的批判，并同样以大无畏的理性精神，冲出专制政体的旧思路，阐发新的政权意识。如说：

> 夫天下者，天下之天下，非圣人之天下也。故尧不能与天下与舜，禹不能以天下与启，此乃天下与舜与启，故尧、禹亦因而与之耳。若天下不与，欲强取而为之，吾未见其有得之者，而况能执而有之者哉！是何也？天下者，犹神明之大器，非人智力可取而为之。苟非天下所与，强取为之，其功必败。苟非天下乐推，强执有之，其身必失。何者？夫物有行之在前，则有随之于后者矣；有煦之为温，则有吹之以寒者矣；有用壮为强，则有用力而挫之者矣；有因栽而培，则有因阙而堕之者矣。是故有强取而为之，则有强夺而有之者矣。[1]

政权的私有意识导致了政权私有化，而政权私有化的极端表现形式就是专制政体，这揭开了专制政体的思想根源。当政权私有意识处于集体无意识状态时，专制政体似乎是天经地义的。天无二日，地无二王，君王的权力范围无所不及，则普天之下莫非王土，率土之滨莫非王臣，以致君要臣死臣不得不死。而当政权私有的合理性受到怀疑时，专制政体的合理性也就同时动摇。这就是思想的力量，它有时候比

---

[1]《道德真经传》卷二，《道藏》第12册，第126—127页。

武器的力量更强大。而陆希声的议论，就在于提出这样的怀疑。放在唐末的历史背景中去看，所谓"天下之天下，非圣人之天下"，确实是一个石破天惊的思想口号，在一片社会迷惘中，以公天下的政权意识，孤声先发，闪耀出一道思想的光芒。

舜禅让的故事，在古代通常都被思想家们树立为政权交接的典范，但思想家们所赋予这个故事的意义，却不尽相同。在许多思想家看来，尧将帝位传给贤德的舜，不传给不肖的儿子，是尧之德，是选贤任能的表现。而在陆希声看来，尧舜禅让并不是出于个人的私意，乃是出于天下人的共同意志。根据公天下的政权意识，亦即根据"天下之天下，非圣人之天下"的思想前提，帝位并不是尧的囊中私物，所以他不能亦即无权私自传授给舜。同样，禹将帝位传给儿子启，也不是一家帝王事业的单传私授，而是因循天下人共同意志的结果。这样的解释，既是赋予历史以新的意义，同时也是阐述陆希声自己的思想。政权意识的公私之分，据陆希声看来是一个大分际，将导致两种截然不同的政治结果：由前者，可以达到天下大治，而由后者，则必然造成天下大乱。正所谓螳螂捕蝉，黄雀在后。当一姓帝王将天下政权攫为囊中私物时，他也就成为下一轮狩猎的目标，是即"有强取而为之，则有强夺而有之者矣"，必然陷入恶性循环。

从历史上看，陆希声关于强取强夺的判断，无疑有着大量的事实依据。秦汉以下的改朝换代，无一不符合这种恶性循环的逻辑，由之造成的社会混乱和灾难，也广泛见于各种官方和私家的史书记载。大量的历史事实，足以证明私天下之害；证明继续保持政权私有意识就不可能达到真正的天下治平，不可能为生民百姓同时也为执政者自己带来安定的生活；证明树立公天下的政权意识将是摆脱恶性循环的必然之路。那么，这个判断能否在理论上也得到同样有力的证明呢？

也许，要求为政治思想做出本体论层面的理论思考和学术证明，是不切实际也不必要的奢侈想法。因为沉痛的历史教训已足以证明改革政治体制的必要性，证明重新界定政权性质的必要性，引入迂阔的本体论，反而会使问题变得抽象而模糊。然而，解决政治体制这样的问题，是不可能轻而易举、一蹴而就的。从某种意义上说，历史教训只能告诉我们已经到了"山重水复疑无路"之时，却不能开出"柳暗花明又一村"的新境界。要为政治体制找到一条新出路，就不能不将它放到更大的思维空间中去思考，正如试图走出迷途一样，一方面当回顾所走过的道路，反思误入迷途的起点，另一方面又必须具有更开阔的视野，进行方向性的选择。所谓理论思考和学术证明，其意义也正在于拓展思维空间和精神视野，排除局障以选择方向。在中国历史上，致思于政治体制问题同时又具有广阔思维空间的学说，大概首推老庄哲学，所以历史上的许多政治思想家，虽然未必赞同老庄剽剥仁义、非谩圣人的言论，但又总是以不同的方式、在不同程度上接受老庄的启发，运用其理论思维，探讨政治的根本问题。陆希声也不例外。

陆希声运用老子哲学探讨政治问题，是围绕一对基本范畴展开的，即所谓"以道为体，以名为用"。在注解《老子》时，这对范畴的内涵得到进一步的阐释：

> 夫道者体也，名者用也。夫用因体生，而体本无用；名因道立，而道本无名。体本无用，则用无不可，故曰可道。所可道者，以体当用耳。以体当用，是物之理，非道之常，故曰非常道也。道本无名，则名无不可，故曰可名。所可名者，以名求体也。夫以名求体，是物之变，非名之常，故曰非常名也。……唯知体用之说，乃可玄通其极耳。然则体道者皇，顺物之理也；用名者帝，适物之变也；顺理适变而不及其上者王。[1]

这个阐释，按照概念思维和逻辑思辨的形式展开，所以颇费解。但理清概念关系以见其真实思想，则仍然可得而言之。所谓"体道"和"用名"，也就是政治的两种境界或状况。"体道"是合理政治，即所谓"顺物之理"。"用名"是现实政治，即所谓"适物之变"。合理政治犹老子所谓"太上，下知有之"，代表了最高的政治境界或理念，是人类认同感、社会组织及凝聚力的一种象征，但不对社会施加任何与其自然需要不相符的影响。现实政治犹老子所谓"其次，亲而誉之"，是正常而健康的实际政治，与百姓生活发生直

---

[1]《道德真经传》卷一，《道藏》第12册，第116页。

接的联系，具有可操作性，但不是指笼罩在某家王朝之下的政治实况。合理政治与现实政治的关系，也就是道体和物用的关系。物象世界的生成运动、大化流行，昭示出某种道理和规则，对这种道理和规则作一个存在性的概括，即是道体。这说明道体的存在通过物用得以显现，而物用之中又反映出符合道体的规则。符合是相对的，不是绝对的，所以有常道与可道之异，有常名与可名之别。常道常名，是合理政治的理论依据；可道可名，是现实政治的理论依据。按照常道与可道、常名与可名的相对关系来理解合理政治与现实政治的关系，则合理政治是体，现实政治是用。体因用显，合理政治的原则和价值，通过现实政治的实践和运作彰显出来。用因体生，现实政治以合理政治的原则和价值为范本、为归旨。这种辩证关系，非一非二，即一即二，既非绝对同一，又非完全隔离，构成一种发展的张力，既相互推动，又相互约束。

从本体论的层面讲，体道亦即合理政治的基本特征，就是宽大含容。这个特征，是由道体决定的。陆希声说：

> 道以真精为体，冲虚为用。天下归之，未尝盈满；万物宗之，渊深不测。得其用，则可以挫俗情之锋锐，解世故之纠纷；得其体，则可以上和光而不皦，下同尘而不昧。[1]

---

[1]《道德真经传》卷一，《道藏》第12册，第117页。

又说:

> 夫有道之君,闷闷然以宽大含容为政,民皆乐其生而遂其性,故淳淳然归于朴厚。无德之君,察察然以聪明苛急为政,民皆失其业而丧其本,故缺缺然至于凋弊。则闷闷之政,世人为之慢政,而其民实乐;察察之政,世人谓之能政,而其民实弊。……夫政宽民淳,可谓正道。[1]

这两段注文,一谈道体,一谈政体,话分两头而义实一贯,都是围绕"天下之天下,非圣人之天下"的命题而展开的理论思考。道体所昭示的,是一种自然法则,其涵蕴,包括"真精为体"和"冲虚为用"两个方面。"真精为体"指道有生成化育之能,不是绝对的、不与万物发生关系的冥寂本体。"冲虚为用"指道体以无为而顺任的方式作用于万物,不为谋府,不以强力,而且无偏无党。道体的自然法则对于政治体制的建构,既具有启示意义,又是一种原则。当社会面临着中央集权和地方割据都不能带来治平、都没有出路的困境时,道体的自然法则便显示出启示意义——可以朝着宽大含容、公天下的方向建构新式的政体。当社会处于各种集团势力相互争夺,政治生活已丧失真理和价值标准时,道体的自然法则就显示出原则意

---

[1]《道德真经传》卷三,《道藏》第12册,第139页。

义——"闷闷之政"是限制或削弱统治者意志的政治，其结果将是百姓和穆；"察察之政"是张扬统治者意志的政治，其结果则是百姓凋敝，造成社会的重重矛盾。限制或者张扬统治者的意志，标志着对于政权性质的不同认定，标志着不同的政权意识。如果认定天下乃"天下之天下，非圣人之天下"，那么统治者的意志便没有理由张扬为政治生活的主导，反之，如果认定天下乃一姓帝王之私天下，也就没有理由限制其意志的自由发挥。所以，限制或者张扬，不只是帝王人格的问题，不只是帝王能否克己而从众的问题，而是由政治体制所决定的现实政治状态问题。按照道体的自然法则，政治应该是协调社会的一种机制，正如道体有生成化育之能一样，其合理功能是推动社会发展，而非禁锢或扰乱社会，所以执政者应当以无为而顺任为原则。顺任民意，以天下为天下人所共有，不持一己私意以为法，即是无为。陆希声说："为无为者，用有名而体无名，则天下莫不臻于治矣。"[1] 用有名是进行现实的政治运作，亦即现实政治。体无名是以道体的自然法则为范本，也就是将合理政治作为原则和方向。这样来处理有为和无为的关系，可以达到辩证的统一，既不怠惰荒政，又克服了执政者个人意志的膨胀。在陆希声看来，这是由合理的政治体制所涵盖的一种政治艺术，也是老子《道经》的真谛。如注《道经》末章说：

---

[1]《道德真经传》卷一，《道藏》第12册，第117页。

> 道之所以为常者，以其体无名故无为，用有名故无不为。……故有无为之心者，必有无为之迹，后世将寻其迹而忘其本，故为无为而至有为。故云无名之朴亦将不欲者，将使心迹兼忘，则至于玄之又玄矣。夫使心迹兼忘，事理玄会，则天下各正其性命，而无累于物之迹焉。首篇以常道为体，常名为用，而极之于重玄；此篇以无为为体，无不为为用，而统之以兼忘。始末相贯，而尽其体用也。[1]

所谓"无为之迹"，也就是将君主无为作为僵化的模式，不知无为的本旨只在于克服君主的个人意志，反而执意于无为，终必导致政事怠荒，不能发挥其协调社会的应有功能，不符合道体的生成化育之义。显然，陆希声对于无为与有为的关系，吸收了玄学的理论思辨，这种思辨，是站在本体论层面论证合理政治及其与现实政治之关系的需要。

所谓现实政治，在中国古代是以礼乐刑政为载体的。礼乐属文教，刑政乃法度，都是工具理性层面的社会规则。陆希声所说的"用名"，也就是发挥礼乐刑政对于社会的协调作用。这种作用，有时候是正常的、正面的，有时候又是不正常的、反面的。在不正常的情况下，往往出现两种情况。其一是强化礼乐刑政，试图通过自上而下的途径，强制推行一套规则，以维持社会秩序。另一种倾向是废弃礼乐刑政，

---

[1]《道德真经传》卷二，《道藏》第12册，第130—131页。

主张复归于原始自然的秩序,在当下即实现合理政治。这两种倾向,都将现实政治与合理政治割裂开来,前者满足于现实政治,后者沉醉于合理政治,在理论上各执一偏,在实践中不能解决问题,所以陆希声都予以批判。如说:

> 夫自然之理,道之常也,若四时之运,天地之常,是以能恒久不已,终则复始。夫飘风暴雨,非天地之常也,是以其发作也勃焉,其霁止也忽焉。夫以天地之广大,犹不能久为此,而况于人世,其能久于非常乎?道德既隐,仁义不行,曲礼烦刑,不得已而为之耳。而惑者不能知礼以时为大,刑期无刑之指,乃欲执其一方,谓可行于百世,斯过矣。噫!飘风暴雨,有时而息,四时之常,未始有极,自然之理,不可易也。[1]

> 夫礼所以防争,失之于末则反以起争,斯乃世俗之常情,不达礼之大本故也。……然则仁义礼智,皆圣人适时之用,所以与世污隆,随时升降者耳。故执古御今,则以道德为之本,礼智为之末。化今复古,则以礼制为其始,道德为其终,所谓损之又损之,以至于无为者也。夫豢豕为酒,非以为祸,而酒之流祸生焉;仁义礼智,非以为乱,而治之弊乱至焉。惑者不知利欲之为乱,乃欲归罪圣智,因谓绝而弃之,则可以复于上古之治,一何过哉!一何过哉!故曰:论礼于淳朴之代,非

---

[1]《道德真经传》卷二,《道藏》第12册,第124页。

狂则悖；忘礼于浇漓之日，非愚则诬。在于寻流还源，去末归本，正礼义以反仁德，用有名而体无名，则自然之道不远而复矣。[1]

这两种倾向，表面上看起来彼此对立，而本质上互有联系，互为因果。当强化礼乐刑政的一方转化为实际的政治操作，不仅仅表现为思想理论或政治舆论时，礼乐刑政也就异化为可厌之物，为人情所不堪，于是刺激起废弃礼乐刑政的冲动，力图从逼仄的现实中逃离出去。同样，当废弃礼乐刑政的一方转化为实际的行为方式，不再保持在理性批判的层面时，也就行为乖张，人无忌惮，诱发各种社会混乱，于是有枭雄崛起，施展铁腕统治。要避免这两种恶果，避免对抗性的冲突和相互转化，就必须确立礼乐刑政的合理尺度。这也是陆希声批判两种倾向的题中应有之义。

那么，究竟应当如何确立这样的合理尺度呢？

如果站在强化或者废弃礼乐刑政的立场上，就会提出各自的尺度，或认为强化是合理的，或认为废弃是合理的，各矜其一方，形成对立。在中国思想史上，主张强化刑政法规的典型代表是道法家。如前所述，道法家根据"道生法"的思想逻辑，将自然之理与必然之法等同起来。其所理解的自然之理，又只是老子道论中关于自然秩序的一面，并认为自然秩序可以完全被执政者所掌握，所以无视于生民百姓的人

---

[1]《道德真经传》卷三，《道藏》第12册，第131—132页。

性要求。站在道法家的立场上，理既是必然之理，法也是必然之法，所以强化刑政法规的绝对权威并强制执行，就是如同天道一样的合理尺度。然而，由于立法权在事实上只为君主所掌握，刑政法规的本质内涵乃是君主及其集团的政治意志，所以从根本上违背了天道所包含的公正无私的前提。反之，要求废弃礼乐刑政的一方也有典型代表，例如东晋鲍敬言的《无君论》。"无君"的意思，不是要推翻君主专制的政治体制，而是无政府主义，即认为建立某种政治秩序的企图诱发了社会动乱，所以解决问题的合理尺度是废弃一切政治。这种思想，是站在历史现实的反面，对汉末以来的社会无序状态所做出的理论反映，属于古代思想家们所说的乱世之音，所以同样也遭到思想家们的批判。陆希声站在批判者行列，他所确立的合理尺度，也与上两种倾向迥异。

就陆希声与道法家相比较，同样以老子哲学作为基本的理论依据，其所确立的合理尺度之所以迥异，大概是由于诠释方向的不同。这包括两个方面。

其一是体道层面的。如说："夫为学者，博闻多识，以通于理，故日益；为道者秉要执本，以简于事，故日损。夫理明则事定，故学之日益实资道之日损也。……夫有为者缘人情而作之法制，故有事，有事则民劳，民劳则叛之。无为者因物性而辅之自然，故无事，无事则民逸，民逸则归之。"[1] 按照这个说法，对于事物之理的掌握与对于道的认

---

[1]《道德真经传》卷三，《道藏》第12册，第135页。

识是一致的，所掌握的道理越深刻，则对于道的运用越简化，所以在实际的政治运作中，合乎逻辑的结论应当是，越深知物理，则礼乐刑政越简便，而不是越烦琐。如果只是执着于为学日益的一面，随着知识的积累而随意增衍刑政措施，不知为道日损的合理运用，就必然会导致自我意志的膨胀。所以陆氏又推论说："不自见而弊人，则事自明；不自是而非人，则理自彰。不自伐其才，则事归于实，故治有功。不自矜其能，则理得其当，故道可长。夫唯顺道之理，不与物争，则天下之事莫不从己，故能曲成万物而不遗微隐。"[1] 自见、自是、自矜，都是自我意志膨胀的表现，其所作所为，貌似奉道而行，掌握着道以推行礼乐刑政，而实际上违背了体道的根本原则，即体道追求日损，克服自我意志，以顺任为归旨，不将自我意志强加于万物之上。

其二是人文情感层面的。如说："夫圣人之治也，必反诸身心以合于天道，故己好生则知天道之生万物也，己成务则知天道之成四时也，己乐善则知天道之与善人也。天以悬象示其道，圣人亦以身心合于道，又安用窥牖而后见天道哉？夫不能反推于身心，而嚣嚣然自以天下为己任，劳其神，苦其形，孜孜矻矻，有为于天下之事者，吾见其不能为治矣。"[2] 这个说法，不局限于《老子》本旨，而是根据《易传》的思想加以发挥。《老子》书中有"天地不仁""圣

---

[1]《道德真经传》卷二，《道藏》第12册，第124页。
[2]《道德真经传》卷三，《道藏》第12册，第135页。

人不仁"之说，阐明自然天道化育万物而不为恩之意，但同时也让人感受到理性的淡漠，产生情感的孤立。《易传》则赋予自然天道以人文情感，如《复·象》说："复其见天地之心乎。"复卦为阳气初生之时，代表了阴阳消长而卦气循环的化育之始，所以《系辞》又说："天地之大德曰生。"[1] 陆希声所谓反诸身心，以己好生而知天道生万物、己乐善而知天道与善人云云，大抵可以说是援《易》入《老》。这种援引，实际上也是诠释学的常见方式，它使原来的经典具有新意。就陆希声诠释《老子》而言，其新意就在于试图将真与善结合起来。如说："夫道之所以为常者，以其善应万物而万物不能累也，唯能知道之常，则能常善救物而不为万物所累。其用也微，其理也彰，故能知其常则谓之袭明矣。不知救物之善道，乃欲妄作于法教者，则天下之民斯被其害矣。唯能知夫常道，明于善救，则如天地之覆载，无所私于万物，故百姓归而往之，推而戴之，乃可以合道之常，而终身无咎也。"[2] 此所谓善道、善应、善救，也许不能理解为肤浅的、庸俗的道德判断，其要义，第一在于覆载无私，也就是公正，第二在于不害民，也就是顺适生民百姓的需要。覆载无私是天道之真，顺适生民百姓的需要是人道之善，在这个层面上，陆希声认为真与善可以统一起来。

陆希声与道法家这两方面的差异，最终可以归结为人性

---

[1]《十三经注疏（清嘉庆刊本）》，第78、179页。
[2]《道德真经传》卷一，《道藏》第12册，第121页。

论问题。第一方面讲克服统治者的意志，所蕴含的思想内容是人性平等。第二方面讲真与善的统一，所蕴含的思想内容是化情复性，亦即克服小我之私情而体会天地之大情。其说云：

> 夫人之性大同，而其情则异。以殊异之情外感于物，是以好恶相缪，美恶无主，将何以正之哉？在乎复性而已。向则情之所生必由于性，故圣人化情复性而至乎大同。所谓有无之相生者，情性也，情性之相因，犹难易之相成也。夫为治者，以情乱性则难成，以性正情则易成。……是从圣人体无名则无为而事自定，用有名则不言而教自行，使万物各遂其性，若无使之然者。[1]

在中国古代的政治哲学中，是否将人性论作为必要的思想前提，是否接受"人性大同"的观点，是将共同的人性作为政治的合理尺度，还是将个人私情、执政者意志凌驾于共同人性之上，是一个直接涉及政治决策、创制法规以及实际运作的大问题，并不因为理论抽象而悬空不实。从中国政治史而不是政治思想史的角度看，"为治者以情乱性"是常见现象，其根源在于不承认"人性大同"、人性平等，不能以共同的人性来制约社会的阶层分裂，不知共同的人性是人际

---

[1]《道德真经传》卷一，《道藏》第12册，第116—117页。

亲和、社会和谐的基础，所以中国古代的思想家，常常将共同人性问题突出出来，作为现实批判的理论依据，并将生民百姓"各遂其性"作为政治的合理尺度。这个思想，在《庄子》书中有深刻的叙论，在郭象的《庄子注》中有系统的阐述。陆希声当唐末丧乱之时，重申这个思想，其现实意义或许远大于理论意义。

附录二　陈景元的道家学术

一、陈景元的生平及学术渊源

陈景元字太初，道号碧虚子。其族南城陈氏，乃当地著姓，而且颇有文化传统，出了很多进士，此可见于其乡人李觏《直讲李先生文集》的记叙。陈景元之父陈正，便是陈氏进士中的一员，作过朐山令，其家遂寓居高邮。陈正卒后，家贫不能归故里，陈景元乃于庆历二年，师从高邮天庆观道士韩知止。翌年试经度为道士，于是负笈游名山，寻师访道，在天台山遇张无梦，得授《老》《庄》微旨。熙宁元年抵汴京，开始在京城道观中宣讲《老》《庄》，同时与大臣王安石、王珪、司马光等人交往。熙宁五年，陈景元进所注《道德经》，受到宋神宗赞赏，有御札批降中书云："陈景元所进经，剖玄析微，贯穿百氏，厥旨详备，诚可取也。"并授右街都监同签书教门公事之职，成为道教领袖。[1] 次年

---

[1]《道德真经藏室纂微开题科文疏》卷一，《道藏》第13册，第730页。

中太乙宫落成，以陈景元主之，并转额外右街副道录，获得道教领袖和政府宗教官员的双重身份。在职期间，陈景元大力提倡道家学术，对当时道教学术风气之不振深感忧虑，说："今也真风湮散，伪隐山栖，道范不闻，师资礼废，教法衰弊，莫甚于斯。"[1] 针对这种弊端，陈景元力图推动道教内部的文化改革，如奏请宋神宗，要求取消在京道官都由京城各宫观主充任的旧例，凡厥员，试《道德》《南华》《灵宝度人》三经义十道，受到宋神宗的支持，"而后道家之学翕然一变，自兹始也"。元丰六年，罢本宫事，归隐茅山，刊正《三洞》经法，道门中人，从之授学的很多。据载，陈景元"所藏内外数千卷，皆素所校正。又亲札三百卷"。[2] 又将书籍分为道、儒、医等类，各为斋馆，四方学者从其游，则随所类斋馆，相与校勘，所以人人皆得尽其学。[3]

作为一个有学问的道士，陈景元不但在教内有很高的声望，同时也赢得一些士大夫的尊敬。如秦观有《送陈太初道录》诗说："先生簪绂后，世系本绵瓜。驻马生枯骨，回车济病蛇。带云眠酒市，和月醉渔家。落日千山路，西风一枕霞。几年流俗笑，一旦五侯夸。棋惜春深日，琴憎雨后蛙。背因书字曲，发为注经华。地转东淮水，天回北斗车。新宫黄道近，旧隐白云遐。顾我身多累，逢君意谩夸。空提方士

---

[1]《上清大洞真经玉诀音义叙》，《道藏》第2册，第706页。
[2]《道德真经藏室纂微开题科文疏》卷一，《道藏》第13册，第731页。
[3]《历世真仙体道通鉴》卷四九，《道藏》第5册，第381—382页。

剑，未上客星槎。何日同归去，重飞九转砂。"[1] 秦观是高邮人，与陈景元寓居同地，所以有同归去的说法。而由秦观此诗，大概也可以想见陈景元的人格风范。司马光也有诗《赠道士陈景元酒》说："篱根委余菊，阶角拥残叶。清言久不惬，何以慰疲苶。朋樽涵太和，高兴雅所愜。谁云居室远，风味自可接。"[2] 陈景元与王安石，则除了对《老》《庄》之学的共同兴趣之外，还多了一层同乡之谊，所以也多所交往。据《历世真仙体道通鉴》卷四九载，熙宁年间陈景元欲归隐庐山时，曾向王安石辞行，"安石问其乞归之意，景元云：'本野人，而今为官身，有吏责，触事遇嫌猜，不若归庐山为佳。'安石韵其语，书几间，曰：'官身有吏责，触事遇嫌猜。野性难堪此，庐山归去来。'复书其后云：'真靖自言如此。'"[3] 这首诗，今存于《临川先生文集》卷二六，题《代陈景元书于太一宫道院壁》。同卷又有《题西太一宫壁》二首："草色浮云漠漠，树阴落日潭潭。三十六陂春水，白头想见江南。""三十年前此路，父兄持我东西。今日重来白首，欲寻陈迹都迷。"[4] 这两首诗所流露出的归隐情绪，也或许与陈景元有些关系。

绍圣元年，陈景元卒于中太一宫。据薛致玄《道德真经藏室纂微开题科文疏》卷一引集贤殿修撰王□《碣铭》，对

---

[1]《淮海集笺注·后集卷第三》，第1417页。
[2]《司马温公集编年笺注》卷四，第1册，第225页。
[3]《道藏》第5册，第381—382页。
[4]《王荆文公诗笺注》，第1028—1029页。

陈景元有过这样的评价："有唐司马子微之坐忘，吴贞节之文章，杜光庭之扶教，三公虽异时杰出，而先生兼而有之。"[1] 这个评价虽不免溢美，但陈景元在北宋道教史上，确实是能够绍熙唐代道教学术的第一人。[2]

陈景元的道家学术，笼统地说渊源于唐五代道教的义理学传统，分言之则有直接与间接两个方面。如其《道德真经藏室纂微篇开题》说："辄依师授之旨，略纂昔贤之微。"师授之旨即得之于张无梦的学术传授，是直接的师资传承，由此确立其解注《老》《庄》的大宗旨；昔贤之微则是晋、唐以来各家的《老》《庄》注疏。这两个方面，又有密切的联系，乃同一个以"重玄"阐发道家思想的学术传统，"重玄"即陈景元解注《老子》的大宗旨。在《道德真经藏室纂微篇开题》中，陈景元谈到他对《老子》的总体看法，说："此经以重渊为宗，自然为体，道德为用，其要在乎治身治国。"[3] 重渊即重玄，以避赵玄朗名讳改。

重玄的理论宗旨，陈景元得之于张无梦的传授，张无梦则师事陈抟。据《历世真仙体道通鉴》卷四八载，张无梦学穷《易》《老》，尝隐华山，与种放、刘海蟾结为方外友，师事陈抟，无梦"多得微旨"。[4] 盖三人同师，而传授启发

---

[1]《道藏》第13册，第731页。
[2] 关于陈景元生平，拙文《论陈景元的道家学术》曾作活动年简谱（载台湾《宗教哲学》1995年夏季号），此处从略。另可参看蒙文通先生《陈碧虚与陈抟学派》（载《古学甄微》，巴蜀书社1987年版）。
[3]《道藏》第13册，第654页。
[4]《道藏》第5册，第375页。

或研习各有所重。种放传《易》图，刘海蟾传内丹，张无梦虽亦涉于内丹之学，但因本好《易》《老》，所以在玄言微旨方面更显突出。

从历史纵贯的角度看，上述三方面虽有学术形式及风格上的差异，但根旨又是相通的。盛唐前后，道教思想重心由重玄转向内丹，即由抽象的理论思辨转向真性体道的实践修持；学风也由原来的以《老》《庄》与佛教般若论疏相发明，转化为以《易》与《老》《庄》相融通；相应地，思想理论则由道物有无之本体论，嬗变为元气生成论。这种理论可以入说于《老》，亦可入说于《易》。陈抟所传学术，当以此纵贯历史视之。至于所谓《易》图，盖旨在探赜造化之机，是对天地生成之理的图式化描摹；内丹则以自身修持体悟此造化之理，通达造化之权，是对生成理论的操作性应用；阐发玄言微旨，乃是对这种体用关系的理论性探索。三者圆融一体，代表了中晚唐以来道教思想的发展方向，同时也是一种学术风气以及运思方式。

唐宋道教在思想旨趣上虽一体纵贯，但学术活动却与时消息，有盛有衰。宋承五代之后，道教学术几近失坠又得以复兴，源流脉络往往要追溯到陈抟。陈抟在道家道教学术史上，实是一个传微继绝、继往开来的关键人物。

唐末丧乱，五代陆沉，杜光庭已大叹其"正教凌迟"，目睹道教经教废弛，学术颓弊，所以杜光庭要"累阻兵锋"，

"备涉艰难",[1] 四处访求道经，为此文化传统救亡图存，以其经教仪轨，留为后世法。与杜光庭倾力于匡救经教不同，陈抟可谓但开风气不为师，自遨游于思想理论的启蒙，既继承唐以来道教重玄和内丹的运思方式，研习《易》《老》，又以其思想理论之造诣，开启宋代学术风气，所以陈抟留传的著作虽然极少，但对于研究宋代的思想文化来说，却又是一个不可回避的传奇人物。

由陈抟而张无梦，而陈景元，这一传承以《易》《老》《庄》之"微旨"递相传授，至陈景元结为硕果。"微旨"虽仍以重玄为宗，但理论涵蕴与南北朝隋唐时已有所不同。南北朝隋唐时的重玄家，多以理论思辨的形式，追求慧悟中的精神超越，以玄通不滞为旨归，而陈景元等人所关注的焦点，则在于潜思体用关系之精微。体是自然生成、大化流行之理本，用即治身修身之应用。这种学术旨归，可于陈景元书中反复求证，陈抟、张无梦虽文墨罕存，却也有斑斑可寻。

史称陈抟好读《易》，手不释卷，不言其是否涉足《老》《庄》之学。但他名抟字图南，又自号扶摇子，显然取义于《庄子·逍遥游》"抟扶摇羊角而上者九万里……然后图南"。是则对于《庄子》之精神旨趣，亦未尝不醉心焉。至于《老子》，陈抟有《观空篇》，对南北朝隋唐以来重玄家阐发《老子》的空有虚实之义，发表过一番颇为清通简要

---

[1]《无上黄箓大斋后述》，《全唐文》卷九四四，第9810—9811页。

的议论：

> 欲究空之无空，莫若神之与慧，斯太空之蹊也。于是有五空焉。其一曰顽空，何也？虚而不化，滞而不通，阴沉胚浑，清气埋藏而不发，阳虚质朴而不止，其为至愚者也。其二曰性空，何也？虚而不受，静而能清，惟任乎离中之虚，而不知坎中之满，扃其众妙，守于孤阴，终为杳冥之鬼，是为断见者也。其三曰法空，何也？动而不挠，静而能生，块然勿用于潜龙，乾位初通于玄谷，在乎无色无形之中，无事也，无为也，合于天道焉，是为得道之初者也。其四曰真空，何也？知色不色，知空不空，于是真空一变而生真道，真道一变而生真神，真神一变而物无不备矣，是为神仙者也。其五曰不空，何也？天者高且清矣，而有日月星辰焉；地者静且宁也，而有山川草木焉；人者虚且无也，而为仙焉。三者出虚而后成者也。一神变而千神形矣，一气化而九气和矣，故动者静为基，有者无为本，斯亢龙回首之高真者也。[1]

空有（或有无）虚实，是重玄学的基本议题。因为重玄本即起因于玄学有无二论之纷争，旨在解决有无矛盾，所以重玄学者常以辩议这个问题为根本义。按照隋唐时重玄家的

---

[1]《道枢》卷一〇，《道藏》第20册，第662页。

通常解释，说无遣有，说有遣无，从而达到两不执，是第一层面的"玄"，复不执于不执，即所谓"重玄"。重玄又即"真实空"。及司马承祯等人出，不再满足于空有虚实之通议，而注重以自我真性体悟空有虚实之一贯，重玄思辨遂转而为修持。陈抟的"五空"说，由此发展而来，是一种明体达用之学。明体即解悟有无之际的生成变化之理，达用则无为体道，有为修仙。其说对陈景元及荆公新学派诸人解注《老》《庄》，影响甚深，是即所谓"真空妙有"之义。

张无梦答宋真宗问道时，也有一段陈述，义旨可与陈抟《观空篇》互为参证：

> 心无为则气和，气和则万宝结矣；心有为则气乱，气乱则英华散矣。游玄牝之门，访赤水之珠者，必放旷天倪，囚千邪，蓻万异，归乎抱朴守静。静之复静，以至于一。一者道之用也，道者一之体也。一之与道，盖自然而然者焉。是以至神无方，至道无体，无为而无不为，斯合于理矣。故得其道者，见造化之功，赜鬼神之妙，而无所不变焉。……其大者，人可以变仙也。吾尝观天地变化，草木蕃蔓，风云卷舒，日月还转，水火相激，阴阳相摩，仰观俯察，远取诸物，近取诸身，著《还元诗》百篇。[1]

---

[1]《道枢》卷一三《鸿濛篇》，《道藏》第20册，第674—675页。

《还元诗》今存十二，多以《易》卦辞例述内丹修炼。修炼是复静以至于一，即所谓道之用。阴阳相摩的自然造化，则是道之体。显然，这段议论的"微旨"，也在于明体达用。

明体达用的微旨，不但可以在仰观俯察中得到印证，而且有经典作为依据或载体，这就是《周易》和《老》《庄》。陈抟《观空篇》多用《易》《老》，所谓离中之虚、坎中之满、潜龙、乾位、有无是也，张无梦则以《老子》道、一之说与《易》卦为连类，又引《庄子》赤水之珠、放旷天倪为喻。陈景元解《老》，更多引《易》《庄》互训。薛致玄的《道德真经藏室纂微手钞》，注明陈景元的辞例出处，其中以《易》《庄》最为常见。由此不难看出这一派传承的学风。

除师资传承外，陈景元又纂昔贤之微，据前人笺注"取而证之"，发明重玄宗风。但理论涵蕴与隋唐之际重玄大盛时已有所不同，其书对唐初重玄学大师成玄英、李荣等，亦甚少取证，援引最多的是严君平的《道德指归》，其次是《淮南子》《河上公章句》。同其重玄宗风的，则有孙登、吴筠《玄纲论》以及陆希声、杜光庭之《老子》传疏。其中以陆希声的影响较显著，如其卷末叙《老子》大旨，说："上之首章明可道常道为教之宗，叙体而合于妙；上之末章以无为无不为陈教之旨，叙用而适乎道。故体用兼忘，始末相贯也。"[1] 这是引用陆希声《道德真经传》的说法。其

---

[1]《道德真经藏室纂微篇》卷一〇，《道藏》第13册，第726页。

下又依相同思路，论《德经》始末二章乃体用相应，则是一种顺理成章的推衍。大体上说，陆希声的《道德真经传》也属明体达用之学，同样也以《易》《老》互训，阐扬为一种儒道互补的学术新范式，对陈景元来说，自是同声相感、同气相求。这是陈景元间接的学术渊源而可记叙者。

二、《道德真经藏室纂微篇》的明体达用之学

陈景元既称《道德经》"以重玄为宗，自然为体，道德为用"，薛致玄疏释其解注时也说："夫此碧虚真人《纂微》者，亦以重玄为宗，自然为体，道德为用。"[1] 但重玄理论经过数百年的发展演变，涵蕴已不局趣于"玄之又玄"的抽象思辨。就陈景元的思想理论而言，重玄是言之宗、事之主，是《道德经》的最高归旨，而展开则有体用两方面。体用关系是相对的，相对于自然造化之理本（亦称妙本）而言，道德之经教是应用；而以道与德相对而言，则道为体，德为用；以道德相对于仁义礼，则道德为体，仁义礼为用。辨析体用的相对关系是必要的，否则，流于末而不知归本，寂守本体又不能感而遂通，便难免偏执滞碍。但辨析又容易使体用成为两橛，不能圆融玄通，不能掌握大全，其弊端与不辨体用相同。所以既要辨析体用，又须体用冥一。体用冥一即所谓"重玄"，这是陈景元"以重玄为宗"的根本涵义。如说：

[1]《道德真经藏室纂微开题科文疏》卷五，《道藏》第13册，第751页。

> 玄者，深妙也，冥也，天也。所谓天者，自然也。言此无名有名，无欲有欲，皆受气于天，禀性于自然，中和浊辱，形类万状，盖由玄之又玄，神之又神，所谓自然而然也。若乃通悟深妙，洞达冥默者，是谓有玄德也。[1]

> 一者冲气，为道之子，道为真精之体，一为妙物之用。既得道体，以知妙用。体用相须，会归虚极也。

> 既知妙物之用，复守真精之体，体用冥一，应感不穷。[2]

冥默于玄德，会归其虚极，即是复返于体用一元的"重玄"宗本。唯其有这样一个宗本，所以体用虽包含着差别，但在复返宗本的意义上可以克服。明体达用与复返宗本之一元，相对而互动，明体达用是从自然之理到人文建设，复返宗本是使人文建设符合自然之理。

探赜体用关系的精微义旨，在运思和议论上就不免玄远，陈景元甚至认为道本体"其如恍惚杳冥，在达者之自悟耳"，[3] 又说必须"虚其灵府"，[4] 才能够灵识慧解，"不可以言传，不可以智索"，"非心口所能辩"。[5] 这些说法，

---

[1]《道德真经藏室纂微篇》卷一，《道藏》第13册，第657页。
[2]《道德真经藏室纂微篇》卷七，《道藏》第13册，第702页。
[3]《道德真经藏室纂微篇开题》，《道藏》第13册，第654页。
[4]《道德真经藏室纂微篇》卷六，《道藏》第13册，第695页。
[5]《道德真经藏室纂微篇》卷一，《道藏》第13册，第656页。

不但表明了以言辩形式推阐道本体内涵的困难，而且也表明道本体的内涵不同于经验知识，缺乏经验知识所具有的确定性。换言之，体与用虽然处于相对的关系中，体甚至是用的最高合理性依据，但本体又没有自定义的确切内涵，其内涵是通过应用来定义的，这在逻辑上，不免会陷入本体论思维通常都会陷入的循环论证。但这种循环论证，从根本上说并不取决于理论思辨，而取决于人类社会的历史发展。因为人类社会的历史发展，不可能首先确立一个绝对的真理，然后明体达用，推而广之，而只能树立一个内涵不十分确定的合理性的本体理念，作为人事和人文建设的价值方向，并在人事和人文建设中，不断调整对本体理念的理解，不断对本体的内涵进行重新定义。否则，以绝对真理作为逻辑前提，就会使人事和人文建设陷入必然论、绝对论。道家言道本体而恍惚杳冥，说明道家虽追求某种最高的合理性，但并不推至极端，不以绝对论、必然论，而是以相对论作为理论思维的最高体现。这种理论反映在陈景元的思想中，就是将自然造化的固有之理作为本体，将社会的道德教典、法象制度作为应用，以自然之理定义法象制度的合理性，以法象制度定义自然之理的内涵，体用两方面都不是绝对之物。不但本体之理不是绝对的、内涵可以按照经验知识方式来定义的自然法则，而且法象制度也不是符合绝对真理的永恒模式。也正因为体用两方面是相对的，都不能自定义，所以陈景元一方面认为道本体恍惚杳冥，另一方面又认为审视法象制度的合理性依据不是往昔圣贤之"陈迹"，而是比一切经教典章都更根本的"道"。由乎此，也就合乎逻辑地得出一个重要的思想结论，即"道"比"圣人"更能代表最高的合理性。如说：

> 天下无二道，圣人无两心，其著书所以传道，其垂教所以救时。救时之弊不同，故迹之出亦异。其迹既异，故立言有不同。使后世之士于此异观，而以孔、老为殊训也。苟通其道而不窒以时，会其心而不拘以迹，得其意而不泥以言，则诸圣之书相为终始，固未尝少戾也。自三代之季，圣王不作，天下溺于文胜之弊，无以反其情性而复其初，道降德衰，未有甚于此时者也。老聃氏生于周，以濡弱谦下为表，以虚空不毁万物为实……遂作八十一章，以畅道德之旨。其辞简，其理远，以深为根，以约为纪，以本为精，以末为粗，必欲使斯民复结绳之朴而后已。其所以扶教救时，可谓切至矣。不幸后世不见天地之全功、圣人之大体，儒者若马迁氏，至谓"学儒者黜老，学老者黜儒，道不同不相为谋也"。杨雄氏曰"绝灭礼乐，吾无取焉"，韩愈氏曰"坐井观天，其见者小也"。三君子者，一何不知圣人之甚欤！盖道犹岁也，圣人时也。夏以生出为功，秋以收敛为德，一则使之荣华而蕃鲜，一则使之凋悴而反本，相因而岁功成焉。[1]

---

[1]《道德真经藏室纂微篇开题》，《道藏》第13册，第654页。

道犹岁、圣人犹四时的譬喻，源出《孟子》。陈景元引用其譬喻，意在说明道是比圣人更高的合理性依据。圣人针对特定时代的特定问题，提出救弊之术，用以扶世立教，不免各有所侧重，但彼此之间又相互因承，反映出道之整体大全。这种思想，无疑也是其新型儒道互补之学术所达到的新的理论高度，从某种意义上可以说比魏晋玄学更高，因为魏晋玄学的儒道互补主要着眼于调和名教与自然的关系，是站在现实需要的层面上，而陈景元则具有更高的历史意识，将儒道关系问题放到整个文明的历史发展中来理解。同样的譬喻，也见于荆公新学派的王雱、陈详道等人的《老》《庄》注解，这似乎表明站在新的理论高度上进行儒道互补的学术建构，在当时是普遍的现象。[1]

站在更高的理论层面上探讨体用一元、儒道互补，也就是陈景元的"重玄"微旨。这个微旨，与成玄英等人以道家批判儒家的所谓"重玄"，显然是不同的。也正因此之故，使陈景元摆脱了关于"道法自然"问题的种种思辨纠缠，直指为自然之理与政治的关系。《老子》第二十五章说："人法地，地法天，天法道，道法自然。"围绕这段话，隋唐以来

---

[1] 陈景元解注《老子》，或略早于王雱等人。按元道士刘惟永《道德真经集义》，称"碧虚乙未造解"，前揭蒙文通文，云"乙未应为己未之误"，此未详所据。按乙未当宗仁宗至和二年（1055），此时陈景元从天台得张无梦《老》《庄》微旨后，隐逸江淮间，以琴书自娱（见薛致玄《科文疏》），完成其注解的可能性较大。而己未当神宗元丰二年（1079），则在熙宁五年（1072）上进其注解之后。王雱的《老子》注解，作于熙宁三年（1070）。

歧解最多。唐初期沙门攻驳道教义理，常以这句话为矢的，按照佛教因明中所包含的逻辑思维，提出道与自然孰为根本之类的问题，道门学者乃解说多端。而陈景元则扫落那些无谓的辩论，直指思想主题：

> 此戒王者当法象二仪，取则至道，天下自然治矣。夫王者守雌静，则与阴同德，所载无私，是法地也。又不可守地不变，将运刚健，则与阳同波，所覆至公，是法天也。复不可执天不移，将因无为，与道同体，其所任物，咸归自然。谓王者法天地、则至道也，非天地、至道之相法也。宜察圣人垂教之深旨，不必专事空言也。[1]

显而易见，"深旨"不在于逻辑地推论天、道以及自然等名目如何地递相为法，演绎成某种逻辑次序或体系，而在于阐发自然与人事的体用关系，舍空言而取实义，则明体达用而已。

陈景元的明体之学，包括生成论和独化论两个方面。生成论渊源于《易》《老》互训，独化论则来自郭象的《庄子注》。就生成论而言，陈景元说："自然生太极，太极生天地，天地生阴阳，阴阳生万物。"[2] 又说："《经》曰'道

---

[1]《道德真经藏室纂微篇》卷四，《道藏》第13册，第680页。
[2]《道德真经藏室纂微篇》卷二，《道藏》第13册，第665页。

生一',一者道之子,谓太极也。太极即混元,亦太和纯一之气也,又无为也。圣人抱守混元纯一之道,以复太古无为之风,可以为天下法式。"[1] 就独化论而言,陈景元说:"大道无形,造物无物。万物虽有恃赖之名,寻其生也,卓然独化。物化而自生,故无因代辞谢之迹。圣人之功业成而不名己有者,是法道之用也。"[2] 又说:"万物自生,卓然独化,不为己有;群品营为,各适其性,不恃己德;功成事遂,道洽于物,心游姑射之山,不居万民之上,此圣人之全德也。"[3]

历史地看,生成与独化是两种不同的哲学理论,旨趣上更有重要的差别。生成论流行于秦汉,独化论则由西晋郭象创发,受隋唐重玄家推崇。在旨趣上,生成论要推溯万物万象的共同本原,作为最初同时也是最高的理本,揭示大化流行有其合乎秩序的始生原则。但由于过分强调作为共同本原的"理",在由体及用时,往往容易导致文化独断论。韩非《解老》有此弊,如说:"今众人之所以欲成功而反为败者,生于不知道理而不肯问知而听能。众人不肯问知听能,而圣人强以其祸败适之,则怨。"[4]《黄帝四经》亦有此弊,如《经法·论》说:"至神之极,[见]知不惑,帝王者,执此道也。是以守天地之极,与天俱见,尽[施]于四极之中,

---

[1]《道德真经藏室纂微篇》卷四,《道藏》第13册,第677页。
[2]《道德真经藏室纂微篇》卷五,《道藏》第13册,第687页。
[3]《道德真经藏室纂微篇》卷一,《道藏》第13册,第658页。
[4]《韩非子集解》卷六,第137—138页。

执六枋（柄）以令天下。"[1] 因为相信天地万物发生于某个共同的本元之理，也必须遵循此理，所以掌握此理的圣主或帝王，就有着无上的权威，可以独断。将这种独断论运用于现实政治，必至于以"理"禁锢思想学术，甚至以"理"杀人，成为专制独裁政治的理论背景。独化论的旨趣则与之相反，否定有一个最高的生成者或主宰者，强调世间万物之自然本性的独立和平等，反对以一种是非模式刻板地同化千差万别的事物，以为割而齐之则物各伤残，必然破坏最高的自然和谐。但独化论又容易导致否认事物特定秩序的合理性，尤其是否认社会秩序的合理性，并最终要逻辑地推导出世界和谐在于"滑疑之耀"，即混乱的和谐，与社会现实悬隔极远。

对于这样两种旨趣悬殊的哲学理论，陈景元兼采之，并说要在"体冥造化"中会通其极，但就理论体系的圆满而言，似乎也还没有圆融无碍地构合起来。不过，这种理论体系的逻辑结构问题，非陈景元思想"深旨"之所在，于此处我们当体察古人立言之用心，而非勘察其立言之逻辑。约言之，明体旨在达用，非专事空言。盖道生万物而纯任自然，则政治须似有还无，不可先验地预设模式。万物各适其性分而卓然独化，则社会创造如同自然创造一样，出于固然，帝王不可居为己功，也不可以一家意志横加干预。这样因用以明体地反过来看，可知阐述道生万物的义旨，在于使政治

---

[1]《黄帝四经今注今译：马王堆汉墓出土帛书》，第134页。

"不塞其原",亦即不窒息万物生生不已的活力;阐述卓然独化的义旨,在于使政治运作不存宰制之意,顺任"群类各自营为"。这样豁然贯通,则生成与独化根旨冥一,都是从用的层面反思自然本理之固然及当然,不是首先研究出某个自然法则,然后搬用到社会生活中,说到底,这还是体与用的相对性并且相互定义的关系。

陈景元的达用之学,在其书中议论最多,综括起来,主要围绕两个问题。

第一个问题即所谓"无为"。如说:"圣人无为而化成天下,盖明物性自然,因任而已矣。"[1] 又说:"无为者,谓不越其性分也。性分不越,则天理自全,全则所为皆无为也。"[2] 无为不是要废弃功用,"拱默闲堂",而是指不阉割万民之自然本性,不按执政者的个人意志胡作非为,"造为异端","役物使从己",所以判断有为与无为的合理标准,是看法象制度是否适应生民百姓出于自然本性的要求,不得将政治昏庸、不能发挥职能作用标榜成"无为"。这种"无为"理论,显然渊源于郭象的《庄子注》。按照秦汉黄老家对"无为"的通常解释,"无为"是端坐垂拱的南面之术,即君主无为而臣民有事。道法家甚至将"无为"理解成帝王掩盖自己真实意图,不向臣民暴露自身弱点的韬晦之术。至郭象注《庄子》时,乃彻底抛弃这种"无为"之说,以为

---

[1]《道德真经藏室纂微篇》卷七,《道藏》第13册,第700页。
[2]《道德真经藏室纂微篇》卷一,《道藏》第13册,第660页。

顺适生民性分的"有为"即是"无为"。"无为"以适应生民性分为准尺，不是僵化的政治模式，黄帝端坐垂拱是"无为"，同样，尧舜禹汤忧民之患，有所作为以解民之患，也是"无为"。[1] 陈景元继承了这种"无为"理论，同时又对与之相反的有为展开批判。如解释《老子》"天下多忌讳，而民弥贫"时说："夫君不能无为而以政教治国，禁网繁密，民虑其抵犯，无所措手足，避讳不暇，弗敢云为，举动失业，日至贫穷。"[2] 解释"俗人察察，我独闷闷"时又说："夫世俗因学为政，制度严明，立法苛急，矜持有为，故民不聊生。是以至人体天法道，因循任物，在宥天下，宽裕昧昧，民乃全其真也。"[3] 政治的"有为"，总是按照执政者的意志去作为，不符合百姓的愿望和要求，所以是"造为异端"，是窒息百姓固有创造力的禁制和忌讳。针对这种积重难返的政教流弊，道家强调"无为"，以此克服执政者的政治意志对于社会的强制性干预，并随着历史发展和理论探讨的深入，日渐明确地将顺适百姓的要求和愿望界定为"无为"的内在涵义。这对于克服专制政体的痼疾，清除政治异化，启发以百姓的要求和愿望作为出发点的政治哲学，无疑都深具价值。

陈景元达用之学的第二个问题，是道与德仁义礼的体用关系。从体用本末的角度阐释二者的关系，在中国哲学史上

---

[1] 参见拙著《郭象评传》（广西教育出版社1996年版）。
[2] 《道德真经藏室纂微篇》卷八，《道藏》第13册，第707页。
[3] 《道德真经藏室纂微篇》卷三，《道藏》第13册，第676页。

由来已久，道教中的吴筠、杜光庭等人，亦持此说。陈景元在北宋时再次阐明这个观点，亦自有其时代意义。这种时代意义，可以相对于宋儒道学而言。

从历史现实出发，道学家恢复纲常名教，辨天理人欲，有其历史合理性，因为自唐末五代以来，社会离乱与人伦失序是互为因果的。而北宋承唐末五代大乱之后，面临各种错综复杂而且尖锐的社会矛盾，便不得不选择黄老宽柔之政，以开基立业。黄老宽柔之政，既有缓解矛盾的好处，也有积累矛盾的坏处，所以自庆历之后，形成了复兴儒学以取代黄老的思潮，主张以积极的态度面对矛盾。复兴儒学，就意味着正人伦，立纪纲，再建文明秩序以整合社会，凝聚人心，从事比政治运作更加深刻的文化建设。道学家恢复纲常名教，正是文化建设的一个重要组成部分。但道学家又自立门户，攘斥异端，就难以避免文化独断论的倾向，对纲常名教缺乏应有的理性批判精神。虽然道学实际上融摄了佛道二教的思想理论，道学家之间也互有差别，不可一概而论，但就其运思方式之大致而言，是融摄二教理论以证成纲常名教出于天道人心，而非以天道人心去批判纲常的僵化和不合理。在中国历史上，这种理性批判精神通常是由道家肩负着的，当北宋时代，陈景元可为一代表人物。

但是，陈景元所生活的北宋中晚期，毕竟又不同于晚唐五代。晚唐五代的社会丧乱，既是文明积弊的彻底暴露，又摧毁了文明最基本的价值追求，所以当时继承道家思想的学者有两种倾向。其一如陆希声、杜光庭，倾向于将批判精神与建设意识结合起来，或试图进行儒道互补的文化重建，或力图通过复兴道家之学以再现盛唐之治。另一种倾向的代表人物有无能子、谭峭等人，对文明制度、纲常名教采取嬉笑怒骂的批判方式，揭露文明制度的异化、纲常名教的虚伪。这两种倾向，在当时都有其合理性，前者深邃，后者真实。至陈景元著书时，宋朝开国已近百年，道家所要肩负的历史使命，不再是愤世嫉俗，揭露文明弊病以宣泄胸中块垒，而是围绕文明重建的时代主题，阐明自己的理论思考。所以陈景元并不笼统地否定纲常名教，否定仁义礼，而是将道德仁义礼作为既有联系又包含差异的整体，纳入体用范畴，展开辩证的理论思考。《老子》说："失道而后德，失德而后仁，失仁而后义，失义而后礼。"这段话，作为对"朴散为器"之抽象命题的一种注释，通常都被理解为针对日益加重的文明积弊而言，而陈景元却解释说：

> 夫道德仁义礼五者之体，不可致诘，故混而为一。一既分矣，五事彰而迹状著，故随世而施设也。道者德之体，德者道之用。离体为用，故失道而后德。德者得也，物得以生谓之德。有生必有爱，故失德而后仁。仁者亲也，亲爱物宜，故失仁而后义。义者宜也，宜则谦恭，故失义而后礼。礼者履也，履道成文，简直则易行，烦曲则淆乱也。失者亡也，末盛而本亡，自然之理也。[1]

---

[1]《道德真经藏室纂微篇》卷六，《道藏》第13册，第690页。

道德仁义礼五者的由体及用，是一个历史过程。历史过程不能说是荒谬的，从道本体必须有其应感之动用，否则价值无所体现的角度说，五者之流变也是合乎自然之理的。但是，当历史过程陷于流末而不知归本的时候，世人执滞于圣人叙论五事之教典以为常法，自然本体之理念被湮没，人世间便淆乱滋生，是非蜂起，各持其信奉的圣人教典，自是而相非。由此导致割离与对立，文明便异化为自身价值追求的反对物。站在这样的理论角度展开思考，就不可否认自然本体之理比圣人教典更根本。自然本体之理即道，如果将道譬作土壤，那么圣人教典便是生长在这块土壤上的明日黄花。永远具有活力的，是道体本身以及圣人援体入用的用心，至于法象制度、言教典章，则不妨随时兴革。《老子》说："绝圣弃智，民利百倍。"对于这个断语，也有各种不同的理解，陈景元的解释是："圣者，谓制度法象功用陈迹之圣也，绝之者，欲复其浑朴也。……夫圣智之迹可以救近而不知伤远，仁义之情可以济急而不知违真，巧利之器可以助小而不知害大，故圣人明而不显，知而不用。"[1] 不用是针对圣人陈迹而说的，正如不仁指矫情之仁爱一样。《老子》说"天地不仁"，似乎很冷峻，而陈景元的解释则是："不仁者，谓无情于仁爱，非薄恶之谓。"[2]

道与德仁义礼既然是一种体用关系，那么对二者就不能

---

[1]《道德真经藏室纂微篇》卷三，《道藏》第13册，第674页。
[2]《道德真经藏室纂微篇》卷一，《道藏》第13册，第660页。

偏举偏废,而要使体有所用,用不离体。保持这样一个尺度的关键,是不伤万物自然独化之性分。陈景元注"执大象"说:

> 大象,大法也,八卦九畴之谓也。太古之君天下,无为也,天德而已矣。逮乎圣人设卦观象,吉凶明而变化生,故有得失进退也。夫鸿荒乍变,执守大法以治天下,天下之淳朴去矣。往,去也。淳朴初去,而大法可扶,故往而不害。往而不害者,是由随时而举事,因资而立功,量材授职,不伤性分,故天下安而平泰矣。[1]

圣人设卦观象,是文明的滥觞,也是体用之初分。虽然较之体用冥一的"天德"已非尽善尽美,但应用不乖离本体,能适应百姓的自然性分,所以世界还是平安而泰和的。世道在数千年积弊之后,"天德"或难企及,但适应百姓的自然性分而求泰和,不以强制性的政教礼法戕贼百姓之自然,不正应该作为文明的价值追求么?反思北宋时的政治变革以及关于文化方向的探求,陈景元可谓把握了时代脉搏,并善于阐发道家之旨。

三、论《庄子》立言宗旨

陈景元既有《道德真经藏室纂微篇》,阐发《老子》的

---

[1]《道德真经藏室纂微篇》卷五,《道藏》第13册,第687页。

思想，又有《南华真经章句音义》，以及收录于南宋道士褚伯秀《南华真经义海纂微》中的《庄子注》，阐发《庄子》的思想。从这两部著作来看陈景元对《庄子》思想的阐发，我们首先会注意到他对《庄子》立言宗旨的独特理解。所谓独特，是一方面继承郭象、成玄英等旧注家的思想，另一方面又敷陈新义。郭象《庄子序》说：

> 夫庄子者，可谓知本矣，故未始藏其狂言，言虽无会而独应者也。……然庄生虽未体之，言则至矣。通天地之统，序万物之性，达死生之变，而明内圣外王之道，上知造物无物，下知有物之自造也。其言宏绰，其旨玄妙。至至之道，融微旨雅；泰然遣放，放而不敖。故曰不知义之所适，猖狂妄行而蹈其大方；含哺而熙乎澹泊，鼓腹而游乎混芒。至仁极乎无亲，孝慈终于兼忘，礼乐复乎已能，忠信发乎天光。用其光则其朴自成，是以神器独化于玄冥之境而源流深长也。

陆德明《经典释文序录》说：

> 时人皆尚游说，庄生独高尚其事，优游自得，依老氏之旨，著书十余万言，以逍遥自然无为齐物而已；大抵皆寓言，归之于理，不可案文责也。

成玄英《庄子疏序》说：

> 夫《庄子》者，所以申道德之深根，述重玄之妙旨，畅无为之恬淡，明独化之窅冥，钳揵九流，括囊百氏，谅区中之至教，实象外之微言也。[1]

此三家之说，代表了陈景元之前关于《庄子》立言宗旨的流行意见。郭象认为《庄子》的宗旨在于发明内圣外王之道，亦即政治哲学。用其道，可以实现神器独化于玄冥之境的政治理想，也就是实现最高的和谐。陆德明的看法比较宽泛，但也指出《庄子》的宗旨是归之于理，不可拘缚于寓言等言诠形式。成玄英认为《庄子》的宗旨在于阐述重玄之道，既是对百家学说最高的理论概括，又是象外微言，即高度抽象的形而上之道。陈景元对此三家之说，皆有所吸收，同时又自立一家之言，从总体上概括《庄子》的立言宗旨，即其《天下注》中所说：

> 南华著书，以中正为宗而曼衍无穷，以重德为体而真实不伪，以寄托为用而广施教导，与天地精神往来而不傲倪于万物，则侔于天而不暗于人。是以处人间世也，环玮奇特，连犿相从，参差不常，諔诡可观。其道充实，渊妙无穷，故能无心而一变化，广大而极根源，调适物理，上遂化元也。夫道可以言论，至极则浑沦之精微何其粗也；可以意虑，穷尽则造化之冲漠何其浅

[1]《庄子集释》，"序"，第3、4、6页。

也。故自古圣贤作述相继，而莫能已也。[1]

所谓"中正为宗"，既是陈景元对《庄子》立言宗旨的理解，也是他自己注解《庄子》的宗旨之所在。也唯其对《庄子》宗旨有这样的理解，所以他评价庄子"侔于天而不暗于人"，相对于《荀子·解蔽》所谓"庄子蔽于天而不知人"，可以说是推翻历史旧案的新评估。同样，也正因为他注解《庄子》的宗旨在于"中正"，所以能够通过诠释《庄子》，切入文化重建的时代思想之主题，既具有批判精神，又具有建设意识，非沉滞于谬悠之说、荒唐之言而不知归旨。

由此我们便触及一些值得讨论的问题。"中正"本是《易传》用来解释爻位的术语，以之作为《庄子》宗旨，似乎与《庄子》的文章风格难以吻合。《庄子·天下》评论庄子思想，谓之"以谬悠之说，荒唐之言，无端崖之辞，时恣纵而不傥，不以觭见之也。以天下为沉浊，不可与庄语，以卮言为曼衍，以重言为真，以寓言为广"。庄子之文思或文章风格，纵恣倜傥，不可方物，绝少正言谠论。这种风格所反映出的庄子思想旨趣，乃"芴漠无形，变化无常"，"弘大而辟，深闳而肆"，[2] 总之是不可执一义以为定，持一论以为实。陈景元又何以谓之"中正为宗"呢？确立这样一个宗

---

[1]《南华真经义海纂微》卷一〇六，第1390—1391页。
[2]《庄子集释》卷一〇下，第1098—1099页。

旨，明显表示陈景元已跳脱庄子的言诠形式，不向文章风格寻真旨，同时对庄子之思想也有新的理解。

既然是新理解，就有必要作出解释或论证，否则便是臆说。那么陈景元又如何解释或论证呢？如果仅从解释学的角度看，所谓"中正为宗"，似乎是由《庄子》书中自叙其旨趣的一段话引发的，即所谓"卮言日出，和以天倪，因以曼衍，所以穷年"。类似的说法，在《寓言》《天下》等篇多次出现。对于所谓"卮言"，成玄英之疏保留了两种解释："夫卮满则倾，卮空则仰，空满任物，倾仰随人。无心之言，即卮言也，是以不言，言则无系倾仰，乃合于自然之分也。又解：卮，支也。支离其言，言无的当，故谓之卮言耳。"[1] 持前一种解释的，有西晋郭象、南朝刘宋时的王叔之等，是一种颇有传统的说法，后说则出自晋司马彪。陈景元取前说，并加以发挥，即如《寓言注》所云：

> 卮满则倾，空则仰，中则正。日出则斜，过午则昃，及中则明。卮言取其正，日出取其中。君子言出，中正而明，和之以极分而已。……卮言日出，中正而明，和以极分之理，因以不滞之辞，所以尽其天年而无悔吝。[2]

在《南华真经章句音义·寓言》中，也有意思相同的

---

[1]《庄子集释》卷九上，第947页。
[2]《南华真义海纂微》卷九一，第1197页。

说法:"卮言日出者,义取其中正而明也",并命名此章为"中道"。[1]

显而易见,旧注所谓"卮言",可以理解为应变无方,至于陈景元所说的"中正而明",则是作了引申的新敷释。陈景元何以有此新敷释,与他何以确认《庄子》宗旨在于"中正",乃同一个问题。也正因为新敷释是在旧注解基础上的引申,所以我们不能从《庄》学源流上去寻找原因,而必须结合特定的历史环境,探寻其所以然。

按照这一思路,我们发现在北宋中叶有一种普遍现象,即与陈景元同时的许多读者,如王安石、苏轼等,都主张摆脱对《庄子》的感性化理解,探寻其谬悠之说、恣纵之言背后的真义,并在这个基础上形成儒道调和论,从而程度不等地深化了对庄子思想的理解,也程度不等地接受庄子的思想。例如王安石的《庄周》,主张采用"以意逆志"的方法理解《庄子》,认为"善其为书之心,非其为书之说,则可谓善读矣"。[2] 又如苏轼的《庄子祠堂记》,称庄子诋訾孔子之徒是"阳挤而阴助之",并率先将真正诋訾孔子之徒的《渔父》《盗跖》等四篇,断定为伪作。[3] 还有二程,一方面说:"物之不齐,物之情也。而庄周强要齐物,然而物终不齐也。"[4] 另一方面又说:"庄生形容

---

[1]《南华真经章句音义》卷一四,《道藏》第15册,第947页。
[2]《全宋文》卷一四〇四,第64册,第360页。
[3]《全宋文》卷一九六七,第90册,第383—384页。
[4]《二程集·遗书卷第二上》,第33页。

道体之语,尽有好处。"[1] 二说虽一正一反,但都是站在哲学思维的角度说的,同意《庄子》,是同意其中的哲理,反之亦然。《庄子·逍遥游》说:"野马也,尘埃也,生物之以息相吹也。"[2] 这段话,后来成为张载阐述其哲学的基本概念"太和"的出发点。陈景元之所谓"中正为宗",就是在这样的背景下提出来的。

以理性思维解读《庄子》的传统发轫于向秀、郭象,而向、郭《庄》学最终发展为推阐内圣外王的政治哲学,北宋中晚期的《庄》学发展也是如此。陈景元所谓"中正为宗",真义也正在于推阐其政治哲学。

毋庸置疑,陈景元将《庄子》宗旨概括为"中正为宗",意图在于阐发其思想理论以经世致用。而根据《庄子》自身所固有的理论特质,由之引申发展的经世致用之学,不可能只是政术韬略性的,而必然是站在本体论哲学的层面,对社会问题进行根本性的思考。这在郭象玄学中的表现,就是以独化论作为理论基础,发明内圣外王的政治哲学;而在成玄英的重玄学中,则表现为将"理本"与"事迹"对应起来,理本即本体论哲学,事迹即社会人生问题。同样,陈景元"中正为宗"的《庄》学,也有类似的结构或对应范畴,即天理与人事。

关于天理,陈景元的议论很多,内涵则大要在于两个方

---

[1]《二程集·遗书卷第三》,第64页。
[2]《庄子集释》卷一上,第4页。

面：其一是宽容，其二是变通。宽容是对待具象万殊之人事的原则；变通则贯穿于礼乐刑政，是礼乐刑政所以立之本，所以行之道。

天理所表征的宽容原则，首先是本体论层面的，与天地自然同义。陈景元在《盗跖注》中说："莫为利，反其自然而已；莫为名，顺其天理而已。"[1] 天理与自然对举，涵义是相同的。自然天理之本体之所以包含了宽容原则，是因为唯此本体不偏不党，备具万物之全体大用，即如《天地注》所说：

> 天地无心，所以均化。物物自治，所以齐一。众各异业，唯君无为。原于不德，成于自然也。天德者，自治而有妙用存焉。以自然之道观世之言教，清静无为者，其君必正；职分不越者，君臣义明；方能称任者，其官必治。周览万物，咸得应用者，庶可备具矣。[2]

同样的思想，也可以用《庄子》所谓"无际"、郭象所谓"独化"表述出来。陈景元注《知北游》说：

> 道体无际，化物亦无际。有际在物，不在道也。不际者无际，故能容一切之际，若其有际，不能容无际之

---

[1]《南华真经义海纂微》卷九五，第1266页。
[2]《南华真经义海纂微》卷三四，第481页。

物矣。……由是知道物未尝相逃，妙用无乎不在也。[1]

注《庚桑楚》说：

> 造化无本，太虚无窍。虽无本窍，而理则有实，而未识何处。妙本无夭，是谓有长而不见始末，观其卓然独化，是无穷而有实也。四方上下莫穷，有实亦莫穷；往古来今无际，有实亦无际。[2]

虚而有实的自然造化，无穷无际，能宽能容，这也就是天理。此所谓天理，只是自然本体所显现出来的一种原则。认识天理，并不意味着智珠在握，能够对具象万殊之物予取予夺，以一己之是非强齐万物之不齐。陈景元注《齐物论》说："吾所谓知者，万物之理；所不知者，万物之性。"[3]譬如蝉饮而不食，蚕食而不饮，蝉与蚕的本性即是可知之天理，但蝉与蚕何以特具此性，则不知其所以然，而归之于独化。

理可知而性不可知，这种观点初看起来像是二元论，与二程"性即理"的圆融境界相比较，思想上似乎还有未能贯通之处。但放在陈景元自己的思想体系中来看，性与理其实

---

[1]《南华真经义海纂微》卷六八，第914—915页。
[2]《南华真经义海纂微》卷七三，第978—979页。
[3]《南华真经义海纂微》卷四，第89页。

是统一的,其意谓本性万殊即是天理。天理虽然只有一个,但万物之性却不必均齐。也唯其不必均齐,才有此能宽能容之天理。显而易见,陈景元之所谓"性",渊源于庄子,归旨于自然;二程则渊源于孟子,由社会生活寻绎人的本性。人性论的渊源既不相同,本体论哲学也就反映出差异,陈景元注《逍遥游》说:

> 天地之间,元气氤氲,升降往复,故有"野马""尘埃"之喻。有生之物,莫不互以气息鼓吹而交相乘御,故彷徨东西,莫之夭阏也。若以形之小大而有所域,则阴阳隔绝,上下异见,莫之能适矣。[1]

具象万殊之物固然存在着各式各样的差异,但又彼此作用,既相互推荡,又相互依存。由此构成的世界图景,是差异与普遍联系并存的统一整体。

探寻自然本体之天理,使人事得一极大启示。天理自然,无是非取舍之心,但却陶钧万类,造化无穷,这就是天理的全体大用。反观人事则不然,人事总是因是非取舍之心而有鲁莽灭裂之行,人皆信己而行,容己而不能容物,于是阉割取舍,有偏有党,造成纷争冲突。而人世间的所谓是非,又不外乎以我为是,指彼为非,受私情偏见之局障,用小不能容大,好同而恶异。陈景元注《大宗师》说:"人之

---

[1]《南华真经义海纂微》卷一,第12页。

不能一好恶，同天人，齐彼我者，皆物情之所系也。"[1] 注《则阳》说："世之求是者，非求道理也，求侔于我者也；世之去非者，非（者）〔去〕邪曲也，去忤于心者也。侔我者未必真是，忤心者未必真非。"[2]

在人间世，执掌是非取舍之最高权柄的是君主。君主依其私情偏见而定是非取舍，便造成种种社会积弊，有政而无治。陈景元注《天地》说：

> 彼且恃君人之势而慢天理，自尊贵其形而运知速，作法束物，周览众务，以一应万，逐物不息，何足以合自然？然术有始末，政教严峻，未能忘迹，可以裁难定祸，而难为臣下，所谓"以知治国"者是也。[3]

始末也即本末。本即天理，是君主所当行之道；末即人事，是臣民所当行之道。如注《天道》说："本谓理，末谓事。理在简要，君道也；事在详备，臣职也。"[4] 注《天下》说："主无为而尊，本数也，天道也，分守也；臣有为而累，末度也，地道也，原省也。本末之分，在审之而已。"[5] 通过审视辨识，可知君臣职司不同，所受到的制约亦不同。

---

[1]《南华真经义海纂微》卷一五，第247页。
[2]《南华真经义海纂微》卷八五，第1118—1119页。
[3]《南华真经义海纂微》卷三五，第501页。
[4]《南华真经义海纂微》卷四一，第582页。
[5]《南华真经义海纂微》卷一〇三，第1353页。

君主行天道，当受天理制约，即无心无为而容众。臣民行人事，当受人事制约，即有为有事以成就众业。

天理与人事，既可以体现为君臣关系，也可以体现为道德与礼乐刑政的关系。陈景元注《大宗师》说："刑礼知德，治世之具，必有以体，翼时循之。刑不宽则失治体，礼不兴则化不行，知不明则事留滞。以德循礼，然后能行于道也。"[1] 将道德作为礼乐刑政的本体，作为其所以行之的合理性依据，这与其解注《老子》的思想是一致的。正因为道德与礼乐刑政具有这样的体用关系，所以礼乐教化以及刑政制度等，能够不断调整以适应时代变革。调整、变革中之所以具有历史联系性，是因为其中贯穿了与时变化的道。道即天理，是比先王的政治法典更高的法则。陈景元注《天下》说："夫道可以言论，至极则浑沦之精微何其粗也；可以意虑，穷尽则造化之冲漠何其浅也。故自古圣贤作述相继而莫能已也。"[2] 注《天道》说："年随时化，道逐日新。古人语此，未尝不慨然也。"[3] 道的外延是无限开放的，所以其涵蕴不可穷尽，它总在因应时代的发展而发展，所以古圣先哲所极言之道体，只能具有时代的合理性，并非历万世而不易的终极原则。因为道之涵蕴在发生变化，礼乐教化及刑政法度也必然要发生相应的变化。陈景元注《天运》说："盖治贵日新，履迹则弊。以周道可行于鲁，则太行可以荡舟。

---

[1]《南华真经义海纂微》卷一五，第 242 页。
[2]《南华真经义海纂微》卷一〇六，第 1390—1391 页。
[3]《南华真经义海纂微》卷四三，第 608 页。

不若舍陈迹而任自然，应天理而随物化。故三皇五帝之礼义法度，不矜于同而矜于治，治则为法矣。"[1]

就思想基调而言，陈景元显然不像《庄子》那样严词抨击刑名礼法，在他看来，"用法虽非善，犹愈于无法。无法则道理不立，乱莫甚焉"。[2] 刑名礼法等制度化建设，是道体或天理的应用，所以问题不在于要不要刑名礼法，而在于要一个什么样的刑名礼法，在于刑名礼法是符合天理自然抑或只是出于一家之私志，是出于社会的自发性、自组织，还是出于政治强制性、强权意志的编排。如注《缮性》说："上仁与德，同以含容为本；上义与道，同以通理为原。处中和而不淫者，乐也；整容貌而中节者，礼也。礼以应物，乐以正性，自检则真，率人则乱。"[3] 这是说，社会纷争动乱的根源，不在于有礼乐刑政等制度化的设置以及道德仁义等人文规范，而在于制度化设置以及文明规范不符合自然天理，非出于百姓的自律，而是由强权意志所制造、所推行的，所以必然诱发抵制、对抗，产生纷争和冲突。

通过剖析，社会问题的根源找到了，如何进行疗治呢？陈景元注《在宥》说：

> 物无弃物，不可谓贱而不任用；人无弃人，不可谓卑而不就使；事有显晦，不可谓隐匿而不为；法贵适

---
[1]《南华真经义海纂微》卷四五，第637页。
[2]《南华真经义海纂微》卷一〇五，第1376页。
[3]《南华真经义海纂微》卷四九，第680页。

时，不可谓粗迹而不陈；义有裁断，不可谓近远而不处；仁者博爱，不可谓亲疏而不广；礼能治乱，不可谓撙节而不积；德有高下，不可谓中顺而不高；道之虚无，不可谓守一而不易；天理自然，不可谓神妙而不为。[1]

显而易见，陈景元所探寻到的解决问题的出路，所建构的政治哲学，是在儒道之间双取两边的调和路线。调和儒道，或许就是"中正为宗"的归旨之所在。根据这条路线，陈景元认为最高明的政治也就是最简易的政治，君主之集权，只是中正而宽容之天理的一种象征，所以合理政治的运作，实质上是顺任社会的自组织、自然发展。君主则自守简易朴素，不以集权搅扰社会，唯其如此，才可以达到"太和"的理想，即如注《天道》所说：

简易者，万物之宗本。宗本不失则人事和，人事和则天理顺而阴阳宣畅矣。……圣人之心能养天下者，太和而已矣。[2]

---

[1]《南华真经义海纂微》卷三三，第470页。
[2]《南华真经义海纂微》卷四一，第572—573页。

第四章 张载"理一而分殊"的政治哲学

北宋中叶同时兴起的几大学派，都有自己的学术宗旨，并通过讲学著述、学术交流等活动，展现出不同的思想风格，产生不同的社会影响。若仅就当时的社会影响而论，由张载所创立的关学，是其中相对微弱的一支，它既不像荆公新学那样一度成为官学，通过政府决策和科举考试的途径，在成为官方意识形态之主流的同时，成为学术思想之争的焦点问题；也不像蜀学、洛学那样，在知识分子群体中产生广泛的影响，从者云集；而且，由于张载本人长期生活在偏僻的横渠小镇，两次入京皆未酬其志，他一生的主要活动，除著述讲学之外，是在乡村推行礼俗文化的改良，所以也不像生活在洛阳的邵雍那样，与下野的政界要人富弼、文彦博、司马光等，保持着密切的私人关系，从而大获隐者之清望;[1] 及张载卒后,其门徒多转学于二程,学派传承亦日渐寝微,学术传播局限于相知之几人,几乎未产生通常意义上所说的社会影响。但是,由于张载本人在学术思想方面取得了很高的成就,既为其他几个学派所不能涵盖或遮蔽,又对学术思想的继续发展具有启示意义,所以在北宋儒学复兴的时代思潮中,它虽然不很活跃,但却是一个很有理论活力的学派。其学术思想不但受到王夫之等古代思想家的充分肯定,为之阐扬,予以表彰,而且在现代的哲学史和思想史研究中,也始终有其一席之地。

与同时代的其他几个学派相比较,张载关学亦自有其特色,有其自成一格的理论思路,既不同于荆公新学派的"由是而之焉"、蜀学派的"推阐理势",也不同于司马光涑学派的历史经验主义,与二程洛学派的"体用一源"相通但不相同。这条思路,采用程颐对张载《西铭》的理论概括,即所谓"理一而分殊",其内涵,既可以结合天人关系来理解,也可以结合历史古今来理解。就天人关系而言,"理一而分殊"意味着天道与人道既统一,又存在差异或分别。天道即自然之理,人道即社会文明秩序。二者相统一,是说社会文明秩序的合理依据,必然也必须是自然之理,而非冥冥之中神的意志或现实中王者的意志;二者之间又存在差异或分

---

[1] 王夫之《张子正蒙注·序论》(第3页)说:"张子教学于关中,其门人未有殆庶者。而当时巨公耆儒如富、文、司马诸公,张子皆以素位隐居而未由相为羽翼,是以其道之行,曾不得与邵康节之数学相与颉颃,而世之信从者寡,故道之诚然者不著。"

别,是说社会文明秩序虽符合自然之理,但脱离了自然的混蒙状态,不同于自然万物的消息盈虚、生灭循环,而自成一种持续的、稳定的发展体系。就历史古今而言,"理一"是贯穿历史的文明之体,犹胡瑗所谓"明体达用"之体,是仁义礼乐等历世不可变者,而"分殊"则是古今固有差异的时代特征。张载的政治哲学,简要说来就是通过这条理论思路建构起来的。

正与同时代的其他学派一样,"理一而分殊"的理论思路之形成,既立足于时代现实问题,又借鉴了传统的思想资源,此即《正蒙·中正》所说的"绎旧业而知新益"。所谓旧业,其主体当然是儒家《六经》以及历代典章制度之沿革,但其中也包含道家《庄子》的本体论哲学。唯其如此,所以张载通过"绎旧业"亦即研究古典思想,能够取得"新益",由古典的旧差异达到新的协同,对思想理论有所发展。其基本内容,则以天道性命之学与礼乐名教之事业并重,既推阐天道性命以作为名教事业的理论依据,又锐意于名教事业以作为天道性命之实处。这种结合,大致说来就是"内圣"和"外王"的双关并进,表现为一种新型的儒道互补,不同于魏晋玄学。就道家而言,张载虽不曾有诠释性的著作,但却在实质上吸收了《庄子》的本体论哲学,以之与《易传》相发明,从而打开思想僵局,并形成具有普遍理性和宇宙整体意识之双重理论内涵的天道观。就儒学而言,张载的独特思想角度是不局限于儒学作为一种文化的应用价值,同时还致思于儒学所代表的社会文明体系的合理性依据问题，从而使北宋儒学复兴达到一个新的理论高度。张载的政治思想，正是在这个理论高度上展开的——虽然在策略措施的层面上不甚高明。因为是站在特定的角度将儒道结合起来，所以张载的学术思想表现出许多新意，而且，张载本人也有很强烈的求新意识，如其《芭蕉》诗说："芭蕉心尽展新枝，新卷新心暗已随。愿学新心养新德，旋随新叶起新知。"[1] 追求新德新知，既从感情上尊崇古典儒家，又不故步自封，敝帚自珍，是贯注在张载学术活动中的一种精神。没有这种精神，张载就不可能成为北宋新儒家的代表人物之一，也不可能取得思想理论上的突出成就。而这种求新意识，也是我们在重新认识张载时必须再次确认的印象，不能因为他是道学家，便想当然地将他与迂腐守旧联系在一起。

第一节 "名教可乐"问题

一种思想理论的展开，通常都以相应的问题作为前导。张载的问题是"名教可乐"。问题来源于他年轻时一次任侠而行的传奇经历，正是这次经历，成为他人生的重大机缘，促使他踏上理论探索的艰难历程。《宋史·张载传》载其事曰：

> （张载）少喜谈兵，至欲结客取洮西之地。年二十

---

[1]《张载集·文集佚存》，第369页。

一,以书谒范仲淹,一见知其远器,乃警之曰:"儒者自有名教可乐,何事于兵!"因劝读《中庸》。载读其书,犹以为未足,又访诸释、老,累年究极其说,知无所得,反而求之《六经》。[1]

所谓"结客",也就是纠集民间武装组织,诸如乡勇、义勇之类。洮西乃西夏领地,当时西夏主元昊称帝,西北防务成为朝野关注的焦点问题,而张载的家乡关中眉县又邻近西夏,对防务问题的感受尤其真切。[2] 张载之"少喜谈兵",更重要的原因或许正是对西夏防务问题的真切感受,以及被这种感受所激发起的道义责任,而不是对于军事问题的兴趣,如他在《自道》一文中说:"某平生于公勇,于私怯,于公道有义,真是无所惧。"[3] 在当时,对西夏的防务无疑是"于公道有义"之大者,为此公道大义而奋起少年之勇,符合张载刚毅的精神气质。这件事也见于吕大临《横渠先生行状》记述,说他少孤自立,无所不学,曾与人研习兵法,"当康定用兵时,年十八,慨然以功名自许,上书谒范文正公"。[4] 康定即康定军,原为鄜城(今陕西富县),范仲淹守延州时,以其兵民两分不利于军需调度,乃改为军事

---

[1]《宋史》卷四二七,第12723页。
[2]《张载集》存策论四篇,全是关于西北边略的,即《边议》《与蔡帅边事画一》《泾原路经略司论边事状》《经略司画一》。
[3]《张载集·经学理窟》,第292页。
[4]《全宋文》卷二三八七,第110册,第182页。

编制。由此看来，张载欲结客取洮西之地虽属任侠行为，出于道义责任感，但并非孤往独行，诡名侠户，逞匹夫之勇，而是佐助王师，意图配合政府军行动，同时也以此建立自己的功名事业，所以在采取行动之前，要请见范仲淹，其中显然有请缨并献计献策的意思。至于范仲淹不允其请，或许是由于这时的张载已表现出儒者之风，才器不宜于充任兵将。而从张载的为人来看，他虽然研习过兵法，但并非通权达变，也不擅长策略谋划之术。范仲淹不鼓励他的任侠行为，却勉励他去探讨"名教可乐"问题，在名教中建立功名事业，寻找安身立命之道，并劝勉读《中庸》，提示一个方向，亦可谓因材施教。

范仲淹的勉励，显然对张载发挥了至关重要的作用，不但促使他改变人生志向，弃武修文，而且毕生都围绕"名教可乐"问题展开探讨——最初，他按照范仲淹的指点研读《中庸》，未有所得；继而研读佛教和道家道教的著作，又未有所得；最后返而求之于《六经》，实际上也没有找到现成的答案；直至他提出一套新学说，其中的许多内容皆"《六经》之所未载，圣人之所不言"，[1] 才算对问题做出了一个差强人意的解释。

那么，范仲淹所说的"儒者自有名教可乐"，究竟包含了什么样的微言大义，以至张载要穷其毕生精力孜孜以求，在经历过一波三折的思想历程之后，通过理论创新始有

---

[1]《张载集·正蒙·范育序》，第4页。

所得？

　　正如我们在生活中时常会发现的那样，一种陈述所包含的意义，不仅仅取决于陈述者，同时还取决于理解者，理解者的思维角度、思想层面、知识背景以及所处环境等等，都会在其中发挥很重要的作用。从这个角度来分析，张载对"名教可乐"的理解未必始终如一，而可能随着学术思想的进境有所改变。当张载谒见范仲淹时，还只是个怀有报国壮志的少年。《宋史》所说的范仲淹"知其远器"，我们可以理解为有远大的志向或阔大的气象，不猥琐，不卑弱，但毕竟还不够成熟，还需要进德修业才能够陶铸其远大之器。事实上，张载也确实是因这次谒见的机缘而改变生活道路，最终没有成为军事将领，一酬少年壮志，却在三十八岁时考中进士。由范仲淹之言对张载实际生活道路的影响来看，他大概经历了一个将"名教可乐"理解为文化事业的阶段，其中也不能排除通过科举以建立自身功名的因素，因为在北宋时，科举是儒生建立功名事业的常规途径。不过，张载毕竟志气不群，他不像某些儒者那样蝇营狗苟，读书只为稻粱谋，将圣贤书当作入仕的敲门砖，而是读圣贤之书以求圣贤之道，依然保持着年轻时阔大而不猥琐的气象。[1] 这种精神气质，对于他在读书和交游中不断取得学术思想之进境，是一种必要的条件。也正因为不断取得学术思想之进境，

---

[1] 据吕大临《横渠先生行状》记载，张载在及第之前，曾接受文彦博等人的聘请为郡学教师，教学中则提倡："孰能少置意科举，相从于尧舜之域否？"（《全宋文》卷二三八七，第110册，第183页）

"名教可乐"最终被理解为一个哲学问题。

张载的交游不广,但与洛学二程的学术思想之交却很有质量,他们在交流中相互启沃,对双方明确其问题意识都是一种推动。嘉祐二年(1057),张载应进士举,因与二程在京城初次见面,就学术问题展开探讨。据吕大临《横渠先生行状》说,这次见面的主要话题是"共语道学之要"。[1]而据《河南程氏外书·传闻杂记》,则就《易》学问题展开讨论:"横渠昔在京师,坐虎皮,说《周易》,听从甚众。一夕,二程先生至,论《易》。次日,横渠撤去虎皮,曰:'吾平日为诸公说者,皆乱道。有二程近到,深明《易》道,吾所弗及,汝辈可师之。'横渠乃归陕西。"[2] 按这段传闻的说法,张载放弃了自己的《易》学见解而服膺于二程。但传闻以戏剧化的情节寓其褒贬之意,就不能不让人生疑,而且,说张载因与二程论《易》遽归陕西,既与事实不符,也不近情理。事实是张载于此年进士及第,因赴外任而离京。[3] 若据情理以论,则即使张载的《易》学造诣不及二程,又何至于为此不能相容?这不符合张载为人的阔大气象,若无这般气象,又岂能当众推崇二程?但这次见面曾谈及《易》学问题,则是可信的。张载与二程皆通《易》学,

---

[1]《全宋文》卷二三八七,第110册,第183页。
[2]《二程集·外书卷第十二》,第436—437页。
[3] 吕大临《横渠先生行状》:"先生嘉祐二年登进士第,始仕祁州司法参军,迁丹州云岩县令,又迁著作佐郎,签书渭州军事判官公事。"(《全宋文》卷二三八七,第110册,第182页)是知张载离京乃赴外任,非与二程论《易》之故。

张载有《横渠易说》，程颐有《程氏易传》，他们都以《周易》作为基本的思想资料，但理论观点不尽相同，反映出关学与洛学作为两个学派的各自特色。由其理论观点之不同，亦可知张载不可能完全放弃自己的见解而服膺二程。

张载与程颢第二次京师相见，在熙宁二年（1069）。这次相见论学也没有完整的资料记录，当时程颐在汉州，以书信的形式参与讨论，信中提到张载与程颢"议而未合"，可见观点有分歧，不像传闻所说的第一次相见论学那样张载服膺于二程。程颐信中又批评张载说："以大概气象言之，则有苦心极力之象，而无宽裕温厚之气。非明睿所照，而考索至此，故意屡偏而言多窒，小出入时有之。明所照者，如目所睹，纤微尽识之矣。考索至者，如揣料于物，约见仿佛尔，能无差乎？更愿完养思虑，涵泳义理，他日自当条畅。"[1] 这番批评，不仅反映出张载与二程在精神气质方面的差异，而且也反映出张载与二程思想风格之不同。信中还提到张载诘问"谢生佛祖礼乐之说"，程颐只表示谢生乃"相知之浅者"，具体内容则语焉不详。谢生或即谢良佐，程门四高足之一，其议论讲学，以引禅说儒为特色，尝自称若不得程颐一句救拔，便入禅家去。据此，张载与程门师生议论，必涉及与"名教可乐"相关联的敏感问题，所谓"佛祖礼乐"，大抵是"名教可乐"的佛教版本。此后，张载又于熙宁九年、十年两次与二程相见论学，此时双方已基本形成

---

[1]《二程集·文集卷第九》，第596页。

各自的学派,所以就政治、学术等展开较系统的讨论,具载于《河南程氏遗书·洛阳议论》。

张载与二程的交流,除学术风格以及具体理论观点的商榷之外,还有一个方面的重要内容,即彼此大致相类似的问题意识。程颢、程颐兄弟年少时就学于周敦颐,最终所得也是一个与"名教可乐"相类似或具有可比较性的问题。《河南程氏遗书》载二程说:"昔受学于周茂叔,每令寻颜子、仲尼乐处,所乐何事。"[1] 胡瑗执教太学时,也曾以"颜子所好何学"为题,对太学诸生进行思想启蒙式的教育。当时程颐游太学,应题作文,大受嗟赏,并以十八岁的年龄获太学教职。"名教可乐"与"颜子、仲尼乐处,所乐何事",就大旨而言是相通的,至少是可以触类旁通的。前引吕大临所谓"共语道学之要",或许就包括关于问题意识的探讨,因为濂洛学派相传的"道学之要"正在于寻找孔颜乐处,而关学学派的"道学之要"则在于探讨"名教可乐"问题。围绕相类似的问题展开讨论,并由此形成更加明确的问题意识,在情理上是有可能的,而这种问题意识,正是道学的萌芽。准此而言,张载与二程的交流作为特定的学术环境,对于他最终将"名教可乐"理解为哲学问题,或许是有所推动的。

推动的力量源泉,不仅在于问题的相似性,同时还在于其中所包含的差异。如果我们将"名教可乐"与孔颜"所乐何事"同样理解为哲学问题,玩味其内涵,就会发现存在某

---

[1]《二程集·遗书卷第二上》,第16页。

种微妙的差别,思想角度有所不同。范仲淹、张载之所谓"名教可乐",重点当在一个"可"字,作为问题,所要回答的是可不可或何以见得是"可"。于是张载要进行理论论证,做出所以然层面的解释,并由此形成他的本体论哲学。而周敦颐、二程之所谓"颜子、仲尼乐处,所乐何事",重点当在一个"乐"字,问题本身就隐含了名教必然可乐这样一个逻辑前提,所以需要回答的问题不是可乐与否,而是如何乐或为何而乐,于是二程更倾向于主体的直接体验及感受,将哲学问题融化到生命境界的体验之中。换个角度也可以说,张载"名教可乐"所要解决的,是二程哲学的思想前提问题,问题发生在本体论层面。而二程的孔颜"所乐何事"所要解决的,是张载哲学的生活体现问题,问题发生在修养实践亦即工夫的层面。正因为张载的"名教可乐"所要解决的是思想前提问题,问题本身的内在逻辑就要求他从理论上证明名教必然可乐,而儒家的传统经典又不能就此提供现成的答案,佛道二家甚至从两个方面做出反证,所以张载思想的形成,就表现得异常艰难,有苦心极力之象,引起二程的批评。而站在张载的立场上看,二程之学则存在失之太快的问题。在《义理》中,张载写过这样一段文字,看上去像是对二程的反批评:"义理之学,亦须深沉方有造,非浅易轻浮之可得也。盖惟深则能通天下之志,只欲说得便似圣人,若此则是释氏之所谓祖师之类也。"[1] 禅宗祖师是言下

---

[1]《张载集·经学理窟》,第273页。

顿悟的典范，但这种顿悟，在张载看来却不免浅易轻浮，因为他只能畅自我之意，似乎能在一言之间达到圣人境界，却不能通天下之志，也就是不能站在本体论的高度确立一个具有普遍意义的理性原则。这种批评与反批评，从思想逻辑上看是由问题本身的差异引起的。

张载与二程的学术商榷是一种交流，同样，读古人之书也是一种交流。两种交流都有助于张载取得学术思想之进境，将"名教可乐"理解为哲学问题，把握问题的理论内涵。事实上，张载也确实经历了一个仰而思、俯而读的独立探索过程，他不但研读儒家《六经》，而且曾长期浸淫于佛道二家著作，其思想理论，从某种意义上说是在对古典思想的研究中展开的。但是，儒释道三家包含了千流百派、各式各样的思想理论，究竟哪一种理论对张载将"名教可乐"理解为哲学问题具有启示意义呢？这个问题，须结合"名教可乐"的哲学含义来分析。"名教可乐"作为一个哲学问题，其所包含的意义是追问儒者在仁义礼乐之名教中安身立命，能否感受到身心愉悦，感受到人生的快乐。换言之，仁义礼乐之名教是否符合人性人情？放在中国哲学史上来看，这是一个涉及文明体系之合理性基础的老问题。最初提出这个问题的，既不是儒家，也不是佛教，而是极具怀疑精神的《庄子》。如《庄子·骈拇》说：

> 意仁义其非人情乎！彼仁人何其多忧也？……今世之仁人，蒿目而忧世之患；不仁之人，决性命之情而饕

贵富。故意仁义其非人情乎！自三代以下者，天下何其嚣嚣也?[1]

儒家尚仁义，内本诸仁义而外用为礼乐，便是名教，名教可以广义地理解为社会文明体系。而据庄子对社会现象的观察，仁者悲天悯人，忧患于名教之不立，产生内在的精神痛苦；不仁的人却利用名教体系攫取富贵，致使天下纷争淆乱，造成各种社会苦难。从仁者的主体感受到客观存在的社会现象，都违背了追求愉悦逸乐的人性，所以庄子对名教是否符合人性的问题产生深刻怀疑。又如《庄子·天道》，曾就仁义是否出于人性的问题，演绎出这样一段儒道对话：

> 老聃曰："请问，仁义，人之性邪？"孔子曰："然。君子不仁则不成，不义则不生。仁义，真人之性也，又将奚为矣？"老聃曰："请问，何谓仁义？"孔子曰："中心物恺，兼爱无私，此仁义之情也。"老聃曰："意，几乎后言！夫兼爱，不亦迂乎！无私焉，乃私也。夫子若欲使天下无失其牧乎？则天地固有常矣，日月固有明矣，星辰固有列矣，禽兽固有群矣，树木固有立矣。夫子亦放德而行，循道而趋，已至矣；又何偈偈乎揭仁义，若击鼓而求亡子焉？意，夫子乱人之性也！"[2]

---

[1]《庄子集释》卷四上，第317—319页。
[2]《庄子集释》卷五中，第478—479页。

《庄子》将仁义的内涵概括为"中心物恺,兼爱无私",也许不符合儒家的本意,但却敏锐地捕捉到仁义之说的背后用意,即"欲使天下无失其牧",也就是维护社会的秩序。按照《庄子》的看法,这种用意是不必要的,因为天地万物固有其自然秩序,不待人力维持而有常度。所谓"放德而行,循道而趋",意即顺任自然之性。由顺任自然之性而契合自然秩序,在《庄子》思想中是逻辑一贯的。按照这种思想逻辑来理解仁义与人性的关系问题,则仁义的背后用意既在于建立人为的秩序,并非从人性出发,其不合乎人性,也就不证自明,所以《庄子》批评仁义之说是"乱人之性"。

　　在中国哲学史上,庄子的怀疑和批评正可谓孤声先发,从人性要求的角度提出了名教亦即文明体系的合理性依据和尺度的问题,同时也揭示出人的自然性与社会性的冲突。自此以后,每当名教体系不能维护社会的正常秩序,或者当社会的变革要求对旧式的名教体系进行根本性的调整时,类似的怀疑便会再次成为思想界的焦点问题。例如魏晋之际,嵇康便提出"越名教而任自然"的口号,主张逃离名教之网,向放任自然的人性状态寻求生命的安顿、精神的通达。但是,从放任自然的人性状态中,也并不能真正获得身心愉悦,嵇康本人的一生便充满痛苦。他之后的放逸派名士,将"越名教而任自然"的思想口号变成实际行动,结果颓废放荡,完全丧失了理性批判的精神,他们所感受到以及由其行为所表现出来的,实际上是一种价值失落以至绝望的人生痛苦。正是针对这种现象,乐广提出名教之乐,说:"名教中自有乐地，何为乃尔也！"[1] 而针对这种现象背后的哲学问题，则有向秀、郭象的《庄子注》，提出性分自足的逍遥义，作为重建名教体系的逻辑起点，并由之发展出一套内圣外王的政治哲学，使中国哲学在经历了一段批判意识的洗礼之后，又回复到建设精神上来。然而，此后在思想界日渐占据重要地位的佛道二教，显然脱离了名教可乐的思想发展轨道：佛教将现实世界看作苦难轮回的一个阶段，道教将现实世界看作获得自由幸福的羁绊，都主张在名教之外去寻找生命的最终归宿和精神寄托。在中国思想史上，这是一次很大的转折。转折的实质，不仅在于佛道二家离异于名教，开辟了另一方乐土；同时也在于佛道二家以信仰的形式消解了"名教可乐"问题中所包含的冲突，没有这种冲突，生活会变得苟且，精神会变得麻木。受其影响，自东晋以迄隋唐时的士阶层，确曾出现在现实的名教中讨生活，又转而向佛道二教寻求精神寄托的普遍状况。如何改变这种状况，使名教成为现实生活和最终精神寄托的一以贯之之道，便成为北宋儒学复兴进程中必然要面对的问题。在北宋，最先提出这个问题的是范仲淹，终生直面这个问题的是张载，而张载的思想，也因此在一个全新的理论层面展开，不同于先秦时代的古典儒家。即如王夫之《张子正蒙注·序论》所说：

抑古之为士者，秀而未离乎其朴，下之无记诵词章

---

[1]《世说新语笺疏》卷上之上《德行第一》，第30页。

以取爵禄之科，次之无权谋功利苟且以就功名之术；其尤正者，无狂思陋测，荡天理、蔑彝伦而自矜独悟，如老聃、浮屠之邪说，以诱聪明果毅之士而生其逸获神圣之心，则但习于人伦物理之当然，而性命之正自不言而喻。至于东周而邪慝作矣，故夫子赞《易》而阐形而上之道，以显诸仁而藏诸用，而孟子推生物一本之理，以极恻隐、羞恶、辞让、是非之所由生。《大学》之道，明德以修己，新民以治人，人道备矣，而必申之曰"止于至善"。不知止至善，则不定、不静、不安，而虑非所虑，未有能得者也。故夫子曰："吾十有五而志于学。"所志者，知命、耳顺、不逾之矩也，知其然者，志不及之，则虽圣人未有得之于志外者也。故孟子曰："大匠不为拙工改废绳墨，羿不为拙射变其彀率。"宜若登天而不可使逸获于企及也。特在孟子之世，杨、墨虽盈天下，而儒者犹不屑曲吾道以证其邪，故可引而不发以需其自得。而自汉、魏以降，儒者无所不淫，苟不抉其跃如之藏，则志之摇摇者，差之黍米而已背之霄壤矣，此《正蒙》之所由不得不异也。[1]

所谓"汉、魏以降儒者无所不淫"，是指儒家文化精神的失落。这种失落可相对于古代儒家来看。在古代，儒家的文化精神也并非表现为陈义甚高，而是"但习于人伦物理之

[1]《张子正蒙注·序论》，第1—2页。

当然",质朴中保持着内在精神与外在行为的统一,既不标榜仁义之操,也不流于淫僻之行。而自汉、魏以后,随着儒学的意识形态化,它便一方面与人生功利挂上钩,诸如记诵词章以取爵禄、使用权谋以博功名等等,另一方面又作为官方意识形态而受到各种异端思想的强烈攻击,诸如玄学思潮中"越名教而任自然"的道家倾向、佛教逃尘出世的基本教义等等。儒家思想面临着被瓦解的局面,许多儒者都只是冠儒冠,服儒服,但却内不持儒家之精神理念,外不守儒家之行为准则,在自觉或不自觉之中,产生形形色色的精神动摇,儒家面临着整体性的信仰危机。出现这种现象,从理论上说是儒家随着历史变化所面临的新问题,问题的实质是能否将外在的功利与内在的精神统一起来。换个角度也可以说,问题的实质是名教体系既为儒者的功名爵禄等提供保障,而儒者在名教中安身立命,却不能产生与之相应的精神理念或信仰,"名教"是否"可乐"成了一个模糊甚或受到普遍怀疑的问题。而解决这个问题的实质,是从儒学内部进行文化更新,一方面按照人性的要求重塑名教内涵,使之"可乐",另一方面又依据名教的内涵凝聚人心,陶炼人性。这两个方面,是"名教可乐"问题的题中应有之义。

从整体上看,张载围绕这个问题的探索,大抵可以分为两个层面。第一是为了从理论上证明"名教可乐",必须拓宽精神视野,打开长期以来儒家不能取得理论发展、张载本身也曾陷于其中的思想僵局。这促使张载以《周易》与《庄子》相发明，从而形成一种思想风格，以弘博的宇宙意识和本体论哲学，探讨名教的合理性问题。第二是在实践的层面上确定"名教"的真实内涵，提出一套以礼为核心的社会政治思想，既吸收庄子的思想理论，又复归于儒家思想立场之本位。这两个层面，用张载的语言来表述就是《易》之道与《易》之事业，二者在理论上说是相通贯的，无分轩轾。张载思想的重心，甚至可以说在推行《易》之事业，亦即建构礼乐制度方面。但由于北宋时的礼乐制度实际上已面临着变革和调整的问题，张载本人也主张复兴三代之治，并不认为现行的制度就是合理的制度，所以他要树立天理准则，对礼乐制度的合理性问题重新进行理论的考察。这在运思理路上，就表现为推天道以明人事，接近于道家，如《横渠易说·说卦》云："天道即性也，故思知人者不可不知天，能知天斯能知人矣。知天知人，与穷理尽性以至于命同意。"[1] 又如《正蒙·神化》说："不闻性与天道而能制礼作乐者末矣。"[2] 先知天而后知人，先穷理而后尽性，先明性与天道而后制礼作乐，是张载所强调的治学次序。这种治学次序，符合道家的运思理路。而将礼乐制度的合理性问题提升到性与天道的理论高度来衡量、考索，既是张载所确认的"名教可乐"的题中应有之义，也是解决这个问题之所以艰难的原因所在。

---

[1]《张载集·横渠易说》，第234页。
[2]《张载集·正蒙》，第18页。

第二节　以《易》《庄》相发明的本体论哲学

张载的学术思想既然围绕"名教可乐"问题展开,"名教可乐"也就可以说是其学术思想之宗旨。从某种意义上说,树立问题意识与确立思想宗旨,是同一个思想成长过程。就思想的发生而言,提出问题是诱因,能诱发思考,所以十分重要,但是,就思想发展的全过程而言,提出问题并明确问题的理论内涵,又只是迈出了第一步。按照思想发展的内在要求,还必须对问题做出理论阐释,亦即为"名教可乐"做出理论证明,否则就会在《庄子》的怀疑论立场上徘徊,绎旧业而不能知新益。也正是为了做出这样的理论证明,张载的思想发展迈入了一个更加艰难的境地,他曾因此长期陷于思想僵局,若有所见,却不得要领,找不到理论的突破口。在《自道》一文中,张载这样描述其治学经历:

> 某学来三十年,自来作文字说义理无限,其有是者皆只是亿则屡中。譬之穿窬之盗,将窃取室中之物而未知物之所藏处,或探知于外人,或隔墙听人之言,终不能自到,说得皆未是实。观古人之书,如探知于外人,闻朋友之论,如闻隔墙之言,皆未得其门而入,不见宗庙之美,室家之好。比岁方似入至其中,知其中是美是善,不肯复出,天下之议论莫能易此。譬如既凿一穴已

> 有见，又若既至其中却无烛，未能尽室中之有，须索移动方有所见。言移动者，谓逐事要思，譬之昏者观一物必贮目于一，不如明者举目皆见。此某不敢自欺，亦不敢自谦，所言皆实事。[1]

联系到前文程颐对张载的批评，这番反思可以说是一种回应，所谓"须索移动方有所见"，也就是坦然承认自己是"考索至者"，与二程"明睿所照"的举目皆见有所不同。其所以不同，主要原因并不在个人资质方面，而是由理论问题的内涵或性质决定的。经过长期的考索，张载看到了理论突破的一线希望，并因此自评此前的著述议论都只是多言或中，未能把握问题的关键。

张载最终如何突破这种思想僵局，分析起来有些困难。由于张载几种著作的写作时间都不能确定，所以很难翔实地弄清其学术思想的发展过程。可以大致断定者，《横渠易说》早于《正蒙》，但《横渠易说》的许多重要段落，都被编入《正蒙》，所以从中也不易看出张载自觉今是而昨非的具体内容。另据《正蒙·苏昞序》引张载说："吾之作是书也，譬之枯株，根本枝叶，莫不悉备，充荣之者，其在人功而已。又如晬盘示儿，百物具在，顾取者如何尔。"[2]《正蒙》作为张载的主要学术成果，能反映出其思想理论的基本面貌，

---

[1]《张载集·经学理窟》，第288页。
[2]《张载集·正蒙·苏昞序》，第3页。

但由于《正蒙》在形式上属于读书札记和断想的性质，譬之枯株，有大致的义理框架，又如晬盘，有丰富的义理内容，却不成系统。张载的学生编辑《正蒙》时虽分为十七篇，但也只是内容相对集中的十七类，不是有意识的逻辑安排，所以严格说来不成体系。这使我们只能通过分析来追踪张载思想的发展逻辑，勾勒其突破思想僵局的运思理路，没有现成的逻辑或体系作为依据。

就思想逻辑来分析，张载之所以长期陷于思想僵局，既与"名教可乐"问题的特质有关，与儒家的传统经典不能就此问题提供现成的答案有关，同时也与他长期奉行的考索式的思想方法有关。根据张载的《自道》，考索主要是一种追求真知实感或实学的治学方法和思想方法，不尚玄悟、空言。也正是按照这种方法，张载完成了自身的知识积累，其中既包括研读儒释道三家典籍、研究古代礼乐制度的沿革，也包括探讨地动说等天文学问题，他甚至在天文学方面取得了很好的成绩。显然，将考索的方法应用于知识积累或科学探索，结果是有效的，因为它本属于经验科学层面，可以在知识积累的基础上，通过归纳以形成综合判断，但对于解决"名教可乐"这种哲学问题，却不免方枘圆凿，两不相宜。因为依据个人的生活经验，充其量也只能提供一份"名教可乐"的个案，诸如写出一篇真实不妄的文学作品之类。但个人经验不具有普遍性，也就不能从理论上证明"名教"对于所有人来说都是"可乐"的；同样，按照归纳的方法也只能列举出一些"名教可乐"的事例，但只要有庄子那样的例外，便会彻底推翻有关"名教可乐"的综合判断——何况庄子式的例外事实上有很多很多。由此看来，张载若不能实现思想方法上的突破，就不可能突破思想僵局。

那么，张载又如何实现思想方法上的突破呢？按照现代的说法，此所谓突破实际上是个认识论问题，即超越感性经验，向理性思维升华。这种认识论升华，几乎会出现在每一个思想家身上，张载也不例外。张载曾就当时学者普遍关注的"穷理尽性以至于命"问题发表议论。其所谓穷理，主要指感性知识的积累，尽性则属于理性思维，由穷理而尽性，也就是从感性知识到理性思维。这种次序，在张载的著述中是很清楚的。如《横渠易说·说卦》有云：

> 穷理亦当有渐，见物多，穷理多，从此就约，尽人之性，尽物之性。天下之理无穷，立天理乃各有区处，穷理尽性，言性已是近人言也。[1]

另据《河南程氏遗书·洛阳议论》记载：

> 二程解"穷理尽性以至于命"："只穷理便是至于命。"子厚谓："亦是失于太快，此义尽有次序。须是穷理，便能尽得己之性，则推类又尽人之性；既尽得人之性，须是并万物之性一齐尽得，如此然后至于天道也。

---

[1]《张载集·横渠易说》，第235页。

其间煞有事，岂有当下理会了？学者须是穷理为先，如此则方有学。今言知命与至于命，尽有近远，岂可以知便谓之至也？"[1]

张载在穷理与尽性之间分出次序，是否意味着他将穷理与尽性裂为两橛？按照二程的观点来看，不免有此嫌疑。二程的最终理论成果，可以用程颐所提出的"体用一源，显微无间"的命题来概括；张载的穷理相当于显，尽性则相当于微，在穷理与尽性之间分出次序，也就不是无间，而是有间了，未尽圆融无碍的运思之妙。但按照张载自己的观点来看，却又不尽然，因为他在穷理与尽性之间分出次序，并非看不到二者之间的内在联系，而是要凸现出从经验事实到精微义理的认知过程。对于张载来说，穷理的认知过程是儒学区别于佛教的关键，如《正蒙·中正》说："儒者穷理，故率性可以谓之道。浮图不知穷理而自谓之性，故其说不可推而行。"[2] 这里的浮图主要指禅宗。禅宗也讲明心见性，但由于禅宗不将穷理作为思想前提，既不探讨自然变化之理，也不研究人文沿革之道，其所明之心、所见之性，也就孤零零地从自身拈出，不具有事实上的普遍性和有效性，所以"其说不可推而行"，对于社会的人文建构没有价值。张载之所以严厉批判佛教，其思想的逻辑起点正在此处，非如学者

---

[1]《二程集·遗书卷第十》，第115页。
[2]《张载集·正蒙》，第31页。

们常说的那样是出于意识形态之争（详后）。反过来说，穷理以积累知识的过程固然重要，但它本身并不能成为思维的目的，穷理的目的在于尽性，亦即揭示万物和人类的本质，由分殊达到理一。所谓"天下之理无穷，立天理乃各有区处"，讲的就是分殊与理一的关系：研究无穷之理是把握分殊的状况，立天理是通过理性思维所完成的关于理一的高度抽象。《正蒙·中正》说："不尊德性，则学问从而不道；不致广大，则精微无所立其诚；不极高明，则择乎中庸失时措之宜矣。"[1] 尊德性与极高明属于同一个理性思维层面，也就是由尽性所实现的理性升华。没有这样的升华，则穷理只是积累了一些支离破碎的知识，达不到体道的理论高度，以之推行礼乐名教，便不能把握适时之宜、中庸之义；反之，不广泛研究万殊之理，则所立天理或理一之精微也就流于空疏不实。据此看来，张载虽划分出穷理与尽性的次序，但同时也充分注意到二者的内在联系，而且以穷理与尽性并重，既强调感性知识的积累，以之作为思想的基础或前提，又力求理性思维的升华，以之为入道门径。也正是这种理性思维的升华，使张载突破考索式的思想方法。

由尽性或尊德性所实现的理性思维升华，在张载的著作中被称为"天德良知"或"德性之知"，与"闻见之知"相对。如《正蒙·诚明》说："诚明所知乃天德良知，非闻见

---

[1]《张载集·正蒙》，第28页。

小知而已。"[1] 天德良知是一个更加广袤无垠的思维空间，与之相比，闻见之知不管有多么渊博，都会显得狭隘，如《近思录拾遗》说："多闻不足以尽天下之故，苟以多闻而待天下之变，则道足以酬其所尝知，若劫之不测，则遂穷矣。"[2] 按照穷理与尽性的内在联系来说，天德良知应当以闻见之知为其逻辑基础，但在张载的著作中，我们却看不到从闻见之知过渡到天德良知的逻辑进程。站在哲学的角度来理解，所谓闻见之知、天德良知，颇类似于康德的纯粹理性与先天综合判断的关系。先天综合判断或天德良知如何具有发生的可能性？这是关于认识能力的理性批判或严格意义上的认识论问题，康德围绕这个问题展开探索，启导了近现代西方哲学。而中国古代哲学没有这样的认识论传统，张载触及其中的一些问题，但也不曾开创传统，不曾就此展开深入系统的慎思明辨。对于他来说，天德良知更像是经过穷理并达到尽性的阶段之后所出现的一种实际思维状况，所需阐明的，不是天德良知如何发生的问题，而是在思维实践中有何表现、如何应用的问题。张载著作中反复强调的"大其心"的观念，就是对其表现和应用的描摹或叙述。如《正蒙·大心》说：

> 大其心则能体天下之物，物有未体，则心为有外。

---

[1]《张载集·正蒙》，第20页。
[2]《张载集·拾遗》，第376页。

世人之心，止于闻见之狭。圣人成性，不以见闻梏其心，其视天下无一物非我，孟子谓尽心则知性知天，以此。天大无外，故有外之心不足以合天心。见闻之知，乃物交而知，非德性所知；德性所知，不萌于见闻。[1]

所谓德性所知"不萌于见闻"，如果按照逻辑的规则来理解，就意味着从闻见之知到天德良知不成次序，不存在内在的联系，这与前述张载思想显然是自相矛盾的。但鉴于张载思想由仰思俯读的感想或断想连缀而成，随其所读之书、所思之事发为议论，不同的议论片段之间因一以贯之的问题而具有内在的思想逻辑，但没有很严格的逻辑演绎形式，所以此处之指意，大要可以按照意会的方式理解为划分开"天德良知"与"闻见之知"的层次，彰显出二者的差别，使"天德良知"从闻见的狭隘中解放出来，进入广袤的思维空间。事实上也正是经过这样的划分和彰显，使张载上升到建构本体论哲学的思想层面，让"天德良知"舒展开来，致思于《易》之道、天之道等问题，并站在这个理论高度上论证"名教可乐"。然而，这一思想层次的划分和彰显，并不像张载所称述的那样来源于孟子，而实来源于《庄子》，其本体论哲学，也因此与《庄子》更契合。

最先揭明张载之说不合孟子本意的，是对张载学说作过深入研究的朱熹。《朱子语类·张子之书》中有朱熹师徒关

---

[1]《张载集·正蒙》，第24页。

于上引《正蒙》的议论：

> 道夫问："今未到圣人尽心处，则亦莫当推去否？"曰："未到那里，也须知说闻见之外，犹有我不闻不见底道理在。若不知闻见之外犹有道理，则亦如何推得？要之，此亦是横渠之意然，孟子之意则未必然。"道夫曰："孟子本意，当以《大学或问》所引为正。"曰："然。孟子之意，只是说穷理之至，则心自然极其全体而无余，非是要大其心而后知性知天也。"道夫曰："只如横渠所说，亦自难下手。"曰："便是横渠有时自要恁地说，似乎只是悬空想像而心自然大。这般处，元只是格物多后，自然豁然有个贯通处，这便是'下学而上达'也。孟子之意，只是如此。"[1]

《孟子·尽心上》说："尽其心者，知其性也。知其性，则知天矣。"[2] 按照朱熹的解释，这段话的本意只是说下学而上达，格物而致知，也就是通过知识的积累从而达到豁然贯通的境界，由尽心、知性而把握道或理之大全。在《孟子章句》中，朱熹也引证《大学》所谓"致知在格物"，阐明从格物到致知、尽心、知至的次序，以论证其解释。按照朱熹的解释，自《大学》、孟子以来的儒家传统，并非将德性

---

[1]《朱子语类》卷九八，第2518页。
[2]《十三经注疏（清嘉庆刊本）》，第6014页。

之知理解为"不萌于见闻"、悬空想象的认知能力,而是必萌于见闻。至于张载之意,诚如朱熹所理解的那样,是预设闻见之外有一个大全的道或理存在,然后按照这样的道或理去推想未知领域。然而,张载提出这种思想却并非"有时自要恁地说",没有来源,无所措意,而是渊源于《庄子》所说的"恃其所不知而后知天之所谓",同时也是出于张载本人建构本体论哲学亦即天道观的逻辑需要。《庄子·徐无鬼》说:

> 故足之于地也践,虽践,恃其所不蹍而后善博也;人之于知也少,虽少,恃其所不知而后知天之所谓也。知大一,知大阴,知大目,知大均,知大信,知大定,至矣。大一通之,大阴解之,大目视之,大均缘之,大方体之,大信稽之,大定持之。尽有天,循有照,冥有枢,始有彼。则其解之也似不解之者,其知之也似不知之也,不知而后知之。[1]

《庄子·则阳》又说:

> 万物有乎生而莫见其根,有乎出而莫见其门。人皆尊其知之所知而莫知恃其知之所不知而后知,可不谓大疑乎![2]

---

[1]《庄子集释》卷八中,第871—873页。
[2]《庄子集释》卷八下,第905页。

毫无疑问,《庄子》所叙述的是一种哲人之思,与经验或常识对于知识的运用不同,与儒家"知之为知之"的求实态度也不同,其大旨,可以从思维辩证法和本体论思维两方面来理解。就思维的辩证法而言,正如必须依恃更宽阔的未践之地才能够获得自如的活动空间一样,思想也必须意识到有一个更大的未知领域,才能够获得自由的思维空间。换言之,已经获得的知识只是人类在无限的未知世界中所找到的立足点,确认已知能使人获得相对的行动自由,但是,如果意识不到还有一个更大的未知世界存在,不能确认未知从而使人获得相对的思想自由,僵守在已知的畛域,已知便会成为思想和智慧的樊篱。就本体论思维而言,是主张超越耳闻目见等感性之知,以天地阴阳等概念思维的形式,透过"万物有乎生而莫见其根"等现象,致思于天道之所以然。

《庄子》议论中的这样两层意思,在张载的议论中同样也体现出来。其一如《气质》说:"求养之道,心只求是而已。盖心弘则是,不弘则不是,心大则百物皆通,心小则百物皆病。悟后心常弘,触理皆在吾术内,睹一物又敲点着此心,临一事又记念着此心,常不为物所牵引去。"[1] 所谓心大、心弘,也就是拓展开精神空间、思想空间,由此达到"百物皆通"的境界,使知识与道理融贯成一体,无所扞格,思想也就获得自由。其二如《正蒙·乾称》说:"若圣人则不专以闻见为心,故能不专以闻见为用。无所不感者虚也,

---

[1]《张载集·经学理窟》,第269页。

感即合也，咸也。以万物本一，故一能合异；以其能合异，故谓之感；若非有异则无合。天性，乾坤、阴阳也，二端故有感，本一故能合。天地生万物，所受虽不同，皆无须臾之不感，所谓性即天道也。"[1] 圣人超越闻见而抽绎出万物本一之性，也就是运用本体论思维对事物的统一性进行抽象的把握，以此阐明天道性命之理，并据之制立人文法则，所以能感应、契合万象分殊之物。毋庸置疑，以这种心大、心弘的精神状态和本体论思维来超越考索式的思想方法，足以打破思想僵局，使张载的学术思想进入到一个新境界。在这种新境界中，张载产生了一些新的治学感受，如《近思录拾遗》说："未知立心，恶思多之致疑；既知所立，恶讲治之不精。"[2] 又说："天地之道，不眩惑者始能观之；日月之明，不眩惑者始能明之；天下之动，不眩惑者始能见夫一也。所以不眩惑者何？正以是本也。本立则不为闻见所转，其闻其见，须透彻所从来，乃不眩惑。"[3] 立心是立心大、心弘之心，也就是开发天德良知。本着天德良知来处理闻见之知，使张载摆脱了疑惑的思想状态，能面对天下万物的大化流行而掌握其统一性，从而开展本体论哲学的建构。

承上所述，张载本体论哲学的建构，经历了一段思想方法或思维方式的转化，其所以转化则与《庄子》有关。那么，张载的本体论哲学是否也与《庄子》有关呢？从张载哲

---

[1]《张载集·正蒙》，第63页。
[2]《张载集·拾遗》，第375页。
[3]《张载集·横渠易说》，第210页。

学的本体论特质来看，回答应该是肯定的，而从张载个人的精神气质来看，又不能不让人产生怀疑。这是我们在探讨张载哲学与《庄子》的关系时，必然会遇到的第一个问题。吕大临作《横渠先生行状》，说他"气质刚毅，德盛貌严"，[1] 这当然还是委婉的说法。若从张载的行事来看，甚至可以说他近乎刻板，不知变通。例如他与二程议论恢复井田制，二程主张按田亩面积来计算，而张载却坚持要划分成方块。[2] 这种近乎刻板的精神气质，与庄子的变化洞达显然属于两种类型。即使放在道学家之"北宋五子"中来比较，他也最难与庄子相接近。例如他不像周敦颐、邵雍那样通达，不像程颢那样透脱颖悟；甚至也不及程颐，因为程颐毕竟还"自度少温润之气"，[3] 有所不足，而张载却认为推行礼教不力的原因在于"自家规矩太宽"，[4] 态度显得很严峻。张载与庄子精神气质方面的明显差异，或许正是研述者自来无视二者思想联系的原因之一，即或个别学者有所注意，但也仅限于其著作中某些辞例典故之出处，[5] 未及其思想理论之深层。确实，一个精神气质与庄子大异其趣的人却偏偏与之发生理论关系，是一种很奇怪的现象。对于这种现象，我们还未发现有哪些学案式的资料足以做出解释。在

---

[1]《全宋文》卷二三八七，第110册，第184页。
[2] 参见《二程集·遗书卷第十》，第110—111页。
[3]《二程集·遗书卷第二十二上》，第291页。
[4]《张载集·张子语录》，第337页。
[5] 如刘玑《正蒙会稿序》说："是书也，出入乎《语》《孟》《六经》及《庄》《老》诸书。"（《张载集·附录》，第406页）

张载自己的著作中，有资料表明他与《庄子》的思想联系，但没有资料表明他对《庄子》的感性态度或兴趣情况。对于《庄子》，张载所采取的更像是一种职业哲学家的态度，而不像更多的读者那样怀着诗意的心灵去欣赏，去感受。从这个角度来看，张载之与《庄子》发生理论关系，进入《庄子》的精神世界，乃是出于从理论上解决"名教可乐"问题的需要，而非出于个人情趣。这种理论与情趣的差距，或许也是张载治学有苦心极力之象的一方面原因。

探讨张载哲学与《庄子》的关系，还必然遇到第二个问题，即张载排斥释、老，其思想立场亦可谓"独尊儒术"，又怎么会在理论上与非难儒术的《庄子》发生关系？这个问题，涉及对张载排斥释、老之思想角度的理解。如果张载的思想角度仅仅在于意识形态方面，那么必不能与《庄子》发生关系，因为《庄子》如同释、老一样，不能进入儒家的意识形态阵营；反之，如果张载的思想角度不仅仅在于维护儒家的意识形态权威，而是破中求立，澄清一些问题以完成新的理论建构，那就有可能与《庄子》发生关系，因为《庄子》作为非意识形态化的理论遗产，能够帮助张载澄清佛道教义中的某些问题。

关于张载排斥释、老的思想角度，自宋代以来就常见被解释为出于意识形态方面的用意，如张载的学生范育在《正蒙序》中说：

> 自孔孟没，学绝道丧千有余年，处士横议，异端间

作,若浮屠、老子之书,天下共传,与《六经》并行。而其徒侈其说,以为大道精微之理,儒家之所不能谈,必取吾书为正。世之儒者亦自许曰:"吾之《六经》未尝语也,孔孟未尝及也。"从而信其书,宗其道,天下靡然同风,无敢置疑于其间,况能奋一朝之辩,而与之较是非曲直乎哉!子张子独以命世之宏才,旷古之绝识,参之以博闻强记之学,质之以稽天穷地之思,与尧、舜、孔、孟合德乎数千载之间。闵乎道之不明,斯人之迷且病,天下之理泯然其将灭也,故为此言与浮屠、老子辩,夫岂好异乎哉?盖不得已也。[1]

这是范育就《正蒙》内容"有《六经》之所未载,圣人之所不言"问题所做出的解释。因为当时有洛学派学者非难《正蒙》,认为其中的"清虚一大"等说法支离驳杂,不合周孔圣人之言旨,所以范育就解释为出于意识形态斗争的需要,似乎张载跨越圣人《六经》而申谈天道性命等问题,只是为了像角斗士一样与释、老较量是非,一决胜负。既然张载从这样的用心出发,也就理所当然地不能与《庄子》发生纠葛。学者历来无视张载与《庄子》的思想联系,主要原因大概在此。然而,也正因为范育的这种解释,致使叶适批评张载之学是以毒攻毒。在《因范育序〈正蒙〉遂总述讲学大指》一文中,叶适曾就北宋道学进行考察,认为道学是在

---

[1]《张载集·正蒙·范育序》,第4—5页。

出入佛、老既久之后,才得出结论说:"吾道固有之矣。"于是提出无极太极、太和参两等学说。由于这些学说"不足以入尧舜之道",所以都引《十翼》作为依据。但《十翼》本非孔子所作,所以其学"本统尚晦"。由此叶适也就得出论说:"范育序《正蒙》,谓此书以'《六经》所未载、圣人所不言'者,与浮屠、老子辩,岂非以病为药,而与寇盗设郛郭,助之捍御乎?"[1] 换言之,道学是按照对释、老的了解而取《十翼》作为立论依据的。既然实际上相互参证、两相比附,那就意味着学说的实质并没有改变,只是为学说改换了门庭,所以叶适怀疑它是"以病为药",既取资于释、老,又换了块招牌来批判释、老。叶适的批评是否合理,当然还可以讨论,但这种批评至少说明了一点,简单按照意识形态的门庭观念来理解张载之学及其对释、老的批判,虽欲誉之,适成诟病。

进而言之,排斥释、老又只是一种笼统的说法,严格说来只代表了一种态度,一种学术立场,却未真正揭示出张载的思想角度,因为它没有任何具体的思想理论之内涵。当我们将张载作为思想家或哲学家来研究的时候,仅仅了解其态度显然是不够的,还必须弄清其排斥释、老的理论内涵,否则,就会将张载混同于其他任何一个具有相同态度的儒者,甚至是混同于出于政治目的而排斥释、老的"三武一宗"之类,看不到他的思想个性和理论深度。在这个问题上,前人

---

[1]《张载集·附录》,第404—405页。

的叙议大概都停留在态度极鲜明而理论很模糊的层面。例如范育之所谓浮屠、老子，按照通常的理解是泛指佛教和道家道教，而佛教和道家道教中其实都包含了各种不同的思想流派，五花八门，甚至是自相矛盾。以张载一人之力，不管他是什么样的天才，都不可能从整体上面对佛教和道家道教的思想理论展开批判，而且理论上也没有这种全线作战的必要，否则就不是什么思想家或哲学家，而是一个充满战斗情绪的斗士。那么张载排斥释、老的理论内涵又是什么呢？在《正蒙·乾称》中，张载说：

> 释氏语实际，乃知道者所谓诚也，天德也。其语到实际，则以人生为幻妄，以有为为疣赘，以世界为荫浊，遂厌而不有，遗而弗存。就使得之，乃诚而恶明者也。儒者则因明致诚，因诚致明，故天人合一，致学而可以成圣，得天而未始遗人。《易》所谓不遗、不流、不过者也。彼语虽似是，观其发本要归，与吾儒二本殊归矣。道一而已，此是则彼非，此非则彼是，固不当同日而语。其言流遁失守，穷大则淫，推行则诐，致曲则邪，求之一卷之中，此弊数数有之。……彼欲直语太虚，不以昼夜、阴阳累其心，则是未始见《易》。未始见《易》，则虽欲免阴阳、昼夜之累，末由也已。《易》且不见，又乌能更语真际？

《正蒙·大心》又说：

> 释氏妄意天性而不知范围天用，反以六根之微因缘天地。明不能尽，则诬天地日月为幻妄，蔽其用于一身之小，溺其志于虚空之大，所以语大语小，流遁失中。其过于大也，尘芥六合；其蔽于小也，梦幻人世。谓之穷理可乎？不知穷理而谓尽性可乎？谓之无不知可乎？尘芥六合，谓天地为有穷也；梦幻人世，明不能究所从也。[1]

将这些批判归纳起来，主要有两点。第一是佛教不穷究万物自然之理，却将天地万物归结为感知（六根）的幻象，就弄不清人在天地宇宙中的位置；第二是佛教不知穷理而侈谈尽性、见性，必然流于凿空，所以梦幻人世，弄不清人在社会中的位置。这两点批判，基本的依据是所谓"知道""见《易》"，亦即张载的本体论哲学。后文我们将看到，这种本体论哲学是通过以《易》《庄》相发明而建立起来的。在《与吕微仲书》中，张载也说："今浮屠极论要归，必谓生死流转，非得道不免，谓之悟道可乎？悟则有义有命，均死生，一天人，惟知昼夜，道阴阳，体之不二。"[2]所谓有义有命，是化用《庄子·人间世》的说法："天下有大戒二：其一，命也；其一，义也。子之爱亲，命也，不可解于心；臣之事君，义也，无适而非君也，无所逃于天地之

---

[1]《张载集·正蒙》，第65、26页。
[2]《张载集·文集佚存》，第351页。

间。"[1] 子之爱亲是人的自然本性，臣之事君是人的社会属性，庄子肯定自然和社会的真实，张载也予以肯定，并以此批判佛教的空幻教义。

张载对道家道教的批判，也同样集中于两点：其一是老子的"有生于无"之说，其二是道教的神仙不死信仰。《正蒙·太和》所谓"徇生执有者物而不化"，即针对道教的神仙信仰而言。对于老子，张载的批判性议论很多，如《正蒙·太和》说："知虚空即气，则有无、隐显、神化、性命通一无二，顾聚散、出入、形不形，能推本所从来，则深于《易》者也。若谓虚能生气，则虚无穷，气有限，体用殊绝，入老氏'有生于无'自然之论，不识所谓有无混一之常。"[2] 这些批判，就理论而言非但不与《庄子》相冲突，而且是相互协同的，引《庄子》一段文字即可为证，其余似不必深论。《庄子·知北游》说："生也死之徒，死也生之始，孰知其纪！人之生，气之聚。聚则为生，散则为死。若死生为徒，吾又何患！故万物一也，是其所美者为神奇，其所恶者为臭腐；臭腐复化为神奇，神奇复化为臭腐。故曰通天下一气耳。"[3]

通过以上分析我们可以看出，张载之批判释、老，并非仅仅出于意识形态之争，其独特的思想角度，是从理论上论

---

[1]《庄子集释》卷二中，第155页。
[2]《张载集·正蒙》，第7、8页。
[3]《庄子集释》卷七下，第733页。

证"名教可乐",所以批判仅针对其基本教义,并不涉及佛道教中许多复杂而深邃的思想理论。按照"名教可乐"的内在思想逻辑,由自然和社会所构成的现实世界必须是统一的,在自然和社会之外,不存在另一个"可乐"的世界。而佛道教却试图逃离现实世界为人生安排另一种归宿,或者宣称现实虚幻因而不可乐,或者宣称现实之上有一个更玄妙的虚无本元,都与"名教"现实离心离德,所以张载要展开针对性的批判。而在哲学上强调现实世界的统一性,既否定天地万物有一个更高的本元,也否定生命有逃离自然的另一种归宿,是《庄子》的哲学观念。张载批判释、老而事实上以《庄子》作为理论依据,缘由在此。

但是,《庄子》只承认"相忘于江湖"的自然之乐,并不认为"名教"社会有何可乐。吸收其理论的张载,又如何推导出与之相反的结论,证明"名教可乐"?这个问题,同样也需要分析。

正所谓解铃还须系铃人,最初对仁义是否符合人性提出怀疑的是《庄子》,最终启发张载排除怀疑的也是《庄子》。这件事初看起来似乎奇怪,但就理论思维的一般特征而言,回答问题必须达到提出问题的同一个层面,否则所答非所问,就不能构成哲学上的对话关系。分析《庄子》诘问仁义是否符合人性人情,是从其自然人性论出发的,而自然人性论则以其自然本体论作为最终依据,张载要回答问题,也必须站在同样的本体论高度,从这个角度看,又不足奇怪。而张载对于《庄子》,事实上也正是吸收其自然本体论,例如

《正蒙》的开宗明义第一段就说：

> 太和所谓道，中涵浮沉、升降、动静、相感之性，是生絪缊、相荡、胜负、屈伸之始。其来也几微易简，其究也广大坚固。起知于易者乾乎！效法于简者坤乎！散殊而可象为气，清通而不可象为神。不如野马、絪缊，不足谓之太和。语道者知此，谓之知道；学《易》者见此，谓之见《易》。不如是，虽周公才美，其智不足称也已。

又说：

> 气坱然太虚，升降飞扬，未尝止息，《易》所谓"絪缊"，庄生所谓"生物以息相吹""野马"者与！此虚实、动静之机，阴阳、刚柔之始。浮而上者阳之清，降而下者阴之浊，其感通聚结，为风雨，为雪霜，万品之流行，山川之融结，糟粕煨烬，无非教也。[1]

"野马"是《庄子·逍遥游》中的一种譬喻，即所谓"野马也，尘埃也，生物之以息相吹也"。这种譬喻究竟是什么含义，不同的读者有不同的理解，而张载的理解

---

[1]《张载集·正蒙》，第7、8页。

很独到。[1] 张载曾说："世人知道之自然，未始识自然之为体尔。"[2] 体即本体。世人不识自然之本体，那又将自然理解为何物呢？王弼解《老子》"道法自然"，谓之"在方而法方，在圆而法圆，于自然无所违也。自然者，无称之言，穷极之辞也"。[3] 按照这个解释，自然也就是自成其然、自己成为那个样子，或者用更生硬一些的语言来说，即实现了自身的内在规定性。法自然就是不干扰事物的内在规定性，以自成其然为法则。这种解释是常规性的，符合日常的理解方式。而张载却采取专业化的哲学思维，站在本体论的高度来理解，谓之"自然之为体"。那么，究竟什么是"自然之为体"呢？简言之就是《易·系辞》所说的"天地絪缊"，《庄子》所说"野马""生物以息相吹"。结合张载的太虚、太和之说来看，他大概从两个层面来理解《庄子》的譬喻。野马、尘埃是春日之郊野所发生的气雾升腾景象，象征着天地万物大化流行的本然状态，"升降飞扬，未尝止息"，是万物之然；而"生物以息相吹"则是万物之所以然，意即存在之物相互作用便是万物大化流行的动力源泉，背后没有更高的原因或推动力，所以说是"虚实、动静之机，阴阳、刚柔之始"。从这两个层面所看到的太和世界，即是"自然之为体"，亦即自然本体。由致思于自然本体，也就形

---

[1] 参见拙文《"野马"之喻与庄子的哲学悖论》（载《世界宗教研究》1994年第2期）。
[2] 《张载集·正蒙》，第15页。
[3] 《王弼集校释》，第65页。

成了张载《易》学的基本特色，认为"《易》即天道"，是探讨天地造化之理的经典。如《横渠易说·系辞上》说："乾坤，天地也；易，造化也。圣人之意莫先乎要识造化，既识造化，然后其理可穷。彼惟不识造化，以为幻妄也。不见《易》则何以知天道？不知天道则何以语性？"又说："不见易则不识造化，不识造化则不知性命，既不识造化，则将何谓之性命也？有谓心即是易，造化也，心又焉能尽易之道！"[1] 历史上《易》学有不同的流派，有所谓"两家六宗"之说。两家即义理派和象数派，张载《易》学属于义理派。但义理派又有不同的特色，一般说来，这些特色是将《易》学结合不同的思想体系而形成的，如结合《老子》而形成玄学《易》等。所谓"心即是易"，大概也是义理派的一支，其义旨，则似《易》学与禅学的合流。相传五代时麻衣道者曾传陈抟《正易心法》，其书真伪不可知，其说则主张"学《易》者当于羲皇心地中驰骋，无于周孔言下拘挛"，并以这种辞外见意的随心所欲为"活法"。[2] 这种《易》学不对自然本体采取格物穷理的态度，与张载的自然本体论哲学相抵触，所以张载提出批评。

从某种意义上说，张载的《易》学特色是由于《庄子》的介入而形成的。从上引《正蒙》来看，张载将《周易》的"絪缊"和《庄子》的"野马"联系起来，并列对举，

---

[1]《张载集·横渠易说》，第206页。
[2] 见《正易心法》第四十一章，《学津讨原》第一集，张氏照旷阁清嘉庆十年（1805）刊本。

互为连类，由此建构其本体论哲学，便显示出他以《易》《庄》相发明、相推阐的思想风格。这种思想风格，我们还可以结合张载的《易》学成就来看。王夫之在《张子正蒙注·序论》中曾说：

> 《周易》者，天道之显也，性之藏也，圣功之牖也，阴阳、动静、幽明、屈伸，诚有之而神行焉，礼乐之精微存焉，鬼神之化裁出焉，仁义之大用兴焉，治乱、吉凶、生死之数准焉，故夫子曰"弥纶天下之道以崇德而广业"者也。张子之学，无非《易》也，即无非《诗》之志，《书》之事，《礼》之节，《乐》之和，《春秋》之大法也，《论》《孟》之要归也。……张子言无非《易》，立天，立地，立人，反经研几，精义存神，以纲维三才，贞生而安死，则往圣之传，非张子其孰与归！[1]

显然，王夫之评论张载的《易》学成就，并不是泛谈经学史意义上的所谓《易》学，而是直指《易》之道，亦即《易》中含括天地人的道之大全。由此道之大全，既可阐幽抉微而为天道性命之学，也可彰显为仁义礼乐之实用，亦动亦静，宜幽宜明，从形而上到形而下，是相互贯通的。据此评价张载的《易》学，可以说有独造之功，使《易》学研

---

[1]《张子正蒙注·序论》，第4页。

究达到了一个全新的理论高度，既不同于汉《易》之"人于机祥"，也不同于玄学《易》之"全释人事"。这种理论高度，王夫之引用《系辞》所谓"弥纶天地之道以崇德而广业"来概括。但这只是其义出处之一。王夫之的评论还有另外一个其义出处，即《庄子·天下》：

> 古之人其备乎！配神明，醇天地，育万物，和天下，泽及百姓，明于本数，系于末度，六通四辟，小大精粗，其运无乎不在。其明而在数度者，旧法世传之史尚多有之。其在于《诗》《书》《礼》《乐》者，邹鲁之士搢绅先生多能明之。《诗》以道志，《书》以道事，《礼》以道行，《乐》以道和，《易》以道阴阳，《春秋》以道名分。其数散于天下而设于中国者，百家之学时或称而道之。[1]

将王夫之的叙议与《天下》篇相对照，不难看出二者从思想到文句两方面的联系。而在中国历史上，比《系辞》更加明确地强调天地之美、万物之理、古人之全，强调道术原于一的文献，无疑即此《天下》篇。另外，明以后虽有人怀疑《天下》篇是否庄子亲作，认为或出于其后学，现代学者更怀疑该篇出于儒家。[2] 但在历史上，《天下》篇不仅与

---

[1]《庄子集释》卷一○下，第1067页。
[2] 参见任继愈主编：《中国哲学发展史·先秦》（人民出版社1983年版）。

《庄子》始终作为一个整体流传，而且按照古人的著述体例，被理解为庄子自陈作书之意的序言。王夫之在其著《庄子解》中，也不但断言此篇非庄子不能为，[1] 而且赞赏其缅述道之大全的中心思想，如说："若其首引先圣《六经》之教，以为大备之统综，则尤不昧本原，使人莫得而摘焉。"[2] 所谓"大备之统综"，与《系辞》"弥纶天地之道"云云，是同一个意思。这也可以旁证《天下》篇是王夫之赞叹张载的其义出处之一，换言之也可以说，王夫之认为张载的《易》学达到了《天下》篇所叙述的理论高度。

当然，张载以《易》《庄》相发明的更重要表现，还在于他的本体论哲学之理论内涵。程颐《答杨时论〈西铭〉书》，曾将《西铭》的宗旨概括为"明理一而分殊"，[3] 这个概括，我们也可以沿用于张载的本体论哲学。如《正蒙·太和》说："游气纷扰，合而成质者，生人物之万殊；其阴阳两端循环不已者，立天地之大义。"[4] 又如《横渠易说·系辞上》说："阴阳之气，散则万殊，人莫知其一也；合则混然，人不见其殊也。"[5] 张载的这些议论，照字面来理解意思很清楚，即天地间万物无不包含阴阳，这就是理一，是天地之大义；而阴阳又不是两个寂然不动的东西，分开自

---

[1]《庄子解·天下》（卷三三，第351页）："或疑此篇非庄子之自作，然其浩博贯综，而微言深至，固非庄子莫能为也。"
[2]《庄子解》卷三三《天下》，第351页。
[3]《二程集·文集卷第九》，第609页。
[4]《张载集·正蒙》，第9页。
[5]《张载集·横渠易说》，第184页。

处，互不相干，而是掺和在一起，化生出各不相同的世间万物，这就是分殊。但若认真推敲，我们又会遇到问题：此所谓理一而分殊，在哲学上究竟是一般与特殊的关系呢，还是整体与部分的关系？从一个角度来看，分殊指事物的存在状态亦即殊相、殊性，理一指事物的共同本质亦即共相、共性。从分殊到理一，符合逻辑抽象，也就是从物物皆含阴阳的现象中能够得出万物一阴一阳的最高概括；而从理一到分殊，则符合逻辑演绎，也就是从万物一阴一阳的前提可以推出具体某物包含阴阳的结论。所以，理一与分殊是一般与特殊的关系。在这种关系中，"理一"是合理尺度，是具有普遍意义的理性原则，能够对分殊之物是否合理做出衡量。道学的价值或意义，因此得以体现。但是换一个角度来看，这种理解又未尽其义，因为张载的理一指"阴阳之气"，并不仅仅是由思维逻辑所把握的事物共同属性，它同时也是万事万物的总和。理一与分殊之间，也不仅仅存在由理性思维所把握的逻辑联系，它同时还是实在之物的相互转化：从"阴阳之气"的理一到"散则万殊"，是万事万物的生成，而从万殊之物到"合则混然"，是具体之物消亡，还归本元。围绕这层意思，张载展开过反复的叙述，如《正蒙·太和》说："天地之气，虽聚散、攻取百涂，然其为理也顺而不妄。气之为物，散入无形，适得吾体；聚为有象，不失吾常。太虚不能无气，气不能不聚而为万物，万物不能不散而为太虚。循是出入，是皆不得已而然也。"又说："气之聚散于太虚，犹冰凝释于水，知太虚即气，则无无。故圣人语性与天道之极，尽于参伍之神变易而已。诸子浅妄，有有无之分，非穷理之学也。"[1] 这些议论的主要意思，是强调作为理一的阴阳乃客观存在之气。也正是为了强调这层意思，张载批驳发源于老子、流行于魏晋以后的有无之说，认为气之聚而为物、散而还虚，不是从无到有或从有到无的问题，而只是存在状态的变化；状态虽然变化了，但存在依然是存在。在这层意义上，所谓理一显然不能等同于一般，因为与特殊相对的一般，是以纯粹逻辑的类概念作为思维进路的，可以在逻辑思维中得到理解，但不可感受，而与分殊相对的理一，是通过理性直观来把握的，既可以理解，也可以感受。所以严格说来，张载"明理一而分殊"的思想宗旨，还包含部分与整体的关系。部分即具象万殊之物，既以个体的形式而存在，又与宇宙整体具有密不可分的内在联系。由于"明理一而分殊"的思想宗旨包含这样两重意义，我们大抵可以说，张载本体论哲学的理论内涵，既具有一种合理性意识，也具有一种宇宙整体意识，任何个体，都可以作为宇宙整体的一部分来确定其价值和意义。张载的民胞物与思想，无疑即以此本体论作为依据。

鉴源知流，考辨一种思想理论的源流，可以从继承与创新的角度深化我们的理解。那么，张载的本体论哲学又渊源何自呢？由于对理一分殊之理论内涵的理解不同，对张载理论渊源的看法也自不同。朱熹答人问周敦颐太极之义，曾

---

[1]《张载集·正蒙》，第7、8—9页。

说:"本只是一太极,而万物各有禀受,又自各全具一太极尔。如月在天,只一而已;及散在江湖,则随处而见,不可谓月已分也。"这是援用佛教"月映万川"的说法,所谓太极也就是理一,散在江湖则是分殊。朱熹甚至说:"总天地万物之理,便是太极。太极本无此名,只是个表德。"[1] 所谓表德,意味着太极或理一只是一个抽象的概念,与逻辑抽象的"一般"相同,而援用"月映万川"的譬喻来解释理一分殊,更说明二者是一般与特殊的关系,若望文生义,甚至可以说特殊只是一般的投影。既然朱熹有这种说法,可以作为道学家对理一分殊的权威解释,而理一分殊的命题最初又是由程颐就张载《西铭》提出来的,可以作为对其本体论哲学之理论内涵的概括,那么是否意味着张载哲学主要即探讨一般与特殊的关系,并且受到佛教的影响?这又是一个值得讨论的问题。我们知道,张载思想与周敦颐思想是有区别的,周敦颐的《太极图说》,推阐万物化生之次序,其最上一层"无极而太极",可以像朱熹所解释的那样离气而言理,与下一层亦即理在气中的"坎离匡廓",是两个层次。因为周子之学本来有这样的次序,所以朱熹讲太极时站在理的层面,认为"说太极是一个物事,不得。说太极中便有阴阳,也不得"。[2] 按照周子之学,讲阴阳之气是下段事,不能与太极相混淆。而张载思想的一个重要特征,就是不离阴阳之

---

[1]《朱子语类》卷九四,第 2409、2375 页。
[2]《朱子语类》卷九四,第 2373 页。

气而言理，不离两而言一，如《横渠易说·说卦》云："一物而两体者，其太极之谓欤！阴阳天道，象之成也；刚柔地道，法之效也；仁义人道，性之立也。三才两之，莫不有乾坤之道也。"〔1〕又如《正蒙·动物》说："物无孤立之理，非同异、屈伸、终始以发明之，则虽物非物也；事有始卒乃成，非同异、有无相感，则不见其成，不见其成则虽物非物，故一屈一伸相感而利生焉。"《正蒙·太和》说："两不立则一不可见，一不可见则两之用息。两体者，虚实也，动静也，聚散也，清浊也，其究一而已。"〔2〕一即理一，在张载的思想中既是理体，也是包含着阴阳的太虚之气，《横渠易说·系辞下》说："太虚之气，阴阳一物也，然而有两体，健顺而已。"〔3〕阴阳是气，而健顺则是理的体现，理与气混融为一，是张载力图论证的观点，也是他与周敦颐思想的一个重要区别。既然张载的"理一"是合气而言之，与周敦颐的太极有所不同，我们也就不能以朱熹对周敦颐思想的理解作为模式，应用于对张载思想的理解。换言之，张载的理一分殊既非纯属一般与特殊的关系，其渊源也难说便在于佛教的"月映万川"之喻。

从中国哲学史上来寻找张载思想的先例，最终必然会落实到《庄子》，因为《庄子》也探讨与理一分殊相类似的哲学问题，诸如天地与我、万物与我、道与我等等，其内涵，

---

〔1〕《张载集·横渠易说》，第235页。
〔2〕《张载集·正蒙》，第19、9页。
〔3〕《张载集·横渠易说》，第231页。

同样也兼有一般与特殊、整体与部分两个方面。在《庄子》书中，关于理一的说法很多，诸如"道通为一""万物与我为一""通天下一气"等等；关于分殊，也有"万物殊理""殊技""殊性"等说法。为了阐明其"万物殊理"和"道通为一"的思想，《庄子》曾不断变换思维角度，如《人间世》篇所谓与天为徒、与人为徒，《秋水》篇所谓以道观之、以物观之等等，而贯穿这种种思维角度的主线，即其相对主义的思想方法。在《庄子》哲学中，相对主义的思想方法与"万物殊理""道通为一"的论旨，是相互关联的，如《德充符》说："自其异者视之，肝胆楚越也；自其同者视之，万物皆一也。"[1] 既从同的角度看又从异的角度看，便是相对主义的思想方法，由此得出"万物皆一"和"肝胆楚越"的结论，同样也是相对的。所谓"肝胆楚越""万物皆一"，看上去像是两橛，但按照相对主义的思想方法，由"肝胆楚越"的极端差异，便会得出与之相反的大同结论，即"万物皆一"，所以二者有一种近乎二律背反的联系。这种思想方法，对张载似乎也产生过影响，如《正蒙·太和》说："造化所成，无一物相肖者，以是知万物虽多，其实一物；无无阴阳者，以是知天地变化，二端而已。"[2] 从"无一物相肖"说到"其实一物"，是思想结论的直接转化，这种转化，只有按照相对主义的思想方法才能够实现。显然，这种思想

---

[1]《庄子集释》卷二下，第190页。
[2]《张载集·正蒙》，第10页。

方法不具备一般与特殊那样的逻辑特征，亦即不以类概念作为思维进路，但具备一般与特殊的理论内涵，如《庄子·则阳》说："四时殊气，天不赐，故岁成；五官殊职，君不私，故国治；文武大人不赐，故德备；万物殊理，道不私，故无名。"[1] 所谓"四时殊气""万物殊理"，指万事万物各具特性。"天不赐""道不私"则是具有普遍意义而无偏颇的理性原则，这种理性原则虽不能对万殊之物进行干预，发挥直接的作用，但作为更高的合理性尺度，能衡量具象万殊之物的所得所失。按照《庄子》哲学，任何事物都具有双重的衡量标准，一重是特殊的、个性化的，另一重是一般的、普遍化的。这两重标准，也同样因相对主义的思想方法而具有二律背反的联系，即个性化的完全实现便具有普遍意义，换言之也就是物各自得而道在其中。

从总体上看，《庄子》对"万物殊理"虽也时有所发，但基本倾向是致思于"道通为一""万物为一"。这种倾向，大致说来是由哲学的特质所决定的，同时也与《庄子》超越诸子之局见而追求道之大全的价值趣向有关。因为"万物殊理"可以通过经验感知去了解，不同于"道通为一"必须作为哲学的对象，而春秋战国之诸子学也多为个性化的自我阐述，不能以道之大全的精神来面对分歧，所以《庄子》更强调其"道通为一"的论旨，并因此成为先秦哲学的最高代表。如《齐物论》说："故为是举莛与

---

[1]《庄子集释》卷八下，第909页。

楹，厉与西施，恢诡憰怪，道通为一。其分也，成也；其成也，毁也。凡物无成与毁，复通为一。唯达者知通为一，为是不用而寓诸庸。"成毁也就是生灭，从事物生灭的角度来谈"道通为一"，超越纵与横、美与丑等各种差异，是将辨名析理推到极致，升华为哲学思维。也正是站在哲学思维的高度，《庄子》认为万殊之大同在于"阴阳调和"，亦即"太和"。《庄子·天运》说："夫至乐者，先应之以人事，顺之以天理，行之以五德，应之以自然，然后调理四时，太和万物。四时迭起，万物循生；一盛一衰，文武伦经；一清一浊，阴阳调和，流光其声。"这种太和万物、阴阳调和的音乐，也就是《齐物论》所说的"天籁"。"天籁"是天地万物的全体大用，不偏举偏废，反映出《庄子》的宇宙整体意识。而宇宙万物之所以是一个整体，其内在依据乃在于阴阳，如《则阳》说："阴阳相照相盖相治，四时相代相生相杀，欲恶去就于是桥起，雌雄片合于是庸有。安危相易，祸福相生，缓急相摩，聚散以成。此名实之可纪，精微之可志也。随序之相理，桥运之相使，穷则反，终则始。此物之所有，言之所尽，知之所至，极物而已。"这是说，阴阳的交互作用化生出万物，滋生出各种趋避取舍。换言之，事物虽具象万殊，但同样都发本于阴阳的交互作用。推明此理既是极至之言，也是极至之知。正因为万物整体的内在依据在于阴阳，所以《庄子》又认为个体是宇宙整体的一部分，即如《秋水》所说："自以比形于天地而受气于阴阳，吾在天地之间，犹小石小木之在大山也。"[1]

由此来看《庄子》与张载的哲学关系，其要紧处并不在于某些名词概念的延续使用，而在于基本的哲学理念。就名词概念而言，我们大概可以举证出一些例子来说明《庄子》对张载的影响，例如张载哲学的基本概念"太和"，取意于《庄子》的痕迹就比取意于《易传》更明显。《易·乾象》说："保合太和，乃利贞。"[2] 按照孔颖达等人的解释，其意谓纯阳刚暴，须和顺方能使万物得利。从这种本意中，或许可以引申出阳刚健、阴和顺的结论，但不像《庄子》那样明显，《庄子》讲"太和"，明显以一清一浊的阴阳调和为义，而张载"太和"也同样包含浮沉、升降、动静、相感之性。又如张载所谓"游气纷扰"，朱熹认为"说得似稍支离"，若改作"阴阳五行，循环错综，升降往来"云云，便更加精醇。[3] 而从源流上看，张载的"游气"之说其实来源于《庄》学，如晋司马彪解释《庄子》"野马"，谓之"春月泽中游气也"，郭象注同样也说："野马者，游气也。"[4] 诸如此类的名词概念的延续使用，是张载曾吸收《庄子》的明显痕迹，但与张载吸收《庄子》的哲学理念相比较，却又显得微不足道。就哲学理念而言，张载与《庄

---

[1]《庄子集释》卷一下，第69—70页；卷五下，第502页；卷八下，第914页；卷六下，第563页。
[2]《十三经注疏（清嘉庆刊本）》，第24页。
[3]《朱子语类》卷九八，第2509页。
[4]《庄子集释》卷一上，第6页。

子》是大旨相同的，不过，《庄子》用这个理念来超越名教，对战国时代极不合理的社会现实展开批判，而张载却用这个理念作为名教的内在精神，使之合理，使之"可乐"。二者同中存其异，在相同的哲学理念下，表现出不同的价值趣向。

张载的《西铭》，因受到二程表彰而传为名篇，是北宋道学的经典之作。《西铭》原名《订顽》，相对的《东铭》原名《砭愚》，与《正蒙》的题意一样，都含有思想批判的意图。批判的对象主要有两个，其一是佛道教教义之诞谬，其二是儒者之褊狭碍陋，《西铭》属后者。张载曾说："《订顽》之作，只为学者而言，是所以订顽。天地更分甚父母？只欲学者心于天道，若语道则不须如是言。"[1] 所谓"心于天道"，也就是超越现实生活的各种局障，使精神升华，达到普遍理性、宇宙整体意识的高度。本着这种精神来对待人所依存的自然和社会，《西铭》展开了一系列的推衍：

> 乾称父，坤称母；予兹藐焉，乃混然中处。故天地之塞，吾其体；天地之帅，吾其性。民吾同胞，物吾与也。大君者，吾父母宗子；其大臣，宗子之家相也。尊高年，所以长其长；慈孤弱，所以幼吾幼。圣其合德，贤其秀也。凡天下疲癃残疾、惸独鳏寡，皆吾兄弟之颠连而无告者也。于时保之，子之翼也；乐且不忧，纯乎孝者也。违曰悖德，害仁曰贼；济恶者不才，其践形，

---

[1]《张载集·张子语录》，第313页。

唯肖者也。知化则善述其事，穷神则善继其志。不愧屋漏为无忝，存心养性为匪懈。恶旨酒，崇伯子之顾养；育英才，颖封人之锡类。不弛劳而底豫，舜其功也；无所逃而待烹，申生其恭也。体其受而归全者，参乎！勇于从而顺令者，伯奇也。富贵福泽，将厚吾之生也；贫贱忧戚，庸玉女于成也。存，吾顺事，没，吾宁也。[1]

推衍是以其哲学理念作为依据的。从"乾称父"到"吾其性"，讲人与天地宇宙的关系、人在天地宇宙中的位置，反映出张载的哲学理念，大意说天地是化生自我的根源，也可以采取逆向思维的方式来理解，即生我之父母便是乾坤之德的载体或体现。[2] 因为生命个体是阴阳大化流行的产物，作为藐小的个体而存在于天地之间，所以只能"混然中处"，不能卓然独立。《正蒙·大心》曾说："以我视物则我大，以道体物我则道大。故君子之大也大于道，大于我者容不免狂而已。"[3] 但是，由于生命个体便兼具阴阳，包含了天地造化的本质，所以又说："天地之塞，吾其体；天地之帅，吾其性。"上句讲肉体与天地的关系，下句讲灵智与天地的关系。王夫之说："塞者，流行充周；帅，所以主持而行乎秩叙也。塞者，气也，气以成形；帅者，志也，所谓天地之心也。天地之心，性所自出也。父母载乾坤之德以

[1]《张载集·正蒙》，第62—63页。
[2] 参见：《张子正蒙注》卷九。
[3]《张载集·正蒙》，第26页。

生成，则天地运行之气、生物之心在是，而吾之形色天性，与父母无二，即与天地无二也。"[1] 这种自我与天地相统一的思想，可能渊源于《孟子》，也可能渊源于《庄子》。《孟子·尽心上》说："万物皆备于我矣。反身而诚，乐莫大焉。"[2] 孟子以省察的方式发现自我便兼备万物，能够达到"吾"与"物"的统一，因而感受到至大之乐。庄子以思辨的方式也能达到这种统一，而且同样地乐不可支，如《庄子·齐物论》说："天地与我并生，而万物与我为一。"《大宗师》又说："若人之形者，万化而未始有极也，其为乐可胜计邪！"[3] 这种同于天地、将自我融化于天地万物的至乐感受以及其中所包含的哲学理念，对于张载从理论上解决"名教可乐"问题，无疑具有很大的启示意义，而张载也确实是以此哲学理念作为人文建设的内在精神，由天地之道推行人文事业，所谓"知化则善述其事，穷神则善继其志"，便是推天道以明人事的意思。在张载哲学中，穷神知化是一种本体论思维，民胞物与思想以及其中所蕴含的人文情感，尊高年、慈孤弱的伦理准则，都以穷神知化的本体论作为最终依据。

张载由天道之乐推衍出人道之乐，表明其价值趣向与《庄子》不同。在《庄子》书中，虽然也有一些与《西铭》很相似的说法，但其中所包含的人生情感、态度，却与《西

---

[1]《张子正蒙注》卷九，第315—316页。
[2]《十三经注疏（清嘉庆刊本）》，第6015页。
[3]《庄子集释》卷一下，第79页；卷三上，第244页。

铭》大异其趣。如《达生》说："天地者，万物之父母也，合则成体，散则成始。"这与《西铭》所谓"乾称父，坤称母"，看上去很接近，而《庄子》的立意却在于"弃世""遗生"，以此同于大通，与《西铭》的立意正相反。又如《人间世》说："与天为徒者，知天子之与己皆天之所子。"这与《西铭》以君主为"吾父母宗子"，亦可谓情相仿佛，但《庄子》的本意，是说与天为徒者没有达到大宗师的超然境界。《庄子·则阳》中有一则柏矩至齐见辜人号天而哭的故事，《德充符》更多以各种残疾人为故事主角，说明作者对残疾孤弱的关注，也表现出悲天悯人的情怀，与《西铭》同调；但《庄子》由此情怀所激起的，是对浊乱社会的严厉批判，发表了许多"焚符破玺""掊斗折衡"的议论，不同于《西铭》之心气平和。《西铭》末句说"存，吾顺事，没，吾宁也"，类似的语言在《庄子》书中也屡见不鲜，如《大宗师》说："孰知死生存亡之一体者，吾与之友矣。"《田子方》说："夫天下也者，万物之所一也。得其所一而同焉，则四支百体将为尘垢，而死生终始将为昼夜而莫之能滑，而况得丧祸福之所介乎！"[1] 就勘破生死得失的人生关隘而言，《西铭》与《庄子》是相同的，但《西铭》的心态只是乐天安命，而《庄子》却以自然大化的终极价值来说明社会人生的无价值。对于社会生活，《庄子》说是"知其不

---

[1]《庄子集释》卷七上，第632页；卷二中，第143页；卷三上，第258页；卷七下，第714页。

可奈何而安之若命",即使不采取实际行动来抵抗,但情绪上始终有抵触。由此看来,张载的本体论哲学或哲学理念虽与《庄子》相同,但在价值趣向的层面,却表现出种种差异。也唯其有此差异,所以张载学术思想的最终落脚点,不是像《庄子》那样怀疑名教、批判名教,而是按照天道的内涵来重建名教。

第三节　以礼为核心的政治思想

在张载的学术思想中,天道性命之学与礼乐名教是同时并重的,二者之间非但不能畸轻畸重,而且还存在内在的思想联系。但由于天道性命之学表现为理论形态,礼乐名教表现为对于社会现实的直接关切,其中包括个人的行为实践以及社会政治的可操作性等,所以又有区分。既然有区分,那么究竟哪方面是张载关学的重点,就不免见仁见智。大致说来,凡站在经验体认的层面下一直观断语,会更注意其礼乐名教的一面,而站在理论思辨的层面进行义理辨析,则会更注意其天道性命之学。前者如司马光作《子厚先生哀辞》诗云:

> 中年更折节,六籍事精研。羲农讫周孔,上下皆贯穿。造次循绳墨,儒行无少愆。师道久废阙,模范几无传。先生力振起,不绝尚联绵。教人学虽博,要以礼为先。庶几百世后,复睹百三前。释老比尤炽,群伦将荡

然。先生论性命，指示令知天。[1]

《宋史·张载传》叙论张载之学大旨，也有类似的说法：

> 其学尊礼贵德、乐天安命，以《易》为宗，以《中庸》为体，以孔孟为法，黜怪妄，辨鬼神。其家昏丧葬祭，率用先王之意，而傅以今礼。又论定井田、宅里、发敛、学校之法，皆欲条理成书，使可举而措诸事业。[2]

直至现代学者章太炎，依然保持着下一直观断语的叙议方式，如说：

> 张横渠（载）《正蒙》之意，近于回教。横渠陕西人，唐时景教已入中土，陕西有大秦寺，唐时立，至宋嘉祐时尚在，故横渠之言，或有取于彼。其云"清虚一大之谓天"，似回教语；其云"民吾同胞、物吾与也"，则似景教。人谓《正蒙》之旨，与墨子兼爱相同。墨子本与基督教相近也。然横渠颇重礼教，在乡拟兴井田，虽杂回教、景教意味，仍不失修己治人一派之旨。[3]

---

[1]《司马温公集编年笺注》卷五，第1册，第278页。
[2]《宋史》卷四二七，第12724页。
[3]《章太炎国学讲演录·诸子略说》，第244页。

站在义理辨析的层面对张载的理论旨趣发表看法,始于二程,如程颐《答杨时论〈西铭〉书》说:

> 横渠立言,诚有过者,乃在《正蒙》。《西铭》之为书,推理以存义,扩前圣所未发,与孟子性善养气之论同功,岂墨氏之比哉?《西铭》明理一而分殊,墨氏则二本而无分。分殊之蔽,私胜而失仁;无分之罪,兼爱而无义。分立而推理一,以止私胜之流,仁之方也。无别而迷兼爱,至于无父之极,义之贼也。[1]

将《西铭》的义旨概括为"理一分殊",因而表示高度的赞赏,并批评《正蒙》中"清虚一大"等杂而不纯的用语,是程颐按照自己的哲学思想所发表的看法。这个看法被朱熹大加发挥,他不但作有《西铭论》,推阐其"理一分殊"之旨,匡正当时学者轻诋《西铭》之陋,而且在与学生讲授时反复演述其意,甚至说:"《西铭》要句句见'理一而分殊'。""《西铭》通体是一个'理一分殊',一句是一个'理一分殊'。"[2]

显然,站在经验直观的层面下一断语,与站在理论思辨的层面进行抽绎,会对张载的思想理论产生不同的看法。两种看法都可谓持之有故,言之成理,但同时也都有其片面

---

[1]《二程集·文集卷第九》,第609页。
[2]《朱子语类》卷九八,第2522页。

性，见中有所不见或未见。比较而言，按照经验直观下一断语，能把握住张载学术思想的整体印象，亦即把握住天道性命之哲学与具有文化实感的礼学两个方面。强调张载关于礼的学说及行为实践在其学术思想中的重要地位，从而使其"名教可乐"的学术宗旨能落到实处，是经验直观者的通见。但按照经验直观的方式来断语其天道性命之哲学，就难免为朦胧印象所遮蔽，使哲学与礼学断为两橛。如章氏之说，谈张载哲学时只看到"理一"的一面，因而与伊斯兰教、基督教之教义产生联想，重复杨时以张载之学混同于墨家的错误，看不到"理一"中包含着"分殊"，也就丢失了张载礼学的理论依据。程朱的看法有以匡正这种错误，他们站在高屋建瓴的理论高度上，将张载的思想理论概括为"理一而分殊"："理一"是仁和乐的理论基础，有以克服杨朱式的"为我"之私，"分殊"是礼和义的理论基础，有以克服墨子式的"兼爱"之失，从理论上抓住了张载学术"立乎大中至正之矩"[1]的要旨。但是，程朱却忽略了张载具有文化实感的礼学及行为实践。事实上，二程对张载在关中推行的礼俗文化改良并不赞赏，《二程集·洛阳议论》中有这样两条记载："子厚言：'关中学者，用礼渐成俗。'正叔言：'自是关中人刚劲敢为。'子厚言：'亦是自家规矩太宽。'""正叔谓：'洛俗恐难化于秦人。'子厚谓：'秦俗之化，亦先

---

[1]《张载集·正蒙·范育序》，第5页。

自和叔有力焉，亦是士人敦厚，东方亦恐难肯向风。'"[1]
和叔即张载的学生吕大钧，他将张载改良礼俗文化的主张付诸实践，在关中地区影响很大。对于关学在敦化礼俗方面的成就，程颐非但不欣赏，而且强调洛阳与关中的风俗差别，所谓"洛俗恐难化于秦人"，可以理解为对张载的委婉拒绝，因为这个缘故而只谈张载"理一分殊"的哲学，免谈其具有文化实感的礼学，亦自不难理解。现代学者从哲学史、思想史的角度研究张载或关学，大抵都注重其哲学理论，但又不像程朱那样谈"理一分殊"问题，而是以西方的某些哲学流派作为参照，提出其宇宙观属于二元论或唯物论，伦理学属于唯心论等看法，不但使张载的学术宗旨变得很模糊，而且使其思想理论处于分裂状态，似乎张载的天道性命之哲学与其以礼为核心的社会政治思想，并不存在内在的逻辑联系。这种研究结果，与其说是采用现代学术语言诠释古典思想，不如说是暴露出偏重理论思辨所存在的问题。

要克服上述两种偏颇，就有必要弄清张载的天道性命之学与礼乐名教之间的思想联系。张载《答范巽之书》曾说："朝廷以道学政术为二事，此正自古之可忧者。"其所以可忧，是因为讲道学时是一种心，为政术时又是另一种心，道学亦即文化的价值观念不能贯穿到实际政治中，便可能成为不合理政治的一块遮羞布。自秦汉以

---

[1]《二程集·遗书卷第十》，第114、115页。

来的政治便是如此，所以张载极力批判"秦汉之少恩""五伯之假名"。[1] 秦朝奉行法家之刑名学，政治的实质乃霸术；汉初信奉黄老，虽不像秦朝那样霸道，但本质依然是刑名学，自武帝之后以霸王道杂之，阳儒阴法，儒家的王政只是一种假名。在张载看来，这种历史积弊的根源正在于道学与政术的分裂，所以他特别关注二者的联系。从张载的著作中来看，这种联系可以概括为一条价值原则、两个层面的理论阐释。

所谓价值原则，认真说来是礼乐名教、典章制度最为根本的合理性依据。如果没有这条价值原则，那么人类为什么需要礼乐名教、典章制度，亦即为什么需要政治，便真的成了极大问题。在《横渠易说·系辞》中，张载说：

> 乾坤交通，因约裁其化而指别之，则名体各殊，故谓之变。推行其变，尽利而不遗，可谓通矣；举尽利之道而错诸天下之民以行其典礼，《易》之事业也。
>
> 鸿荒之世，食足而用未备，尧舜而下，通其变而教之也。神而化之，使民不知所以然，运之无形以通其变，不顿革之，欲民宜之也。大抵立法须是过人者乃能之，若常人安能立法！凡变法须是通，"通其变使民不倦"，岂有圣人变法而不通也？[2]

---

[1]《张载集·文集佚存》，第 349 页。
[2]《张载集·横渠易说》，第 206—207、212 页。

所谓"举尽利之道而错诸天下之民",就是张载为礼乐名教、为政治所确立的价值原则。在他看来,政治最根本的合理性,不在于它是先王遗志或天命之类,而在于它能利益民生,能够因应自然和社会的变化对天下之民的生活进行协调,像《系辞》所说的那样"通其变使民不倦"。因为自然和社会都在不断地变化,所以具体的政治措施也必须有所变革,但政治的价值原则却不能变,必须是对天下之民有利的、适宜的。

那么,一种政治措施是否对天下之民有利,是否适宜,应当根据什么来判断呢?在这个问题上,张载也与中国古代的许多知识分子一样,只是由古代典籍中所说的"命太师陈诗"想到访问耆旧,没有想出民意测验、民意调查的办法,更没有想到建立一种议政机构,让不同利益阶层的代表参政议政。他基本上是怀着一种代圣人立言的情绪来探讨政治的抽象合理性问题,所以对于价值原则的进一步阐释,依然保持在天道与天人之辨的理论层面。

从天道的角度来阐释"举尽利之道"的价值原则,实际上也就是推天道以明人事,以自然法则来衡量人文法则。在中国古代哲学中,这种自然法则的主要内涵只有两条,一是公平,二是秩序,不包含进化论所谓优存劣汰的生存竞争之义;相反,它在公平的意义上特别强调有容物,无弃物。如《正蒙·至当》说:"大人者,有容物,无去物,有爱物,无徇物,天之道然。天以直养万物,代天而理物者,曲成而不害其直,斯尽道矣。"容物也就是宽容之政,唯其宽容,所以公平无私；也唯其无私，所以爱物而不至于徇物，不成为物欲的奴隶。换言之，政治也许可以说是一种谋利的手段，但这种手段服务于天下之民，政治没有它自身的特殊利益。相应地，执政者实际上只是政治功能的体现者，所以也没有自身的特殊利益。如果执政者只是利己，为自身及所属集团谋利，那就是以己徇物，背离了政治为天下之民谋利的价值原则，非"举尽利之道而错诸天下之民"。《正蒙·天道》又说："天体物不遗，犹仁体事无不在也。'礼仪三百，威仪三千'，无一物而非仁也。"所谓体，既可以理解为体贴，也可以理解为体现。天道体贴万物而不遗，说明天道无偏无党，容万物并存；天道体现在万物之中，说明万物平等，虽具象万殊，但莫不有道。这是天道的公平无私。与之相应的仁体事无不在，则是人道的公平无私。人道的内涵也许包括许多方面，但其中最为根本的，是人类具有一条普适性的情感和理性规则，这就是仁。仁既体贴天下之民的情感和理性，也可以反过来说，仁非一家私意，而是天下之民共同情感和理性的集中体现。在张载看来，天道的公平无私与人道之仁的公平无私，是本质相类似的，所以用一个"犹"字将二者联系起来，并列对举。但既然是"犹"，那就说明天道与人道虽具有可比性，但并非绝对的等同，人有人道，不能完全按照天道自然来行事，只是由其可比较性，使人能超越自身的各种局限，从中得一极大启示，这就是发明天道的意义。同样的启示，不仅表现在天道公平方面，同时也表现在天道秩序方面。《正蒙·动物》说："生有先后，所以为天序；小大、高下相并而相形焉，是谓天秩。天之生物也有序，物之既形也有秩。知序然后经正，知秩然后礼行。"序是顺序，秩是品秩。自然事物的生成，总有时间上的先后，形成天然的次序、顺序，所以谓之"天序"。既生之物又体性万殊，形成天然的品秩差别，所以谓之"天秩"。礼作为人的伦理或行为规范，以天序天秩为依据，这说明礼乃出于天道之自然，不是由圣人刻意谋划的，人与人之间的伦理关系，是天序天秩的人文化表现：天序即长幼之序，天秩乃尊卑之秩。这种思想，是否意图为现实的社会等级辩护呢？这个问题需要从两方面来看。就其肯定社会秩序的必要性而言，包含有肯定现实合理性的意思，《正蒙·中正》曾说："责己者当知天下国家无皆非之理，故学至于不尤人，学之至也。"[1] 这表明张载并不将社会、国家的建立看作是一个完全彻底的错误，而是从现实中看到其合理性，所以不怨天尤人。但就其强调社会秩序以自然秩序作为合理性依据而言，又包含有批判现实的意思，即在现实之上确立一个更高的合理性准则，用"天秩"为参照，可以鉴别"人秩"之非理。同样的思想，在极富批判精神的《庄子》中也有所反映，《庄子·天道》说："君先而臣从，父先而子从，兄先而弟从，长先而少从，男先而女从，夫先而妇从。夫尊卑先后，天地之行也，故圣人取象焉。天尊，地卑，神明之位也；春夏先，秋冬后，四时之序也。万物化作，萌区有状；

---

[1]《张载集·正蒙》，第35、13、19、30页。

盛衰之杀,变化之流也。夫天地至神,而有尊卑先后之序,而况人道乎!宗庙尚亲,朝廷尚尊,行事尚贤,大道之序也。"[1] 所谓四时之序,也就是天序;所谓萌区有状,也就是天秩。其思想大旨,与张载可谓一般无二。《庄子》中有这样的思想,并不见得就背离了他的批判精神,相反,以更高的自然合理性尺度来衡量社会是否合理,正是现实批判的重要方式。不过这种批判中蕴含有建设意识,不同于情绪偏亢的上抨击三皇,下病痛其一身。从这个角度来看张载将天序天秩作为礼的合理性依据,同样也包含了批判精神和建设意识两个方面,而两个方面的结合,实际上也就意味着对礼乐名教、现实政治进行调整甚至重构。

围绕"举尽利之道"的价值原则,张载还从天人之辨的层面进行阐释。天人之间既必有所合,又必有所分,是张载的基本观点。《横渠易说·系辞下》说:"天人不须强分,《易》言天道,则与人事一滚论之,若分别则只是薄乎云尔。自然人谋合,盖一体也,人谋之所经画,亦莫非天理。"[2] 这是讲天人合的一面。因为《易传》所说的天道,并非单纯的客观自然之事,其中还包含对人事经验的总结、对人文沿革之理的概括,所以张载认为人事谋划与天理是相符合的。在北宋,这种思想几乎是一种通见,不独道学家之"北宋五子"如此,新学、蜀学以及涑学等学派,也都有大致类似的

---

[1]《庄子集释》卷五中,第469页。
[2]《张载集·横渠易说》,第232页。

看法。发展到南宋，朱熹乃将人文历史看作天理之流行，在比秦汉隋唐都更高的理论层面上，重构中国哲学的天人合一之主题。这种天人合一，不可按照汉代天人比附的模式来作庸俗的理解，其所谓天理，主要内涵乃阴阳相推相荡，并非先验的秩序安排，由此看待人文历史，同样也由尊卑、强弱等两种力量相推相荡而生变化。阴阳构成自然的张力，尊卑、强弱等构成社会的张力。

也正因为天理的主要内涵只是阴阳相推，不是先验的秩序安排，所以人能发现天理并应用天理，同时也能从天理自然中获得相对的独立，不必听命于自然秩序，这就是天人之别。《横渠易说·系辞上》说："老子言'天地不仁，以万物为刍狗'，此是也；'圣人不仁，以百姓为刍狗'，此则异矣。圣人岂有不仁？所患者不仁也。天地则何意于仁？鼓万物而已。圣人则仁尔，此其为能弘道也。"又说："'鼓万物而不与圣人同忧'，则于是分出天人之道。人不可以混天，'鼓万物而不与圣人同忧'，此言天德之至也。与天同忧乐，垂法于后世，虽是圣人之事，亦犹圣人之末流尔。"按照老子"圣人不仁"的观点，应将社会交付给自然秩序去管理，听任人各自为，圣人则端坐垂拱，自身无为而社会无不为。这种政治思想，实际上是以辩证法为依据而非以社会现实为依据的政治理想，其辩证法又依据一个假设性的前提，即假设政治可以像天道自然一样不对社会进行干预。而在张载看来，"圣人苟不用思虑忧患以经世，则何用圣人？天治自足矣"；"圣人主天地之物，又智周乎万物而道济天下，必也为之经营，不可以有忧付之无忧"。[1] 认为圣人必然怀有忧患意识，这就是张载最终告别《庄子》的思想关口。

从《庄子》哲学的本体论特质来看，与《老子》的本元论哲学是有些区别的，但在天人关系上，二者又观点一致，都主张按天道来范围人事，差别只在于《老子》致思于如何使社会现实符合自然天道的问题，《庄子》则更多地揭示社会现实与自然天道的矛盾，揭露社会现实不符合自然天道的各种弊病。《庄子·人间世》说："事若不成，则必有人道之患；事若成，则必有阴阳之患。"这就是人事与自然的矛盾。《庄子·齐物论》又有寓言说："昔者尧问于舜曰：'我欲伐宗、脍、胥敖，南面而不释然。其故何也？'舜曰：'夫三子者，犹存乎蓬艾之间。若不释然，何哉？昔者十日并出，万物皆照，而况德之进乎日者乎？'"[2] 宗、脍、胥敖是未开化而放任自然的小国，尧不释然，也就是为之忧患。既然为之忧患，就不免要施行讨伐，这就是人事背离自然的弊病根源。而解决矛盾、克服弊病的办法，则是《齐物论》所说的"为是不用而寓诸庸"，意即自行其是但不以一己之是作为他人准则，而是融化到人各自是的世界中。这种思想，其实是将《老子》无为而无不为的帝王南面之术扩展到每一个人身上，由无为而无不为的政治衍化出无为而无不为的文化。也正是这种思想，引起张载的批评。张载对庄子

---

[1]《张载集·横渠易说》，第188—189、185页。
[2]《庄子集释》卷二中，第152页；卷一下，第89页。

的批评性议论,就集中在这方面,如《正蒙·神化》说:"圣不可知谓神,庄生缪妄,又谓有神人焉。"[1]《横渠易说·乾》说:"庄子言神人,不识义理也;又谓至人真人,其辞险窄,皆无可取。"[2] 所谓至人神人,在《庄子》书中比圣人的境界更高,《逍遥游》说:"至人无己,神人无功,圣人无名。"至人无己是混同于天地大化,自然也就无功名;神人有己但无功业,至于圣人则有己有功,但不自彰,所以无名。《逍遥游》又描述姑射山的神人,既谓之"乘云气,御飞龙,而游乎四海之外",无人世之忧患;又谓之"其尘垢秕糠,将犹陶铸尧舜者也,孰肯以物为事",[3] 超然遗世而独立。这种超然境界,在张载看来是虚幻的,他认为至神只是天地万物的大化流行,即如《正蒙·神化》所说:"神,天德,化,天道。德,其体,道,其用,一于气而已。"[4] 所谓天德,就是无为而万物化生。之所以又用一个"德"字,是因为天地有生成之意,这也就是"天地之心",如《横渠易说·系辞下》说:"亦不可谓天无意,阳之意健,不尔何以发散和一?"天地虽有生成之意,但非出于忧患意识,这就是天或神不同于圣人之处,如说:"天则无心,神可以不诎,圣人则岂忘思虑忧患?虽圣亦人耳,焉得遂欲如天之神,庸不害于其事?"如果将圣人说成神,让

---

[1]《张载集·正蒙》,第18页。
[2]《张载集·横渠易说》,第76页。
[3]《庄子集释》卷一上,第17、28、31页。
[4]《张载集·正蒙》,第15页。

他遇事辄袖手，那就什么事都办不成，所谓礼乐名教、典章制度，也就统统解构了。这种结局，正是张载所担忧的。但是，既然有忧患，那就说明并不快乐，又如何解释所谓"名教可乐"呢？张载在谈到读《易》的感受时曾说："每读则每有益，所以可乐。"[1] 有益是有益于对天道的更深入理解。由此来分析其所谓"可乐"，其实是为天道而乐，非为一己而乐。

既然天道可乐，而人又不能因为天道可乐便袖手无为，那么必然的结论就是将天道转用到人事上。这在张载的思想中，就是继天道之真以成人事之善，如《横渠易说·系辞上》说："一阴一阳是道也，能继继体此而不已者，善也。善，犹言能继此者也。"人事之善虽然是天道之真的继续，但又与"天何言哉"的自然呈现不同，而有其人文化的表现方式，这便是礼。同上文说："人必礼以立，失礼则孰为道？"将礼提高到道的层面来理解，这一方面证明了礼乐名教是合理的，另一方面也表明礼乐名教必须以更高的天道作为合理性准则。而天道又不是某种僵化不变的模式，相应地，礼乐名教也就有个如何变通的问题，"通其变使民不倦"，既是圣人制礼作乐之初意，也是后人继承礼乐名教的原则。张载说：

> 时措之宜便是礼，礼即时措时中见之事业者。非礼

---

[1]《张载集·横渠易说》，第231、189、180页。

之礼，非义之义，但非时中皆是也。……时中之义甚大，须是精义入神以致用，始得观其会通以行其典礼，此方是真义理也。行其典礼而不达会通，则有非时中者矣。[1]

时中是《易传》术语，指阴阳爻在某卦中应其时而居二、五之中位，以之言礼，意即适应时宜的中庸之道。按照这个思想，时宜在不断变化，礼也必须有所变革，这就涉及礼乐名教的继承与革新问题。围绕这个问题，张载及其门徒蓝田吕氏兄弟，在理论和实践两方面都进行过一些尝试，但也暴露出尊古与用今的矛盾。如张载说：

今学者则须是执礼，盖礼亦是自会通制之者。然言不足尽天下之事，守礼亦未为失，但大人见之，则为非礼非义，不时中也。君子要多识前言往行以畜其德，以其看前言往行熟，则自能比物丑类，亦能见得时中。礼亦有不须变者，如天叙天秩之类，如何可变！时中者不谓此。[2]

这种守礼不失的说法，可以与程颐作一个有趣的比较。程颐曾说："学者后来多耽《庄子》。若谨礼者不透，则是佗须看《庄子》，为佗极有胶固缠缚，则须求一放旷之说以自

---

[1]《张载集·横渠易说》，第187、192—193页。
[2]《张载集·横渠易说》，第193页。

适。譬之有人于此，久困缠缚，则须觅一个出身处。如东汉之末尚节行，尚节行太甚，须有东晋放旷，其势必然。"[1] 按照程颐的看法，如果对礼的意义理解不透彻，礼仪节文被强调得太过，就有必要用《庄子》来解构，使人从礼的缠缚中解放出来。而按照张载的看法，在对礼的意义理解不透彻、不达时中之义时，且需守礼不失，然后再学习历史知识和礼的典范，日积月累，从而会通"时中"之义。张载的本体论哲学吸收《庄子》，但在守礼的问题上反不及程颐能运用《庄子》，实与他坚持儒家古典传统的主张有关。张载有《圣心》诗说："圣心难用浅心求，圣学须专礼法修。千五百年无孔子，尽因通变老优游。"[2] 因为儒者也讲通权达变、顺应时俗，所以儒家礼法日趋一日地纲维不振。正是基于这种看法，张载身体力行，例如他熙宁九年任职太常礼院时，便坚持冠婚丧祭用古礼，结果"众莫之助"，只能带着极为失望的心情返归故里。由此看来，张载虽也强调礼的时中之义，但在实践中未能很好地解决尊古与用今的矛盾问题。吕大临的《考古图后记》曾就此问题发表议论，从中可以看出关学的一些思考。其文曰：

> 庄周氏谓儒者逐迹丧真，学不善变，故为轮扁之说、刍狗之喻，重以《渔父》《盗跖》"《诗》《礼》发

---

[1]《二程集·遗书卷第十八》，第246页。
[2]《张载集·文集佚存》，第368页。

冢"之言，极其诋訾。夫学不知变，信有罪矣；变而不知止于中，其敝殆有甚焉。以学为伪，以智为凿，以仁为姑息，以礼为虚饰，荡然不知圣人之可尊，先王之可法。克己从义，谓之失性；是古非今，谓之乱政；至于坑杀学士，燔爇典籍，尽愚天下之民而后慊。由是观之，二者之学，其害孰多？尧、舜、禹、皋陶之书，皆曰"稽古"。孔子自道，亦曰"好古敏以求之"。所谓古者，虽先王之陈迹，稽之好之者，必求其所以迹也。制度法象之所寓，圣人之精义存焉。有古今之所同然，百代所不得变者，岂刍狗、轮扁之谓哉？[1]

按文中既讲知变，讲止于中，与张载的说法相同，又讲制度法象有不可变者，与张载天叙天秩不可变的说法也相同，则此文可视为关学作品。其大旨，是站在礼乃社会生活之必要的角度来回答《庄子》所提出的问题。《庄子·天道》有轮扁寓言，说圣人之书全是糟粕；《天运》篇又说《六经》皆先王之陈迹，非其所以迹；《外物》篇又编出儒者以《诗》《书》发冢的故事，极其嘲讽之能事。诸如此类的诋訾、嘲讽，其实都围绕一个问题，即儒家的礼乐名教之古典传统，对于后世没有价值。针对这个问题，吕大临的回答是，僵化地坚守礼乐名教固然有害，而废黜礼乐名教则为害更甚。按照吕大临的意思来分析，礼乐名教作为社会生活

----
[1]《全宋文》卷二三八六，第110册，第162页。

中的文化规则，不仅对臣民的行为是一种制约，对君主的行为同样也是一种制约；如果放弃制约，那么首先受伤害的不是君主，而是臣民，因为君主是强力霸者，在直接的冲突中不像臣民那样需要文化规则的保护。秦朝的"焚书坑儒"，证明了这一点，更多的历史事例虽不像秦朝那样典型，但也能证明这一点。由此而进行两害相权取其轻的选择，则礼乐名教必不可废黜。这是吕大临回答《庄子》问题的基本思路，至于上升到理论思辨的层面，则接受《庄子》的"所以迹"之说，只是不同于《庄子》将"迹"与"所以迹"对立起来，而是由"迹"求其"所以迹"，也就是从礼的经典中寻找其时中之义或合理性依据。这种阐述，或许可以理解为对张载思想的补充。

从某种意义上说，以学者身份关注现实政治问题，似乎是张载治学的一个特色，其所以毕生围绕"名教可乐"问题展开理论探讨，既出于儒家文化重建的历史使命，也出于对现实政治问题的高度关注。二者的表现形式虽然不同，但本质是一致的，名教体系之不立，是儒者苟且和政治苟且的共同原因。程颐曾说："某接人，治经论道者亦甚多，肯言及治体者，诚未有如子厚。"[1] 而张载对现实政治问题的关注，集中在两个方面：一是井田制，二是封建制和宗子制。

井田制问题是张载所关注的政治首要问题，他不但设计出一套方案，而且力图进行试验。据吕大临《横渠先生行

---

[1]《二程集·遗书卷第十》，第110页。

状》说：

> 先生慨然有意三代之治，望道而欲见。论治人先务，未始不以经界为急，讲求法制，粲然备具，要之可以行于今，如有用我者，举而措之尔。尝曰："仁政必自经界始。贫富不均，教养无法，虽欲言治，皆苟而已。世之病难行者，未始不以亟夺富人之田为辞，然兹法之行，悦之者众，苟处之有术，期以数年，不刑一人而可复，所病者特上未之行尔。"乃言曰："纵不能行之天下，犹可验之一乡。"方与学者议古之法，共买田一方，画为数井，上不失公家之赋役，退以其私正经界，分宅里，立敛法，广储蓄，兴学校，成礼俗，救灾恤患，敦本抑末，足以推先王之遗法，明当今之可行。此皆有志未就。[1]

井田制作为一种古老的土地制度，罢废已久，而在北宋时，却成了一个热点问题：王安石主张恢复井田制，张载也主张恢复井田制，二程则赞同张载的主张。就思想传统而言，这种主张似乎来源于孟子，《孟子·滕文公上》说："夫仁政，必自经界始。经界不正，井地不钧，谷禄不平。是故暴君污吏必慢其经界。"[2] 慢其经界就是进行土地兼并。这

---

[1]《全宋文》卷二三八七，第110册，第185页。
[2]《十三经注疏（清嘉庆刊本）》，第5877页。

个问题在北宋时更加突出,土地兼并的结果不但导致贫富悬殊,流民失所,而且由于富者隐报田亩实数,政府也遭受赋税方面的巨大损失。王安石作为执政者,既考虑流民失所问题,也考虑政府赋税问题,而张载作为议政者,对流民失所问题更关注,如他在《送苏修撰赴阙》诗中说:"秦弊于今未息肩,高萧从此法相沿。生无定业田疆坏,赤子存亡任自然。"[1] 从历史上看,井田制的罢废始于春秋时期而非始于秦汉,但自秦汉施行郡县制,政府的职能便流于单方面地以一套行政机构来控制社会,却不能有效地过问社会的公正问题。用张载的话说,就是"不制其产,止使其力",用民而不能以社会公正来养民,其结果必然是涸泽而渔。为了有效推行井田制,张载又设计出一套实施方案,其方案大要分两步进行。第一步是丈量天下土地,划分成棋盘式的方块,再按人受一方的配额实行分配。此前有田产之家,可按其田亩数任命为"田官",如大臣之家据土千顷,则封为五十里的小国。田官或国主按照不超过农产十分之一的税额收税,不能像原来的佃客关系那样收租。这样,农民的利益得到了保障,而地主虽然受些损失,但"使之为田官以掌其民",在政治方面得到了补偿,即使少数地主不愿,但"悦者众而不悦者寡矣,又安能每每恤人情如此"。方案的第二步是过一二十年之后,重新任命田官,其原则是"择贤",这样也就由土地改革深化为政治改革,即废除郡县制,恢复封建制,

---

[1]《张载集·文集佚存》,第367页。

所以张载说,"井田卒归于封建乃定",[1] 也就是以政治改革来巩固土地改革的成果。

关于恢复封建制,张载说:"所以必要封建者,天下之事,分得简则治之精,不简则不精,故圣人必以天下分之于人,则事无不治者。……且为天下者,奚为纷纷必亲天下之事?今便封建,不肖者复逐之,有何害?岂有以天下之势不能正一百里之国,使诸侯得以交结以乱天下!自非朝廷大不能治,安得如此?而后世乃谓秦不封建为得策,此不知圣人之意也。"[2] 封建制中又包含了什么样的圣人之意呢?张载的学生吕大钧的《世守边郡议》做出解释:"盖天下之势,不得不一,亦不得不分。分而不一,则上无以制命,而为下者肆;一而不分,则下无以陈力,而为上者劳。故古者分天下为列国,统万国于一王,使礼乐征伐一出于天子,教治禁令一委之诸侯。"[3] 按照这个解释,封建制既能保持天下的政治统一性,以免因政治分裂而导致混乱,又能通过诸侯分担政府职能将社会治理得更好。这样将统一与分权结合起来,也许是张载理一分殊之哲学的应用,在理论上,它既能维护政治和文化的统一性,又能保持社会的发展张力,从而解决一统就死、一散就乱的老问题,所以张载主张"今便封建",作一番大胆尝试。

---

[1]《张载集·经学理窟》,第249—251页。
[2]《张载集·经学理窟》,第251页。
[3]《全宋文》卷一七〇四,第78册,第198页。

宗子制与封建制密切相关：封建制就天下而言；宗子制就家族而言，实际上是封建制的缩影。在历史上，封建制的最终废除，是通过废除宗子制才得以完成的，事在汉武帝时。自汉初以降，中央政府就苦于不能削弱诸侯势力，在与诸侯的斗争中节节败退。到武帝时，本来学纵横术的主父偃想出一个主意，这就是拿宗子制开刀。他分析说，古时候的诸侯，最大也不过占地百里，与朝廷的势力相比悬殊，所以容易制约。而现在的诸侯连城数十座，地方千里，势力既大，则朝廷用缓政便生骄奢，用急政就联合抵抗。如果颁布法令削弱诸侯，必然引发叛乱，不如在宗子制上用手段。根据每个诸侯都有子弟数十人的情况，如果每个子弟都封侯，在诸侯国内进行土地的再分配，那么，原来强大的诸侯国就被瓦解成弱小的诸侯国，朝廷不仅没有损失，反而成了一件施恩的仁政，此即其所谓"彼人人喜得所愿，上以德施，实分其国，必稍自销弱矣"。[1] 这件事，看起来像是一次政治诡计，但对中国社会的影响却是深刻的，它不但在事实上加强了中央集权，瓦解了地方政权对中央政权的牵制力，而且由诸侯影响到民间，改变了民间以大家族形式表现出来的社会自组织结构。主父偃纵横术中的真实用意，张载是了解的，但按照北宋时最大的地主也不过地方百里的情况来判断，不足以与中央政府相抗衡，所以张载认为，"自非朝廷大不能治"，就不会出现动乱。相反，社会自组织结构的稳

---

[1]《汉书》卷六四上《主父偃传》，第2802页。

定,对朝廷大有益,如说:"宗子之法不立,则朝廷无世臣。且如公卿一日崛起于贫贱之中以至公相,宗法不立,既死遂族散,其家不传。宗法若立,则人人各知来处,朝廷大有所益。"何以见得有益呢?张载说,公卿各保其家,能培养起忠义的精神,而忠义正是朝廷稳固的根本。反之,若宗子之法不立,则骤得富贵者只能坚持三四十年,主人死后,分房产,分土地,按照化整为零的方式不断分配,结果四分五裂,"未几荡尽,则家遂不存,如此则家且不能保,又安能保国家!"进而从理论上说,宗子制也不是胶固的,按照理一分殊的哲学,不会形成嫡庶之间的压制,如说:"'天子建国,诸侯建宗',亦天理也。譬之于木,其上下挺立者本也,若是旁枝大段茂盛,则本自是须低摧。……宗之相承固理也,及旁支昌大,则须是却为宗主。"[1]

对于井田制和宗子制的长期废阙,张载还有另一层忧虑,这就是士人都不顾家族荣誉,只在科举的道路上竞争,会导致道德的低靡,人格的萎缩。如他在一道策问中说:"近世公卿子孙,方且下比布衣,工声病,售有司,为不得已为贫之仕,诚何心哉?盖孤秦以战力窃攘,灭学法,坏田制,使儒者风义寝弊不传,而士流困穷,有至糟秕不厌。自非学至于不动心之固,不惑之明,莫不降志辱身,起皇皇而为利矣。"[2] 因为井田制被废黜,士流都在贫困线上挣扎,

---

[1]《张载集·经学理窟》,第259—260页。
[2]《张载集·文集佚存》,第355页。

背后没有资产作依靠；因为宗子制被废黜，士流只得以个体来面对政府和社会，背后没有家族作依靠，便主要依附于政府来建立功名事业。其结果，政府对士流的控制固然更容易，也更彻底了，但士流作为社会文化的主要载体，一旦在生活不能独立的境况下出现道德危机和人格危机，那么社会也就到了腐烂、溃败的边缘。由此来看张载所谓"名教可乐"，更感迫切的似乎不是思想理论问题，而是社会制度问题。社会制度作为"名教"的具体体现，是否"可乐"，是否合理，才是问题的症结之所在。张载把握住症结，说明他对问题的诊断是有见地的，其思想出发点也在于求新而非恋古；至于又转向历史去寻找药方，主张恢复井田制和封建制，则与时代背景有关，与他所能掌握的思想资料也有关。在北宋，思想家们只能以儒释道作为主要的思想资料，通过合其同、离其异或离其同、合其异等方式推陈出新，完成思想理论的重建。在社会制度的层面，也主要只能以史为鉴，通过研究古今之变，寻绎社会制度的沿革之理，剖析利弊，进行社会制度的重新调整。从历史学的角度看，思想家的思想"界面"是由历史提供的，而不是由思想家自己创造的。理解这一点，我们就没有理由厚责古人，也没有理由按照复古与创新的简单模式来评价古人，而有必要分析其复古或创新是否切中历史现实的弊病。从这个角度来评价张载，他或许不是一个高明的谋略者，但却是一个深刻的思想家。

第五章 程颢程颐"体用一源"的政治哲学

二程洛学的发生发展，与北宋中晚期的社会政治变革密切联系在一起。这种联系，不但通过他们关于现实政治问题的各种议论反映出来，而且通过其天道性命之学背后的问题意识反映出来。就问题意识而言，二程洛学本质上是一种政治哲学，其所以采取推阐天道性命之理的抽象理论形式，是由北宋儒学复兴的时代思潮及其历史进程所决定的。

结合北宋儒学复兴运动的历史进程来看，天道性命问题之成为理论界所关注的焦点问题，是由荆公新学一派凸现出来的，肇始于嘉祐、治平年间，正是从庆历新政到熙宁变法的过渡期。在庆历一代学者中，也有"古灵四先生"等研寻心性之义，但它在整个庆历学术中是边缘性的、非主流的，理论意图也不在于建构某种政治哲学，而是相应于佛道教在这方面的长足发展，思有以补救儒学义理之缺。从总体上看，庆历学术作为两宋儒学复兴运动的启蒙阶段，思想主流是经世致用，所要探讨的问题主要有两个：其一是援引《周易》，从理论上论证振兴儒学以扶救世衰、推行政治改革以挽救危机的必要性和合理性；其二是将《春秋》《周礼》等古代儒家的政治法典与现实的政治问题结合起来，探讨改革的文化方略及具体措施。在纯粹理论的层面上，探讨这两大课题能够满足改革的需要，无须附丽于天道性命之迂远浮谈，所以欧阳修、李觏等人，都针对推言天道的图书《易》学及各种心性之说，提出严厉的批评。然而，当范仲淹、欧阳修等人推行庆历新政时，却遇到强大的阻力，改革事业因此失败。分析阻力之所以产生，根本原因不在于庆历学者关于改革之必要性和合理性的论证是否充分，也不在于改革的文化方略是否符合古代儒家的政治法典、具体措施能否解除现实政治之积弊，而在于改革冲击了官僚集团的利益，引发了党争亦即政府内部的冲突。冲突的焦点就是新政推行一套循名责实的官员考核制度，让侥幸成风的官僚集团大感不便。这无疑是一次极大的教训，它表明改革的成败，最终将取决于人情对于改革的接受程度，取决于社会的道德基础——当政治改革被理解为一种"王道"理想时，人情接受改革的程度就成为个体或局部利益与社会理想、社会整体利益的关系问题，因而也是一个道德问题。

庆历新政失败后，改革的话题曾一度沉寂，但改革的客观必要性并未因此消退，反而由于积弊的反弹更显紧迫。在嘉祐、治平年间，包括王安石以及始入仕途的二苏、二程在内，几乎所有关注社会前途和命运的学者，都以上书或策论的形式发表紧急呼吁，要求改革。但是，庆历新政的失败教训毕竟殷鉴不远，如何既推进改革又避免重蹈其覆辙，便成为新一代改革派必须思考的问题。也许是出于对范仲淹等人人格的尊敬，在这些学者的文论中，罕见关于庆历新政之失败教训的正面总结，但他们的理论探索却无疑渗透着对庆历新政的反思，其中包括深浅两个层面。就其浅者而言，是围绕改革的成败而生发一种道德忧虑，在当时，极力阻挠庆历改革的夏竦就被世人目为奸邪，与真宗朝佞臣王钦若、丁谓等列，受到广泛的道德指责。就其深者而言，是针对人情在改革中的种种表现，展开关于道德体系的理论检讨，以人性人情作为基础，进行道德体系的重建，使之符合政治改革的需要。这种理论检讨，即所谓天道性命之学，它围绕政治改革的成败问题而展开，在出发点上就具有建构政治哲学的理论意图，王安石的天道性命之学尤其如此。作为倡始者，王安石为天道性命确立了政治哲学的诠释方向，其所谓"天道"，简言之就是从明天、明道的前提出发，按照"由是而之焉"的逻辑思路，推陈出一套"九变而赏罚可言"的政治制度；其所谓"性命"，简言之就是根据抽象人性符合天道的一般原则，又据其"性情一也"的基本判断，寻绎人性人情中认同并且遵守这套制度的可能性。从嘉祐、治平年间王安石著述讲学伊始，天道性命就成为学者们探讨政治哲学问题的特殊语言，他们对于天道性命的不同理论阐释，反映出政治哲学的深刻分歧。二程洛学与荆公新学的论争便是如此。

从某种意义上说,二程洛学的理论个性,是在与其他学派的争议中展现出来的。例如他们批评王安石之所谓道乃不识天人无别,批评司马光的"守中"说执滞而不得要领,批评张载"清虚一大"之道体为未全未纯等等。站在思辨哲学的角度看,这些批评展现出二程追求思维缜密的理论个性,他们对于各种理论体系的内在矛盾、缺陷,具有敏锐的洞察力和鉴别力。而站在政治哲学的角度看,这些批评都有其具体的时代现实之内涵。司马光的"守中"说之所以执滞,是因为他将"守中"理解为僵化的模式,表现出政治上单方面追求稳定而不知变通的固执。张载"清虚一大"的道体之所以未全,是因为它作为本体论,只能呼应人性中理性向上的一面,割舍了人性在世俗生活中的复杂内涵。至于批评王安石之所谓道乃不识天人无别,则反映出二程政治哲学的理论特质。在他们看来,王安石由明天、明道推陈出一套"九变而赏罚可言"的政治制度,是由天道演绎人事的单向逻辑——天道被设定为独立的前提,人事仅仅被作为次生的结论,在理论结构上就割裂了天人一体的关系,规定人性人情必须服从天道。尤其是当王雱明确提出"任理而不任情"的时候,具有必然性意义的天理或天道,就对人性人情构成压抑。而按照二程的理论,人性人情是天道流行的显现,二者既是统一的,又是一切理论前提中不可或缺、不可偏倚的双重内涵。因为新学派的理论存在这样的缺陷,所以在付诸实践时必然导致偏失。第一是对于世俗人情持不悯、不恤的态度，自持其是非之见，一意孤行；第二是按照其单向思维逻辑所确立的改革方针，必然是自上而下的，而且将政治改革局限在调整行政机器、管理制度的畛域之中，本质上只是改造政治工具，将社会当成单纯的作业对象，其结果只能是提高政府的职能和效率，从而富国强兵，为政府创获更大的利益，但同时也必然激化政府与社会的矛盾。为了既避免这种矛盾同时又推进改革，二程主张将政治改革放在社会文化改造的系统工程中进行。二程推阐天道性命之理，推阐其"大中之道"，笼统地讲就旨在建构这样一个社会文化改造的系统工程。

第一节　警告危机　呼吁改革

从现存的二程著作来看，他们的学术思想之旅，是从政治变革问题出发的，时间大约在皇祐二年至熙宁三年（1050—1070）。这阶段他们所发表的议论，主要是政论性质的，内容包括两方面：一是忧患于现实政治的积弊及危机，呼吁改革；二是针对王安石的改革方针及具体措施，发表反对意见。从呼吁改革到反对王安石的改革方针，是二程生活和思想发展中的一大变故，结合程颐所提出的"大中之道"，可以理解其所以然，理解他们关于政治改革的另一种思路。

皇祐二年，正当改革话题因庆历新政失败而陷落低谷的时候，程颐以平民身份上书宋仁宗，分析现实政治濒临危机的局势，并以当仁不让的气概自荐所学，表达其救国于将乱的热忱。写作这份《上仁宗皇帝书》时，程颐只有十八岁，他自身的思想尚未成熟，而立论气象颇师法于庆历一代前辈儒者。针对当时的政治局势，程颐有着如同庆历学者一样的忧患意识，认为在内忧外患的交攻下，天下有土崩瓦解之虞，并严厉抨击当局者偷惰苟安的政治心态："不识陛下以今天下为安乎？危乎？治乎？乱乎？乌可知危乱而不思救之之道！如曰安且治矣，则臣请明其未然。方今之势，诚何异于抱火厝之积薪之下而寝其上，火未及然，因谓之安者乎？"要解救这样的危机，就必须重立政纲，重新树立政治理念，如说："治今天下，犹理乱丝，非持其端，条而举之，不可得而治也。"[1] 端即纲领。这个纲领，用通常的说法就是"王道"，用程颐在文中的提法就是"大中之道"。将它作为指导思想或基本原则以推行改革，即所谓"持其端，条而举之"。

也许是因为庆历新政受挫未久，政治舆论还未从挫折中摆脱出来，政治人物面对危机的勇气也未从挫折中恢复过来，所以程颐的呼吁难以引起反响，他自己也未作更进一步的努力。如果没有后来的政治变革，这次上书大概会被当作庆历新政的一点余绪。然而，十五年后程颐终于等到一次更好的机会来发表他的政见。治平二年（1065），宋英宗诏中外臣僚直言时政阙失，程颐以他父亲程珦的名义发表一通长篇议论，这就是保存在《二程集》中的《为家君应诏上英宗

---

[1]《二程集·文集卷第五》，第511、514页。

皇帝书》。两次上书同样都强调重建政纲的重要性,针砭取士制度的弊病,而且在结尾部分都谈到前朝君主不能采纳儒臣建议,因而被后人讥笑的教训,可见程颐的政治思考有连贯性。但时隔十五年之后,程颐的识度气象自与以前不同,他对现实问题的剖析更见深入,论证改革的紧迫性也更加有力。关于现实的政治问题,程颐谈到六个方面。第一是中央政府缺乏统一的、明确的、稳定的政治纲领,"朝廷纪纲汗漫离散,莫可总摄",其结果必然是政策因人事而兴废,既没有凝聚力,各职能部门也没有共同的致治方向。第二是按科举选拔官员,严重失策,因为科举所学与施政所需有很大的差距,所以官员很少称职,既不能宣达教化,也不能为百姓兴利除弊,能完成职责的也只是代替政府收取赋税,无能者则放任自然,于是出现无政府管理、有组织盘剥的现象。关于科举问题,真宗朝就有人提出来,庆历以后欧阳修等人也进行过改革的尝试,但改革主要是调整科目、矫正文风,取士制度并没有根本转变,所以程颐批评说:"循常苟安,狃以成俗,举世以为当然。"程颐本人在嘉祐四年参加过一次进士试,因廷试报罢,后来就拒绝参试,可见其态度。第三是百姓穷蹙,生存没有保障,在极度贫困、缺乏教育、遭受逼迫等情况下,都极容易滋生变乱。这也是程颐最感焦虑的问题,因为天下安危治乱系于民心,如果民心思乱,那么各种社会不安定因素便会一触即发。第四是面对这种危机,政府没有化解的措施。第五是天下虚竭,从政府到民间都没有粮食储备以预防灾荒。第六是穷天下之力以养骄惰之兵,不能保障国防的安全，于是岁输金帛以与契丹修好，但这种关系是不足恃的，一旦契丹与西夏图谋更大的利益，联合进犯，"将何以济乎？"由此看来，危机四伏的局势已使政治改革迫在眉睫。程颐说：

> 凡此数端，皆有危亡之虞，而未至于是者，不识朝廷制置能使之然邪？抑亦天幸而偶然邪？幸然之事，其可常乎？先皇帝至仁格天地，保持之以至于今，历时既已久，言者既已多，朝廷遂以为果不足忧也，可以常然，姑维持之而已，虽闻至深至切之言，不为动也。呜呼！贻天下之患，必由于是乎！今天下尚无事，朝廷宜急思所以救时之道。不然，臣恐因循岁月，前之所陈者一事至，则为之晚矣。[1]

先皇帝即宋仁宗，既宽柔，又寡断。因为宽柔，所以官员们就政治危机及改革问题提出许多直言极谏；又因为寡断，所以在采纳建议以做出决策、推行改革以消除积弊等方面，都表现得十分疲软。于是形成一种偷惰的政治心态和苟安的政治局面，尤其是在庆历新政废辍之后，政治形势既未像直言极谏者所忧虑的那样出现危乱，偷惰和苟安似乎也就有了更充足的理由，以致恶性循环，沉滞难破，对已经濒临的危机无动于衷。在程颐看来，以偷惰的心态维持苟安的局

---

[1]《二程集·文集卷第五》，第520—521页。

面,必然造成大祸患,所以朝廷已别无选择,必须急思救时之道,也就是推行改革。

如何改革呢?程颐认为,现实政治已陷溺于各种问题的层层包围之中,如赋役问题、农业问题、储备问题、军队问题、教育问题等等,这些问题都很重要,但还不是政治改革的根本。就政治改革的根本,程颐提出三条建议,即立志、责任、求贤。责任即分责分权,也就是加强辅弼大臣的职责,赋予更大的权力,从而化解高度集权对于政治活力的沉重束缚,如说:"夫以海宇之广,亿兆之众,一人不可以独治,必赖辅弼之贤,然后能成天下之务。"联系到宋初以来既防重臣,又防悍将,因而将权力集中于皇帝一身的政治体制,程颐的说法不仅有针对性,而且很大胆。其所以要求分权,是因为看到了权力与责任的必然联系,受权者"自知礼尊而任专,责深而势重,则挺然以天下为己任"。[1] 任专、势重是分享权力,对分享权力者复尊之以礼,使之自觉承担相应的责任,在当时是克服偷惰苟且之政的必然选择。所谓求贤,也就是改革取士制度。三条之中,最重要的是立志,它在程颐以及程颢所设计的改革方案中,具有逻辑前提的意义。

所谓立志,表面上看主词是君主,即君主确立其政治志向,程颐说:"君志立而天下治矣。"但是,君主的政治志向又依据什么来确立呢?程颐说:"所谓立志者,至诚一心,以道自任,以圣人之训为可必信,先王之治为可必

---

[1]《二程集·文集卷第五》,第522、523页。

行，不狃滞于近规，不迁惑于众口，必期致天下如三代之世，此之谓也。"[1] 显而易见，君主的政治志向并非其勤惰好恶之情或权力意志的体现，而是依据三代王道或"大中之道"来确立的。更确切地说，所谓立志就是君主自觉地认同并接受王道、"大中之道"。程颢也有相同的议论，如其《上殿札子》，一方面强调"君志定而天下之治成矣"，另一方面又将定志阐释为"惟在以圣人之训为必当从，先王之治为必可法，不为后世驳杂之政所牵制，不为流俗因循之论所迁惑，自知极于明，信道极于笃，任贤勿贰，去邪勿疑，必期致世如三代之隆而后已"。[2] 这种思想，质而言之是由文化来建立政治宪纲，既要求摆脱君主的个性因素，又要求排除政治惯例、习俗的影响。

熙宁元年、二年程颢在朝廷任职时，正当议论变革的高潮，程颢连续上疏，发表了许多主张变革的政见。如《论王霸札子》说："或谓：人君举动，不可不慎，易于更张，则为害大矣。臣独以为不然。所谓更张者，顾理所当耳。其动皆稽古质义而行，则为慎莫大焉，岂若因循苟简，卒致败乱者哉？……愿陛下奋天锡之勇智，体乾刚而独断，霈然不疑，则万世幸甚！"[3]《论十事札子》也说："圣人创法，皆本诸人情，极乎物理，虽二帝三王不无随时因革，踵事增损之制。……苟或徒知泥古，而不能施之于今，姑欲

---

[1]《二程集·文集卷第五》，第521页。
[2]《二程集·文集卷第一》，第447页。
[3]《二程集·文集卷第一》，第451—452页。

循名而遂废其实，此则陋儒之见，何足以论治道哉！"为了推进合理的改革，程颢提出十条措施。第一条是培养君臣之间的师友之义，认为君主应当既以臣为师，亦以臣为友，从而成就其德业。第二条谈政府建构问题，批评当时"官秩淆乱，职业废弛"，不作重大调整，就不能奢望"太平之治"。这两条围绕政治体制立论，前者要求为高度集权松绑，以造成和谐的君臣关系，后者要求提高政府职能，合起来看是一种权力中心讲和谐，各级政府明职责的设计。第三条针对"富者跨州县而莫之止，贫者流离饿莩而莫之恤"的现状，要求改革土地政策。第四条主张发挥社会自组织作用，意谓对于社会的管理，不能完全依靠政府行为，"政教始乎乡里"，社会自组织是政府管理的基础。第五条批评现行的教育和科举制。第六条是关于改革军队的建议，主张裁减冗兵，除禁卫军之外，其余冗兵须"渐归之于农"，地方政府所征徭役，更须废除，程颢说："府史胥徒之役，毒遍天下，不更其制，则未免大患。"第七条提醒中央政府关注粮食储备。第八条建议推行"均多恤寡"的社会福利。第九条是一种持续发展的策略，认为"山虞泽衡，各有常禁，故万物阜丰，而财用不乏"，对木材渔猎等自然资源的开发利用，必须有适当的节度，以成其"变通长久之势"，警告过度开采，暴殄天物，将导致"穷弊之极"。第十条主张用礼制维护社会秩序，以避免奸诈攘夺的"争乱之道"。[1] 这十条建议，

---

[1]《二程集·文集卷第一》，第452—455页。

都针对现实之弊而有其可操作性，是程颢关于改革措施的具体设计。

上述二程之政论，都发表在熙宁三年与王安石产生分歧之前。从这些议论中，我们不仅看到二程的思想出发点在于政治变革，而且发现他们在警告危机、呼吁变革方面，与王安石有许多相似之处，很容易使人联想到王安石的两篇政论，即《上仁宗皇帝言事书》和《本朝百年无事札子》。在那两篇文章中，王安石同样也谈到现实政治所面临的严重危机，并断言本朝百年未发生大动乱只是侥幸，而侥幸不足恃，所以必须重新确立政治方针，推行系列的改革，而且同样将改革提升到重建政纲的高度，也就是将三代"王道"作为政治方针，矫时更俗。关于三代"王道"，他们也同样地陈义甚高，与欧阳修等人不同。欧阳修认为唐太宗之治不因三代之名而近乎三代之实，王安石则认为汉唐皆不足法，唐太宗"贞观之治"的美名，是因儿孙不肖才凸现出来的；程颐称言其大中之道，也说是"自秦而下，衰而不振；魏、晋之属，去之远甚；汉、唐小康，行之不醇"；[1] 程颢评汉唐之君，亦云"论其人则非先王之学，考其时则皆驳杂之政，乃以一曲之见，幸致小康，其创法垂统，非可继于后世者，皆不足为也"。[2] 由此看来，二程与王安石之政见，有一些显而易见的相同之处，冯友兰先生将这些相同之处归结为三

---

[1]《二程集·文集卷第五》，第510—511页。
[2]《二程集·文集卷第一》，第451页。

点:"第一点是,当时的中国,表面上是太平无事,实际上危机四伏,一触即发,一发就不可收拾。第二点是,要挽救危机,必须'行先王之道',在中国实现'三代之治'。第三点是,要实行'王道',必须皇帝主张坚决,不为世俗所惑。就三点说,他们三个人的基调是相同的。"[1] 既然"基调"相同,那么在王安石推行熙宁变法时,二程应当成为支持者和参与者,然而事实正相反,他们是新法的反对派,对熙宁新法的指导思想和主要措施,都持批评态度。

第二节 对熙宁新法的批评

关于程颢与王安石的政见分歧,程颐在《明道先生行状》中曾做过一次回顾性的概括:"时王荆公安石日益信用,先生每进见,必为神宗陈君道以至诚仁爱为本,未尝及功利。神宗始疑其迂,而礼貌不衰。尝极陈治道。神宗曰:'此尧舜之事,朕何敢当?'先生愀然曰:'陛下此言,非天下之福也。'荆公浸行其说,先生意多不合,事出必论列,数月之间,章数十上。尤极论者:辅臣不同心,小臣与大计,公论不行,青苗取息,卖祠部牒,差提举官多非其人及不经封驳,京东转运司剥民希宠不加黜责,兴利之臣日进,尚德之风浸衰等十余事。荆公与先生虽道不同,而尝谓先生

---

[1]《中国哲学史新编(下卷)》,第109页。

忠信。先生每与论事，心平气和，荆公多为之动。"[1] 这是熙宁元年至熙宁三年间发生的事，当时程颢任职监察御史里行，专就时事政治的各种问题发表意见，所以"章数十上"，其中当包括熙宁元年、二年商议变法的辩论，如前引《论王霸札子》《论十事札子》等。具体针对王安石的变法措施提出批评，则有熙宁三年程颢发表的《谏新法疏》《再上疏》。熙宁八年程颐代吕公著撰写《应诏上神宗皇帝书》，则对熙宁新法提出总结性的批评。

在这两次上疏中，程颢主要谈到变法措施和决策问题。新法之措施不当，包括摊派青苗借贷并预收利息钱和派遣三司使两项。程颢上疏"乞罢预俵青苗钱利息及汰去提举官事"，要求予以废除。青苗法是王安石推行经济改革的首要措施，即在青黄不接的时候，由政府直接向农民发放借贷，以杜绝富户从中盘剥。这项措施作为政府的经济行为，旨在维护政府和农民的直接利益，但在实行时，"吏缘为奸"，被执行官员利用，通过按户摊派和预留利息等手段，谋利以邀功，其结果反而加重了农民的负担，所以出现各种反对意见和针对性的纠正建议。依程颢的看法，从根本上解决问题必须"亟推去息之仁"，也就是实行免息的仁政，至于政府方面，可以通过粜籴获得收益，以备储蓄之资。提举官即三司使，是由新法主要执行机构，同时也是中央政府的主要理财机构"制置三司条例司"派出的官员，级别不高，但职权很

---

[1]《二程集·文集卷第十一》，第634页。

大，监督各地的新法执行情况，直接向中央政府汇报。这是在新法受到各级政府阻挠时所采取的针对性措施。在程颢看来，这项措施扰乱了政府工作秩序，制造出政府内部矛盾，将新法推向各级政府的对立面，使变革面临着更大的阻力，即所谓"伏见制置条例司疏驳大臣之奏，举劾不奉行之官，徒使中外物情愈致惊骇，是乃举一偏而尽沮公议，因小事而先失众心"。由此两项措施之不当，就牵涉到变革的指导思想问题，程颢说："设令由此侥幸，事小有成，而兴利之臣日进，尚德之风浸衰，尤非朝廷之福。"因为青苗法是通过经济行为为政府创利，三司使是重用能够谋利之臣，在指导思想上将政府利益放在首要地位，必然对社会的道德观和价值观产生消极影响。大概依程颢所见，政府不可能单靠经济实力来获得长治久安，政府也不应有独立于社会之外的合理利益。关于政治决策，程颢特别强调"公议"，一方面，程颢承认"专任独决"能够成就事功；另一方面又指出，专任独决所做出的决策，必须获得社会的基本认可，"未闻辅弼大臣人各有心，睽戾不一致，国政异出，名分不正，中外人情交谓不可，而能有为者也"，如果一项决策既不能获得最高决策层内部的大致认同，又遭到社会舆论的普遍反对，那就说明推行这项决策的时机不成熟，若强制执行，以"威力取强，语言必胜"，就"必难终济"，达不到预期效果。[1]

如果站在王安石的立场上来看，程颢的批评固然是善意

---

[1]《二程集·文集卷第一》，第456—458页。

的，但却不免迂腐，王安石曾说："颢所言自以为王道之正，臣以为颢未达王道之权也。"[1] 权即变通。而从程颢的整体思想来看，他绝不是那种泥古的腐儒，《河南程氏粹言·论政篇》说："必井田、必肉刑、必封建，而后天下可为，非圣人之达道也。善治者：放井田而行之而民不病，放封建而临之而民不劳，放肉刑而用之而民不怨，得圣人之意而不胶其迹，迹者圣人因一时之利而利焉者耳。"[2] 这段话不知何人所说，但代表了二程因时变通的思想。不过，二程讲变通只是具体措施层面的，反对在王道原则上搞变通。什么是王道原则呢？程颢《论王霸札子》说："得天理之正，极人伦之至者，尧舜之道也；用其私心，依仁义之偏者，霸者之事也。王道如砥，本乎人情，出乎礼义，若履大路而行，无复回曲。霸者崎岖反侧于曲径之中，而卒不可与入尧舜之道。"[3] 从某种意义上说，王道原则正是通过与霸道的差异比较凸现出来的。在履行实践或运用上，霸道表现为自私用智，将仁义等作为政治工具，通过各种技术手段，推行己意。其所以如此，是因为"己意"只符合某种特殊的利益和目的，不符合社会整体的利益和目的。换言之，要达到非常目的须采取非常手段，所以崎岖反侧于曲径之中，表现得苦心孤诣、别出心裁。在这条道路上推行变革，所谓变革就只是谋求政府单方面的利益，不是一个协调全社会发展的文化

---

[1]《续资治通鉴》卷六七，第1657—1658页。
[2]《二程集·粹言卷第一》，第1217页。
[3]《二程集·文集卷第一》，第450—451页。

目标，相应地，变革措施也局限于改造政府的谋利机器。王道与之相反，既着眼于社会整体的利益和目的，推行时自然坦荡磊落，无复回曲。程颢的这种说法，可以理解为对"大中之道"的一种解释。所谓"王道如砥，本乎人情"，意即王道以人情为依据，所以平夷通坦。这也是程颢在与王安石发生分歧之前就已形成的基本思想。如治平三年为晋城县令时，程颢《晋城县令题名记》曾说："夫图治于长久者，虽圣知为之，且不能仓促苟简而就，盖必本之人情而为之法度，然后可使去恶而从善。则其纪纲条教，必审定而后下；其民之服循渐渍，亦必待久乃淳固而不变。"[1] 立法本之人情的思想，大致来源于《礼记》，而放在程颢的政治哲学中来看，它是保障改革符合社会整体利益和目的的一个前提条件，唯其如此，改革才符合王道原则，才能够平坦如夷。按照这样的思路，放弃青苗法、三司使等，并不意味着放弃改革，相反，是使改革事业从狭隘的曲径中摆脱出来，走上一条具有广袤空间的康庄大道，即如程颢《谏新法疏》所说："与其遂一失而废百为，孰若沛大恩而新众志？"[2]

程颐的《代吕公著应诏上神宗皇帝书》，基本思想与程颢一致，但他的批评锋芒，不是指向王安石，而是指向宋神宗；他要求宋神宗从四个方面进行自我反省，即省己之存心、考己之任人、察己之为政、思己之自处。所谓"省己之

---

[1]《二程集·文集卷第二》，第461—462页。
[2]《二程集·文集卷第一》，第457页。

存心"，也就是反省执政的指导思想，检讨内心深处的政治观念，程颐说："人君因亿兆以为尊，其抚之治之之道，当尽其至诚恻怛之心，视之如伤，动敢不慎？兢兢然惟惧一政之不顺于天，一事之不合于理。如此，王者之公心也。若乃恃所据之势，肆求欲之心，以严法令、举条纲为可喜，以富国家、强兵甲为自得，锐于作为，快于自任，贪惑至于如此，迷错岂能自知？若是者，以天下徇其私欲者也。勤身劳力，适足以致负败，夙兴夜寐，适足以招后悔。"这种对最高当权者的批评，即使在古代，也算是尖锐的。其所以尖锐，是因为程颐意识到问题的严重性。在专制集权的体制下，政治的指导思想或基本方向，往往取决于帝王的政治观念，如果帝王无"至诚恻怛之心"，视民如伤，只是任由一己之政治意志不断膨胀，致使指导思想存在严重偏失，基本方向选择错误，那么，所谓改革，所谓励精图治，适足以造成更大的败乱。在程颐看来，熙宁新法就正存在着这样的偏失和错误，其集中表现，就是"以天下徇其私欲"，使全部变革运动成为一己政治意志的实现过程；其结果，不但违背了变革以扫除积弊的初衷，而且使政治闯入一个更大的误区，走上一条与全社会离心离德的不归路。就"考己之任人"问题，程颐提出一条取舍原则，即"以天下之公而不以己，求其见正而不求其从欲"，也就是按照公天下的大政需要任用人才，反对以迎合己欲为贤能的用人路线。就"察己之为政"问题，程颐也提出一条原则，即"为政之道，以顺民心为本，以厚民生为本，以安而不扰为本"。按照这条原则，程颐要求宋神宗反省："陛下以今日之事方于即位之初，民心为欢悦乎？为愁怨乎？民生为阜足乎？为穷蹙乎？政事为安之乎？为扰之乎？"言下之意，是说历年以来的政治改革，愈益违背为政之道，使百姓更愁惨、更穷困、更不安，斫伤了政治根本。所谓"思己之自处"，不是干预宋神宗的私生活，诸如近君子还是近小人之类，而是追问他对于当时政治形势的判断及其对策："不识陛下平日自处，以天下为如何，圣心所自知也。苟有忧危恐惧之心，常虑所任者非其人，所由者非其道，唯恐不闻天下之言，如此则圣王保天下之心也，上帝其鉴之矣。或以为已安且治，所任者当矣，所为者至矣，天下之言不足恤矣，如此则天之所戒也，当改而自新者也。"[1] 意即政治形势不容乐观，挽救形势则必须改弦易辙。

由程颐要求宋神宗展开四个方面的反省，我们可以得一内证，表明他自己曾就这些问题进行过批判性的反思。在程颐看来，由于熙宁新法受到宋神宗"以天下徇其私欲"的驱动，指导思想或基本方向存在严重偏失，所以推行新法的结果，非但未能解除旧的危机，反而酿成新的危机。尤堪忧虑的，不是三冗三费之类的重重积弊，而是由帝王存心之偏导致政治方向之误的宪纲危机。出于这样的判断，程颐就不能不对全部熙宁新法持批判态度，并致思于政治改革的另一条出路，其所谓"大中之道"，也因反思熙宁新法的偏失从而

---

[1]《二程集·文集卷第五》，第530—532页。

得一借鉴，发展出更深刻的新内容。

第三节　政治改良的"大中之道"

"大中之道"的提法，出现在程颐的《上仁宗皇帝书》中，他同时还作了一个描述性的解释，其说云：

> 臣所学者，天下大中之道也。圣人性之为圣人，贤者由之为贤者，尧舜用之为尧舜，仲尼述之为仲尼。其为道也至大，其行之也至易，三代以上，莫不由之。[1]

就渊源而论，所谓"大中之道"大抵来源于《尚书》和《春秋》经学。如旧题孔安国传《尚书》，曾用"大中之道"概括《洪范》"皇极"之义。《洪范》之所谓"皇极"，意义包括"凡厥庶民，无有淫朋，人无有比德，惟皇作极"，"无偏无陂，遵王之义；无有作好，遵王之道；无有作恶，遵王之路；无偏无党，王道荡荡；无党无偏，王道平平；无反无侧，王道正直。会其有极，归其有极"。将这些说法的意思归纳起来，就是臣民不搞朋党集团，王者行道公正无偏，所以孔氏传将"皇极"的意义概括为"大中之道"，如注解"建用皇极"说："皇，大。极，中也。凡立事当用大

---

[1]《二程集·文集卷第五》，第510页。

中之道。"[1] 将《尚书·洪范》经传合起来看，所谓"大中之道"也就是公正的政治原则：大是无朋党之私的公，中是无偏陂之失的正。《尚书》经传的这一思想，显然被二程吸收了，所以他们大讲坦荡无复回曲的王道，批评王安石的政治改革路线崎岖反侧。就《春秋》经学而言，则可能受到孙复所谓"大中之法"的影响。孙复在《春秋尊王发微》中说："孔子作《春秋》，专其笔削，损之益之，以成其大中之法。"[2] 大中之法也就是《春秋》王道，孔子据此法以定其损益褒贬之凡例，孙复据凡例而发明之。程颐则引用来作为拯救时政弊失的政治宪纲，如其《春秋传序》，便将《春秋》推尊为"百王不易之大法""经世之大法"。[3] 历史地看，《春秋》经学由孙复而上溯，则渊源于唐代陆淳的《春秋集传》。对于这一派学术，可信二程曾做过研究。嘉祐二年程颢应进士试时，便有一道题目围绕陆淳的《春秋》经学。而从程颢的应对来看，他对这派学术不仅熟知，而且评价很高，如说："陆氏之学，独能斥先郑之失，明诸侯之僭，谓禘为王者之祭，明郊非周公之志，皆足以见其所存之博大，得圣师救乱明上下之心也。……旨义之众，莫可历数。要其归，以圣人之道公，不以己得他见而立异，故其所造也远，而所得也深。噫！圣门之学，吾不得而见焉，幸得见其

---

[1]《尚书孔传参正》卷一六《周书》，第548页。
[2]《宋元学案》卷二，第79页。
[3]《二程集·文集卷第八》，第583页。

几者矣。"意即陆淳《春秋》近乎圣门之学。这个评价，在二程是不轻易许人的，他们自负得孔孟千年不传之"道统"，对汉唐经学的支离蔓衍，往往持批评态度。其所以独对陆淳《春秋》褒美有加，是因为陆氏之学"攘异端，开正途"，彰显出圣师孔子拯救世道衰乱的真意，从而也就扫除了章句训诂之经学的种种蔽障，如"弃经任传，杂以符纬，胶固不通，使圣人之心郁而不显"等等。[1] 换言之，陆淳《春秋》的价值，在于他不耽溺于名物典章之知识，而锐意于探寻孔子删《春秋》的政治意图。这种讲求理旨的学术，既可谓开宋学风气之先，也是一种将儒学与政治结合起来的思想启蒙，至孙复推阐其"大中之法"，思想启蒙便因应北宋政治变革和儒学复兴运动的双重变奏，具有其特定的时代含义。从这个角度看，程颐"大中之道"的提法不是偶然的，既有其学术思想渊源，也反映出二程力图将儒学与政治结合起来的致思方向。在二程洛学中，《春秋》是在政治实践中推行王道的典范，所以虽不像《周易》那样具有理论上的特殊重要性，但也有其独特的应用价值，如说："《诗》《书》《易》言圣人之道备矣，何以复作《春秋》？盖《春秋》圣人之用也。《诗》《书》《易》如律，《春秋》如断案；《诗》《书》《易》如药方，《春秋》如治法。"[2] 比照王安石鄙薄《春秋》，谓之"断烂朝报"，[3] 二程的评价

---

[1]《二程集·文集卷第二》，第466—467页。
[2]《二程集·外书卷第九》，第401页。
[3]《宋史》卷三二七《王安石传》，第10550页。

显然代表了另一种观点,他们将《春秋》看作实施"大中之道"的范例。

从程颐所谓"圣人性之为圣人"云云来看,"大中之道"其实也就是三代"王道"。程颐将"大中之道"描述为"其为道也至大,其行之也至易";程颢叙议王道"若履大路而行,无复回曲"。在《南庙试九叙惟歌论》中,程颢也说:"在《洪范》之九章,一曰五行,次二曰五事,统之以大中,终之以福极,圣人之道,其见于是乎!"[1] 这些议论,思想是相同的。不过,"王道"是通用的或公共的说法,而"大中之道"则撅出博达公正的特定内涵,是程颐特有所取的说法,以与自私用智者相区别,所以更符合或者说更能反映二程政治哲学的特质。进而言之,"大中之道"与二程后来发展的"明道""道统"思想,其实也同一义理:"明道"即推阐此"大中之道","道统"即此"大中之道"的历史传统。"大中之道"就政治而言,是王道;"明道""道统"就学理而言,是儒道。但按照二程的思想逻辑,王道与儒道本质是相同的,如说:"王道与儒道同,皆通贯天地,学纯则纯王纯儒也。"[2] 这种思想也体现在程颐对程颢"明道"谥号的解释中,如说:"周公没,圣人之道不行;孟轲死,圣人之学不传。道不行,百世无善治;学不传,千载无真儒。无善治,士犹得以明夫善治之道,以淑诸人,以传诸

---

[1]《二程集·文集卷第二》,第463页。
[2]《二程集·外书卷第十一》,第411页。

后；无真儒，天下贸贸焉莫知所之，人欲肆而天理灭矣。"[1] 意思是说，王道与儒道虽有实践层面或功能性的差别，但在义理实质上是同条共贯的。谈"大中之道"，是力图在政治实践中推行，而"明道"或推言"道统"，是在"大中之道"面临现实困境时阐明其政治理念，以淑诸人，以传诸后。从这个角度看，"大中之道"作为一种政治理念，可以用来概括二程的全部政治思想——当然，其理论内涵是随着二程自身思想的发展而发展的。

如果站在一个更开阔的视角来看，沿用"大中之道"来研述二程的政治思想，真正的问题也许不在于如何厘清这个概念，不在于辩议它对于二程的政治思想是否具有高度的概括性，抑或仅仅具有某种象征性，而在于探讨二程政治思想与其天道性命之哲学的关系。如前所述，熙宁三年因反对王安石新法，使二程的生活和学术思想发展出现一场大变故。因为归属于旧党阵营，他们的从政生涯被某种冥冥中的力量前定下来；现实生活既处在政治的边缘，也就不像前期那样就时事政治频繁发表议论，而是潜思涵泳其天道性命之理。由此一变故，便引出两个值得讨论的问题。问题之一是，在当时的新旧党争中，二程归属于旧党阵营的生活境况，能否代表其思想立场和政治理念？有学者依据二程属于旧党阵营，遂将他们视为旧党理论家，甚至断言他们的哲学只是为旧党反对新法制造理论依据。这就不能不辨析政治思想分歧

---

[1]《二程集·文集卷第十一》，第640页。

与新旧党争是否同义语。二程反对王安石新法,究竟是出于新旧党争之故,还是有其独特的思想角度?问题之二是,从呼吁改革到反对王安石改革,在二程的思想发展中究竟意味着什么?是借鉴新法的是非得失从而深化其关于改革问题的理论思考,还是因一失而废百为,放弃其改革主张从而转向关于天道性命问题的抽象议论?换言之,熙宁以后二程所甚谈的天道性命之学,究竟是早年改革主张的深化和延续,还是对改革话题的否弃或回避?这两个问题相互联系在一起,直接影响到我们对二程思想的基本理解和判断,其所谓"大中之道"的真实内涵,大抵也要向这两个问题寻找。

关于第一个问题,首须分辨熙宁以后的新旧党争与庆历时的朋党之争有所不同,按庆历党争的模式来理解新旧党争,必然产生误会。从大的方面讲,两次党争都是由于政治改革问题引起的,但问题的性质或层面其实不同。庆历党争的焦点在于推行抑或阻碍改革,可以根据其政治理念明确地划分出阵营:范仲淹等人奉行改革的政治理念,要求个人或集团利益服从于改革大局的需要;夏竦等人从维护自身的职位等既得利益出发,阻碍改革,同时也阻遏改革派日益壮大的政治影响。两派由政治理念可以分出道义高下。改革派占有道义优势,所以他们以君子党自勉,并不讳言朋党,如欧阳修的《朋党论》。而熙宁以后的新旧党争,则包含变革与守常以及推行什么样的改革两个焦点。面对这样复杂的问题,不免见仁见智,所以新旧两党的政治理念,都包含了各种差异,并不像庆历党争那样各有其相对的统一性。就新党方面来说，有王安石、吕惠卿、蔡京三个阶段。吕惠卿在王安石第一次罢相后主持变法，名义上虽继承王安石之志，但实质已脱离王安石变法的轨道：王安石推行青苗法等，旨在抑巨室富户，维护政府和农民的直接利益，而吕惠卿创手实法等，则是单方面的政府敛财行为。蔡京操纵党争，纯粹出于权力角逐，已完全背离了王安石的富国强兵等政治理念。至于所谓旧党，其实是从各种不同角度反对熙宁、元丰新法的一切持不同政见者，其中除司马光、富弼、吕公著等政界人物主张互有不同之外，还包含了二苏蜀学、二程洛学、张载关学等学派，政治理念各不相同，并因此出现过元祐年间的蜀洛党争。既然旧党并没有统一的政治理念，也就不能将二程视为旧党理论家。事实上，熙、丰年间立议论以反对新法的健将是苏轼，而非二程。如果说苏轼不是旧党理论家，无意于为旧党制造反对新法的理论依据，只是自抒己意，发一家之言，那么二程亦不过如此而已。反过来看，二程虽提出了一套理论，但并未被旧党接受，司马光推行的"元祐更化"，便在指导思想与政治策略方面都与二程有极大差距。

其次，二程对于新旧两党的派性之争，一直都持反对态度。《二程集》记录了一段关于党争的反省，"新政之改，亦是吾党争之有太过，成就今日之事，涂炭天下，亦须两分其罪可也"。所谓争之太过，就是不能平心静气地共同探讨。熙宁二年，王安石任参知政事，曾与程颢、孙觉等人商议青苗法，"伯淳尝言：'管仲犹能言"出令当如流水，以顺人心"。今参政须要做不顺人心事，何故？'介父之意只恐始为人所沮，其后行不得。伯淳却道：'但做顺人心事，人谁不愿从也？'介父道：'此则感贤诚意。'却为天祺其日于中书大悖，缘是介父大怒，遂以死力争于上前，上为之一以听用，从此党分矣"。据此说来，在议青苗法之初，王安石对程颢的不同意见并非完全听不进去，但由于张戬（天祺）意气用事，激怒王安石，才引起党争。对于张戬的意气用事，下文还有一段分析："大抵自仁祖朝优容谏臣，当言职者，必以诋讦而去为贤，习以成风，惟恐人言不称职以去，为落便宜。昨来诸君，盖未免此。苟如是为，则是为己，尚有私意在，却不在朝廷，不干事理。"[1] 这是对旧党反对新法的一次检讨，因为旧党动机不纯，言行偏激，从而引发党争，所以要"两分其罪"。所谓"两分其罪"，意味着搞党团派性之争无功而有过，从这里可以清楚地看到二程反对党争的态度。另据《程氏外书》引《邵氏闻见录》说，元丰八年神宗卒，程颢曾预言司马光、吕公著将作相，并忧虑其施政将与吕惠卿、章惇等元丰大臣相同，"若先分党与，他日可忧"。为了打破党争的格局，程颢希望留用新党中人，"使自变其已甚害民之法"，否则，"衣冠之祸未艾也"。[2] 主张留用新党中人，也许是出于策略的考虑，但从二程的政治思想来看，他们始终反对以己意治天下，所以也未尝不可看作是政治宽容精神的体现。

---

[1]《二程集·遗书卷第二上》，第28—29页。
[2]《二程集·外书卷第十二》，第422页。

二程既反对党争，他们自己又何以成为旧党成员呢？前文已经谈到，针对熙宁新法的指导思想和具体措施，二程曾发表许多不同政见。这些分歧，本来都是政治思想层面的，不同于党派意气之争，当时为王安石属官的程颢，尤其能保持平和的态度相与商讨。但在党争分裂后未久，他便被发放外任，此后他很少就新法发表议论，不过，政治上既遭到排斥，就表明他已被视为旧党成员。在熙、丰间，程颐确曾以平民身份为吕公著、富弼等代写奏疏，批评新法，但推考程颐用意，也不外乎服义而行，通过常规渠道来发表自己的真实政见，并非刻意为旧党要员捉刀。由一例可知。元丰三年程颐应富弼恳请代写《上神宗皇帝论永昭陵疏》，文后有附记云："富公见托为此奏，颐以拙于文辞，辞之再三，其意甚切，义不可拒。数日之间，遂生顾虑，不克上。惜乎其不果于义也，遂为忠孝罪人！"[1] 程颐究竟出于什么原因而顾虑重重，我们不必猜测，但从中可以确认两层意思：第一是程颐代写奏疏时确有顾虑，并非乐此不疲；第二是以道义自责，为了服义而行又要求自己打消顾虑。这层道义，不是个人私谊，而是政治上的进谏大义。从这些事实看，二程的政治生活虽被裹挟在新旧两党之间，但忠实于自己的政治理念，无意为党争推波助澜。然而，由于他们在熙、丰时备受新党排斥，又与旧党集团的司马光、吕公著等同居洛阳，时有交往，及司马光推行"元祐更化"时，程颢已卒，程颐则

---

[1]《二程集·文集卷第五》，第534页。

因旧党推荐而入朝，所以他们的政治生活是与旧党联系在一起的。至宋徽宗时，程颐的名字被刻入清算旧党的《元祐奸党碑》，他们之属于旧党阵营，就成了历史定论。由此看来，二程之归属于旧党，主要是由现实政治生活所决定的，并非出于他们自身的意愿。

进而言之，由现实政治生活所划分出的新旧两党，并没有成为政治理念的保护伞、助推器，反而成为难以逾越的障碍，所以身当其境的许多思想家，都力图摆脱派性斗争的纠缠，为政治变革寻找出路，其中当然包括二程。当时人刘挚曾说：

> 今天下有二人之论：有安常习故，乐于无事之论；有变古更法，喜于敢为之论。二论各立，一彼一此，时以此为进退，则人以此为去就。臣尝求二者之意，盖皆有所是，亦皆有所非。乐无事者，以为守祖宗成法，独可以因人所利，据旧而补其偏，以驯致于治，此其所得也；至昧者则苟简怠惰，便私胶习，而不知变通之权，此其所失也。喜有为者，以谓法烂道穷，不大变化，则不足以通物而成务，此其所是也；至凿者则作聪明，弃理任智，轻肆独用，强民以从事，此其所非也。彼以此为乱常，此以彼为乱俗；畏义者以并进为可耻，嗜利者以守道为无能。二势如此，士无归趋。[1]

---

[1]《论人材》，《宋文鉴》卷五七，第853页。

作为对当时政治格局的分析,刘挚看到了士人的两难处境,要么站在改革派一边,要么站在保守派一边,第三阵营是没有的。与两派都合作的人,往往是见利忘义之徒,没有道义方面的操守;守道义而与两派合作也不可能,因为那既不符合现实政治生活的规则,也不符合社会所默认的道德标准。政治大环境如此,个人很难超越,二程也不例外。但是,现实政治生活的空间虽然很逼仄,不能摆脱新旧党争的局障从而形成第三阵营,并不意味着思想理论上也只有两种选择,不能形成关于政治改革的第三条道路。刘挚是旧党成员,但从他的议论来看,显然已充分认识到变古更法与安常习故各有得失,必须超越非此即彼的对立格局,才有可能找到出路。在王安石门下也有类似情况,如他的得意弟子陆佃,便对新法中的某些内容持反对立场。从某种意义上说,形成第三条道路是摆脱两极对立的现实需要,而这个时期形成的洛学、蜀学、关学等学派,虽然政治思想各不相同,但同样都认识到改革的必要性,都认为王安石的改革方针存在偏失,所以都试图寻找既不同于王安石变古更法,也不同于司马光安常习故的第三条道路。就二程洛学而言,所谓第三条道路就是将政治改革放在社会文化改造的系统工程中进行,走一条"大中之道",这也是他们反对王安石熙宁新法的关键所在。

关于第二个问题,可以从三方面来看。

首先,熙宁三年虽然是二程思想发展的一道分水岭:此前频上奏疏,热切议论政治变革之得失,此后学术思想兴趣发生微妙变化，推阐"道学"，潜思涵泳天道性命之理；但从其与邵雍、张载的学术交往来看，并未放弃对于政治问题的关注。二程评议邵雍之学，有一褒一贬两例。据《二程集》引录《传闻续记》载："一日，二程先生侍太中公，访康节于天津之庐。康节携酒，饮月陂上，欢甚，语其平生学术出处之大致。明日，明道怅然谓门生周纯明曰：'昨从尧夫先生游，听其议论，振古之豪杰也。惜其无所用于世。'纯明曰：'所言何如？'明道曰：'内圣外王之道也。'"[1]这是程颢对邵雍之学的褒美，其所以褒美，是因为邵雍"语其平生学术出处之大致"，亦即出而应世、退而自处的学术旨趣，符合内圣外王之道。在程颢看来，这套学术本可应用于治世，但邵雍未获得相应的机会，所以为之惋惜。二程批评邵雍学术，则说："尧夫之学，先从理上推意、言、象、数，言天下之理，须出于四者，推到理处，曰：'我得此大者，则万事由我，无有不定。'然未必有术，要之亦难以治天下国家。"[2]意谓邵雍通过象数《易》学的形式，推言天地万物之理，气象恢宏，思路开阔，但缺乏实施方略，所以说"未必有术"，"难以治天下国家"。这一褒一贬两例，也许不能代表二程对邵雍之学的全面评价，但代表了二程着眼于现实政治问题的评价角度。在道学"北宋五子"中，邵雍倜傥，周敦颐豁达，他们对现实政治问题都持相对淡化的

---

[1]《二程集·文集遗文》，第673页。
[2]《二程集·遗书卷第二上》，第45页。

态度，而张载对现实政治问题高度关注，与二程同调，所以他们的交流主要围绕政治问题，并因此表现出相互欣赏。熙宁十年，张载与二程有一场"洛阳议论"，既涉及理论问题，又主要讨论王道、井田制及时事政治。在理论上，因为对"穷理尽性以至于命"的理解不同，双方存在分歧，但由于同样关心现实政治问题，所以在趣味上相互欣赏，如程颐评价张载说："某接人，治经论道者亦甚多，肯言及治体者，诚未有如子厚。"又说："某见居位者百事不理会，只恁个大肚皮。于子厚，却愿奈烦处之。"张载热心于讨论政治问题，与当其位不谋其政的人形成鲜明对照，所以程颐有耐烦相处和不耐烦相处两种感受。张载赞赏程颢，则说："其救世之志甚诚切，亦于今日天下之事尽记得熟。"[1] 发生这场"洛阳议论"的时候，周敦颐和邵雍皆已物故，而二程与张载以关注治体相激励，从某种意义上说反映了道学的发展方向。事实上，关注治体不仅是二程与邵雍、张载进行学术交流、评判其学术思想的价值尺度，也是他们评判整个北宋儒学复兴运动的价值尺度，如说："穷经，将以致用也。如'诵《诗》三百，授之以政不达，使于四方，不能专对，虽多亦奚以为？'今世之号为穷经者，果能达于政事专对之间乎？则其所谓穷经者，章句之末耳，此学者之大患也。"[2] 批评章句训诂之学为枝末，反映出"宋学"不同于"汉学"的

---

[1]《二程集·遗书卷第十》，第110、114、115页。
[2]《二程集·遗书卷第四》，第71页。

风格,在二程洛学中,这种风格是由通义理和达政事两方面凸现出来的。

其次,二程的天道性命之学,宗旨可以概括为"明道",分言之则有攘斥异端和推阐儒学之道两个方面。攘斥异端当然包括排佛、老,但在当时,首当其冲的却是王安石新学。新学的本质内涵在于政治问题,这决定了二程攘斥新学的本质内涵同样也在于政治问题。如说:"今异教之害,道家之说则更没可辟,唯释氏之说衍蔓迷溺至深。今日是释氏盛而道家萧索。方其盛时,天下之士往往自从其学,自难与之力争。惟当自明吾理,吾理自立,则彼不必与争。然在今日,释氏却未消理会,大患却是介甫之学。……如今日,却要先整顿介甫之学,坏了后生学者。"[1] 显然,二程认为王安石新学的危害比佛道教更严重。何以如此呢?二程说:"如介甫之学,佗便只是去人主心术处加功,故今日靡然而同,无有异者,所谓一正君而国定也。此学极有害。……今天下之新法害事处,但只消一日除了便没事。其学化革了人心,为害最甚,其如之何!"[2] 所谓"去人主心术处加功",也就是对最高政治决策的指导思想施加影响,这种影响佛道教很难做到,而王安石新学做到了,所以二程认为其危害比佛道教更严重。这种轻重判断,无疑是从政治角度得出的。相应地,二程"明道"作为一种针对性很明确的思想批判,自然

[1]《二程集·遗书卷第二上》,第38页。
[2]《二程集·遗书卷第二下》,第50页。

也是要"去人主心术处加功",通过改变君主政治观念的途径,达到改变政治宪纲之目的,差别只在于两家功夫不同,有王霸之辨。进而言之,二程批判佛道教,虽然在形式上表现为思想理论之争,但焦点问题同样也在于政治。程颢说:"道之不明,异端害之也。昔之害近而易知,今之害深而难辨。昔之惑人也,乘其迷暗;今之入人也,因其高明。自谓之穷神知化,而不足以开物成务。言为无不周遍,实则外于伦理;穷深极微,而不可以入尧舜之道。天下之学,非浅陋固滞,则必入于此。"[1] 此所谓异端,主要指佛道教。在程颢看来,佛道教蔽塞圣人之道的危害,并不在于它蒙昧,反而在于它高明,既以穷神知化、穷深极微的哲学形式占领思想理论空间,又与儒家的价值原则背道而驰,其中包括开物成务、社会伦理、尧舜之道等。由此看来,程颢所明之道与佛道异端的真正差别,并不在哲学理论方面,而在价值原则方面。这个价值原则,广义地讲就是社会的文明建设,即所谓"开物成务";狭义地讲就是政治哲学,即所谓"尧舜之道"。

最后,二程宣讲"道学",并未脱离其早年主张政治变革的基本立场,其所以"明道",根本目的正在于探寻一条政治变革之路。明道与变革,是一种理本与实事的关系,如说:"治道亦有从本而言,亦有从事而言。从本而言,惟从格君心之非、正心以正朝廷,正朝廷以正百官。若从事而

---

[1]《二程集·文集卷第十一》,第638页。

言，不救则已，若须救之，必须变。大变则大益，小变则小益。"[1] 这段话是元丰或元祐年间入关时讲的，在熙宁新法实施之后，正值洛学形成的高峰期。由此一段议论，足可见二程的政治变革主张，贯穿到其学术思想的建构中，并未因反对王安石而有所改变。所谓"格君心之非"，盖针对王安石"去人主心术处加功"。因为王安石诱导君主谋求其特殊的政治利益，而非谋求全社会的共同利益，在指导思想上出现了严重的偏失，所以二程要拨乱反正，要"明道"，用另一种指导思想来建立政治宪纲。这是理本层面的。就实事而言则必须变，不变不足以兴利除弊。这两个层面，在二程思想中始终是相互关联的，但内涵与前期有所不同。在前期，关于政治之指导思想的变革是克服偷惰苟且之政，而后期则是要匡正王安石的偏失。二程之借鉴王安石的变法实践从而深化其思考，由此可见一斑。值得注意的是，这种借鉴的作用，并不仅仅表现在抽象的"王道"理想上，它还深化了二程对于社会结构的把握，而二程之所以要"明道"，之所以要高谈那些看似迂阔不急的天道性命之理，根深处实与他们对于社会结构的把握相关。二程曾说："先王之世，以道治天下；后世只是以法把持天下。"[2] 按照通常的理解，以道治天下是二程的政治理想，得之于《六经》等古典；以法把持天下是王安石所推行的政治实践，立足于社会现实。二程

---

[1]《二程集·遗书卷第十五》，第165页。
[2]《二程集·遗书卷第一》，第4页。

耽溺于理想而不考量现实可行性，未免迂阔。而事实上，二程主张以道治天下，是从他们对于社会结构的基本判断出发的。这个基本判断，也许可以描述为大斜坡理论。如说：

> 当春秋、战国之际，天下小国介于大国，奔命不暇，然足以自维持数百年。此势却似稻塍，各有界分约束。后世遂有土崩之势，道坏便一时坏，陈涉一叛，天下遂不支梧。今日堂堂天下，只西方一败，朝廷遂震，何也？盖天下之势，正如稻塍，各有限隔，则卒不能坏。今天下却似一个万顷陂，要起卒起不得，及一起则汹涌，遂奈何不得。[1]

稻塍即田埂，能起到保持局部水土稳定的作用。以此形容春秋战国时代的社会结构，是说由宗法制度所维持的社会自组织，既保障了局部的稳定，也保障了天下大势的相对稳定。所谓万顷陂，也就是大斜坡，这种社会结构是从秦朝开始形成的，秦始皇推行大一统的中央集权，取消诸侯建国，同时也就瓦解了由宗法制度所维持的社会自组织，瓦解了局部稳定及社会整体相对稳定的基本保障，于是出现一统就死、一放则乱的两难问题，即所谓"要起卒起不得，及一起则汹涌"。如何解决这种两难问题呢？在具体措施的局面上，二程反对废除郡县而恢复诸侯封建，但主张发挥宗法制度所

---

[1]《二程集·遗书卷第二上》，第43页。

维持的社会自组织的作用，作为一统帝制的补充。在最高政治理念的层面上，二程认为天下土崩而大坏的根本原因在于"道坏"，所以必须"明道"，也就是通过思想文化来建立一条政治宪纲，主导大一统帝制下的政治方向。从这个角度来看，明道并进而以道治天下的必要性，取决于现实的社会结构和政治制度。二程后期致思于道学，思想根源盖在于此，其所以推阐天道性命之理，质而言之是要为"大中之道"做出形而上论证或阐释。

第四节　孔颜所乐何事

二程的生活经历不尽相同，但学术思想历程是大致相同的，程颐关于程颢学术思想历程的总结，同样也适用于程颐自己。在《明道先生行状》中，程颐总结程颢之为学云："自十五六时，闻汝南周茂叔论道，遂厌科举之业，慨然有求道之志。未知其要，泛滥于诸家，出入于老、释者几十年，返求诸《六经》而后得之。明于庶物，察于人伦。知尽性至命必本于孝悌，穷神知化由通于礼乐。辨异端似是之非，开百代未明之惑，秦汉而下，未有臻斯理也。"[1] 这段总结，既反映出二程的学术思想历程，也反映出二程的学术思想旨趣。就其历程而言，早年因受到周敦颐的思想启蒙，立志求索儒学之道，踏上了一条迥异于科举功名的精神追求

---

[1]《二程集·文集卷第十一》，第638页。

之路。此后泛读百家著述，涉足佛道二教。所谓"出入老、释者几十年"，"几"当理解为将近。按嘉祐三年程颢作《答横渠先生定性书》，也许可以作为他悟明儒学之道的一个标志，这年程颢二十七岁，殆与程颐的叙述相吻合。自此由《六经》而明道，并因应政治和思想理论两方面的时代课题，发而为议论。就其学术思想旨趣而言，要义在于"知尽性至命必本于孝悌，穷神知化由通于礼乐"。尽性至命和穷神知化，都是造精入微的理论探索，其最终成果，可以用程颐所谓"理一而分殊"或"体用一源，显微无间"来概括，这是二程洛学"极高明"的理论造诣。但是，仅有此"极高明"的理论，还不足以言二程洛学之特质，甚至不能揭明其与佛道教的区别，所以还必须强调"本于孝悌""通于礼乐"的另一面，也就是还原到日用伦常之中，与礼乐文明建设结合起来，不可像佛道教那样穷极幽玄，游离于社会现实之外。程颢曾告诫学生说："不可穷高极远，恐于道无补也。"[1] 沉溺于穷高极远的思辨游戏，就会丧失求道的价值实义，所以二程对此特别警惕。将这两方面合起来讲，便是《中庸》所谓"极高明而道中庸"。程颢说："'极高明而道中庸'，非二事。中庸，天理也。天理固高明，不极乎高明，不足以道中庸。中庸乃高明之极。"[2] 据此来理解二程洛学的理论建构，则其天道性命之高深哲学，既以孝悌人伦、礼

---

[1]《二程集·遗书卷第二上》，第15页。
[2]《二程集·外书卷第三》，第367页。

乐文明为基础，又力图融化到孝悌人伦、礼乐文明之中。这不仅反映出二程哲学的认识论特色，如其天道或天理之本体论，便渗透着浓厚的历史文化意识，而且反映出二程哲学的基本价值趋向，使其哲学与"大中之道"的政治宪纲有机地联系在一起，与佛道教游离世俗之外的哲学大异其趣。

根据二程学术思想的历程和旨趣，我们将其理论建构分述为三项：第一是接受周敦颐思想启蒙的"孔颜所乐何事"问题；第二是对佛道教的批评和吸收；第三是以"体用一源"的本体论形式，建构起以仁义礼乐为内涵的价值体系。

先谈"孔颜所乐何事"问题。

研究二程的学术思想，通常都会提到他们与周敦颐的渊源关系问题。按照考据的方法来解决这个问题，学者们有不同的发现，也有不同的推测和结论，因而成了一段公案。不过，从二程的言论来看，他们受周敦颐影响最深的，是"孔颜所乐何事"问题，不仅讲学时屡屡涉及，而且以同样的问题启发他们自己的学生。如说："昔受学于周茂叔，每令寻颜子、仲尼乐处，所乐何事。"[1] 又说："'乐莫大焉'，'乐亦在其中'，'不改其乐'，须知所乐者何事。"[2] 此所谓乐，除理论思维方面的启示意义之外，大概还有一种生命感受的意义，如说："某自再见茂叔后，吟风弄月以归，有'吾与点也'之意。"[3] 这是一种淡泊功名、怡情于自然的

---

[1]《二程集·遗书卷第二上》，第16页。
[2]《二程集·遗书卷五》，第78页。
[3]《二程集·遗书卷第三》，第59页。

生命感受，他们师生之间的最深投契，似乎正在于这种感受，而二程的理论思维，最初就从这种生命感受里生发出来。准此而言，讨论二程与周敦颐的学术渊源关系，似不必纠缠于到目前为止还主要依靠推测的考据，诸如周敦颐的《太极图说》《通书》是否曾传授二程，周程濂洛之学的统系如何，他们在理论上又有哪些相仿佛之处等等，而有必要考察"孔颜所乐何事"问题的内在涵义。这层涵义，既能说明二程接受周敦颐思想启蒙之究竟，也是理解二程哲学的一把钥匙。

在北宋儒学复兴运动中，孔颜之乐是一个被普遍提及的问题，不特周程之间。但所入不同，所为必异，对问题内涵的不同理解，往往会演绎出不同的理论成果。在研述张载思想时，我们曾引出二程作比较，以辨析张载"名教可乐"问题的内涵及其探讨问题的思想角度。现在也可以引出苏轼来作为参照，以评品二程"孔颜所乐何事"问题的内涵。嘉祐二年，苏轼与程颢考中同榜进士，就在这一年，苏轼致书梅尧臣（圣俞）说：

> 轼每读《诗》至《鸱鸮》，读《书》至《君奭》，常窃悲周公之不遇。及观史，见孔子厄于陈、蔡之间，而弦歌之声不绝，颜渊、仲由之徒相与问答。夫子曰："匪兕匪虎，率彼旷野。吾道非邪，吾何为于此？"颜渊曰："夫子之道至大，故天下莫能容。虽然，不容何病，不容然后见君子。"夫子油然而笑曰："回，使尔多财，

吾为尔宰。"夫天下虽不能容,而其徒自足以相乐如此。乃今知周公之富贵,有不如夫子之贫贱。夫以召公之贤,以管、蔡之亲而不知其心,则周公谁与乐其富贵?而夫子所与共贫贱者,皆天下之贤才,则亦足与乐乎此矣。[1]

孔子师徒被围困于陈、蔡,是一段真实故事,至于说到如果颜回有钱,孔子就自愿为他当管家,则出于苏轼的"想当然尔"。不过,也正因有此一段想当然,方显出苏轼本色,并勾起文坛宿将欧阳修的心灵波澜,大生感慨。欧阳修有《与梅圣俞书》说:"读轼书,不觉汗出,快哉快哉!老夫当避路,放他出一头地也。……轼所言乐,乃某所得深者尔,不意后生达斯理也。"[2] 或许,苏轼的想当然还属于意气风发,而欧阳修的"不意"则流露出沧桑感,但他们对于生命价值的关怀却是相同的。史称欧阳修"笃于朋友",其见诸行事,似乎在于两方面,第一是在道义上对于朋友的爱护和忠诚,"生则振掖之,死则调护其家"。[3] 第二是在专制政体历来防范的情势下,毅然为朋党"正名",以伸张正义。而从欧阳修对苏轼的回应来看,"笃于朋友"还有其关怀生命价值的更深层含义。这种关怀,因苏轼设定的周公之悲与

---

[1]《苏轼文集编年笺注》卷四八《上梅直讲书》,第 6 册,第 262—263 页。
[2]《欧阳修全集》卷一四九,第 2459 页。
[3]《宋史》卷三一九《欧阳修传》,第 10381 页。

孔子之乐，显现得十分强烈。在历史上，周公、孔子作为推阐礼乐名教的圣人，通常都是连在一起说的，而苏轼却发现了他们之间的天壤之别。周公因当政而富贵，也因当政而孤独，富贵而孤独的人生是悲苦的，苏轼从《鸱鸮》《君奭》中读出了周公的悲苦愁惨；孔子因怀道而无位，而贫贱，也因怀道而获得超凡脱俗的友情，与同道者分享着心灵的默契，在苏轼的感受中，这种人生是快乐的，通过想象中的孔颜对话，他使这种快乐变得很真实。

玩味苏轼的故事，他或许也有意于赞美高尚的精神友谊，鄙薄世俗的虚荣，如他在书信中既叹赏欧阳修等人，"意其飘然脱去世俗之乐而自乐其乐也"，也嘲弄俗流的富贵骄恣，"苟其侥一时之幸，从车骑数十人，使间巷小民聚观而赞叹之，亦何以易此乐也?"[1] 在生活中，这种精神趣味的差别是真切的。但仅有这层意思，似乎还不足以勾起欧阳修的心灵震撼。自庆历新政失败后，欧阳修宦海漂泊，起黜无常，又遭人诬诟，诋毁清誉，对于人生的屑微得失，早已无须挂怀，又何必耿耿于俗流之骄恣？其所难以忘怀的，是寄身在政治生活当中，成就政治功业既是其内心愿望，这一点从他投身于庆历新政的表现可知，而政治生活又因猜忌、嫉妒、争权等等，必然刈裂人间真情，即使是周公那样的圣人也不能幸免。寄身在政治生活中的人生既没有真正的快乐，又必须面对人与人之间的抗争和对立，就不仅使人对政

---

[1]《苏轼文集编年笺注》卷四八《上梅直讲书》，第6册，第263页。

治产生厌倦情绪，渴望得三五性情好友，逍遥泉石间，优游卒岁，而且会使人对政治的合理性产生深刻的怀疑。北宋儒者围绕名教之乐或孔颜之乐问题展开思考，其中就包含了这样的怀疑。当然，在北宋儒学复兴的时代思潮中，最终走出怀疑是主流，但走出怀疑的途径却各家不同。就苏轼而言，他认为政治的合理性不在于能够为社会生活争取到最好的前景，而在于克服已经很坏的现状，这一点，从他对礼教起源的解释中可以看出来（见下章）。显然，这种合理性解释是低调的，其致思方向，也不在于寻找孔颜的名教之乐，而在于寻找其真性情之乐，从而为精神自由保留一个很大的空间。

回到二程。同样的政治合理性问题，也曾在二程思想中萌动，而且解释也很低调。如程颢说："有甚你管得我？有甚我管得你？教人致却太平后，某愿为太平之民。"又说："太山为高矣，然太山顶上已不属太山。虽尧舜之事，亦只是如太虚中一点浮云过目。"[1] 无论是你管我还是我管你，总之构成了政治，而政治的合理性依据，只来源于已经被历史经验所证明的事实，即没有政治天下就不太平，并非来源于某个先验的"天理"前提。进而言之，政治虽然是致世太平之术，但并不能代表生命价值的最高追求。当程颢站在将生命价值与宇宙意识结合起来的天地境界上时，所产生的感受是，即使至治如尧舜，也无非一场过眼烟云。应该说，这种对政治合理性的判断和生命对于政治的感受，与苏轼并没

---

[1]《二程集·遗书卷第三》，第62、61页。

有本质的区别。然而,程颢与苏轼的思想发展,最终判然两途。这种结果,表明有某盏歧路灯指引他们走向不同的运思理路,那么,这盏歧路灯究竟是什么呢?

程颢有《下山偶成》诗云:"襟裾三日绝尘埃,欲上篮舆首重回。不是吾儒本经济,等闲争肯出山来?"[1] 诗名"偶成",也许只是程颢的一时感触,但从中可以领会他选择出山入世的心态。山居生活清新自然而脱俗,程颢并非不留恋,但作为儒者,他又不能回避经邦济国的社会责任,所以程颢虽一步三回头,选择出山并非毅然决然,但终归做出了选择。类似的游山诗,唐宋时很多儒者都写过,但很少有人像程颢这样,在赞美山居脱俗的同时,又以儒家的主体意识强调并且自觉承担其社会责任。"吾儒"二字,是儒家主体意识的反映,而出山入世的最终选择,正是在这种主体意识的驱动下做出的。既然社会责任不可回避,那么,是将它当作一次人生苦旅,在精神上与之格格不入,还是从中寻找一条安身立命之道,将山居的愉悦心情带到入世的经济事业之中呢?这就切入到程颢关于孔颜所乐何事问题的思考,他与苏轼的歧路,也由此始见端倪。按照苏轼的意思,孔颜之乐在于清贫乐道。这个道的内涵,虽然因苏轼一时未及深思而不很确定,但也有两点是可知的:第一是它离异于周公的政治事业,第二是沟通人间真情。如果用魏晋玄学的语言来讲苏轼的思想,就是山林之中与庙堂之上、自然与名教很难调

---

[1]《二程集·文集卷第三》,第476页。

和。不过,他不像玄学家那样讲"周孔贵名教,老庄明自然",而是讲周公行名教,孔颜爱自然。而程颢以及程颐在从学于周敦颐时,"每令寻颜子、仲尼乐处,所乐何事",也就是受到再三追问,从而资之由以深,引发更深的思考,所以他们既不像苏轼那样浅尝辄止,到真情流露处便自觉功德圆满,而且试图将孔颜之乐与周公事业、自然与名教结合起来。这种结合,注定了二程的理论探索将达到一个特定的高度,但探索的历程会遇到种种艰辛。

经过大约十年的广泛阅读和思考,二程自觉找到了问题的答案,或者更确切地说,从各种可能的答案中做出了选择。这个答案或选择是否周敦颐学术思想中所已有,其实并不重要,重要的是二程从中产生了真知实感。程颢曾说:"吾学虽有所受,天理二字却是自家体贴出来。"[1]这句话的意思,并不在于强调其理论独创性,而在于强调"自家体贴",亦即真知实感,不同于概念性的了解或理解。就概念而言,"天理"二字最初是由《庄子》提出来的,秦汉各家著述以及隋唐道教,也都在不同的意义上沿用,但它们都不妨碍程颢进行"自家体贴",也不能代替其真知实感。正是经过这样的"自家体贴",使二程的生命意识从自然升华为自觉,也就是超越物我之别的个体意识,在复归本性的意义上冥同物我,既体验到万物之"理一",同时也就体验出孔颜所乐何事。其最初表述,有程颢的《答横渠先生定性书》

---

[1]《二程集·外书卷第十二》,第424页。

和程颐的《颜子所好何学论》。

程颢的《答横渠先生定性书》，本来只是答复张载的一封书信，但由于它开启了道学造精入微的门径，所以在道学史上具有经典之作的意义。张载的询问与修养体验有关，即"定性未能不动，犹累于外物"。[1] 这其实是中国哲学史上涉及心物关系的老问题，儒释道三家都曾围绕这个问题展开探讨。六朝隋唐时的佛道二教，曾在定慧、止观以及清静、真观等名目下，围绕类似问题衍述甚繁，其中虽有不同宗派的不同主张，但总体倾向不外乎深浅两层：浅者是排遣外物之缚累，使自我心性脱然而独立；深者则连此排遣外物的意图也须排遣，也就是不执滞于心性独立，从而超越于心性与外物相对立的关系之上。通过这些思辨形式，隋唐佛道教最终完成了从出世间到不忤于世间的思想转化，所谓"三教合一"，也因此有其基础。佛道教的这一思想历程，是否影响了张载对心物关系问题的特别关注，不烦揣测，但比较而言，张载的问题是在相对浅显的层面提出来的。其所以浅显，第一是因为此时张载的思想尚未成熟，时当嘉祐三年，也就是张载与程颢、苏轼同登进士第的次年。第二是因为张载从复归先秦儒家古典的角度提出问题，冯友兰先生曾指出它源自《礼记·乐记》中的一段话，即"人生而静，天之性也。感于物而动，性之欲也。夫物之感人无穷，而人之好恶

---

[1]《二程集·文集卷第二》，第460页。

无节，则是物至而人化物也。人化物也者，灭天理而穷人欲者也"。[1] 从思想逻辑上说，这段话的意思很容易理解，"人生而静"是一个设定的前提，即人的先天本性是静态的。据此推论，则静而无欲的精神状态出于本性、合乎天理，受外物引诱而产生欲望的精神状态便违背天理。因为外物的引诱无穷，人的情欲也没有自行节制的自觉，循此以往，必然在不断的引诱与被引诱中泯灭天理、丧失本性，以致异化为物欲的奴隶。人当绝外诱以复归本性之静态，也就成为理所当然的结论。《乐记》的这些思想，应该说是比较浅显的，不难理解。但思想逻辑上的理解是一回事，修养实践中产生真知实感又是另外一回事。张载的问题，就发生在真知实感上，即精神状态达不到全然无物、了无挂碍的境界。而程颢的回答，也不是申谈另一种感受或境界，事实上，所谓定性不动是一个逻辑悖论，它要求人有意识地达到对外物完全无意识的精神状态，在实践中是不可能的，在逻辑上也是无解的，但程颢对人性静定的前提却有另一种理解，从而打开悖论的缺口。程颢说：

> 所谓定者，动亦定，静亦定，无将迎，无内外。苟以外物为外，牵己而从之，是以己性为有内外也。且以性为随物于外，则当其在外时，何者为在内？是有意于绝外诱，而不知性之无内外也。既以内外为二本，则又

---

[1]《十三经注疏（清嘉庆刊本）》，第3314页。

乌可遽语定哉?

夫天地之常，以其心普万物而无心；圣人之常，以其情顺万事而无情。故君子之学，莫若廓然而大公，物来而顺应。《易》曰："贞吉悔亡。憧憧往来，朋从尔思。"苟规规于外诱之除，将见灭于东而生于西也。非惟日之不足，顾其端无穷，不可得而除也。

人之情各有所蔽，故不能适道，大率患在于自私而用智。自私则不能以有为为应迹，用智则不能以明觉为自然。今以恶外物之心，而求照无物之地，是反鉴而索照也。《易》曰："艮其背，不获其身，行其庭，不见其人。"孟氏亦曰："所恶于智者，为其凿也。"与其非外而是内，不若内外之两忘也。两忘则澄然无事矣。无事则定，定则明，明则尚何应物之为累哉?

圣人之喜，以物之当喜；圣人之怒，以物之当怒。是圣人之喜怒，不系于心而系于物也。是则圣人岂不应于物哉？乌得以从外者为非，而更求在内者为是也？今以自私用智之喜怒，而视圣人喜怒之正为如何哉？[1]

朱熹评此信，谓之"自胸中泻出"，文意圆转，但由于是"成片说将去"，不同于常见的立论形式有迹可循，所以通篇"都不见一个下手处"。[2] 这大概是一种厚积薄发的气

---

[1]《二程集·文集卷第二》，第460—461页。
[2]《朱子语类》卷九五，第2441页。

象，文理不易把握，我们现在来解读，难免要凿圆枘方，对程颢的思想进行分疏。引文第一段，便是对本性静定之前提的重新诠释。就概念而言，程颢用"定性"而不像《乐记》那样用"静"，盖相因于张载的提问。这一概念差异确实使重新诠释变得相对容易，因而有"动亦定，静亦定"之说，但这只是修辞上的一种方便，并不是程颢取得诠释突破的关键。关键当在于所谓"性"。朱熹答人问《定性书》难以理解时曾说："'定性'字，说得也诧异。此'性'字，是个'心'字意。"[1] 用"定心"来替代"定性"，程颢的语意确实更易理解一些，但"心"字在这里是一种主体感受和境界的意思，"性"字则带有本体思维的意思。这两层意思，《定性书》混一不分，所以以"心"易"性"，也不十分妥帖，譬如"性之无内外"是就本体说的，若换成"心之无内外"，就变成境界的意思了，而以本体思维论"性"，正是程颢重新诠释其前提的关键。将程颢语意疏释开来，是说人的先天本性既非常识所理解的禀赋个性，也不是由逻辑思维所设定的、隔离人与外物并且具有生理实体意义的内在本质。如果将"性"理解为人体内部某种定在的东西或精神状态，从而在修养中捉持禁止之，就会出现"当其在外时，何者为在内"的矛盾，所以说性无内外之分，也就是不能将性理解为自我与外物相对立的自在自为的依据。这些是就本体思维层面讲的，程颢多用否定系词，说明"性"无内外之分，亦

---

[1]《朱子语类》卷九五，第2441页。

即它不是什么。至于表述"性"是什么，便转到了主体感受和境界的角度，程颢举出两方面的例子。其一是天地之常、圣人之常。常是常心、常情，也可以说是常性，它是由天地或圣人之主体所造达的一种普遍境界，无物我之分别心，无抑物从我之私情。由此得一正面描述，便是"廓然而大公"，这种境界在接物时的表现，不是无喜无怒，而是物当喜则喜，物当怒则怒，喜怒都不是出于个人意志。其二是凡人受私情蒙蔽，强化其个性化的主体意识，在对待物我关系、心物关系时"自私而用智"。其作为不是顺适物情物理而作为，有所思虑也不是顺任自然而然的本来明觉而思虑，所以崎岖反侧，与物情物理处处抵触。这种境界的玄思化表达方式，便是"以恶外物之心而求照无物之地"，"恶外物之心"是前提，"求照无物之地"是致思方向，在这两点上都错了，所以说"是反鉴而索照也"。

从理论思维和思想风格上来评品程颢的《定性书》，似乎很有些《庄子》神韵，其所谓"无将迎，无内外"，所谓"内外之两忘"，也都源出《庄子》。比较而言，张载的定性不动类似于老子的抱玄守一，程颢的廓然大公则类似于庄子的道通为一。不过，庄子的旨趣是要逍遥一世之上，睥睨天地之间，比程颢更透脱，或者说更放达。在中国历史上与程颢思想更具有可比较性的，大概是郭象。郭象思想之大旨，是从性分自足的逍遥义，亦即山林之中与庙堂之上相调和，推阐出"直道而行"的政治哲学，如注《庄子·在宥》说："无为者，非拱默之谓也，直各任其自为，则性命安矣。不得已者，非迫于威刑也，直抱道怀朴，任乎必然之极，而天下自宾也。"[1] 注《论语·为政》说："万物皆得性谓之德。夫为政者奚事哉？得万物之性，故云德而已也。得其性则归之，失其性则违之。"注《论语·卫灵公》说："无心而付之天下者，直道也。有心而使天下从己者，曲法。故直道而行者，毁誉不出于区区之身，善与不善，信之百姓。"[2] 各任其自为而性命安，便是性分自足的逍遥义，直道而行便是政治哲学，合而言之，即所谓"内圣外王之道"。无须论辩，郭象的逍遥义与程颢的孔颜之乐，思想实质是相同的，其所谓"直道""曲法"，也就是程颢所说的"廓然而大公""自私而用智"。以郭象内圣与外王相通贯的独化论玄学为参照，来解读程颢的《定性书》，则《定性书》虽就精神修养立论，是所谓内圣之学，但与前述其"大中之道""王道"，其实是相通贯的；他与王安石的分歧，简言之也就是廓然大公与自私用智的分歧。明乎此，我们也就弄清了"孔颜所乐何事"问题的真实意义，即孔颜超越"自私而用智"，乐于"廓然而大公"。也正是在"廓然而大公"的意义上，名教与自然始能调和起来。

程颐的《颜子所好何学论》，同样也是青年时期回应提问的作品，时间甚至比程颢的《定性书》更早，作于皇祐二年或嘉祐元年。[3] 当时胡瑗主掌太学，以此题试太学诸生，

---

[1]《庄子集释》卷四下，第369—370页。
[2]《论语义疏》卷一，第22—23页；卷八，第407页。
[3] 参见卢连章《二程学谱》（中州古籍出版社1988年版）。

程颐应题作文，由此在学术思想界崭露头角。从思想理论上说，"颜子所好何学"与"孔颜所乐何事"，是性质相同的类似问题。如魏晋时的嵇康，既主张"越名教而任自然"，又著文诘难"自然好学"，名教与好学联系在一起，任自然就意味着不好学。程颐的"所好何学"，也与其"所乐何事"问题联系在一起，不过，程颐的观点正好与嵇康相反，他是在肯定"自然好学"的前提下展开思考的。也许正因为问题性质相同，可以触类旁通，而程颐在就学于周敦颐时便受到思想启蒙，对这类问题积思已久，所以其论一出，立即受到胡瑗的嗟赏。进而将程颐此论与程颢《定性书》相比较，"颜子所好何学"与"定性未能不动"，似乎是很有差别的两类问题，但由于二程的思考背景或运思理路，都根源于"孔颜所乐何事"，所以思想理论的归结点是一致的，即在复归本性的意义上理解孔颜所乐所好。差异只在于议论风格或所谓气象上：程颢从容透脱；程颐则思绪谨严，他不像程颢那样娓娓道来，而是表现出明确的论证意图，并且采取层层推进的论证方式。这种风格，在论文开头的寥寥数语中便展现出来："圣人之门，其徒三千，独称颜子为好学。夫《诗》《书》六艺，三千子非不习而通也。然则颜子所独好者何学也？学以至圣人之道也。"总共三句话，第一句化用《论语》中孔子称颜回好学的典故，是正题；第二句说孔门弟子的知识学习相同，是反题；第三句点出颜回之独好在于"学以至圣人之道"，是合题。三句话便得出结论，实际上已回答了胡瑗的问题，可见其运思之绵密。由此结论，便顺理

成章地引出程颐积思已久的问题,即"圣人可学而至欤?"回答自然是肯定的,而且推阐出一套理论:

> 天地储精,得五行之秀者为人。其本也真而静,其未发也五性具焉,曰仁义礼智信。形既生矣,外物触其形而动于中矣。其中动而七情出焉,曰喜怒哀乐爱恶欲。情既炽而益荡,其性凿矣。是故觉者约其情使合于中,正其心,养其性,故曰性其情。愚者则不知制之,纵其情而至于邪僻,梏其性而亡之,故曰情其性。凡学之道,正其心,养其性而已。中正而诚,则圣矣。君子之学,必先明诸心,知所养,然后力行以求至,所谓自明而诚也。故学必尽其心。尽其心,则知其性,知其性,反而诚之,圣人也。[1]

这套理论,当然不完全是程颐的创造。《中庸》说:"天命之谓性,率性之谓道,修道之谓教。"又说:"喜怒哀乐之未发,谓之中;发而皆中节,谓之和。中也者,天下之大本也;和也者,天下之达道也。"[2] 这些说法,便是程颐理论的经典依据。但程颐也有其阐发,即宣称"五性具焉",将仁义礼智信说成是人性中所固有的,确立了一个其实未加批判的理论前提。这个前提的依据,是人得五行之秀,其验证,是在"正其心,养其性"的修养中,可以使一切精神活动都合乎仁

---

[1]《二程集·文集卷第八》,第577页。
[2]《十三经注疏(清嘉庆刊本)》,第3527页。

义礼智信。大体说来，依据人得五行之秀而确立"五性具焉"的前提，是将五行与五常对应起来的结果，这也是传统的思维方式，其中可能包含的逻辑环节，是人具有选择、遵循仁义礼智信的能力。发挥这种能力可以为圣人，丧失这种能力则有两种表现：其一是放纵情欲而至于邪僻，其二是桎梏本性而成槁然一物，也就是程颢《定性书》所批评的"以恶外物之心而求照无物之地"。从程颐所谓"尽其心，则知其性"云云来看，正心、尽心其实也就是超越自私而用智，从而"知其性"，亦即由本性彰显出仁义礼智信的意识自觉。不过，程颐此论的主题在于"学以至于圣人之道"，不像程颢《定性书》那样站在圣人境界上谈圣人境界，所以程颐同时又强调学习的途径，即在躬行实践中自觉遵循仁义礼智信之规范。程颐说："圣人则不思而得，不勉而中，从容中道，颜子则必思而后得，必勉而后中。"[1] 因为境界上本有差别，所以修养上不能流于奢谈，而是"必思"，唤醒本性中的自觉意识，还要"必勉"，发挥本性中遵循仁义礼智信的能力。古灵四先生中的陈襄曾说："凡人生而与万物俱生，长而与万物俱化，终身与万物浮沉，以是而求至于圣人，难哉！"[2] 这段话，或许可以用作对程颐"必思""必勉"的一种解释。

孔子与颜回既然在境界上有差别，那么他们所感受到的"乐"是否也有差别呢？程颐的论旨不在这个问题上，所以

---

[1]《二程集·文集卷第八》，第578页。
[2]《宋元学案》卷五，第230页。

文中没有直接答案。但对照程颢的一段话，我们可以得一索解。程颢说："孟子言'万物皆备于我'，须反身而诚，乃为大乐。若反身未诚，则犹是二物有对，以己合彼，终未有之，又安得乐？"[1] 乐作为一种主体感受，根源在于"诚"，也就是在本性的意义上真知实感到我与万物为一。程颐同样也强调"诚"的重要性，就诚而后乐而言，颜回思而后得的乐与孔子不思而得的乐，无疑是相同的。当然，颜回甚至包括孔子都只是一种人格表征，或者说是人性研究的一种素材，最终所要解决的问题，是人性与礼乐名教亦即文明秩序的关系。研究这种关系问题可不可以用释迦、老庄作为素材呢？当然也可以，不过，其结论将是佛教的真如佛性和道教的自然道性。从某种意义上说，称言孔颜或称言释迦、老庄，是致思方向上的不同选择，而二程的选择，从大的方面讲取决于北宋儒学复兴的时代思潮，具体而言则是因为受到周敦颐的引导。对于哲学家而非学问家来说，这种引导无疑具有十分重要的意义。

第五节　对佛道教的批评和吸收

在中国思想史上，北宋既是儒学复兴的时代，也是佛道教经过六朝隋唐的长期发展，因而对社会形成深刻影响的时代。产生在这个时代的各种学术思想，似乎注定了要面对一

---

[1]《二程集·遗书卷第二上》，第17页。

个共同的问题，即如何在自己的学术思想中摆正儒释道三教关系。宏观地看，在儒学复兴的时代思潮中解决这个问题，必然是以儒家文化为主导或主体，批判地吸收佛道教的某些思想理论，但具体分析不同的学派，又必然发现他们之间存在着各种各样的差别。特别突出的有两种典型：其一是自觉坚持并且强化儒家文化主体意识，始终对佛道教采取批评和排斥的态度，即使在思想理论上对佛道教有所认同，也是从儒家的思想立场出发，或者引合于先秦儒家经典，将新思想嫁接在古典的老树根上，从而形成其一以贯之之道，作为解释并且指导社会生活的最高原则；另一种典型是时常不自觉地放弃或者淡化儒家文化主体意识，将儒释道三家当作可以共享的文化资源，从而在现实生活中保持多元选择的态度，随物赋形，抉择具有随机性。这两种典型态度，可以举二程和二苏为代表，其他儒者大概都摇摆在两种典型之间。不同的典型态度，反映出思想的分歧。站在二程的立场上来看，这种分歧意味着是否对孔颜之乐产生真诚的感受，如果反身而诚，在精神深处体会到孔颜所乐何事，便能够在儒学中找到安身立命之道，不必与佛道教藕断丝连。反之，如果只是在仕途上服膺儒学，而遭遇人生挫折或试图了断生死困惑时又转而向佛道教寻求精神慰藉，那就说明学儒而未及其道。这既是治学的出发点问题，也是判断真儒假儒的根本问题，所以不可调和。但根据现代学者的研究，二程曾吸收佛道教的某些理论是一个不辩的事实。这个事实在思想发展史上或许不难解释，既吸收又排斥的态度不仅符合思想发展的逻辑，而且有许多先例，然而，二程的情况却有些特殊，因为他们特别强调学术真诚，在吸收与排斥之间，他们的学术真诚又如何保持呢？有学者认为，二程之所以排斥佛道教，是为了维护"道统"或出于意识形态方面的忧虑。这种看法或许不为无据，但指实二程具有这种功利性的意图，毕竟会让人对他们的学术真诚产生怀疑，所以未必是很合理的可能解释，还有必要重新探讨其所以然之故。

从总体上看，二程对佛道教的批判和吸收，都是从他们自身的思想立场出发的，主体性很强，所以最终凸现出来的，与其说是佛道教的思想理论之得失，毋宁说是二程的立场观点。其方式，既不是针对佛道教的思想体系展开全面系统的理论批判，也不是针对某些理论命题展开逻辑的剖析，而是抓住其生活方式及宗教行为，考察其背后的意识、情感以及思想倾向和观念形态。具体而言，主要是批判佛教缺乏宇宙整体意识和历史文化意识，批判老子将道德与仁义礼智割裂开来的历史观，至于纯粹理论层面，则从其"理一而分殊"的观点出发，对佛教华严宗理事无碍、庄子之齐物、道教内丹的造化生成之理等，有所认同。

二程曾说："释氏谈道，非不上下一贯，观其用处，便作两截。"[1] 所谓谈道上下一贯，大概不是指佛教理论体系说的，而是指佛教在理论上不主张忤于世俗，如其真俗不二的教义等等；所谓用处，指佛教出家的生活方式，这种生活

---

[1]《二程集·外书卷第十一》，第417页。

方式与其理论主张相背离，所以说是两截。谈道时一贯，行为上两截，看起来很矛盾，那么问题究竟出在哪里呢？二程无意于纠缠理论上的是非之辩。事实上，佛教典籍浩如烟海，佛教理论又千流百派，要从命题概念出发对它进行全面系统的理论批判，几乎是不可能的，所以二程的批判矛头主要指向其行为背后的观念意识。《二程集》中有这样一段问答：

> 问："某尝读《华严经》，第一真空绝相观，第二事理无碍观，第三事事无碍观，譬如镜灯之类，包含万象，无有穷尽。此理如何？"曰："只为释氏要周遮，一言以蔽之，不过曰万理归于一理也。"又问："未知所以破佗处。"曰："亦未得道他不是。百家诸子个个谈仁谈义，只为他归宿处不是，只是个自私，为轮回生死。却为释氏之辞善遁，才穷着他，便道我不为这个，到了写在册子上，怎生遁得？且指他浅近处，只烧一文香，便道我有无穷福利，怀却这个心，怎生事神明？"[1]

"镜灯"大概是指唐初期华严学僧法藏的故事。法藏为了讲解华严义理，曾设十面镜子，"八方安排，上下各一，相去一丈余，面面相对，中安一佛像，燃一炬以照之，互影交光"，[2] 以此晓喻华严事理无碍之义。同样的义理，也可

---

[1]《二程集·遗书卷第十八》，第 195 页。
[2]《宋高僧传》卷五《法藏传》，《大正新修大藏经》第 50 册，第 732 页。

以用月映万川作譬喻，大旨都在于说明一般与特殊或共性与个性的同一关系，也就是所谓"万理归于一理"或"理一而分殊"。在此纯粹理论的层面上，二程的观点与佛教没有冲突。但另一方面，佛教又以烧香拜佛的形式推行教化，这种宗教形式背后的支配观念，不是理事无碍的理论，而是大获福报的功利意图，是自私。由行为考察其背后的观念，二程抓住了佛教的两层缺陷：其一是缺乏宇宙整体意识，其二是缺乏历史文化意识。

针对佛教缺乏宇宙整体意识，二程说："道之外无物，物之外无道，是天地之间无适而非道也。即父子而父子在所亲，即君臣而君臣在所严，以至为夫妇、为长幼、为朋友，无所为而非道，此道所以不可须臾离也。然则毁人伦、去四大者，其分于道也远矣。……彼释氏之学，于'敬以直内'则有之矣，'义以方外'则未之有也，故滞固者入于枯槁，疏通者归于肆恣，此佛之教所以为隘也。"[1] 在中国古代思想家当中，庄子最具有离异世俗的思想倾向，但庄子毕竟说过："子之爱亲，命也，不可解于心；臣之事君，义也，无适而非君也，无所逃于天地之间。"[2] 他所设想的理想国，诸如建德之国等等，也只是王化未及的边远地区，不是彼岸世界，所以其宇宙观依然是统一的整体。从文化根源上说，自周初分封以降，就在天下一统的历史背景下，形成天地宇

---

[1]《二程集·遗书卷第四》，第73—74页。
[2]《庄子集释》卷二中《人间世第四》，第155页。

宙乃统一整体的中国文化意识，牢不可破。而古代印度没有这种统一的历史背景，相应地，佛教的一大教义也就是宣称有另一个彼岸净土世界存在，并在这种观念的支持下，形成出家以学佛法，出世以修佛果的教规。这在二程看来，就在观念和行为两方面都将道与物割裂成两截，宇宙意识不是整体的，而是分裂的，其本质是将道看作彼岸净土世界，从而追求物外修道，离异于现实的、物质的世界，所以有律僧之滞固枯槁，禅僧之疏通肆恣，在现实世界中找不到合情合理的生活方式。如批评佛教说："其术，大概且是绝伦类，世上不容有此理。又其言待要出世，出那里去？又其迹须要出家，然则家者，不过君臣、父子、夫妇、兄弟，处此等事，皆以为寄寓，故其为忠孝仁义者，皆以为不得已尔。又要得脱世网，至愚迷者也。毕竟学之者，不过至似佛。佛者一黠胡尔，佗本是个自私独善，枯槁山林，自适而已。若只如是，亦不过世上少这一个人。又却要周遍，谓既得本，则不患不周遍。要之，决无此理。……今彼言世网者，只为些秉彝又殄灭不得，故当忠孝仁义之际，皆处于不得已，直欲和这些秉彝都消杀得尽，然后以为至道也。然而毕竟消杀不得。如人之有耳目口鼻，既有此气，则须有此识；所见者色，所闻者声，所食者味。人之有喜怒哀乐者，亦其性之自然，今强曰必尽绝，为得天真，是所谓丧天真也。"[1]

佛教出家出世的生活方式，一方面与其缺乏宇宙整体意

---

[1]《二程集·遗书卷第二上》，第24页。

识有关，另一方面又与其缺乏历史文化意识有关。二程的学生谢良佐说："吾曾历举佛说与吾儒同处问伊川先生，曰：'恁地同处虽多，只是本领不是，一齐差却。'"[1] 确实，孤立地就一些理论命题来比较，可以在儒佛之间找到许多相同或相似之处，但儒佛的根本旨趣是不同的，所谓"本领"，也就是根本纲领的意思，而佛教的错误，在程颐看来正是根本纲领性质的。这种根本纲领之异趣，可以通过出世和入世的行为，表现出不同的价值观、人生观。而比这种观念形态更具原生性质的，是对人类以及历史文化的感情。佛教厌苦根尘，在情感或情绪上就将历史文化当作精神解脱的蔽障，所以缺乏历史文化意识，如程颢说："佛氏不识阴阳昼夜死生古今，安得谓形而上者与圣人同乎？"[2] 不识阴阳昼夜是不通自然化生之理，不识古今是缺乏历史文化意识，据此评价佛教理论，人或谓之博大精深，而二程却说："释氏之学，正似用管窥天，一直便见，道他不是不得，只是却不见全体。"[3]

二程对道家老子的批评，更明显地集中在历史文化意识方面，但老子的问题不在于缺乏这种意识，而在于执古御今、厚古薄今，从而割裂了道在历史文化中的连续性。这种连续性，可以通过道德与仁义礼智的关系反映出来。围绕这层关系问题，儒道两家的看法是不同的。道家观点就是老子

---

[1]《二程集·外书卷第十二》，第425页。
[2]《二程集·遗书卷第十四》，第141页。
[3]《二程集·外书卷第五》，第375页。

所说的"失道而后德，失德而后仁，失仁而后义，失义而后礼"，将仁义礼智信看作道德沦丧之后的产物，是朴散而为器。儒家的观点可以举韩愈《原道》作代表，即所谓"仁与义为定名，道与德为虚位"，并批评老子说："凡吾所谓道德云者，合仁与义言之也，天下之公言也；老子之所谓道德云者，去仁与义言之也，一人之私言也。"[1] 这种观点分歧，在二程看来是见道与不见道的问题，比老庄抨击世教的各种激烈言论都更根本，因而是一个原则问题。如说：

> 韩愈亦近世豪杰之士。如《原道》中言语虽有病，然自孟子而后，能将许大见识寻求者，才见此人。……又曰："荀与杨择焉而不精，语焉而不详。"若不是佗见得，岂千余年后便能断得如此分明也？如杨子看老子，则谓"言道德则有取，至如捶提仁义，绝灭礼学，则无取"。若以老子"剖斗折衡，圣人不死，大盗不止"，为救时反本之言，为可取，却尚可恕。如老子言"失道而后德，失德而后仁，失仁而后义，失义而后礼"，则自不识道，已不成言语，却言其"言道德则有取"，盖自杨子已不见道，岂得如愈也？[2]

扬雄评价老子，否定其抨击仁义的言论，肯定其"失道

---
[1]《韩愈文集汇校笺注》卷一，第1页。
[2]《二程集·遗书卷第一》，第5页。

而后德"之说，这在二程看来就丧失了儒家的根本立场，不知儒学之道为何物，所以远不如韩愈。程颐评议《老子》书又说："其言自不相入处，如冰炭。其初意欲谈道之极玄妙处，后来却入做权诈者上去。然老子之后有申、韩，看申、韩与老子道甚悬绝，然其原乃自老子来。"[1] 这个评议，与上述思想是联贯的，老子割裂道德与仁义礼智的联系，也就丧失了在现实社会中推行其道德的合理途径，于是一变而为人君南面的权诈之术，从而诱发韩非、申不害的刑名法术之学，前者是因，后者是果。《二程集》中又有议论说："《老子》言甚杂，如《阴符经》却不杂，然皆窥测天道之未尽者也。"[2] 批评《老子》言甚杂，很容易理解，但《阴符经》自唐代出世以来，通常都认为其中包含了强兵战胜之术，是典型的权诈，为什么反而谓之不杂呢？推考起来，大概是因为《阴符经》不仅具有"观天之道"的宇宙意识，而且具有历史文化意识，即所谓"愚人以天地文理圣，我以时物文理哲"。天地文理是宇宙自然之理，时物文理是历史沿革之理，这两个方面，宏观地讲是一致的，但认知进路却可能有偏重，《阴符经》偏重于时物文理，而程颢也说："道，一也。或谓以心包诚，不若以诚包心；以至诚参天地，不若以至诚体人物，是二本也。知不二本，便是笃恭而天下平之道。"[3] 以至诚参天地也就是以天地文理圣，以至诚体人物

---

[1]《二程集·遗书卷第十八》，第235页。
[2]《二程集·遗书卷第十五》，第152页。
[3]《二程集·遗书卷第十一》，第117—118页。

也就是以时物文理哲，这种相同的倾向性，或许可以为其所谓《阴符经》不杂作一注脚。而体人物就包含体验历史古今的人情变化，后文我们将看到，这种历史意识是二程本体论思想的重要根源。也正因为其本体论思想中贯穿着历史意识，所以二程并不认为道德和仁义礼智只存在于上古三代，而是随着历史现实不断地大化流行，在现实中体验道德和仁义礼智的存在，既是体验孔颜所乐何事，是学圣人之道，也是致世太平之术。

对于庄子，二程的态度也是饶有趣味的，颇反映出他们自身的思想。这种趣味，同样也不是纯粹理论层面的，而是精神情趣层面的。如程颐，有记载说他"一生不曾看《庄》《列》，非礼勿动勿视，出于天与，从幼小有如是才识"，[1] 似乎在精神情趣上程颐天生地与《庄》《列》格格不入。但从程颐对《庄子》的评议来看，"未曾看《庄》《列》"的记载不一定可靠，大概是对《庄》《列》浸淫未深，未及深入研讨其理论，所以在被问及庄子《齐物论》如何时，他回答说："庄子之意欲齐物理耶？物理从来齐，何待庄子而后齐？若齐物形，物形从来不齐，如何齐得？"[2] 又有一段记载说："庄子齐物。夫物本齐，安俟汝齐？凡物如此多般，若要齐时，别去甚处下脚手？不过得推一个理一也。物未尝不齐，只是你自家不齐，不干物不齐也。"[3] 撇开其中情绪

---

[1]《二程集·遗书卷第六》，第86页。
[2]《二程集·遗书卷第二十二上》，第289页。
[3]《二程集·遗书卷第十九》，第264页。

化的批评口吻不谈，程颐的回答表现得知之而不甚深。就大旨而言，他对《齐物论》的理解可说是准确的。这种理解或许主要得益于程颐自身理一而分殊的思维模式，但如果对《齐物论》全然无知，只是望文生义，恐怕也不能做出如此概括。而且，程颐还对庄老有过这样的评价："庄生形容道体之语，尽有好处。老氏'谷神不死'一章最佳。"[1] 这个评价，显然是在读过《庄》《老》之后才能够做出的。读过《庄子》与否，本来不是什么要紧事，但在程门学者看来，不读《庄》《列》表明了程颐不予淫僻的精神情趣，所以《二程集》中有这样一段不符合事实的记载。根据事实来分析，程颐的精神情趣依然与庄子不同，但并非格格不入，而是有所同，亦自有其异。如前引程颐对庄子的评价，他虽未举出例证来说明庄子形容道体的哪些语言有"好处"，但从他肯定老子"谷神不死"一章的角度来看，似乎是指庄子之道无所不在、无时不在的思想。《老子》第六章用谷神喻道，谓之"绵绵若存，用之不勤"，意即道亘古今而固存，不同于"失道而后德"之说，而与二程的观点相吻合，所以程颐认为此章最佳。从这个角度来解读庄子形容道体之语，其"好处"实在很多，因为庄子的基本思想，就是认为道泛于自然之万物，蕴含在自然万物的大化流行之中。由有此道体论，也就有庄子宏大而辟、深闳而肆的精神情趣，有其变化洞达、与化为人的体道论，并因此批判世俗中人的褊狭

---

[1]《二程集·遗书卷第三》，第64页。

局障，抨击世俗礼教的工具化、虚伪性。在这些方面，程颐的观点与庄子是可以相互沟通的，如说："学者后来多耽《庄子》。若谨礼者不透，则是佗须看《庄子》，为佗极有胶固缠缚，则须求一放旷之说以自适。譬之有人于此，久困缠缚，则须觅一个出身处。"[1] 为礼教所胶固缠缚，也就是不知礼之实义，精神褊狭，将礼教作为单纯的他律，其中没有道德意识的自觉和自由。这种状况须看《庄子》，于久困之中得一解放，勘破礼教缠缚，恢复身心的本来面目，同时也清除异化，复现出礼教的本来意义。在清除异化方面，二程的观点与庄子也是可以相互沟通的，但庄子更彻底，在二程看来是将孩子连同洗澡水一起倒掉，所以他们批评庄子"无礼无本"。[2] 站在二程的立场上看，既清除异化又保留礼之本，虽然很不容易，但毕竟是可能的，如说：

> 天下之害，皆以远本而末胜也。峻宇雕墙，本于宫室；酒池肉林，本于饮食；淫酷残忍，本于刑罚；穷兵黩武，本于征伐。先王制其本者，天理也；后王流于末者，人欲也。损人欲以复天理，圣人之教也。或曰："然则未可尽去乎？"曰："本末，一道也。父子主恩，必有严顺之礼；君臣主敬，必有承接之仪；礼逊有节，非威仪则不行；尊卑有序，非物采则无别。文之与质，

---

[1]《二程集·遗书卷第十八》，第246页。
[2]《二程集·遗书卷第七》，第97页。

相须而不可缺也。及夫末胜而本丧，则宁远浮华，而质朴之为贵尔。"[1]

礼之质也就是礼的本来意义，其中包括人对于物质生活的追求，社会生活对于秩序的要求等等；礼之文也就是礼的外化形式，诸如宫宇服饰、尊卑之序等等。这两个方面，本来应该是同一而且平衡的，无其质则礼之文无所依附，无其文则礼之质无从彰显，但在现实中，时常出现将二者割裂开来，并且以文胜质、以末胜本的流弊。要克服这种流弊，就必须澄清礼的本来意义，从而对现实中已经失去平衡的文与质进行变革、调整，存天理，去人欲。这个目标固然很难实现，但从理论上说并非不可能，因为人性中本有仁义礼乐之内涵，只要清除各种自私用智之欲念，让本性彰显出来，就能重建文与质的同一和平衡，这也是二程"明道"的现实用意之所在。

程颐关于道教的评论，则反映出其本体论哲学的另一面，即自然万物的造化生成之理。如说："仙家养形，以夺既衰之年；圣人有道，以延已衰之命，只为有这道理。"[2]又说："世间有三件事至难，可以夺造化之力：为国而至于祈天永命，养形而至于长生，学而至于圣人。此三事，功夫一般分明，人力可以胜造化，自是人不为耳。"[3]所谓仙家

---

[1]《二程集·粹言卷第一》，第1170—1171页。
[2]《二程集·遗书卷第十九》，第263页。
[3]《二程集·遗书卷第二十二上》，第291页。

养形之理，也就是唐五代道教衍述甚繁的内丹理论。五代时的彭晓，将这个理论概括为"修丹与天地造化同途"，代表了内丹家的通识。[1] 从程颐的评论来看，他对内丹理论显然是认同的。程颐谈造化生成理论，还有一个重要观念也来源于唐五代内丹道，即所谓"真元之气"，如说："若谓既返之气复将为方伸之气，必资于此，则殊与天地之化不相似。天地之化，自然生生不穷，更何复资于既毙之形、既返之气以为造化？近取诸身，其开阖往来，见之鼻息，然不必须假吸复入以为呼。气则自然生。人气之生，生于真元。天之气，亦自然生生不穷。"又如说："真元之气，气之所由生，不与外气相杂，但以外气涵养而已。……至于饮食之养，皆是外气涵养之道。出入之息者，阖辟之机而已。所出之息，非所入之气，但真元自能生气，所入之气，止当阖时，随之而入，非假此气以助真元也。"[2] 这些说法，与唐五代丹家辩议"真药物"，如出一辙。唐五代道教由外丹而内丹的演进，一个重要的话题就是探讨孰为"真药物"。就外丹言，是渐去五金八石四黄不用，专重铅汞，又就铅汞进行思辨性的推释，以为烧炼铅汞不是炼化其形质，而是凝炼其中所包含的元精元气。就内丹言，是摆脱胎息、服气、房中等方术，辨先天精气与后天精气之异，以为修炼内丹必用生成天地万物的元精元气为药物，与外丹名目相同，有"真铅"

---

[1] 参见拙著《道教哲学》下篇。
[2] 《二程集·遗书卷第十五》，第148、165—166页。

"真一""真药祖"等等。如唐五代道书《真元妙道修丹历验抄》说:"夫铅者,玄元之泉。泉者,水之源也。人但见泉水流出于石窟之中奔腾,莫知泉源自何而至,亦如元气生有万物成熟,莫见元气从何而来也!"[1] 约成书于唐宋间的道书《橐籥子》,遂有真元即元气之说,且谓:"其大也则笼罩八隅,其小也则潜藏一毫,呕坤吐乾,出有入无,五才受统,遂成物先。"[2] 彭晓的《周易参同契分章通真义》,描述丹药乃元精元气,颇有代表性:"真铅,未有天地混沌之前,铅得一而相形,次则渐生天地阴阳五行万物众类,故铅是天地之父母、阴阳之本元。盖圣人采天地父母之根而为大药之基,聚阴阳纯粹之精而为还丹之质,殆非常物之造化也。则修丹之始须以天地根为药根,以阴阳母为丹母,如不能于其间生天地阴阳者,即非金液还丹之道。"[3] 诸如此类的议论,唐五代道书中比比皆是,通过比较,可信程颐的真元之说有所渊源于道教。从这层渊源关系来看,程颐之所谓"真元",是指万物造化生成的能量之源、生生不息的永恒推动力。在程颐的哲学体系中,真元与道大概是同一个层次的概念,如说:"'一阴一阳之谓道',道非阴阳也,所以一阴一阳道也,如一阖一辟谓之变。"[4] 又说:"离了阴阳更无道,所以阴阳者是道也。阴阳,气也。气是形而下者,道是

---

[1]《云笈七签》卷七二,第1622—1623页。
[2]《道藏》第28册,第344页。
[3]《道藏》第20册,第139页。
[4]《二程集·遗书卷第三》,第67页。

形而上者。"[1] 如果取用西方哲学家来比较，程颐所谓"真元"大抵类似于亚里士多德的"质料因"，"道"则类似于亚氏的"形式因"。

从总体上看二程对佛道教的批评和吸收，是从他们自身的思想理论和文化情感出发的，服务于重建文化体系这样一个总目标，主体性很强。其所以吸收佛道教的某些理论，是因为这些理论符合其目标，在情感上可以接受，反之，其所以批评佛道教，是因为佛道教潜移默化的某些观念、意识违背其目标，在情感上难以接受。重建文化体系的目标与文化情感，在二程的思想中是同一的。通过体悟孔颜所乐何事，他们使这种同一性变得很真切，也正是在这种真切感受的意义上，显现出二程的学术真诚，他们对佛道教的批评和吸收，非出于功利性的意识形态忧虑。

第六节　体用一源　显微无间

上述二程对王安石政治思想以及释、老异端的批判，对"大中之道"的阐述以及对"孔颜之乐"的体贴等，都从不同角度展现出他们的思想内容。而将这些思想内容提炼为具有普遍意义的理论形式，则有程颐所提出的两大命题：其一是"体用一源，显微无间"，其二是"理一而分殊"。这两大命题的思想角度不尽相同，但理论涵蕴是相通的。"理一

---

[1]《二程集·遗书卷第十五》，第162页。

分殊"就天人关系而言，是解释天人关系的一种理论模式；"体用一源，显微无间"就道与器、道与时的关系而言，是将道与时代现实统一起来的抽象理论思考。但天人关系与体用关系，在中国哲学中本来就是相通的，天和体都指形而上之道，与之对应的人情、人事或功能、应用，都指形而下之器，所以两大命题同样包含着形而上与形而下不即不异的理论涵蕴。不即意味二者有差别，因此能保持对待流行的发展张力；不异意味二者乃统一体，所以能保持在对待流行的状态，不至离裂为对抗。这种不即不异的理论涵蕴，也是贯穿在两大命题中的思维方式。

从发生学的意义上说，两大命题的思想角度之所以不同，是因为提出命题的具体背景不同。"理一而分殊"是程颐在《答杨时论〈西铭〉书》中提出来的。杨时怀疑张载《西铭》的义旨近似于墨子之兼爱，程颐因而有论云：

> 《西铭》之为书，推理以存义，扩前圣所未发，与孟子性善养气之论同功，岂墨氏之比哉？《西铭》明理一而分殊，墨氏则二本而无分。分殊之蔽，私胜而失仁；无分之罪，兼爱而无义。分立而推理一，以止私胜之流，仁之方也。无别而迷兼爱，至于无父之极，义之贼也。[1]

---

[1]《二程集·文集卷第九》，第609页。

《西铭》义旨与墨子兼爱之所以不同，在于《西铭》"推理以存义"，推理即明理一，存义也就是明分殊。墨子"二本而无分"，既不能把握形而下亦即经验层面的"分殊"，也不能升华到形而上亦即理念层面的"理一"，所以二者有着原则性的分别，不可类比，不可混为一谈。那么，此所谓"理一""分殊""二本"的主词究竟是什么？这个问题，在程颐与杨时的讨论中是不言而喻的，而现代读者必须结合《西铭》原文来理解，否则茫然不知所云，就会在单纯概念的层面兜圈子。《西铭》开宗明义就说："乾称父，坤称母；予兹藐焉，乃混然中处。"显而易见，这是就天人关系说的。按照程颐的理解，《西铭》以天地乾坤为父母，便是在最高理念的层面上推阐天人相统一，即所谓"理一"；自天地父母衍而为"我"之生成、存在，特有形貌，与世间万有尽不相同，便是"分殊"。这种叙述，指陈出人生天地间的地位、状态，可以理解为一种事实描写。而对事实产生意识自觉，既有"予兹藐焉"的自我意识，又有"浑然中处"于天地间的宇宙意识，便使"理一而分殊"成为一种精神理念。也正是本着这种精神理念以处世接物，才能够将仁与义有机结合起来。仁者博爱无私，也就是天道；义者分而有守，也就是人道。所以，仁与义交相养的文明原则，是"理一分殊"之天人关系模式的题中自有之义，而儒学之道与杨、墨的本质区别，也由此凿然分判。

程颢未曾使用"理一而分殊"的命题，但他在谈到《西铭》时，也有与程颐相同或近似的思想。如说：

> 学者须先识仁。仁者，浑然与物同体。义、礼、知、信皆仁也。识得此理，以诚敬存之而已，不须防检，不须穷索。……《订顽》意思，乃备言此体。[1]

《订顽》即《西铭》。这段话的大旨，是通过仁与义浑然互补之一体，匡正偏仁而无义以及偏义而害仁两种倾向。墨子"兼爱"，是偏仁而无义，可以概括为只讲"理一"而不讲"分殊"；反之，杨朱"为我"是偏义而无仁，局见其"分殊"而不通"理一"。张载《西铭》"备言"亦即周详地叙论出仁者浑然与物同体之义，反映出儒家不同于杨、墨的思想立场，所以程颢对《西铭》大加赞赏。二程又说："仁、义、礼、智、信五者，性也。仁者，全体；四者，四支。"[2] 所谓全体四支，是对"理一而分殊"的譬喻性诠释，全体也就是天道之理一，四支也就是人道之分殊。据此来看"理一而分殊"命题，实际上是以仁义礼智信作为价值内涵。讲"理一而分殊"，是为了澄清天人关系，确立仁义礼智信等价值内涵及其结构。这一点，或许是讨论程颐"理一而分殊"命题时所当注意的，否则就有可能耽溺于概念思维或抽象的命题分析，忽略其真实的思想内容，因而也就有可能夸大二程之间的差别，反而使程颐与佛教华严宗的差别变得模糊。

---

[1]《二程集·遗书卷第二上》，第16—17页。
[2]《二程集·遗书卷第二上》，第14页。

也正因为"理一而分殊"命题必须结合天人关系、结合仁义礼智信来谈,不是穷高极远的思辨游戏,所以二程的本体论哲学,具有双重意识背景:其一是宇宙自然意识,其一是人文历史意识。由有前者,二程讲"须是大其心,使开阔",[1]从而上升到形上的理论高度,不将仁义礼智信作为褊狭偏枯的伦理教训;由有后者,二程讲极高明与道中庸不是两件事,从而使形上理论与社会人伦有机地结合在一起。二者相结合的理论依据,即所谓"体用一源,显微无间"。

"体用一源,显微无间"出现在程颐的《易传序》中,是对《周易》原理的高度概括。体或微指易道、易理,确切地说是由《周易》经传所发畅的天道、天理;用或显指卦象爻数,既代表不同的情境、处境,也代表不同的时。在《周易》中,易道、易理通过卦象爻数显现出来,前者是后者的灵魂,后者是前者的载体,所以说是"一源""无间"。这种体用关系,意味着时虽有盛衰,道亦有消长,但盛衰消长只是相对的强弱之势,并非道于一时有而别时无,于此处有而他处无。相应地,推行道化也就是把握盛衰消长之势,从而因势利导,而非像王安石那样将道与时割裂开来,力主"变时而之道",不承认现实的相对合理性。正因为《周易》经传包含了这种"体用一源"的思想,可以圆融无碍地由弥纶天地古今的大道之体切入时代现实之用,既极天道之高明,又能道中庸亦即合乎现实应用之需要,所以二程对《周

---

[1]《二程集·遗书卷第二上》,第33页。

易》经传特别推崇，如程颢说："圣人用意深处，全在《系辞》，《诗》《书》乃格言。"[1]

《周易》经传之所以值得特别推崇，首先是因为它彰显出天道天理，并且树立了一个"即事尽天理"的典范。如说："易是个甚？易又不只是这一部书，是易之道也。不要将易又是一个事，即事尽天理，便是易也。"[2] 根据这个说法，易之道在于"即事尽天理"，也就是在所遭之势、所遇之时各不相同的情境下都能够领悟天理之存在。根据《周易》体系，不同的情境通过六十四卦、三百八十四爻表征出来，这种种情境也就是易道之用，是易道的大化流行，反映出易道所处的各种时和位。而由卦爻时位领悟易道之源、本体，便是"即事尽天理"，亦即因用以明体，由触物皆在天理之内的认知实践真正达到"体用一源"的思想高度。

进而言之，既然天理是触物皆有之、触物皆可知之的存在，那么它就不像天命那样神秘不可捉摸。依据易道易理以言天理，则其含义可以概括为由阴阳相推而致生生不息。如程颢说："天地万物之理，无独必有对，皆自然而然，非有安排也。"[3] 对这种天地万物之理作一概括，便是相对的阴与阳，"'一阴一阳之谓道'，自然之道也"[4]。"万物之生，

---

[1]《二程集·遗书卷第二上》，第13页。
[2]《二程集·遗书卷第二上》，第31页。
[3]《二程集·遗书卷第十一》，第121页。
[4]《二程集·遗书卷第十二》，第135页。

负阴而抱阳，莫不有太极，莫不有两仪，缊缊交感，变化不穷。"[1] 由有阴阳相推相荡，便形成万事万物的生生不息之理，如说："天只是以生为道。"[2] 相应地，所谓格物穷理也就是体悟天地生生不息之意，二程说："可观莫如万物之生意。"对于万物由阴阳相推而致生生不息的天理，《周易》做出了体系化、模式化的概括，所以，通过发明易道，又可以由体入用，将天理转化为人事，即所谓"理有盛衰，有消长，有盈益，有虚损。顺之则吉，逆之则凶。君子随时所尚，所以事天也"。[3] 随时所尚是因应时代现实，承认现实的相对合理性，所以事天是在现实的基础上进行更高的合理性引导。这样达到既不迕于时俗又不耽滞于时俗，便是按照"体用一源"思想对待道与时代现实之关系，进行政治决策的合理尺度。如程颐说："时固未始有一，而卦亦未始有定象；事固未始有穷，而爻亦未始有定位。以一时而索卦，则拘于无变，非《易》也。以一事而明爻，则窒而不通，非《易》也。知所谓卦爻象象之义，而不知有卦爻象象之用，亦非《易》也。"[4]

从二程的一些议论来看，他们对探寻自然物理是有兴趣的，但兴趣并不十分浓厚，或者说没有浓厚到浸淫其间从而淡化价值关怀的程度。二程说："物理须是要穷。若言天地

---

[1] 《二程集·周易程氏传》，第690页。
[2] 《二程集·遗书卷第二上》，第29页。
[3] 《二程集·粹言卷第一》，第1186、1175页。
[4] 《二程集·文集遗文》，第668页。

之所以高深，鬼神之所以幽显。若只言天只是高，地只是深，只是已辞，更有甚？"[1] 探讨天地之所以高深，也就是探讨物理的所以然之故，不停留于天很高地很厚的现象描述。这种探寻的最高体现，就是以自然意识推演其"体用一源""理一而分殊"之本体，这方面，二程有一种追问其所以然兴趣。但另一方面，他们又警惕浸淫其间会导致玩物丧志，如程颐说："人要明理，若止一物上明之，亦未济事，须是集众理，然后脱然自有悟处。然于物上理会也得，不理会也得。"[2] 这是对玩赏物理抱持一种可有可无的态度。程颐与邵雍的一段对话，典型地表现出这种态度："邵尧夫谓程子曰：'子虽聪明，然天下之事亦众矣，子能尽知邪？'子曰：'天下之事，某所不知者固多。然尧夫所谓不知者何事？'是时适雷起，尧夫曰：'子知雷起处乎？'子曰：'某知之，尧夫不知也。'尧夫愕然曰：'何谓也？'子曰：'既知之，安用数推也？以其不知，故待推而后知。'尧夫曰：'子以为起于何处？'子曰：'起于起处。'尧夫瞿然称善。"[3] 站在批评者的立场上看，这个例子典型地反映出道学家之空疏，而站在道学的立场上来看，知识性的空疏并不妨碍领悟和掌握天理。对于他们来说，推阐天理从而确立最高的价值原则，是解决时代所面临的各种问题的关键。

也正由于推阐天理以确立价值原则具有极其特殊的意

---

[1]《二程集·遗书卷第十五》，第157页。
[2]《二程集·遗书卷第十七》，第175页。
[3]《二程集·遗书卷第二十一上》，第269—270页。

义，所以在二程的本体论哲学中，与价值原则直接相关的人文历史意识，比自然物理更重要。程颐说："穷理亦多端：或读书，讲明义理；或论古今人物，别其是非；或应接事物而处其当，皆穷理也。"[1] 同样的议论，还有另一个版本："或问：'学必穷理。物散万殊，何由而尽穷其理？'子曰：'诵《诗》《书》，考古今，察物情，揆人事，反覆研究而思索之，求止于至善，盖非一端而已也。'"[2] 读书或诵《诗》《书》是经学，论古今人物或考古今是史学，这些都是推阐天理的思维进路。也正因为经学和史学的宗旨在于推阐天理，所以二程虽不反对相关的知识积累，但反对因知识积累而妨碍对于道之大义的领悟。如谢良佐说："昔录《五经》语作一册，伯淳见，谓曰：'玩物丧志。'"[3] 程颐《与方元寀手贴》也说："今之治经者亦众矣，然而买椟还珠之蔽，人人皆是。经所以载道也，诵其言辞，解其训诂，而不及道，乃无用之糟粕耳。"[4] 由读经而通道之大义，必须摆脱章句训诂的缠缚，"于简策之外脱然有独见"，[5] 这既是二程所追求的经学境界，也是他们的经学方法。同样，二程研究历史也非用意于典章文物，而是致思于圣贤处事之道、礼义制度的古今之变，如说："读史须见圣贤所存治乱

---

[1]《二程集·遗书卷第十八》，第188页。
[2]《二程集·粹言卷第一》，第1191页。
[3]《二程集·外书卷第十二》，第427页。
[4]《二程集·文集遗文》，第671页。
[5]《二程集·粹言卷第一》，第1186页。

之机,贤人君子出处进退,便是格物。今人只将他见成底事便做是使,不知煞有误人处。"[1] 又说:"学礼义,考制度,必求圣人之意,得其意,则可以沿革矣。"[2] 以古人的成功事例为是,是经验主义的史学方法,二程反对这种方法。从二程的议论来看,他们研究历史的意图,似乎在于寻找某种具有普遍意义的东西。在他们看来,特定历史条件下的成功事例不具有这种意义,对后人也没有示范作用,而见存于史事中的圣贤治乱之机、圣人建立礼义制度的真实用意,则是贯穿历史的价值原则。研究历史的宗旨,就在于找到这样的原则,作为现实变革的指导思想。从理论上说,价值原则即所谓"体""理一",特定的历史情境便是"用"或"分殊"。这种史学方法,大抵受到胡瑗"明体达用"之学的影响。胡瑗之所谓体,是"君臣父子、仁义礼乐历世不可变者";其所谓用,是将此不可变之体"举而措之天下",[3] 从而形成一套经世致用的学术思想。二程按照"体用一源""理一而分殊"的方法来研究历史,或者反过来说,以历史意识来推阐其"体用一源""理一而分殊"的本体论,宗旨也同样在于经世致用,具体表现,就是根据这种历史意识或本体论,探讨礼乐制度变革的途径。

从"体""理一"亦即普遍的价值原则的角度说,礼乐制度并不是某种固定不变的模式,而是代表社会结构的真实

---

[1]《二程集·遗书卷第十九》,第258页。
[2]《二程集·粹言卷第一》,第1186页。
[3]《宋元学案》卷一,第25页。

状况及其合理性的一般形式,其含义是抽象的。如程颐说:"推本而言,礼只是一个序,乐只是一个和。只此两字,含畜多少义理。"又说:"天下无一物无礼乐。"序即秩序,和乃和谐。任何一个社会都必然有其秩序,否则不成其为社会;也必然达到一定的和谐,否则秩序难以维持。换个角度也可以说,秩序是达成和谐的途径,和谐是遵循秩序的结果。这种秩序与和谐,是就抽象一般的意义上说的,唯其抽象,所以蕴含了很丰富的义理,以至外延可以推广到物理世界。也正是从这种抽象一般的意义出发,程颐不赞同虚无主义者对历史文化的评估,并不认为礼乐只存在于上古三代,如说:"人往往见礼崩乐坏,便谓礼乐亡,然不知礼乐未尝亡也。如国家一日存时,尚有一日之礼乐,盖由有上下尊卑之分也。除是礼乐亡尽,然后国家始亡。虽盗贼至所为不道者,然亦有礼乐。盖必有总属,必相听顺,乃能为盗,不然则叛乱无统,不能一日相聚而为盗也。礼乐无处无之,学者要须识得。"[1] 礼乐未尝亡意味着无时无之,盗贼亦有礼乐意味着无处无之,可见礼乐作为一种合理性形式,是普遍存在于现实之中的。这一判断,支持着二程的政治改良主张,如说:"居今之世,则当安今之法令;治今之世,则当酌古以处时。制度必一切更张而后可为也,亦何义乎?"[2] 所谓制度必一切更张而后可为,可以理解为针对王安石的变革思

---

[1]《二程集·遗书卷第十八》,第 225 页。
[2]《二程集·粹言卷第一》,第 1216—1217 页。

想。王安石信奉"九变而赏罚可言"的政治哲学,从明天明道推衍出赏罚制度,是向抽象的天道索取重建社会秩序的依据,在指导思想上完全撇开了现实的合理性,或者是断定现实的一切都不合理,所以导致了偏激的施政方针。在二程看来,王安石在指导思想上就不识天人无别,不知天道的合理性正体现在社会人伦的现实之中,从而将天与人首先对立起来,然后刻意追求其合,所以最终凸现出来的不是坦然大公之道,而是其政治意志,也即"自私用智"。二程说:"虽公天下事,若用私意为之,便是私。"[1] 王安石谋求国家利益,自己的生活克勤克俭,似乎很大公无私,而二程却指责他"自私",为什么呢?这个问题可以引用王开祖的一句话来解释,即所谓"君子有天下之私,小人有一身之公"。[2] 也可以引用二程自己的话来解释,如说:"仁道难名,惟公近之,非指公为仁也。"[3] 公与仁之所以不能作为同义语,是因为无私能成其大私,入于老氏诡诈之术。据此来理解二程之所谓"公",之所谓"理一",不是要求人都放弃自己的切身利益,奉献给无私而成其大私的"盗竽",而是本诸天理坦然作为,如说:"公则一,私则万殊。至当归一,精义无二。人心不同如面,只是私心。"[4] 私心的首要表现是自我意志,它不但将自我与外物割裂开来,从而背离万物浑

---

[1]《二程集·遗书卷第五》,第77页。
[2]《宋元学案》卷六,第254页。
[3]《二程集·粹言卷第一》,第1171页。
[4]《二程集·遗书卷第十五》,第144页。

然一体的天理，而且会自我膨胀，导致与外物的各种冲突，所以克服私心的有效途径，是"至当归一，精义无二"。至当、精义是万物浑然一体之公理，归一、无二是以此公理为意志。二程修养心性的功夫或所谓心性论，也同样要从这个角度去理解。

二程关于心性修养的议论很繁富，而且涉及许多概念，很复杂，但就大旨而言，只是要克服在社会生活中形成并且不断膨胀的自我意志，从而唤醒道德自觉，再现出与万物一体的本来面目，并认为在这个意义上，人性与抽象的礼乐制度是相符的。如说："仁者以天地万物为一体，莫非我也。知其皆我，何所不尽！不能有诸己，则其与天地万物，岂特相去千万而已哉？"[1] 达到这种以天地万物为一体的境界，也就是以"理一"即公理为意志。要达到这种境界，当然须经过一番穷理尽性的学习和陶炼，但学习和陶炼的目的，只在于净化或调整社会生活对于心灵的影响，使之恢复到本来状态，并非予增予损。二程说："'天民之先觉'，譬之皆睡，佗人未觉来，以我先觉，故摇摆其未觉者亦使之觉。及其觉也，元无少欠，盖亦未尝有所增加也，适一般尔。"[2] 觉即道德自觉，也可以说是唤醒最深层的"个人无意识"，其所以对于人性来说无增无损，是因为人性本来就是完全自足之物，程颢说："道即性也。若道外寻性，性外寻道，便不是。

---

[1]《二程集·粹言卷第一》，第1179页。
[2]《二程集·遗书卷第二上》，第32页。

圣贤论天德,盖谓自家元是天然完全自足之物,若无所污坏,即当直而行之;若小有污坏,即敬以治之,使复如旧。所以能使如旧者,盖为自家本质元是完足之物。若合修治而修治之,是义也;若不消修治而不修治,亦是义也;故常简易明白而易行。"[1] 程颐说:"至于实理之极,则吾生之所固有者,不越乎是。吾生所有,既一于理,则理之所有,皆吾性也。人受天地之中,其生也,具有天地之德,柔强昏明之质虽异,其心之所同者皆然。特蔽有浅深,故别而为昏明;禀有多寡,故分而为强柔;至于理之所同然,虽圣愚有所不异。"[2] 程颢所说的"道外寻性",是在万物浑然一体的公理之外提出人性要求,"性外寻道"则相反,是撇开人性从而建立一种纯粹属于他律的最高规则。这两种企图都割裂性与道浑然为一的整体,前者制造人性的缺陷,后者断定人性本来就有缺陷,从而导致人性要求的膨胀或阉割,所以都是错误的。但是,现实的人毕竟千差万别,人与人之间如何达到"理一"上的同一呢?在程颐看来,人与人的差别只是禀赋和所受社会影响方面的,也就是张载所说的"气质之性"。这种差别不妨碍圣愚之性在"理一"层面的相同,但它要求礼乐制度具有普遍的适应性,不能只是圣人心性的物化形式,即如程颢所说:"夫天之生物也,有长有短,有大有小。君子得其大矣,安可使小者亦大乎?天理如此,岂可

---

[1]《二程集·遗书卷第一》,第1页。
[2]《二程集·经说卷第八》,第1159页。

逆哉?以天下之大,万物之多,用一心而处之,必得其要,斯可矣。"[1] 所谓得其要,也就是行中道,"中也者,状性与道之言也"。[2] 二程对"中"的理解不同于司马光,如说:"君实自谓'吾得术矣,只管念个中字',此则又为中系缚。"[3] 司马光将守中当作特定的模式,在思想上不知变通,在行为上流于固执,所以程颢试图以理论破其滞塞,"且唤做中,若以四方之中为中,则四边无中乎?若以中外之中为中,则外面无中乎?……中者,且谓之中,不可捉一个中来为中"。[4] 意即中不是某种定在的模式,而是性与天道相同一的状态。就"理一"层面而言,这种状态是本然的;就"分殊"层面而言,可以通过礼乐制度的调整达到这种状态:如果礼乐制度既符合亘古不二的道,又符合特定时代的人性要求,就能将性与天道同一起来,从而谓之"中"。

从"分殊"亦即时代特殊性的角度来看,礼乐制度必须有所变革,这是由其本质所决定的,程颢说:"礼者因人情者也,人情之所宜则义也。"[5] 因即因循。古今礼乐制度不同,但都必须因循人情,这是"理一"的题中自有之义;古今人情既然不同,礼乐制度也须相应地有所变革,这是由

---

[1]《二程集·遗书卷第十一》,第125页。
[2]《二程集·粹言卷第一》,第1183页。
[3]《二程集·遗书卷第二下》,第53页。
[4]《二程集·遗书卷第十二》,第135页。
[5]《二程集·遗书卷第十一》,第127页。

"理一"所推出的必然结论。要变革,就必须研究时代现实,二程说:"学者全要识时。若不识时,不足以言学。"又说:"行礼不可全泥古,须当视时之风气自不同,故所处不得不与古异。如今人面貌,自与古人不同,若全用古物,亦不相称。虽圣人作,须有损益。"对于思想家来说,真正的困难也许不在于推阐"理一",而在于探讨"分殊"亦即时代现实的具体要求。二程显然意识到了这种困难,所以说:"斟酌去取古今,恐未易言,须尺度权衡在胸中无疑,乃可处之无差。"[1] 所谓斟酌去取古今,也就是将历史传统与时代现实结合起来。这种结合确实不是一件容易事,二程虽在这方面进行过尝试,如他们所提出的政治变革方案、程颐所拟订的礼仪等,但并不总让人满意,所以他们又说:"举礼文,却只是一时事。要所补大,可以风后世,却只是明道。"[2] 也许,由思想家独立地设计出一套礼乐制度,本身就是一个古老而又怪诞的要求。礼乐制度应当由社会生活自然形成,思想家所能从事的工作,不是扮演立法者,而是将社会生活中百姓日用而不知的内容提摄出来,使"集体无意识"转化为有意识遵守的公共规则。从这个角度讲,不管二程关于礼乐制度的设计孰得孰失,都只是在那个特定时代他们所自觉承担的一份责任。这个责任对于任何思想家来说都可能太沉重,都不能圆满地完成,但毕竟又都成了尘烟往事,与特定

[1]《二程集·遗书卷第二上》,第 15、22、23 页。
[2]《二程集·遗书卷第十五》,第 146 页。

的历史情境俱逝。他们所留传下来且可以风后世的，大概是变革礼乐制度的价值原则，即所谓"使民不倦"，如说："识变知化为难。古今风气不同，故器用亦异宜。是以圣人通其变，使民不倦，各随其时而已矣。"[1] "使民不倦"的另一个说法是"使民兴行"，也就是以适宜的礼乐制度激发起民众的创造性活力。二程认为这是政治的根本，"为政之本，莫大于使民兴行"。[2] 如何达到"使民不倦""使民兴行"呢？必须克服两种偏失：在时过境迁之后僵守固有的礼乐制度而不知变，达不到"使民不倦"；反之，不顾百姓的现实生活状况，苦心孤诣地设计出一套自以为合理的礼乐制度，也达不到"使民不倦"。或许正是针对这两种很容易产生的偏失，二程反复强调礼以时为大，感叹"随时之义大矣哉"。[3]

---

[1]《二程集·遗书卷第十一》，第129页。
[2]《二程集·遗书卷第二十一上》，第269页。
[3]《二程集·遗书卷第十五》，第171页。

第六章 苏轼苏辙"推阐理势"的政治哲学

第一节 苏轼苏辙的人格

苏轼、苏辙兄弟是眉州眉山人,他们这一派的学术,《宋元学案》称为蜀学。服膺于二苏,同时也深受二苏赏识的,有号称"苏门四学士"的黄庭坚、秦观、晁补之、张耒。如果再加上陈师道和李廌,则被称为"苏门六君子"。他们之间的友谊,在苏轼遭受政治迫害、处境维艰的时候,曾成为他精神上的最大安慰。[1]

苏氏昆仲及其追随者,以才士命世,大都有很高的文学天赋,精神气质属于诗人才子型,既聪慧明敏,有时就难免

---

[1] 参见《苏轼文集编年笺注》卷四九《答李昭玘书》,第6册,第405—406页。

恃才傲物，逍遥一世之上，睥睨天地之间。又因为保持着自由放旷的心态，所以无论是对生活还是对艺术，通常都具有敏锐的感受力和活泼的创造力，相应地，他们也就不那么规行矩步、蹈常习故。就整体而言，他们是当时文化界的一流人才，以高情远致的精神风貌、艺术化的生活气息，活跃在北宋中晚期的士林中。其班头首领，就是大文豪苏轼。

苏轼出生于宋仁宗景祐二年十二月十九日（1037），长苏辙两岁，但二人的成长经历，却几乎是同步的。苏轼年八岁，兄弟二人从眉山天庆观道士张易简读小学，凡三年。与道教的这层渊源，后来成为他们以退一步海阔天空的生活态度对待坎坷人生的重要理由。与此同时，他们的母亲则以自身良好的文化素养耳提面命，并以历史名臣作为表率，激励他们的精神人格。二苏性格中执着进取、不甘与时逶迤的一面，或许就由此启萌。如苏轼读小学的时候，就曾向其师询问韩琦、富弼、范仲淹等当朝贤达，表示出与诸贤并立的志愿。后来，他们那位曾经落拓以放志游历，又因发愤苦读而博学能文的父亲苏洵，也在科场失意之余，立志督导二子，讲授经史，锤炼文章。苏洵好策论，以古今治乱为内容。这种倾向性，后来也成为二苏昆仲乃至"苏门六君子"共同的立论风格。

宋仁宗嘉祐二年（1057），苏轼、苏辙考中同榜进士，他们的才华和古文创作风格，受到主考官欧阳修的高度评价。作为当时的文坛盟主，欧阳修独具慧眼和胸襟，发现人才并拔擢人才，使苏轼很快就获得声望。嘉祐六年，二苏又同时应对制策，苏轼入第三等，成为有宋开国以来获此殊荣的第二人。而苏辙因在策文中极言时政弊端，以至批评宋仁宗"今陛下无事则不忧，有事则大惧"，[1] 所以引起主考官们的争议。司马光欣赏他的胆识，列为第三等，但又有考官指责他出言不逊，要予以罢黜，最后倒是宽容的宋仁宗出于以直言召人的考虑，裁定录取，置于下等。这些大致相同的成长经历，即苏辙所谓"惟我与兄，出处昔同"。[2]

卓越的文章才华和时政见识，为他们带来荣誉，似乎也将带来广阔的仕途前景。如宋仁宗读二苏策论时，便曾窃喜为子孙得二宰相，而由范仲淹、欧阳修等人倡导的一代士风，更使他们很快就站到了士林前列。然而，二苏的从政经历却充满了挫折。卓越的才华、关怀时政的情结和人格独立的气节，只是将他们推上一条难以预测的人生道路。

要想深入了解二苏的仕途挫折及其原因，也许不能单看他们的职位升降，甚至也不能纠缠于当时朝野的各种人事纠葛，而有必要分析这样一个问题，即二苏的精神情趣是否符合官僚机器的固有运作方式？这个问题，既关系到二苏之为人，关系到他们的学术宗旨，同样也关系到他们的实际遭遇和命运。

《宋史·苏轼传》的史臣论，曾这样评价他的一生，就才性志气而言，他"器识之闳伟，议论之卓荦，文章之雄

---

[1]《栾城应诏集》卷一二《御试制策》，《苏辙集》，第1349页。
[2]《栾城后集》卷二〇《再祭亡兄端明文》，《苏辙集》第1100页。

隽，政事之精明，四者皆能以特立之志为之主，而以迈往之气辅之。故意之所向，言足以达其有猷，行足以遂其有为。至于祸患之来，节义足以固其有守，皆志与气所为也"。特立之志与迈往之气，是苏轼性格中执着与超越的两个方面。一个人而兼具这样两种互济互补的性格，应该说达到了人格陶炼的极高境界，既人情练达，又不佞世媚俗。以这样的精神境界来驾驭其旷世奇才，使苏轼极具人格魅力，他不但赢得宋仁宗、神宗以及欧阳修等人的高度赞誉，而且赢得士人以及百姓的普遍景仰。然而，人格魅力以及相应的社会声望，并不能帮助他摆脱政治上的厄运，为什么呢？《宋史》本传说："呜呼！轼不得相，又岂非幸欤？或谓：'轼稍自韬戢，虽不获柄用，亦当免祸。'虽然，假令轼以是而易其所为，尚得为轼哉？"[1] 苏轼的性情不可掩抑，他做不到韬光养晦。这正是苏轼之成其为苏轼的人格，也正是这样的人格，注定了他不能避免政治上的重重磨难。

与苏轼相比较，苏辙的英迈之气有所不及，但沉稳过之。这种气质性的微妙差别，在一定程度上影响到二人的命运。苏洵《嘉祐集》中有《名二子说》一文，如果这篇文章真是苏洵所作，则对二苏的命运几乎是一种谶言。其说云："轮辐盖轸，皆有职乎车，而轼独若无所为者。虽然，去轼，则吾未见其为完车也。轼乎，吾惧汝之不外饰也。天下之车莫不由辙，而言车之功者，辙不与焉。虽然，车仆马

---

[1]《宋史》卷三三八，第 10818—10819 页。

毙，而患亦不及辙。是辙者，善处乎祸福之间也。辙乎，吾知免矣。"[1] 苏轼不外饰，苏辙善处祸福之间，既是他们的精神气质，也决定了他们的命运。后来朱熹评点二人，曾说："东坡虽然疏阔，却无毒。子由不做声，却险。"[2] 所谓"险"，既可以用来描述他比苏轼更深一些的成府，更实际一些的从政经验，如他晚年受蔡京排斥时，曾略施小计，使权倾一时的蔡京感到畏惧；也可以用来描述他的政见力度，如他早年向王安石剖析青苗法的利弊，即受到王安石的高度重视。性格上的这种差别，使苏辙没有遭受到苏轼那样多的政治打击，并取得过更高的职位。但苏辙依然是个耿介不群的才子，坚持自己的政治见解和文化理想，不阿附，不苟且，所以，他虽因沉静寡欲的气质使自己多了一层保护，但依然遭受到一次又一次的贬黜。

如实说来，北宋自开国之初形成宽柔的政治方针，确定偃武修文的国策，又经过迭次增加科举额员，经过范仲淹、欧阳修等人倡导新士风，激励士气，从总体上开创出一个激发人才的社会环境，同时也开创出人才殷盛的局面。伴随着人才涌现，士人社会责任感的增强，其社会地位也相应提高。与其他时代比较起来，北宋时人才的压抑感要相对轻微些，而二苏怀才不遇，且历尽磨难，究竟是什么缘故呢？

程颐的一段话，也许有助于我们理解这个问题。他说：

---

[1]《全宋文》卷九二六，第43册，第161—162页。
[2]《朱子语类》卷一三〇，第3110—3111页。

"人有三不幸：年少登高科，一不幸；席父兄之势为美官，二不幸；有高才能文章，三不幸也。"[1] 三不幸中，依恃家族势力得高官，能力与职位不相称，既不能尽职尽责，又无益于进德修业，确实是人生的不幸。但年少登高科，有高才能文章，正是士人们所企羡的成功之路，为什么也属于人生的大不幸呢？

程颐的话是在什么样的情景下讲的，难知其详。从语义上理解，他也许是指"造道"的境界而言，也许是一种人生警悟，或别有寓意，而以其说印证二苏的遭遇，诚可谓不幸而言中了。二苏都年少登高科，都有高才，能文章，又都遭遇人生的许多不幸，似乎正被程颐一一点破，问题是，这两件令人企羡的人生得意之事，与人生之大不幸究竟有什么必然的联系呢？

如果二苏的一生只是作隐士，种菊赋诗，逍遥自适，悠游卒岁，他们也许会成为世外高人，而本文也不会遇到上述问题。显然，问题是由于他们入仕，参与政治活动引起的。那么，二苏是否具有足够的政治才干呢？答案无疑是肯定的，他们的大量策论，切中时政弊病，可以证明这一点；他们从政的实际成绩，也可以证明这一点。如苏轼知徐州的时候（熙宁十年，1077），黄河决口，水漫城下，城里的富人都出城避难，而苏轼看到富人出逃，百姓必骚动，城将不保，于是动员富人复返，并亲率武卫，持畚锸筑堤坝抢险，

---

[1]《二程集·外书卷第十二》，第443页。

最终保全徐州城。又如知杭州的时候（元祐四年，1089），苏轼针对西湖种葑（茭白），淤积成田，导致漕河断水的问题，勘察地理，设计方案，筑长堤蓄水，恢复正常的漕运，并在湖中种菱，将收入所值作为兴修水利的开支。二苏的政绩和政见，不但证明了他们的才干，而且是他们之所以成为政界敏感人物的重要原因之一。所以，二苏虽入仕从政，但问题并不出在他们的从政才干上，不是由于他们力不胜任。那么，二苏的性情与官僚机器的固有运作方式是否相宜，或者说是否符合官僚机器的要求呢？——从这方面着眼，也许能使我们对问题得出最合理的一种解释。

苏轼超迈，苏辙沉静，二人性情虽有这样的微妙差别，但从大的方面看，他们接受同样的文化熏陶，并没有根本的不同。放在中国古代士阶层群体里看，他们都是奇才，但并不愤世嫉俗，特立独行，所以性情并没有明显的古怪特异之处。然而，性情大致相同的人，并不一定会抱着相同的人生态度，这里面的差别，在于接受社会化角色的程度有所不同。有些人倾向于任性情而生活，按照自己所接受的文化熏陶去思考、去理解社会，而有些人则更倾向于按照社会规则去生活，将性情留给自己，将社会化角色回报给社会。前一种人率真而尚气节，后一种人更接近于常俗所说的"识时务"。苏轼、苏辙都属于前一种人，苏轼尤其典型。有学生问朱熹："坡公气节有余，然过处亦自此来。"朱熹说："固是。"所谓"过处"，大概就是程颐所说的"不幸"了。就苏轼个人而言，卓越的天赋和超迈的气节相得益彰，使他一生都洋溢着任性情而生活的自信，相应地，也就不太介意世俗的规则和习惯。朱熹向学生讲苏轼为人，特别提到他生活中的一件小事，说他知贡举的时候，与同事们住在贡院，"早起洗面了，绕诸房去胡说乱说。被他搅得不成模样，人皆不得看卷子。乃夜乃归张烛，一看数百副"。[1] 这虽是苏轼精力过剩的一件小事，但从中也可看出他不拘小节、不大守规矩的脾性。在与人交往方面，苏轼也往往随意，既扮不起官僚面孔，又摆不出名士们随时都会摆出的矜持状。王安石当宰相的时候，他调侃王安石；程颐作帝王师的时候，他嘲弄程颐。这种脾性不加收敛，不但造成了一些人事矛盾，例如他当众调笑程颐，"遂成嫌隙"，[2] 而且为他自己塑造了一个与官场情景极不协调的形象：非端人正士，乃一风流倜傥之才子。这种形象很难获得老成官僚的信任，他自己的政治抱负，也就难望实现。举两例可知。

治平二年（1065），宋英宗以苏轼之才名，欲召入翰林，知制诰，而宰相韩琦劝阻，说："轼之才，远大器也，他日自当为天下用。要在朝廷培养之，使天下之士莫不畏慕降伏，皆欲朝廷进用，然后取而用之，则人人无复异辞矣。今骤用之，则天下之士未必以为然，适足以累之也。"[3] 这种担忧并非没有道理，以苏轼青年时代的意气风发而入朝居清要之职，很可能成为官僚机器中权力角逐的牺牲品。后来发

---

[1]《朱子语类》卷一三〇，第3109、3116页。
[2]《续资治通鉴》卷八〇，第2010—2011页。
[3]《宋史》卷三三八，第10802页。

生的"乌台诗案",充分证明了这一点。

元祐初(1086),苏轼在历尽磨难之后,政治生涯似乎出现了一线转机,舆论也哄传苏学士将拜相,却又遇司马光极力阻挠:"公力言:'苏轼为翰林学士,其任已极,不可以加。如用文章为执政,则国朝赵普、王旦、韩琦未尝以文称。'又言:'王安石在翰苑为称职,及居相位,天下多事。以安石止可以为翰林,则轼不过如此而已。'"[1]

韩琦和司马光阻止苏轼进用,可能是出于爱护,也可能是过于苛求,表面上看起来,个人的因素发挥了重要作用。而实际上,韩琦和司马光所做出的,只是一种常规性判断,主要的依据是官僚机器的固有运作方式及其对于各类人才的特殊要求。韩琦所说的让人"畏慕降伏"属于前者,司马光所说的"其任已极"属于后者。所谓"其任已极",不是指他从政的才能,而是指他崇尚自由的精神气质。这些阻挠的理由,后来的朱熹说得更明白:"东坡只管骂王介甫。介甫固不是,但教东坡作宰相时,引得秦少游、黄鲁直一队进来,坏得更猛。"[2] 秦观、黄庭坚等,在朱熹看来都是"不律底人",任他们率性而发,会像魏晋时期一样,将朝政、士林风气弄得一团糟。

确实,官僚机器有其固有的运作方式,有它自身对于人物性情、形象的特殊要求。在机器的正常运转中,每个人都

---

[1]《孙公谈圃》卷上,第107页。
[2]《朱子语类》卷一三〇,第3112页。

是一个角色化的存在，宰相有宰相的法度，御史有御史的气象。政治生活不同于朋友间的诗酒胜会，它不需要也不能容纳特殊的生活激情和创造活力，在中央集权的政治体制已相当严密和成熟的宋代，尤其如此。苏轼任性情而生活，他之不合时宜，难得大用，也就可想而知了。然而，苏轼本人对于这一点似乎并不理解，确切地说是要坚持人性的自由，拒不接受角色化的束缚。如其诗说：

> 我本不违世，而世与我殊。拙于林间鸠，懒于冰底鱼。人皆笑其狂，子独怜其愚。直者有时信，静者不终居。而我懒拙病，不受砭药除。[1]

对于生活在官僚机器中的角色化，苏轼非不能知，但不能行。其所以不能行，是因为在他的心目中有另一种政治的、文化的同时也是社会的生活模式，即充分展现个体人格和自由的社会整体和谐。这种模式，也就是苏轼的文化理想，是他执着追求的最根本的东西，他曾为之做出相当深邃的理论思考和学术论证。至于诗词文赋之作，则是背负着这个理想而与现实生活相碰撞时，必然溅出的火花，是随物赋形的一些印迹。因为现实与理想之间总在发生摩擦，所以就出现了"东坡文章妙天下，其短处在于好骂"[2] 的问题，

---

[1]《苏轼文集编年笺注》附录一《苏轼诗集》卷三，第11册，第42—43页。
[2] 黄庭坚：《答洪驹父书》，《全宋文》卷二二八一，第104册，第301页。

而且,即使因为诗文言论而备受打击,也仍然百折不回,终不悔恨,这就是苏轼洒脱人生中异常执着的一面。

苏轼的英迈之气,对于苏辙似乎未能产生实质性的影响。苏辙有《次韵子瞻和渊明饮酒》诗说:

> 世人岂知我,兄弟得我情。少年喜文章,中年慕功名。自从落江湖,一意事养生。富贵非所求,宠辱未免惊。平生不解饮,欲醉何由成![1]

苏轼也没有李白那种斗酒诗百篇的豪量,但他深得杯中之意,所以不时会吟出些"惟有醉时真"[2]的诗句。至于苏辙,则大能淡泊宁静而致远,所以他的诗文不像苏轼的作品那样英气逼人,人生也过得平坦些。但总其一生来看,他的政治命运是和苏轼联系在一起的。这种联系性,有情感、党派方面的因素,但更根本的,则在于他们基本一致的思想学术和文化理想。

冷眼旁观苏轼和苏辙的一生遭遇,我们不但看到了执着与超迈相结合的人格风范,同时还看到了这种人格在现实生活中的诸多不幸:教育培养他们独立的人格和自由的精神,而现实却要将他们角色化、脸谱化,用秩序禁锢其创造性活力;教育鼓励他们积极进取,参与政治生活,而

---

[1] 《栾城后集》卷一,《苏辙集》,第878页。
[2] 《和〈饮酒〉二十首》,《苏轼文集编年笺注》附录一《苏轼诗集》卷三一,第11册,第593页。

政治却像是一部机器，不理睬他们的文化心灵。在教育感化与现实异化之间，他们始终没有找到一个平衡的结合点，陷身于官僚政治却没有最终成为官僚，于是他们的一生，在不相宜的政治情景中生活，却在另一个相宜的文化情景中安身立命。

第二节　蜀学之驳杂与一以贯之

蜀学有自己的风格，有自己的思想理论，与同时期的其他几个学派都不相同。但由于苏氏昆仲及其父苏洵，在文学上都有很深的造诣，有很高的成就，唐宋古文八大家，他们就占了三个席位，苏轼尤其是一代文学巨匠，所以他们通常都因诗文的垂范而受到后人景仰。至于其思想学术，则未能取得洛学那样的正统地位。理学家以朱熹为代表，力辩北宋各派学术的是非得失，批评蜀学为"杂学"。从那以后，学者对待蜀学基本上持两种态度：一是更多地关注他们在诗词文赋方面的艺术成就，不大理会他们的思想理论；二是认为他们的思想理论过于驳杂，缺乏作为一个学派所应有的宗旨。

然而，苏氏昆仲及其追随者，对于蜀学却有另一种看法。他们的私心自得之处，首先是阐发义理，悟明至道，而非诗词文赋之小术。于义理则自有其一以贯之之道，博而能约，建立了具有形而上意义的理论宗旨。苏辙在《亡兄子瞻端明墓志铭》中，曾这样评述苏轼一生的文化事业：

公之于文，得之于天，少与辙皆师先君。初好贾谊、陆贽书，论古今治乱，不为空言。既而读《庄子》，喟然叹息曰："吾昔有见于中，口未能言，今见《庄子》，得吾心矣。"乃出《中庸论》，其言微妙，皆古人所未喻。尝谓辙曰："吾视今世学者，独子可以与我上下耳。"既而谪居于黄，杜门深居，驰骋翰墨，其文一变，如川之方至，而辙瞠然不能及矣。后读释氏书，深悟实相，参之孔、老，博辩无碍，浩然不见其涯也。先君晚岁读《易》，玩其爻象，得其刚柔远近、喜怒逆顺之情以观其词，皆迎刃而解。作《易传》，未完。疾革，命公述其志。公泣受命，卒以成书，然后千载之微言，焕然可知也。复作《论语说》，时发孔氏之秘。最后居海南，作《书传》，推明上古之绝学，多先儒所未达。既成三书，抚之叹曰："今世要未能信，后有君子当知我矣。"[1]

按照这个评述，苏轼诗文虽工，但一是出于天赋，二是遇事感触，随物赋形，并非其平生着力处。苏轼、苏辙早年从其父习文，推崇汉贾谊、唐陆贽，基本思想倾向是关注历史现实问题，以政论为主，不流于当时文坛刻辞镂意之风习。也许正因为在文章之外有更高的追求，有更根本的关怀，非刻意为文，非拘挛于文，所以随着理论视野的开阔和

---

[1]《栾城后集》卷二二，《苏辙集》，第1126—1127页。

思想境界的升华，文章也愈益显现出浩然无涯的气象。由此看来，苏轼的文与道是统一的，对于社会历史问题、现实政治问题的关注以及浓厚的理论兴趣，开发了他的文学天赋；其文学作品，除随景应酬的部分外，绝大多数都是本诸道而感怀世事，有其比辞章艺术更深厚的精神底蕴。但由于是随感而发，当行即行，当止则止，因特定情景而有其局限，不能在更广袤的思维空间尽情驰骋，所以对于自己一生的著述，苏轼认为最有深意的，是《易传》《论语说》和《书传》三种，自成统贯，以经学形式阐发出文学形式所难以阐发的思想理论，亦即道。从苏轼的主观愿望上讲，他显然更希望后人将他当作经学家或思想家，理解并信从他的思想理论，而不只是当作一位文学家，欣赏他的文章才华。

同样，苏辙的得意之作，也非寻常诗文，而是《诗传》《春秋传》《老子解》《古史》四种。书成之日，也曾抚卷而叹，"自谓得圣贤之遗意"。[1] 苏门四学士中的秦观，更针对当时人尊苏氏之文而不予其道的现象，严词辩驳：

> 苏氏之道，最深于性命自得之际，其次则器足以任重，识足以致远。至于议论文章，乃其与世周旋，至粗者也。阁下论苏氏，而其说止于文章，意欲尊苏氏，适卑之耳。[2]

---

[1] 详《栾城后集》卷一三《颍滨遗老传下》，《苏辙集》，第1040页。
[2] 《答傅彬老简》，《全宋文》卷二五七五，第119册，第337—338页。

所谓"性命自得之际",也就是当时学者普遍关注的"穷理尽性以至于命"的思想主题,是蜀学的形而上之道。这个形而上之道,既是他们的最高追求,是统率他们所有文化活动的精神主旨,也是他们的最高成就,是其文化事业的最精深造诣。

蜀学强调自己的学术思想,而外界更重视它的文学艺术,表面上看起来,这是一个如何从蜀学内部来衡量其文化成就的问题,是蜀学之文与蜀学之道哪方面更突出的问题,而实质上,这里面包含了对其学术思想的不同理解和评价。蜀学的文学成就,是举世公认的,而对于蜀学的学术思想,则见仁见智,各不相同,其中最关键的一个问题,是蜀学有没有自己的思想宗旨,有没有自己的一以贯之之道。

确实,从整体结构上看,散漫芜杂似乎是蜀学的一个显而易见的特点。关于这方面,钱穆先生的描述最饶有趣味。他在《宋明理学概述》一书中,这样描述苏轼、苏辙:

> 他们会合着庄、老、佛学和战国策士乃及贾谊、陆贽,长于就事论事,而卒无所指归;长于和会融通,而卒无所宗主。他们推崇老、释,但非隐沦;喜言经世,又不尊儒术。他们都长于史学,但只可说是一种策论派的史学吧!他们姿性各异,轼恣放,辙澹泊。皆擅文章,学术路径亦相似。他们在学术上,严格言之,似无准绳,而在当时及后世之影响则甚大。好像仅恃聪明,凭常识。仅可称之曰俗学,而却是俗学中之无上高明

者。他们并不发怪论,但亦不板着面孔作庄论。他们决不发高论,但亦不喜卑之毋甚高论的庸论。他们像并不想要自成一学派,而实际则确已自成一学派。……他们是儒门中之苏、张,又是庙堂中之庄、老。非纵横,非清淡,非禅学;而亦纵横,亦清谈,亦禅学。实在不可以一格绳,而自成为一格。

蜀学之难以概括,难以描摹,在钱穆先生的笔下大概都充分地表现出来了。如果我们以中国历史上的某一个或者某几个学术流派和思想流派作参照,定其纯驳,那么蜀学确实驳杂多端,即如钱穆先生所说:"他们的言论思想,如珠玑杂呈,缨络纷披,但无系统,无组织。"[1] 这样一派学术,似乎完全不合常规,其表现形态,实在不可方物。从整体结构上看,蜀学之芜杂,大抵如此。

从思想的内在逻辑上批评蜀学之舛杂,朱熹最有代表性,如说:

> 近见苏子由《语录》,大抵与《古史》相出入。它也说要"一以贯之",但是他说得别。他只是守那一,说万事都在一,然而又不把一去贯。说一又别是一个物事模样。[2]

---

[1]《钱宾四先生全集》第9册,第28—29页。
[2]《朱子语类》卷一三〇,第3118页。

这是说，苏辙所自许的一以贯之之道与其所言事理，亦即形而上与形而下，是相互脱节的，未能保持思想逻辑的内在一贯。何以见得是脱节的呢？当时有学生问："二苏之学得于佛、老，这边道理，元无见处，所以其说多走作。"朱熹回答说：

> 二苏所以主张个"一"与"中"者，只是要恁含糊不分别，所以横说竖说，善作恶作，都不会道理也。缘当时又未有能如它之说者，所以都被他说动了。故某尝说，今人容易为异说引去者，只是见识低，只要鹘突包藏，不敢说破。才说破，便露脚手。所以都将"一"与"中"盖了，则无面目，无方所，人不得而非之。[1]

这一段议论，大概将朱熹的意思说清楚了——蜀学的形而上与形而下之所以脱节，是因为它不甄辨儒家和佛道二家的根本区别。不作甄辨，却用"一"与"中"等意义含糊的概念包藏儒释道三家所说的道理，那么究竟是代周孔圣人立言还是为释、老立言，是站在儒家的立场上还是站在释、老的立场上，就很含糊，面目不清。这个立场问题，在朱熹看来无疑是个原则问题，容不得游移其词，支离其说。

显然，朱熹的字里行间，为所谓一以贯之之道预设了一个前提，即从形而上到形而下都要保持儒学的纯洁性，唯其如此，才可以称"一"，才可以把握住"一"与"中"的究

---

[1]《朱子语类》卷一三〇，第3111页。

竟义。这种预设，从浅显的层次看是理学的门户之防，从深层次看则是理学家完成儒学重建的时代需要和理论需要。理学既在思想理论和思辨方法上借鉴佛道二家，又在基本立场和价值原则上排斥佛道二家，有其历史合理性。借鉴之以重新理解和诠释儒家的传统经典，完成经学的深化和变革，建构起体大思精的理论体系，作为解决各种社会问题和人生问题的坚实基础；排斥之以凸现出儒家以入世精神为主导的价值理想，引导社会的文化心灵从宗教天国复归于现实世界。这两个方面，似相反而适足以相成，吸收奠定了排斥的理论厚度，排斥彰显出吸收的主体精神，既符合宋代儒学重建的时代要求，也推阐出用以解决社会政治、伦理以及个人安身立命等各种问题的一以贯之道。然而，由于社会生活本身是复杂而多元化的，所以理学的立场和原则虽有其历史合理性，但依然不能成为理论建构的唯一准衡，正如社会历史发展到任何一个阶段都会有多种前途选择一样，推阐一以贯之之道也有多种方式和可能性。所以，朱熹对于蜀学的批评，严格说来只能代表理学作为一个思想流派的独特观点，或者说只能代表理学对于所谓一以贯之之道的独特理解。

蜀学对于一以贯之的理解，与理学显然有差别——这可能是蜀学之道与理学之道具有差别的思想基调，理学认为儒释道三家只能执其一，而蜀学则认为三家可以统贯为一。

朱熹所说的苏辙《语录》，大概是指苏籀《双溪集》中的《遗言》。苏籀是苏辙的长孙，《遗言》记其晚年讲论，其中说：

> 吾暮年于义理，无所不通，悟孔子一以贯之者。[1]

自许暮年于义理一以贯之，是否意味着早年有所隔碍，不成统贯？联系到蜀学缤纷万象的表现形式，自然会让人产生这样的疑问。这个问题，在苏辙的《藏书室记》中可以得一索解。《藏书室记》略叙其父苏洵藏书数千卷的家学渊源，并援引孔子诫子路"六言六蔽"的故事，认为"信其所好，而不知古人之成败，与所遇之可否，未有不为病者"，以此强调读书力学、博闻多识的重要。但接着又说：

> 虽然，孔子尝语子贡矣，曰："赐也，汝以予为多学而识之者欤？"曰："然，非欤？"曰："非也，予一以贯之。"一以贯之，非多学之所能致，则子路之不读书，未可非邪？曰：非此之谓也。老子曰："为学日益，为道日损。"以日益之学求日损之道，而后一以贯之者可得而见也。[2]

"为学"是历观古今成败，积累见闻，增长知识，"为道"是超越具体个别的知识之上，致思于形而上的一以贯之之道。这两个方面，在苏辙看来并不矛盾，一以贯之之道虽

---

[1] 转引自杨观、陈默、刘芳池编：《苏辙资料汇编》，第60页。
[2] 《栾城三集》卷一〇，《苏辙集》，第1238—1239页。

不能从知识的积累中直接得来，但也不能脱离知识背景，凿空而出，它只能是在知识积累基础上的升华，是通过理论思维完成从个别到一般的抽象。由此看来，既要博览群书，不能面壁顽空，浮荡于虚旷，又要在广泛知识的基础上追求形而上的一以贯之之道，不能局趣于支离破碎的知识，就是苏辙治学的大趣向。这种趣向与朱熹治学究竟有什么区别呢？朱子之学同样也包括博学与深思、广博知识和形而上之道两个方面，从学术架构上看是相类似的，他又何以对蜀学采取严厉批评的态度？这里面可能涉及蜀学与程朱理学的又一层差别，即在思想逻辑上，蜀学是从个别到一般，从广泛的知识到抽象的原理，而程朱理学则从一般到个别，即首先树立或者确立一个形而上的理念，然后将它贯彻到形而下的知识中。就程朱理学而言，这个形而上的理念是由二程直接继承孔孟而来的——这也是"道统"说所具有的思想逻辑的意义，它使"天理"观念成了一个不证自明的逻辑前提。——然后迭相传授，渊源有自。蜀学不入于这个传授系统，大概也不承认这个传授系统，只是将儒家经典看作如同佛道经典一样的思想资料，所以朱熹批评说：

> 两苏既自无致道之才，又不曾遇人指示，故皆鹘突无是处。人岂可以一己所见只管钻去，谓此是我自得，不是听得人底！[1]

---

[1]《朱子语类》卷一三〇，第3111页。

"鹘突"也即糊涂。依朱熹的意思，学者须首先于孔孟之道上见地明白，然而才可以驰骋于各家各派的学说而不受诱惑，才可以谈得上一以贯之。"一"在朱熹这里，既是天地万物大化流行的共同原理，同时也就是孔孟之道，二者不能分为两橛。而苏辙却说：

> 学者皆学圣人。学圣人者，不如学道。圣人之所是而吾是之，其所非而吾非之，是以貌从圣人也。以貌从圣人，名近而实非，有不察焉，故不如学道之必信。[1]

这种说法，在朱熹看来简直是奇谈怪论，"他认道与圣人做两个物事，不知道便是无躯壳底圣人，圣人便是有躯壳底道。学道便是学圣人，学圣人便是学道，如何将做两个物事看？"[2] 朱熹在道与圣人之间画等号，而苏辙只是在道与圣人之间画约等号，这种思想差别，也使苏辙对所谓一以贯之道别具一种理解，它与自然之理所发生的密切联系，远比与儒学传承所发生的纠葛来得重要，如说：

> 孔子曰："吾非多学而识之，吾一以贯之。"夫一者何也？知天下万物之理而制其所当处，是谓一矣。[3]

---

[1]《栾城后集》卷六《孟子解二十四章》，《苏辙集》，第953页。
[2]《朱子语类》卷一三〇，第3117页。
[3]《栾城应诏集》卷六《君术》第三道，《苏辙集》，第1288页。

也正因为"一"是天下万物之理,"一以贯之"是本着此理而制其所当处,所以一以贯之之道的根本义,首先在于它具有普遍理性、宇宙原理的意义,而不在于圣人曾经如是说;其次在于它对解决现实问题具有决策性的指导意义,有经世致用的应用价值,而不在于它是否代表了某种文化精神或理想。这种思想,在理学家看来未免庸浅而多破执,不能在"造道"的更高境界上建构体用一源的圆融体系,但就蜀学自身而言,它却因此具有开放的文化心态,坦然吸收各种思想,并自信在吸收中能把握一以贯之之道。

第三节　蜀学的思想逻辑

承上所述,苏辙既自许能一以贯之,那么其学术就必然具有某种内在的思想逻辑。当我们按照哲学的常规方式对蜀学进行研究时,勾勒其思想逻辑无疑是必要的,因为只有这样,才可能对其思想做出整体性的掌握和理解,不至停留于芜杂浮漫的表象化描述。然而,由于二苏著述时只是带有某种逻辑意识,有一些彼此关联的基本观点,并不曾对自己的思想进行合乎逻辑形式的编排,未形成明确而稳定的理论框架,所以勾勒起来十分困难。这使我们只能满足于诠释学意义上的相对合理性和真实性,不能因此武断地以为,蜀学的内在思想逻辑必然如此,不能因此排斥对蜀学做出其他形式的理解。

勾勒思想逻辑,我们可以从发生学和理论体系结构两个角度进行尝试。

从发生学的角度看，二苏一生著述，经历了一次大转变，即早年意气风发，多策论，遭受贬谪之后，乃锐意于经典，阐幽发微，建构系统的思想理论。从策论到经学，一方面因为思想资料、焦点问题的转变，导致了思想理论由敏锐进而深邃、由就事论事而趋于系统的升华；另一方面又因为导致转变的主要原因是人生遭遇，而非纯粹的学术进境，不是本身思想的改弦易辙，所以保持着基本理论思路的连续性和一致性。后一方面，是我们从发生学角度理解蜀学内在思想逻辑的重要依据，即由其连续性和一致性，可以将其策论的基本思想，作为蜀学的逻辑起点。

因为学术转变与不幸遭遇直接联系在一起，所以在他们自己的感受中，那几乎是一次脱胎换骨的经历。如苏轼有书信说：

> 轼少年时，读书作文，专为应举而已。既及进士第，贪得不已，又举制策，其实何所有？而其科号为直言极谏，故每纷然诵说古今，考论是非，以应其名耳。人苦不自知，既以此得，因以为实能之，故喋喋至今，坐此得罪几死，所谓齐虏以口舌得官，真可笑也。然世人遂以轼为欲立异同，则过矣。妄论利害，搀说得失，此正制科人习气，譬之候虫时鸟，自鸣自已，何足为损益？[1]

---

[1] 《苏轼文集编年笺注》卷四九《答李端叔书》，第 6 册，第 384—385 页。

这封信，大约写于谪居黄州时，也正在此期间，苏轼完成《东坡易传》的写作，由诵说古今，考论是非，转入哲学思考。回顾这段经历，苏轼不免自嘲，正如候鸟时虫受季节驱动而自鸣自已一样，自己也有一种被政治气候所愚弄的感觉。因为听信直言极谏而制作策论，又因为直言极谏的策论而遭罪责，这些实际经历，不但使他看到直言极谏的虚伪性，使他对策论的实际价值产生深刻怀疑，同时也对自己进行了一次今是而昨非式的否定。

同样是自我否定，既可以使人快乐，也可以让人痛苦，这要看导致自我否定的原因是什么。像程颢那样，在长期出入于释、老学说之后，终于由咏味儒家经典悟透"天理"实义，禁不住中夜以思，手之舞之，足之蹈之，是对昔日之我的快乐否定，其原因是自身的学术进境。而苏轼的自我否定却很痛苦，因为他是受外界环境所迫，导致自我否定的直接原因是政治遭遇，所要否定的是昔日以策论干预政治的自我，所以在那种过来人式的自嘲中，表现出内心的极度不甘和愤懑。这两种原因不同、感受各异的自我否定，对各自思想的发展进程，对各自的学术理路或理论思路，也必将产生连续性与间断性的不同影响。像程颢那样，可谓心安理得，由《大学》《中庸》等儒家经典中所得到的新体悟，足以解昔日之疑，正昔日之惑，所以当他由释、老复归儒学时，道统门户的观念也就随之而生，划清界线，表明今日之我的立场观点、价值趣向，思想理论也必然因内在的升华而表现出较大的间断性、跳跃性。但即便如此，其思想理论也依然带有抹不去的旧日痕迹，依然受到佛道教的深刻影响——这一点学界已多有所论。至于苏轼，对儒释道三教虽有所分辨，但并不存强烈的分别心，相应地，也就不存在立场观点、价值趣向如何改弦易辙的问题，所以从热衷于策论到锐意经典，主要是改变了思想理论的表现形式，丰富了思想理论的内涵，在基本的理论思路上，并不存在重新选择的问题，所以能保持连续性和一致性。正是这种连续性和一致性，使我们看到蜀学理论大思路的逻辑一贯，而策论乃其逻辑起点。

进而言之，策论又只是一种形式，并不必然具有逻辑起点的意义。当时凡欲参加科举的人，无不练习策论，但并非所有人都可能由策论发展出相对完整的思想体系。这里面的关键差别，在于能否形成某种剖析现实问题的理论思路，在于是否具有理论性的指导思想，抑或只是就事论事，像战国策士那样，论列利害，计得计失。由前者，可能发展为政治思想家，由后者，可能训练成具有实际工作能力、官场适应能力的官员。两种可能性都求仁得仁，不同的立足点和个人才性，决定了不同的发展道路。

二苏都长于策论，在一大批训练有素的同辈人中，他们都堪称此道高手，笔下风雷，有横扫千军之势。而其所以为高，固然有文章风格、修辞艺术等方面的原因，但更根本的，实在于他们形成了一种理论思路，有一个剖析现实问题的指导思想，这就是探讨古今治乱轨迹及其所以然之故。古今治乱轨迹是势，所以然之故是理，由此便形成了蜀学"推阐理势"的独特思路，与荆公新学"由是而之焉"的理论思路不同，与二程洛学"体用一源"的前提设定不同，与司马光涑学派的历史经验主义也不相同，构成了蜀学作为一个学术流派的基本特质。

推阐理势的理论思路，既体现在二苏的策论中，也体现在他们的经学著作中。因为著述体例、表达方式不同，议论难免有局促和舒展、浅显和深邃等差异，但基本思路首尾一贯，成为其策论和经学的共同风格或特征。一些简单的例子，可以帮助我们了解这一点。

苏轼《上神宗皇帝书》，写于熙宁四年（1071），是其策论代表作。在这篇长达七千余字的长策里，苏轼本着"势有必至，理有固然"的理论思路，针对王安石所推行的改革方案，发表自己的不同政见，即所谓"结人心、厚风俗、存纪纲"。[1] 单从字面上看，这三条口号式的政见，与当时一些老派官僚之反对王安石变法，似乎出于同一种口径，迂腐疏阔，不切实际。但由于苏轼是从独特的理论思路出发，有其分析政治问题的指导思想，不同于老派官僚从维护自身的既得利益出发，所以在同样迂阔的口号下，实际包含的思想内容大不相同。[2] 透过字里行间看这篇策论的核心思想，是根据推阐理势的理论思路，剖析集权与政治稳定、以集权克服政治危机而最终必然诱发更大危机的矛盾。约略言之，"结人心"谈政治的根本依据问题，是其逻辑前提；"厚风

---

[1]《苏轼文集编年笺注》卷二五，第3册，第648、632页。
[2] 顾炎武《日知录》卷一三评此文："当时论新法者多矣，未有若此之深切者。"（《日知录集释》，第685页）

俗"谈社会危机问题;"存纪纲"分析政治危机。

所谓"结人心",根旨在于强调政治决策必须以民心向背为依据。如说:"人主之所恃者,人心而已。……人主失人心则亡。此必然之理,不可逭之灾也。""是以君子未论行事之是非,先观众心之向背。"要求政治决策从民心向背出发,而不从一己之是非判断出发,是苏轼此论的基本前提。这个思想前提的确立,也许可以溯源于先秦儒道两家:儒家讲国以民为本,讲天听自我民听,天视自我民视,道家讲圣人无常心,以百姓心为心,都可以用来支持苏轼的论断。但放在当时的历史背景下去看,它绝不是追述前古的空泛的理论高调,而有其明确的现实针对性,即针对宋神宗、王安石的改革方案,针对王安石所提出的、由宋神宗乾纲独断的决策思想。王安石根据其"由是而之焉"的理论思路,确立改革的大政方针,并提出"人言不足恤"的口号,以排除反对派的阻挠。为了克服各种阻力,迅速有效地推动改革进程,他力图强化宋神宗的个人权威,并采取一系列的措施,诸如设立制置三司条例司、派遣三司使等,将决策权和行政权更高度地集中起来,消解原来的各级政府机构对于新法的抵制。而在苏轼看来,这种改革思路,潜伏着一场极大的政治冒险,因为它不从民心向背出发,而执意于一己之是非判断,强制性地推行一套不被社会所接受的改革方案,最终必然激化政府与社会的矛盾,引发专制政体自身的痼疾,走向励精图治的反面。其所以如此,又不在于王安石所设计的政改方案是否正确,不在于富国强兵的目标是否合理,而在于他那种单一的从上而下的改革思路，必然会在取得改革成果的同时，诱发潜在于专制政体之中的政府与社会的对立。从其思想出发点到实际结果，既是自然之理，也是必然之势，即所谓"自古及今，未有和易同众而不安，刚果自用而不危者也"，亦所谓"众怒难犯，专欲难成"。[1] 这种推阐理势的理论思路，与王安石"由是而之焉"的理论思路，有一个明显不同处，即王安石只强调理，以为只要合理，对势可以不必顾忌，而苏轼则以势与理并重，势所趋向，也就是理之固然，所以在他看来，一种政治方案是否正确、是否合理，尚属次要问题，更主要的问题是看它符不符合民心，民心所向，也就是大势所趋。从一些资料来看，这个涉及政治决策的问题，是苏轼在当时所关注的焦点问题。如《宋史》本传在引录其《上神宗皇帝书》之后说，"轼见安石赞神宗以独断专任"，于是利用出进士试题的机会，提出这样一个敏感而且富有挑战性的问题："晋武平吴以独断而克，苻坚伐晋以独断而亡，齐桓专任管仲而霸，燕哙专任子之而败，事同而功异"。[2] 显然，这种问法所暗示的意思，是说皇帝独断、重臣专任是极大的政治冒险。从苏轼推阐理势的思路来看，针对王安石的政治决策思想，似乎必然有此一问，但由于问题不但针对王安石，同时也针对宋神宗，所以注定了要倒霉，结果从最高权力中心被排挤出局，通判杭州。

---

[1]《苏轼文集编年笺注》卷二五，第3册，第632、633页。
[2]《宋史》卷三三八，第10808页。

苏轼关于"厚风俗"的议论，相对于他高情远致的人格风范、英迈特达的精神气质来看，确实迂态可掬。如说："夫国家之所以存亡者，在道德之浅深，不在乎强与弱；历数之所以长短者，在风俗之厚薄，不在乎富与贫。道德诚深，风俗诚厚，虽贫且弱，不害于长而存。道德诚浅，风俗诚薄，虽强且富，不救于短而亡。"这种道学气十足的腐儒之谈，很难让人相信是出自苏轼之口。而且，将道德与富强对立起来，也不符合他自己的性情论、礼乐论（详后）。但放在他"结人心"的思想前提下来理解，似乎又很合逻辑。"结人心"的思想前提，决定了他是在国家政治方向的层面上讨论道德与富强的关系问题，不是在社会、公众生活的层面上来讨论这个问题。其所谓"国家"，指皇朝政府，与现代的民主、共和之国家，有着本质的区别。就政治方向的层面而言，"国家"是尚德还是重利，是一个老问题，孟子的义利之辨，所要辨别的就是这个问题。按照苏轼的思想逻辑，"国家"为了富国强兵，必然要采取严刻之政，这种政治在短期内或许会取得很高的效率，但由于专制政体本身存在着社会与政府相对立的潜在矛盾，所以严刻之政会使政府在获得财富的同时，遭到社会的反对。如说："古之圣人，非不知深刻之法可以齐众，勇悍之夫可以集事，忠厚近于迂阔，老成初若迟钝。然终不肯以彼而易此者，知其所得小而所丧大也。"最大的"丧"，当然就是皇朝政府被社会推翻。为了说明这种固然之理和必至之势，苏轼列举了秦朝以来的大量历史事实，并苦口婆心地劝谏宋神宗："惟陛下以简易为法，以清净为心，使奸无所缘，而民德归厚。"民德厚或曰风俗厚，在苏轼看来是培护"国家"元气、克服社会危机的上上策，而强化中央集权、采用严刻之政，则是"伐真气而助强阳"，其结局必然是"盛壮而愈危"。[1]

苏轼所说的"存纪纲"，不是指三纲五常等伦理规范，而是指宋初以来的权力监督机制，亦即以御史台和谏院限制相府和枢密院的权力。据苏轼对历代政府体制的研究，最妥善的权力结构是"内外相制，轻重相权"，也就是保持中央政府与地方政府相互制衡，以免内重将滋生权臣，外重则有大国的忧患。又据苏轼对本朝政府体制的观察，"则似内重"，亦即中央政府的集权过重，与地方政府失去平衡。为了避免"内重"的隐患，苏轼建议保持宋初以来的台谏监督机制，因为"台谏所言，常随天下公议。公议所与，台谏亦与之；公议所击，台谏亦击之"。这种监督机制，不是一时一事的是非得失问题，而是政府体制是否健全、政治运作能否保持正常的问题，所以说："台谏固未必皆贤，所言亦未必皆是，然须养其锐气而借之重权者，岂徒然哉？将以折奸臣之萌，而救内重之弊也。"[2]

同样的推阐理势思路，还可以从苏轼、苏辙的大量策论中列举出许多例证。在那个政治形势风云谲诡，政治变革已成为时代思想主题，各种矛盾错综复杂，各种政治观

---

[1]《苏轼文集编年笺注》卷二五，第3册，第655、656、663页。
[2]《苏轼文集编年笺注》卷二五，第3册，第663、664、668页。

点相激相荡的时代，他们的思想也经历了很大变化，前后不一，对于政治变革的态度甚至自相矛盾。但这种变化，主要是由特定政治环境的改变而造成的。随着政治环境的改变，他们对于政治形势的基本判断、相应的政治主张也在改变，如在仁宗朝，针对因循苟且而主张变革，到神宗朝，又针对王安石的专任独断而成为改革的反对派。但他们分析政治问题的基本思路却大体一致，只是由于受到现实生活的淬励，思考在日渐深入，见解在日渐深化，运用也渐趋娴熟。

当他们遭受贬谪，既丧失了针对最高政治决策直接发表议论的机会，也对策论的实际意义和作用产生深刻怀疑，从而将理论兴趣转向经学领域时，他们不但继续保持着推阐理势的思路，而且更加圆融，更加运用自如，并因此在经学领域取得很高成就，自成一派经学风格。例如由苏轼最终完成的《东坡易传》，据《四库提要》考证："苏籀《栾城遗言》记：苏洵作《易传》，未成而卒，属二子述其志。轼书先成，辙乃送所解于轼，今蒙卦犹是辙解。则此书实苏氏父子兄弟合力为之，题曰轼撰，要其成耳。"综括此书宗旨，则曰："推阐理势，言简意明，往往足以达难显之情，而深得曲譬之旨。"[1] 此书的主要工作由苏轼完成，基本思想也是苏轼沉思的结果，但"推阐理势"作为诠释经典的一种理论大思路，则无疑是三苏所共有的。又如《东坡书传》，一方面针

---

[1]《四库全书总目》卷二《经部二·易类》，第6页。

对荆公新学派的《新经尚书义》，多所驳正，如同其策论一样，从关切现实的政治问题出发，不务空言；另一方面又根据其推阐理势的思路，借助传统经典，系统阐发自己的政治思想。《四库提要》评此书："轼究心经世之学，明于事势，又长于议论，于治乱兴亡披抉明畅，较他经独为擅长。"[1]"经世之学"也就是政治学；"长于议论"是苏轼的著述风格，在策论中已充分表现出来；"明于事势"则反映出推阐理势的思路。以这样的思路，借助历来被视为三代政治法典的《尚书》，议论治乱兴亡之道，最能酣畅淋漓地发挥其长才，所以其《书传》的成就很突出，即使是对苏氏多所贬斥的朱熹，也承认其《书传》是历代各家解注中最好的一种。[2]

由以上从发生学的角度探讨蜀学的内在思想逻辑，我们可以得出一个初步印象：二苏一生著述甚丰，涉猎面很广，但对于各种社会现实问题的看法和对于传统经典的理解，实有一条整体性的理论大思路，即所谓推阐理势。这种思路，也可以说就是最终形成蜀学这样一个学派的内在特质，与同时期其他几个学派的理论思路相比较，既有历史意识和现实感方面的相通之处，又因各自的个性而反映出思想逻辑的差异。从某种意义上说，当时诸学派对于政治变革的时代思想主题之所以看法不同，思想理论的表现形态之所以各有特

---

[1]《四库全书总目》卷一——《经部十一·书类》，第90页。
[2]《朱子语类》卷七八（第1986页）："或问：'《书解》谁者最好？莫是东坡书为上否？'曰：'然。'又问：'但若失之简。'曰：'亦有只消如此解者。'"

色，一个重要的原因就是所入不同，各有一套理论思路，形成了不同的理论思维方式。这种差异，一方面拓展了北宋学术的思维空间，构成了强健的理论发展张力，可以与先秦诸子百家相媲美；另一方面又由于在社会制度的层面上未能形成协调不同政见的机制，没有合理的公议和决策途径，所以随着各派思想尤其是政治思想的发展和成熟，其结果不是相激而弥高，站在更高同时也更具有公正意义的理论层面上，解决时代迫切要求解决的政治变革问题，反而陷入政见和政治运作上的分歧、僵持甚至对立局面。从熙宁变法到元祐更化、蜀洛党争，皇帝朝秦暮楚，大臣矛盾重重，本应具有创造性张力的思想分野，最终以最糟糕的形式在现实纷争的层面表现出来。这是北宋中晚期的时代悲剧，它因为专制政体缺乏协调不同思想、不同政见的健全机制，必然地走上一条相互耗损的末路。站在这个角度探讨思想史问题，也许当致思于专制政体对于思想理论之发展所具有的宿命式的限制，而不是单纯根据思辨性，评判各派学术的是非得失。

从发生学的角度探讨蜀学的内在思想逻辑，可以看到它的一个侧面，即二苏治学，有一条推阐理势的思路贯穿其中，思路发轫于早年之策论，至经学渐趋圆熟。而从理论体系结构的角度，又可以看到它的另一个侧面。比较而言，后者更要求我们深入到蜀学内部，探索其推阐理势的基本依据，亦即自立一家之言的思想基础问题。在这个问题上，研究者难免会因为自身的理论视角，因为蜀学的仪态万方而见仁见智。而据笔者体会，蜀学的思想核心或曰思想结构的逻辑起点，盖即其性情论。

性情论之作为蜀学的思想核心或逻辑起点，并非取决于文学方面的原因，而是取决于中国古代哲学的思想主题，即天人合一或性与天道相统一。中国古代哲学家，通常都从这样两个方面同时展开其思考，一方面探赜天道之奥秘，一方面考察人事之得失、潜思人性之真谛，双管齐下，相互引发。人事与人性，既属于不同的思想层面，又在根旨上相通贯，只是在不同的历史时期，侧重点或有不同。就北宋而言，在范仲淹等人推行庆历新政前后，总体倾向是注重事功，反映到学术思想上，则甚重经世之学，也就是侧重人事之作为，少谈人性、道德性命等形上问题，视之为不急之务，即欧阳修所谓"夫性，非学者之所急，而圣人之所罕言"。[1] 由于各种历史原因，道德性命之学在熙宁前后成为主流思潮，并通过诠释《易传》"穷理尽性以至于命"、《中庸》"天命之谓性"等命题，集中地表现为时代的理论课题。这种转变，以洛学最为彻底，其他几个学派也都程度不等地反映出来。蜀学作为在此期间形成的一个学派，也同样被卷入时代思潮，而且由于它以性情论与经世之学并重，谈性情直接关涉到现实的政治决策和政治运作，所以比洛学更多地保留了转变过程的种种痕迹，而蜀学性情论与洛学性理论的义旨差别，也正由此处发生。

从关注现实政治决策的角度出发，苏轼曾对当时学者高

---

[1]《答李诩第二书》，《全宋文》卷六九七，第33册，第54页。

谈性命表现出抵触情绪。熙宁四年，苏轼就学术导向、贡举科目问题上了一道奏议，其中说：

> 孔子罕言命，以为知者少也。子贡曰："夫子之文章，可得而闻也；夫子之言性与天道，不可得而闻也。"夫性命之说，自子贡不得闻，而今之学者，耻不言性命，此可信也哉？[1]

对于高谈性命的怀疑，一方面引发了苏轼的忧虑，主张科举"取之以实学"，克服高阔浮诞的学风；另一方面也触发了他的思考，就时代理论课题阐发自己的思想。从苏轼和苏辙设计以及私试的各种科举题目来看，他们确实是主张以实学取士的，[2] 但作为关注时代现实问题的思想家，而非栖隐遁世者，他们又不能无视当时的主流思潮，不能避开当时的理论课题，而只能就此理论课题做出自己的解释。所以不管他们对于当时学风是否在情绪上有所抵触，他们都只能在此语境中展开思考，发表议论。

第四节　蜀学与儒道思想

谈蜀学一以贯之，还必然涉及它与儒释道三教的关系问

---

[1]《苏轼文集编年笺注》卷二五《议学校贡举状》，第3册，第622—623页。
[2] 参见《苏轼文集编年笺注》卷七《策问》；《栾城三集》卷六《策问》《论》。

题。虽然从主观上讲，二苏并不像二程那样有意识地强调三教区别，将依违取舍、道统与异端等问题突出地提出来，攘斥释、老，以继承儒家道统自任，而是采取宽容的态度，根据生活境况的需要，自由选择。但是，儒释道三教作为三种相对不同的文化传统，在价值观念、理论思维等方面，又毕竟存在差异。当二苏致思于一以贯之之道时，如何克服实际存在的三教差异，从时代现实出发，既充分运用三教的思想资料，又在更高的境界上达到理论贯通，便成为题中应有之义。

然而，要真正达到理论贯通，单有主观愿望和理论热情是不够的。在中国历史上，高唱三教合一者不知其几，为此付出理论努力的也大有人在，但最终的思想成果却千差万别，其中既有思想角度、立场观点之不同，也有理论造诣、思想层次之悬殊，有些真正达到了推陈出新、化腐朽为神奇的境界，也有些只停留在口号上。从某种意义上说，出现这种现象是必然的。因为儒释道三家的思想资料，包含了无限多样的可塑性，而在传统思想资料的基础上重塑新理论，本质而言又是一个解释学问题，是将传统与现实结合起来的理论运动，所以不同时代以及不同流派的学者，都可以根据自己对于三家思想的理解，根据自己对时代现实问题的感受，自立一家之言，自成一派学说。这里面并不存在统一的绝对标准，却可能形成不同的学术风格。那么，蜀学兼融三教而一以贯之，又是从什么思想角度出发，取得了什么样的理论成果呢？

从二苏的一些论著来看，他们兼融儒释道三教，大概有思想和生活两个层面。当他们遭受贬谪，于人生感受到漂泊无依之时，颇取佛道二教之说，作为精神慰藉，以求得身心安顿，这是在生活的层面上保持对儒释道三教的自由选择。而当他们面对政治变革的时代思想主题，试图建构某种理论体系以做出回应时，则主要兼融先秦儒道两家思想，以老庄哲学与儒家经典互训，相互推阐，发挥新义，在理论的层面上重塑一以贯之之道。[1] 如苏辙说：

> 天下固无二道，而所以治人则异。君臣父子之间，非礼法则乱，知礼法而不知道，则世之俗儒，不足贵也。居山林，木食涧饮而心存至道，虽为人天师可也，

---

[1] 苏门四学士对于三教的态度，也与二苏大致相同，即在文化生活的层面自由出入三教，而关涉政治则以儒学为圭臬。前者如秦观说："或曰：吾闻君子言欲纯事，书欲纯理，详于志常，而略于纪异。今子所集，虽有先王之余论，周孔之遗言，而浮屠老子、卜医梦幻、神仙鬼物之说，猥杂于其间，是否莫之分也，信诞莫之质也，常者不加详，而异者不加略也，无乃与所谓君子之书言者异乎？余笑之曰：鸟栖不择山林，唯其木而已；鱼游不择江湖，唯其水而已。彼计事而处，简物而言，窃窃然去彼取此者，缙绅先生之事也。仆，野人也，拥肿是师，懈怠是习，仰不知雅言之可爱，俯不知俗论之可卑……又安知其纯与驳耶？……且万物历历，同归一隙；众言喧喧，归于一源。吾方与之沉，与之浮，欲有取舍而不可得，何暇是否信诞之择哉？"（《逆旅集序》，《全宋文》卷二五七七，第119册，第370页）后者如张耒告诫秦观说："儒者之治天下，九流之列皆其用也，顾与浅术末数各致其一曲者同哉？吾意今儒者之所学，古太史之流，而非世之所急也。子享其全，无食其余；据其源，无挹其流。子方从眉山公，其以予言质之而归告予也。"（《送秦观从苏杭州为学序》，《全宋文》卷二七五四，第127册，第294页）

而以之治世则乱。古之圣人，中心行道而不毁世法，然后可耳。[1]

　　这是苏辙注解《老子》时，为禅僧道全所讲的一番道理。按照他的意思来理解，三教可以划分为出世法和入世法两种。佛道二教倾向于栖隐遁世，有益于个人身心的修炼，但不能代替儒学的治世功能，所以信仰佛道二教者虽高蹈世外，潜修至道，但不能因此对儒家的礼法心存菲薄。反过来说，儒家以礼法治世，也应该有更高的形上之道的追求，不能执滞礼法为至足，陷溺于俗儒之碍陋。这样划分三教功能，大概就是二苏兼融三教的特殊角度，也是他们采取宽容态度的基础。在他们的实际生活和学术生涯中，也确实是采撷佛道二教之说以炼养身心，又以老庄形上之道重新诠释儒家之礼法，以建构其关于治世的理论。

　　因为二苏兼融三教本身即有两个层面，所以我们可以进行相对的划分。虽然一般说来生活与思想总有千丝万缕的联系，但学术研究又不得不确立相对的重点，这里仅就其以儒道相推阐的理论层面进行讨论。在二苏自己的感受中，理论层面的建构是他们自觉地置身于历史长河，置身于时代思潮之主流，为薪火相传的文化所做出的贡献，为排除现实困扰所做出的有益探索，所以怀有一种传诸不朽

---

[1]《道德真经注跋》，《道藏》第12册，第322页。

的愿望。[1] 而在历史上，自南宋吕祖谦、陈亮等人以降，也确有不少学者对他们的理论做出回应，形成一条注重历史理势和现实事功的思想史脉络，与程朱理学形成历史性的对话关系。

所谓以儒道相推阐，质而言之也就是重新诠释《六经》、孔子和老庄，既以老庄明自然的思想视野去解读《六经》、孔子，又以《六经》、孔子的人文精神来理解老庄立言之真意。这种以儒道相推阐的学术理路，在诠释学方法上与王弼、郭象玄学具有很强的可比较性，但蜀学又有其特定的历史环境和理论对话对象，所以阐述又有其鲜明的个性。理论对话对象主要即新学、洛学两派。荆公新学由诠释老庄发展出"由是而之焉"的理论思路，以至出现王雱"任理而不任情"的观点，这在苏轼看来是走回了韩非误读《老子》的旧路，所以他要就老庄立言真意阐明自己的理解。洛学将孟子性善论作为经典依据，又吸收佛道教以性抑情的思想，演绎成系统的性理学说，而二苏从根本上就反对性善论，反对性善情恶、以性抑情的思想倾向，所以对孟子以下言性命诸儒，基本上都持否定态度，主张复归于子思之前的原始儒家。如此甄辨儒道两家学统，寻绎其思想真旨，将儒道会通

---

[1] 如苏轼《题所作〈书〉〈易传〉〈论语说〉》："孔壁、汲冢竹简科斗，皆漆书也，终于蠹坏。景钟、石鼓益坚，古人为不朽之计亦至矣。然其妙意所以不坠者，特以人传人耳。大哉人乎！《易》曰：'神而明之，存乎其人。'吾作《易》《书传》《论语说》，亦粗备矣。呜呼！又何以多为？"(《苏轼文集编年笺注》卷六六，第9册，第104页)

的基点建立在二家发源处,存本而去末,就是蜀学以儒道相推阐的个性。比较而言,如何甄辨儒道两家的历史流变,划分其源流本末,在玄学中是一个不曾被明确提出来的问题,而在蜀学的形成过程中,却显得十分突出,并因此展开了许多具有针对性的辩议。

关于儒家学统,二苏在《诗论》中评议说:

> 自仲尼之亡,《六经》之道,遂散而不可解。盖其患在于责其义之太深,而求其法之太切。夫《六经》之道,惟其近于人情,是以久传而不废。而世之迂学,乃皆曲为之说,虽其义之不至于此者,必强牵合以为如此,故其论委曲而莫通也。[1]

这种评论,不免偏亢而难允。孔子之后的儒家学者,因应社会历史的发展变化,适应各自时代的需要,敷陈新义,不能一概斥之为"迂学"。如果单从字面上看,二苏的这番议论似乎是要推翻孔子之后的整个儒学史,而其实,他们的本旨只在于抨击两种学风,即"责其义之太深"和"求其法之太切"。放在当时的历史背景下去看,前者大概可以理解

---

[1]《苏轼文集编年笺注》卷二,第1册,第164—165页。《苏东坡文集》卷二所收《易论》《书论》《诗论》《礼论》《春秋论》五篇,又见收于《栾城应诏集》卷四。二集同收,未知究系何人所作。余嘉锡《四库提要辨证》别集类"东坡全集"条,亦于此事失考,姑存疑,而泛称二苏云。下引此五文,与此同。

为针对洛学而言，后者也可以大概地理解为针对新学而言。洛学之所谓"天理"，程颐为哲宗师时严阵以待地坚守古礼的作风，在二苏的感受中简直不近人情，苏轼的反应尤其强烈。[1] 荆公新学则由《周官》等经典推衍出一套政治模式，以为汉唐皆不足法，求治必当以尧、舜、三代为准式，这在二苏看来也同样不近人情，不知因应时俗变化而推阐理势，结果便形似以古法为准绳，而实则丧失了古代圣人立法为治的真意；真意即顺应人情。

新学和洛学是否真像二苏所感受到的那样迂执，是研述新学和洛学时需要讨论的问题。就二苏而言，因为他们有这样的实际感受，就不得不毅然立论，矫其陈义过高之虚，返于贴近人情之实，就儒家学统、儒学的本质，做出自己的解释。

作为解释的一种学理化形式，二苏从历史批判开始立论。王安石曾被人拟配于孟子，他本人也特好孟子学说；二程也宣称独得子思、孟子的千年不传之"道统"。与王安石、二程不同的是，二苏将孟子作为历史批判的主要对象，对孟子之师子思，也颇有微辞。如苏轼《中庸论》说：

> 甚矣，道之难明也。论其著者，鄙滞而不通；论其微者，汗漫而不可考。其弊始于昔之儒者，求为圣人之道而无所得，于是务为不可知之文，庶几乎后世之以我

---

[1] 参看朱熹《伊川先生年谱》注引，《二程集·遗书附录》，第343页。

为深知之也。后之儒者见其难知，而不知其空虚无有，以为将有所深造乎道者，而自耻其不能，则从而和之曰然。相欺以为高，相习以为深，而圣人之道，日以远矣。自子思作《中庸》，儒者皆祖之以为性命之说。嗟夫，子思者，岂亦斯人之徒欤？[1]

又如其《子思论》说：

夫子未尝言性也，盖亦尝言之矣，而未有必然之论也。孟子之所谓性善者，皆出于其师子思之书。子思之书，皆圣人之微言笃论，孟子得之而不善用之，能言其道而不知其所以为言之名。举天下之大，而必之以性善之论，昭昭乎自以为的于天下，使天下之过者，莫不欲援弓射之。故夫二子（按指荀卿、扬雄）之为异论者，皆孟子之过也。[2]

在儒学史上，孟子之性善、荀子之性恶、扬雄之善恶混，是从人性论出发，将儒学推以求治的主要观点。而在苏轼看来，这三种相犄立论的观点，全都背离了《六经》、孔子之道。孟子之所谓性善，是辞不达义，以为天下人的本性必然是善，就背离了孔子的毋意毋必之教。至于荀子，"喜

---

[1]《苏轼文集编年笺注》卷二，第1册，第176—177页。
[2]《苏轼文集编年笺注》卷三，第1册，第255页。

为异说而不让，敢为高论而不顾"，针对孟子性善而提出性恶论，结果错上加错，导致了李斯的暴政："荀卿明王道，述礼乐，而李斯以其学乱天下，其高谈异论有以激之也。"[1] 降及扬雄、韩愈，乃说愈繁而道愈晦，强欲通而终不可通。例如韩愈，将孔子所说的上智、下愚离析为性三品论，不知孔子只是就人之才智而言，非论本性，所以说："韩愈之于圣人之道，盖亦知好其名矣，而未能乐其实。"韩愈既排斥释、老，又在人性论上入于释、老贬抑人情而不自觉："其论至于理而不精，支离荡佚，往往自叛其说而不知。"[2] 苏辙的《孟子解》，对孟子以来占主流地位的儒家性善论，也持同样的批评态度，大旨与苏轼之说相仿佛，以为在人性问题上，不可为必然之论。

二苏人性论的思想内核，可以留待下文探讨。这里我们首先会遇到这样一个问题，像二苏如此这般地批评孟子以后的儒家以文饰相欺，务为高论而背离道本，那么二苏对于儒学的认同究竟有几分真实性？如果说孟子以后无真儒，即使对去圣未远的子思也不敢十分信任，也要打上一个大问号，那么二苏心目中的真儒，他们所理解的《六经》、孔子之道，究竟又是什么呢？

正如许多富有建设性的思想体系一样，历史批判本身并不是目的，而只是为重新解释传统拓展更广阔的思维空间，

---

[1]《苏轼文集编年笺注》卷四《荀卿论》，第1册，第267—268页。
[2]《苏轼文集编年笺注》卷四《韩愈论》，第1册，第287页。

二苏之批评孟、荀以后诸儒，宗旨也正在于重新解释《六经》、孔子之道。后文我们将看到，他们的重新解释，显然运用了老庄哲学。而对于老庄哲学，二苏也同样面临着如何重新解释的问题。因为在历史上既出现过由黄老流于刑名法术的商鞅、韩非之学，以致产生秦朝的苛碎严刻之政，在现实中又出现了其意近于法家的新学派之老庄学，主张"任理而不任情"。这使二苏在思想上保持着高度的警惕，既剖析刑名法术之非道，也揭明老庄立言之本旨。如苏轼在《韩非论》中说：

> 昔周之衰，有老聃、庄周、列御寇之徒，更为虚无淡泊之言，而治其猖狂浮游之说，纷纭颠倒，而卒归于无有。由其道者，荡然莫得其当，是以忘乎富贵之乐，而齐乎生死之分，此不得志于天下，高世远举之人，所以放心而无忧。虽非圣人之道，而其用意，固亦无恶于天下。自老聃之死百余年，有商鞅、韩非著书，言治天下无若刑名之贤，及秦用之，终于胜、广之乱，教化不足，而法有余，秦以不祀，而天下被其毒。后世之学者，知申、韩之罪，而不知老聃、庄周之使然。[1]

---

[1]《苏轼文集编年笺注》卷四，第1册，第269页。又如苏辙《私试进士策问》："韩非明老子，而以刑名游说诸侯；李斯师孙卿，而以诈力事秦。至于焚《诗》《书》，杀儒士，其终皆陷于大戮。原其所学，皆本于圣人，而其所施设，则乡党之士所不忍为，夫岂其学有以致之欤？盖老子、孙卿，其教之善，虽弊，不致于败乱天下。然则二子之学，其所以失之而至此者，何也？"（《栾城集》卷二〇，《苏辙集》，第363页）

将商鞅、韩非的刑名法术之学推原于老子，是司马迁《史记》已有之旧说。《史记》以老、庄与申、韩合为一传，谓"申子之学本于黄老而主刑名"，韩非"喜刑名法术之学，而其归本于黄老"，但没有谈到庄子与刑名之学有什么瓜葛，也未言及商鞅与道家的关系，只是说商鞅"少好刑名之学"。[1] 刑名之学大约相当于现代的律学，并不必然与道家有联系。苏轼论及庄周、商鞅，或许意在王安石。王安石曾赞美商鞅"能令政必行"，又由《庄子》引发出一套"九变而赏罚可言"的政治哲学，其中包括刑名。以苏轼之言对照王安石之为学为政，似乎都不是评议前古的空泛之论，而有其现实指意。那么，由黄老或老庄的道德之意，又如何嬗变出韩非等人的刑名之学呢？司马迁主要从历史学的角度指出源流，所谓"本于""原于"是也。这种角度，现代学者大概会接受，而且会进而从概念思维出发，致思于二者之间的逻辑联系：老子强调自然法则，韩非等人乃以其自然法则作为依据，演绎出治理社会的法治思想，韩非的《解老》《喻老》等可以为证。合乎思维逻辑与历史合理性，在这类问题上通常被当作一回事。而苏轼作为一个古代学者，生活在儒家文化渗透于社会生活各个方面的实际情景中，对儒家的人文精神具有更真切的体验，所以在剖析这个问题时，自然而然地要以儒学作参照，从儒家的人文精神出发。同上文说：

---

[1]《史记》卷六三，第2146页；卷六八，第2227页。

> 仁义之道，起于夫妇、父子、兄弟相爱之间；而礼法刑政之原，出于君臣上下相忌之际。相爱则有所不忍，相忌则有所不敢。夫不敢与不忍之心合，而后圣人之道得存乎其中。今老子、庄周论君臣、父子之间，泛泛乎若萍浮于江湖而适相值也。夫是以父不足爱，而君不足忌。不忌其君，不爱其父，则仁不足以为怀，义不足以劝，礼乐不足以化。此四者皆不足用，而欲置天下于无有。夫无有，岂诚足以治天下哉！商鞅、韩非求为其说而不得，得其所以轻天下而齐万物之术，是以敢为残忍而无疑。[1]

这里面有两层意思，反映出苏轼的基本思想。第一，老庄剽剥仁义礼乐，"欲置天下于无有"，使其学说在切入现实时缺乏可操作性，给刑名法术之学利用其说留下了空隙；第二，商鞅、韩非等人的刑名法术之学，曲解或片面地利用老庄学说，"求为其说而不得"，没有真正理解老庄立言之根旨。出于这样两层意思，苏轼必然要对老庄之学提出自己的理解，去刑名法术之非，将老庄哲学与儒家的仁义礼乐结合起来。这种结合，注定了对老庄哲学将是一种新诠释，对儒家的仁义礼乐也同样是一种新诠释。

要做出新诠释，首先就会遇到一个方法论问题。苏轼的新诠释，又采用了什么方法呢？在这个问题上，我们发现一

---

[1]《苏轼文集编年笺注》卷四，第1册，第269—270页。

种有趣的现象，即苏轼所采用的诠释方法，与王安石很近似。王安石谈到对庄子的理解时，主张"以意逆志"，而苏轼对古典思想的理解，也持相同主张，如他在《荀卿论》中说："且夫学圣人者，岂必其言之云尔哉？亦观其意之所向而已。"[1] 这与王安石取之于孟子的所谓"以意逆志"，属于同一种诠释学方法，都反对教条主义，要求摆脱语言文字之蔽障，在立言真意上求得真正的理解。将这种方法运用到对庄子的理解上，苏轼有《庄子祠堂记》一文：

> 谨按《史记》："庄子与梁惠王、齐宣王同时，其学无所不窥，然要本归于老子之言。故其著书十余万言，大抵率寓言也。作《渔父》《盗跖》《胠箧》，以诋訾孔子之徒，以明老子之术。"此知庄子之粗者。余以为庄子盖助孔子者，要不可以为法耳。……故庄子之言，皆实予而文不予，阳挤而阴助之，其正言盖无几。至于诋訾孔子，未尝不微见其意。其论天下道术，自墨翟、禽滑厘、彭蒙、慎到、田骈、关尹、老聃之徒，以至于其身，皆以为一家，而孔子不与，其尊之也至矣。
>
> 然余窃疑《盗跖》《渔父》，则若真诋孔子者。至于《让王》《说剑》，皆浅陋不入于道。反复观之，得其《寓言》之终曰："阳子居西游于秦，遇老子。老子

---

[1]《苏轼文集编年笺注》卷四，第1册，第267页。

曰：'而睢睢，而盱盱，而谁与居。太白若辱，盛德若不足。'阳子居蹴然变容。其往也，舍者将迎其家，公执席，妻执巾栉，舍者避席，炀者壁灶。其反也，舍者与之争席矣。"去其《让王》《说剑》《渔父》《盗跖》四篇，以合于《列御寇》之篇，曰："列御寇之齐，中道而反，曰：'吾惊焉，吾食于十浆，而五浆先馈。'"然后悟而笑曰："是固一章也。"庄子之言未终，而昧者剿之以入其言。余不可以不辨。[1]

此文大旨，在于调和庄子与孔子。因为《史记》中有庄子诋訾孔子之徒的说法，与苏轼所理解的庄子真意不吻合，所以他不得不进行辩论。在苏轼看来，庄子诋訾孔子之徒，是小骂大帮忙，以其寓言风格，在行文上多所嘲讽，但在思想实质上赞同孔子。然而，《史记》所列举的《渔父》《盗跖》等篇，确实是诋訾孔子之徒的，这又怎么解释呢？这个问题大概让苏轼颇费了一番研究功夫，"反复观之"，结果发现，真正诋訾孔子之徒的这几篇，原来都是假的。这一发现，也许让苏轼受到了不小的鼓励，更加坚信庄子与孔子并非不可调和。而在宋人疑古的学风中，苏轼的发现可算是对《庄子》文本最有意义的一次怀疑。

同样的儒道会通思想，在苏辙的笔下则表述为儒道互有得失，因而也就有相济互补的必要。如说：

---

[1]《苏轼文集编年笺注》卷一一，第2册，第103—104页。

> 老子之所以为得者，清净寡欲；而其失也，弃仁义，绝礼乐。儒者之得也，尊君卑臣；而其失也，崇虚文而无实用。然而道之可以长行而无弊者，莫过于儒术。其所以有弊者，治之过也。汉文取老子之所长而行之，是以行之而天下丰。汉武取儒者之失而用之，是以用之而天下弊。此儒、老得失之辨也。[1]

就议论风格而言，苏轼博辩无碍，苏辙平实求证，差别似乎很明显，但兼融儒道的基本思想却是一致的。苏轼谈文化，苏辙讲政治，殊途同归，文化上既可以庄孔调和，政治上也可以儒道互补。从苏辙平实的议论中，不难看出他对于儒道两种文化具有如同苏轼一样的开放心态。虽然从治世之道的角度讲，苏辙推崇儒家，但他同时又认为儒家有求治太过的弊病，需要用老子的清净寡欲来矫正。同样，老子之学也非圆满自足，也还需要用儒家的仁义之教和礼乐制度来弥补其缺漏。因为儒道两家互有得失，所以对待两家学说不能偏举偏废，而有必要通过相互补充或者相互矫正，形成一套优势互补的文化机制，作为政治决策的依据。

进而言之，以优势互补的构想对待儒道两家传统，又不仅仅出于政治利弊的考虑，还有其思想理论之基础。这个思想理论之基础，就大旨而言依然是其"学圣人不如学道"之说。例如在《老聃论》一文中，苏辙就儒者排斥老庄问题发

---

[1]《栾城应诏集》卷一二《御试制策》，《苏辙集》，第1357页。

表议论，大意说，儒者排斥老庄为异端，通常都以周公、孔子之言为依据，亦即以《六经》为依据。这个依据是不充分的，因为老聃、庄周"且以为周孔之不足信也"。譬如乡人发生争执，若仅引"吾父"之言为据，他人必不肯信服。所以，要究论得失，必须质之于至道，正如求方圆必须以规矩为依据一样，规矩立然后有至方极圆，可以对是否合乎方圆做出允当的判断。那么，规矩或者至道又如何确立呢？苏辙认为："天下之道，唯其辩之无穷，攻之而无间。辩之而有穷，攻之而有间，则是不足以为道。"意即至道无偏执而能周遍无穷。按照这个衡量标准，可以对老庄之得失做出有理有据的判断。据苏辙的理解，老庄学说是在处士横议的春秋战国时代，针对两种互有偏颇的观点提出来的：其一是墨子兼爱，其二是杨朱为我。为了摆脱两种偏颇观点的局限性，老庄乃"处乎兼爱、为我之际"，两无所适，浮游其间，采取互为否定的方式对待兼爱、为我，"无所是非而其终归于无有"，"老聃、庄周从而虚之，是以其说汗漫而不可诘"。由此评议老庄之于至道，"其思之不可以为不深矣"，摆脱偏执而能周遍，达到了辩之无穷、攻之无间的境界。但是，即便如此，老庄之学也依然有缺陷，非即至道。因为"天下固有物也，有物则物相遭，则固亦有事矣"，所以像老庄那样"归于无有"，缺乏建设性，不能真正解决现实社会中所存在的各种问题。针对兼爱、为我两种偏颇，合乎至道的态度应该是："处于其间而制其当，然兼爱、为我亦莫弃也，而能用之以无失乎道，处天下之纷纭而不失其当"。这种态度，即孔子所谓无可无不可,是儒家之道。[1]

如同苏辙的其他议论一样,这篇《老聃论》也平实庸常,但其中所包含的思想,却引人入胜。按照苏辙"学圣人不如学道"的思想逻辑,至道是天下之公理,是一种至方极圆的合理性预设;作为是非标准,它比圣人言论更具有普遍公理的性质,所以首先必须超越门户偏见,然后才谈得上鉴辨得失,寻觅至道,"天下有能平其心而观焉,而不牵夫仲尼、老聃之名,而后可以语此也"。[2] 站在这样一个超然的立场上来看待老庄之所谓道,应该说达到了理论思辨的圆通无碍、周遍无偏境界。但是,以老庄之学质诸至道,则依然有其缺陷,这个缺陷,不是逻辑上的、理论思辨上的,而是将客观的存在"归于无有"。因为天地间的万物是客观存在的,存在之物又必然在运动中发生关系,人与人之间也是这样。关系既已发生,就必然有兼爱、为我等规则,像老庄那样将规则一概扫除,对人与人之间客观存在的社会关系视而不见,就会在圆融的思辨形式下,隐藏一个更大的思想盲点,不能切实解决社会关系中的各种问题。

批评老庄跳脱墨翟"兼爱"、杨朱"为我"两个极端,将社会规则"归于无有",是否意味着苏辙只是欣赏老庄辩之无穷、攻之无间的思辨逻辑躯壳,而不接受老庄的思想理论?这个问题不能单从表面上看,而有必要进行分析。众所

---

[1]《栾城应诏集》卷三《老聃论》,《苏辙集》,第1264—1267页。
[2]《栾城应诏集》卷三《老聃论》,《苏辙集》,第1265页。

周知，在历史上真正距杨、墨的人，不是老庄，而是孟子。苏辙议论老庄而以杨、墨入说，或许也含有以老庄与孟子作比较的微意，因为在古代，通常都认为老子与孔子同时，在杨朱之前，其学说不可能针对杨朱。在先秦，明确针对杨、墨以立论的，只有孟子一家。《庄子·天下》评议天下学术，有墨翟一家，也未及杨朱。孟子斥责杨朱"为我"是无君，斥责墨翟"兼爱"是无父，但并没有因此提出苏辙所说的那种周遍之道，对于"为我""兼爱"的态度，也不是苏辙所说的"亦莫弃也"，而是两弃之。这种态度，苏辙虽指为老庄，而受指责的思想却是孟子的。由此看来，苏辙的议论，似乎也有个言意之辨的问题。如苏辙私下讲学，便曾以《孟子》与《老子》作比较，据苏籀《栾城遗言》载："公为籀讲《老子》数篇，曰：'高于《孟子》二三等矣。'"苏辙早年治学，由《孟子》入，但在思想归旨上，对孟子并不推崇，这一点，也可见于苏籀《栾城遗言》的记叙："公妙龄举，方闻见在朝两制诸公书，云：'其学出于《孟子》，而不可诬也。'有《解说》二十四章。老年作诗云：'近存八十一章注，从道老聃门下人。'盖老而所造益妙，碌碌者莫测矣。"[1] 不推崇孟子，那么苏辙针砭"为我""兼爱"两种偏失，主张兼收并蓄的周遍之道究竟从哪里得来？苏辙说："今将以求夫仲尼、老聃之是非者，惟能知其虚实之可用与

---

[1] 转引自杨观、陈默、刘芳池编：《苏辙资料汇编》，第58、68页。

否而已矣。"[1] 说法虽因儒学复兴已成学术主流而尽可能委婉，但真意仍然不难看出，即一方面认同于老聃的周遍之道，另一方面又认为这种周遍之道必须与孔子的入世态度结合起来，才能够落到实处，对现实社会发挥真实的作用。这种结合，在学术理路上也就是以儒道相推阐。

按照儒道相推阐的学术理路，既可以鉴辨老庄的缺陷，也可以发现《六经》之未足，只不过对前者不妨坦然明白地指出来，对后者却有必要采取含蓄的表达方式。如苏辙早在应科举时，便有过这样的看法：

> 《六经》之说皆微见其端，而非所以破天下之疑惑，使之一见而寤者，是以世之君子纷纷至此而不可执也。……夫孔子岂不知后世之至此极欤？其意以为后之学者无所据依感发以自尽其才，是以设为《六经》而使之求之，盖又欲其深思而得之也。是以不为明著其说，使天下各以其所长而求之。[2]

显而易见，这是明确地意识到《六经》只是包含了某些微言大义，其性质只是初见端倪，具有思想启示的意义，并非给出现成的答案，足以解决时代现实所面临的各种问题。换个角度看，也正由于《六经》只是初见端倪，不像孟子以

---

[1]《栾城应诏集》卷三《老聃论》，《苏辙集》，第1266页。
[2]《栾城集》卷二二《上两制诸公书》，《苏辙集》，第387页。

后的儒学那样,坚持攘斥异端等具体化的观点,因而也就具有更强的可塑性,为援引老庄哲学重铸儒学体系,留下更广阔的思想空间。据此言之,二苏谈儒学而主张复归于《六经》、孔子以前,不落孟、荀诸儒之后,是出于以老庄重解《六经》的需要,而以老庄重解《六经》,又是出于解决时代现实问题的需要。

那么,苏轼和苏辙又如何援引并阐发老庄哲学呢?具体谈到这个问题,就会发现他们之间既有大同,又有小异。大同是思想理论之立场观点层面的,诸如儒道兼通的性情论、推阐理势的政治哲学等;小异则或许与二人精神气质的微妙差别有关,是思想理论之精神况味层面的。如果将二苏同样视为思想家,那么其精神气质的微妙差别,可以引用三国人刘邵的《人物志》来描述。《人物志·九征》说:"明白之士,达动之机,而暗于玄虑;玄虑之人,识静之原,而困于速捷。"《体别》篇又说:"辨博之人,论理赡给,不戒其辞之泛滥,而以楷为系,遂其流。是故可与泛序,难与立约";"沉静之人,道思回复,不戒其静之迟后,而以动为疏,美其懦。是故可与深虑,难与捷速"。[1] 引用这样的人物评品来看二苏,则苏轼确有明白和辨博的气质,能达动之机,且议论赡给,但不一定暗于玄虑,缺乏逻辑抽象的思维能力,只不过有他自己的趣向和表现方式。苏辙则属于玄虑、沉静之人,长于识静之原、道思回复式的玄思。这种精神气质方

---

[1]《人物志译注》卷上,第14、49、52页。

面的微妙差异，在他们的理论思维中有所反映，如苏轼注《易·系辞》"一阳一阳之谓道"，说："阴阳未交，而物未生之谓也。喻道之似，莫密于此者矣。"[1] 而苏辙则不能苟同于这样的解释，《栾城遗言》说："阴阳未交，元气也，非道也，政如云一龙一蛇之谓道也。谓之龙亦可，谓之蛇亦可。"[2] 苏轼的理论思维，如果不能轻率地比附于二元论，那么不妨姑且谓之存二，相应地，苏辙的理论思维，可以概括为致一。存二者达动之机，思考的焦点在于阴阳既交与未交之际，以想象的方式冥思原始发生的状况。致一者识静之原，理论趣味在于玄思道体的存在状态。同样，这种精神气质的微妙差异，也反映在他们对于老庄的不同爱好中，即苏轼爱好庄子，而苏辙推崇老子。所好不同，在这里主要是理论趣味问题，表现出宋人讲究读书要体味义根的学风，不像魏晋时的嵇康那样，因为要在老庄之间择一而从，陷入人生的深刻矛盾和冲突。

单纯从理论趣味上看，老子与庄子的差别本来就很微妙，抱着玩赏的态度辨识二者的同异，往往会使人获得审美性的精神愉悦，就像欣赏两件主题相同而风格互异的艺术品。在历史上，最先意识到老庄趣味差别的，大概是《庄子·天下》，它将关尹、老聃作为一种思想类型，谓之"以深为根，以约为纪，曰坚则毁矣，锐则挫矣。常宽容于物，

---

[1]《苏轼文集编年笺注》附录五《东坡易传》卷七，第12册，第258页。
[2] 转引自杨观、陈默、刘芳池编：《苏辙资料汇编》，第64页。

不削于人，可谓至极"。庄周为另一种思想类型，谓之"其于本也，弘大而辟，深闳而肆，其于宗也，可谓稠适而上遂矣。虽然，其应于化而解于物也，其理不竭，其来不蜕，芒乎昧乎，未之尽者"。[1] 老子致思于深根宁极性的道本体，理性思维使人处于精神凝聚和静谧的状态，冥思玄想，超然物外。庄子也同样致思于具有本、宗意义的道体，但大开大阖，在与物俱化中沉思，游外与冥内同时发生，精神的凝聚就蕴藉在思维运动之中。鉴辨二者理论趣味之同异，可以产生既紧张又愉悦的精神感受，进入特殊的情绪状态。

而嵇康因遭遇魏晋禅代之际的现实困惑，乃借助这层差别展现其内心的剧烈冲突，即其《卜疑》所谓"宁如老聃之清净微妙，守玄抱一乎？将如庄周之齐物变化，洞达而放逸乎？"[2] 学老聃，意味着用心玄远，在险恶的现实环境中韬光养晦；学庄周，意味着放旷任性，不因环境险恶而收敛自持。这是一个关于人生现实的两难选择。做一个虚怀若谷的哲人固然好，但内心的感愤无时无之，欲罢不能。反之，做一个旷达放逸的才士也不错，但现实是一张冲不破的网，无情无义，所以在个人感受上也便欲说还休。在嵇康这里，庄子被理解为面对现实苦难时，特具一种旷达情怀的知音。后来向秀、郭象注《庄子》，逐渐走出嵇康这种两难选择的精神情结，阐扬为内圣外王的政治哲学。

――――――――――
[1]《庄子集释》卷一〇下，第1095、1099页。
[2]《嵇康集校注》卷三，第237页。

苏轼对于庄子的爱好，可能兼有两个方面。其一是人生情感上的认同，略与嵇康类似，这主要反映在他的文学创作中。其二是理论趣味上的高度欣赏，深受郭象《庄子注》的影响，主要体现在《东坡易传》中。"苏门四学士"对于庄子，也同样有此两种倾向，前者如黄庭坚的《庄子内篇论》，批评向、郭《庄子注》，慨叹："向秀、郭象陷庄周为齐物之书，浯浯以至今，悲夫！"[1] 后者如秦观说："探道德之理，述性命之精，发天人之奥，明死生之变，此论理之文，如列御寇、庄周之所作是也。"[2] 又如黄庭坚《赵安时字说》说："庄周，昔之体醇白而家万物者也。时命缪逆，故熙然与造物者游。此其于礼义君臣之际，皂白甚明。顾俗学世师，窘束于名物，以域进退，故筑其垣而封之于圣智之外。彼曹何足与谈大方之家！……其学也，观古人之不可传，可谓知言矣。观本于濠上之鱼，绝意于郢人之斤，知死生不入虞氏之心，鲁国之儒者一人，可谓知人矣。知新生之犊之无求，凡亡之不丧其存，柙干越之剑而不试，游发硎之刃而不见全牛，弃智于垂涎之蚁，得计于伏泆之鱼，可谓知天矣。虽然，吾又未尝言其庄语也。"[3] 批评向秀、郭象陷庄周为齐物之书，是说他们将庄子哲学世俗化，斫伤了庄子的高情远致；而批评俗儒将庄子学说排斥在圣智之外，是说不能吸收他知言、知人、知天的非凡智慧，利益于世教。高情远致

---

[1]《全宋文》卷二三一九，第107册，第82页。
[2]《韩愈论》，《全宋文》卷二五八三，第120册，第93页。
[3]《全宋文》卷二三二〇，第107册，第114页。

的出尘，利益世教的入世，在《庄子》书中都可以找到引申发挥的依据。不过，黄庭坚和秦观对于这两方面的引申发挥，似乎都不及苏轼那样舒展酣畅，也未取得同等的成就。从苏轼的诗词文赋来看，庄子的身影似乎无处不在，不但修辞多用《庄子》中的典故，而且意蕴也每与《庄子》相仿佛。而据前引苏辙《亡兄子瞻端明墓志铭》，苏轼读《庄子》时既喟然叹息："吾昔有见于中，口未能言，今见《庄子》，得吾心矣。"接着便写出《中庸论》，"其言微妙，皆古人所未喻"。是则苏轼对庄子思想的认同，既出于内在的精神气质，他由策论进入理论思考、解注儒家经典而别具新意，也未尝不是受到庄子的启迪。只不过在他的经学著作中，尤其是在他的哲学代表作《东坡易传》中，并非仅仅将庄子引以为旷达情怀的知音，而是深入理解并运用其思想理论，与郭象的《庄子注》，可谓异代同风，遥相呼应。

苏辙推崇老子，除精神气质方面的原因外，可能还与他有意识地追求思想逻辑的一以贯之，存在某种关联，因为就思想逻辑的表现形式而言，《老子》似乎比《庄子》更明确，更有条贯，《庄子》的思想逻辑则极难把握。如《栾城遗言》说："庄周多是破执，言至道无如《五千文》。"[1] 这是一个很有意思的说法。所谓"破执"，说明苏辙未能抽绎出《庄子》的思想逻辑，未能取得洞达无碍的理解。所谓"言至道无如《五千文》"，除表明他对《老子》的推崇外，

---

[1] 转引自杨观、陈默、刘芳池编：《苏辙资料汇编》，第64页。

似乎也意味着在道体论层面，他想不出还有别的例子可与《老子》相提并论；别的例子不仅指《庄子》，也可以包括《六经》。所以这段话中，有一种将《老子》作为最高理论象征的话外音。比较而言，如果说《庄子》是激发苏轼进入理论思考的源头活水，那么苏辙对《老子》的理解，则象征着他的理论思考所达到的最高或最终境界。事实上，苏辙自许的一以贯之之道，也正是通过解读《老子》而最终形成的。苏轼读苏辙的《老子新解》，写了这样一段评语：

> 使战国时有此书，则无商鞅、韩非；使汉初有此书，则孔、老为一；晋、宋间有此书，则佛、老不为二。不意老年见此奇特。[1]

由解注《老子》而克服各种歧义，在思想根旨上兼通各派学说而自成条贯，符合苏辙追求致一的理论趣味。而从历史上看，在唐宋时代的"三教合一"思潮中，以老子之道来统贯三教，实是道家、道教的基本态度。佛教学者则往往按照它的真俗二谛之说来统贯三教，即儒道为俗谛，而佛兼真俗，所以三教可以统贯于佛。至于儒家学者，通常都只是在诱掖人心、佐助王化的意义上承认佛道二教的合理性，也就是以儒学为主干，容佛道二教忝作外臣。从这个角度看苏辙

---

[1]《苏轼文集编年笺注》卷六六《跋子由〈老子解〉后》，第9册，第101页。

的会通三教，可谓之儒道兼综，即在治世的层面以儒为主，又在"至道"的层面以道为宗，也就是将道家的理论和儒家的实践结合起来，以道为体，以儒为用。

第五节　苏轼《东坡易传》的政治哲学

苏轼的哲学代表作，无疑是《东坡易传》。在《易》学史上，《东坡易传》属于义理派，《四库提要》认为其旨趣近于王弼之《易》，但又略有差别："弼之说惟畅玄风，轼之说多切人事。"[1] 所谓"多切人事"，大概可以理解为具有更明确的建构某种政治哲学的意图，与象数派据爻象变化以玩赏自然之理不同，与王弼通过《周易》体例以展开理论思辨也不尽相同。为了建构这种政治哲学，苏轼必须将《易》学原理与时代现实结合起来，将现实的政治问题带到《易》学的理论层面来思考，这似乎注定了他对于《周易》经传的诠释，将如同诠释其他儒学经典以及《庄子》一样，采用求其意向而不拘缚于章句的方法。如《系辞传上》说：

> 夫论经者，当以意得之，非于句义之间也。于句义之间，则破碎牵蔓之说，反能害经之意。孔子之言《易》如此，学者可以求其端矣。[2]

---

[1]《四库全书总目》卷二《经部二·易类》，第6页。
[2]《苏轼文集编年笺注》附录五《东坡易传》卷七，第12册，第262页。

求其意向的解经方法，相对于章句训诂而言是一种思想解放。而思想解放之所以必要，固然与苏轼崇尚自由的精神气质有关，与北宋普遍流行的注重义理的学风有关，但更为重要的，乃在于苏轼的真实意图是藉附于《易》学以建构其政治哲学。换言之，目的不在于解读旧典，而在于推阐新义，表达他对政治问题的看法。虽然解《易》时苏轼已被贬出政治中心，但他并没有因此而回避政治问题，反而进入更深的理论思考层面。当时，黄庭坚曾给苏轼写过一封信，信中说："且闻燕坐东坡，心醉《六经》，滋味糟粕，而见存乎其人者，颇立训传，以俟后世子云，安得一见之？"[1] 东坡是苏轼被贬黄州时开垦的一块荒地，《东坡易传》的写作，大约与开垦这块荒地同时。[2] 在遭受贬谪，生存之计无着的时候，苏轼之所以仍能滋味《六经》之糟粕，是因为他持有一种坚定的信念，即"以俟后世"。而据苏轼自述，研读《六经》的结果，也不是使他凭生一段怀古之悠思，而是使他对现实政治问题的思考趋于成熟。如他在《书论》中说：

>愚读《史记·商君列传》，观其改法易令，变更秦国之风俗，诛秦民之议令者数千人，黥太子之师，杀太子之傅，而后法令大行，盖未尝不壮其勇而有决也。

---

[1]《上苏子瞻书》，《全宋文》卷二二八一，第104册，第285页。
[2] 苏轼《黄州上文潞公书》说："到黄州，无所用心，辄复覃思于《易》《论语》，端居深念，若有所得，遂因先子之学，作《易传》九卷。"（《苏轼文集编年笺注》卷四八，第6册，第235—236页）

曰：嗟夫，世俗之人，不可以虑始而可乐成也。使天下之人，各陈其所知而守其所学，以议天子之事，则事将有格而不得成者。然及观三代之书，至其将有以矫拂世俗之际，则其所以告谕天下者常丁宁激切，亹亹而不倦，务使天下尽知其君之心，而又从而折其不服之意，使天下皆信以为如此而后从事。其言回曲宛转，譬如平人自相议论而诘其是非。愚始读而疑之，以为近于懦滞迂远而无决，然其使天下乐从而无黾勉不得已之意，其事既发而无纷纭异同之论，此则王者之意也。故常以为当尧舜之时，其君臣相得之心，欢然乐而无间，相与吁俞嗟叹唯诺于朝廷之中，不啻若朋友之亲。虽其有所相是非论辨以求曲直之际，当亦无足怪者。[1]

世俗之人难与虑始，可与乐成，是王安石好引用的《尚书》之说。显然，苏轼虽研读《六经》，反思上古三代，但这种反思是与现实感受结合在一起的，其中自然包含着对王安石新政的理论思索。只不过因为研读《六经》中的《尚书》，在他的心目中树立了一种亲和政治的典范：君臣共商国是，议政、训政先于施政。这种政治典范，既与现实政治形成鲜明的对照，同时也改变了他自己的政治向往。

但是，《尚书》中的政治典范，毕竟只是历史经验层面的，虽说尧舜等先王曾经如此议政、如此执政，体之以人

[1]《苏轼文集编年笺注》卷二，第1册，第162页。

情,历历如在目,但在时已久变,俗已大易之后,又有什么理由要求现实政治必以先王为法呢?三代亲和政治的形成,是出于先王圣人们独特的人格风范呢,还是出于某种理势之必然?在三代亲和政治的背后,究竟有没有一个古今相通的理论依据?这类问题,就是苏轼在《东坡易传》中所要探讨的。从这个角度研述《东坡易传》,将可能探寻出苏轼解《易》的真意,不至停留在太极、阴阳等概念思维的表面,而能理解其概念思维的现实意义。而一种学说,对于它所产生的时代具有现实意义,也必然对后来的历史具有启示意义。这一点,也许正是苏轼解《易》"以俟后世"的期望之所在。

从总体上看,《东坡易传》的政治哲学,主要包含两方面的思想内容,面对两个理论问题。其一是在万物万象的背后,究竟有没有某个更高的、更根本的本体,本体与现象又是一种什么样的关系,本体能不能成为政治上持必然之论的依据?其二是人性作为人的共同本质,能不能采用善恶等概念来界定,抑或只是一种自然的、不能进一步按照人文规范来确指的人类共同性?这两个问题,前者为本体之学,后者乃性命之理,既可以分疏,又具有内在的逻辑联系。如《东坡易传·系辞传上》说:

> 阴阳果何物哉?虽有娄、旷之聪明,未有得其仿佛者也。阴阳交然后生物,物生然后有象,象立而阴阳隐矣。凡可见者,皆物也,非阴阳也。然谓阴阳为无有,

可乎？虽至愚，知其不然也。物何自生哉？是故指生物而谓之阴阳，与不见阴阳之仿佛而谓之无有者，皆惑也。圣人知道之难言也，故借阴阳以言之，曰"一阴一阳之谓道"。一阴一阳者，阳阳未交而物未生之谓也。喻道之似，莫密于此者矣。阴阳一交而生物，其始为水。水者，有无之际也，始离于无而入于有矣。老子识之，故其言曰"上善若水"，又曰"水几于道"。圣人之德，虽可以名言，而不囿于一物，若水之无常形，此善之上者，几于道矣，而非道也。若夫水之未生，阴阳之未交，廓然无一物而不可谓之无有，此真道之似也。阴阳交而生物，道与物接而生善。物生而阴阳隐，善立而道不见矣。故曰"继之者善也，成之者性也"。仁者见道而谓之仁，智者见道而谓之智。夫仁智，圣人之所谓善也。善者道之继，而指以为道则不可。今不识其人而识其子，因之以见其人则可，以为其人则不可，故曰"继之者善也"。学道而自其继者始，则道不全。昔者孟子以善为性，以为至矣，读《易》而后知其非也。孟子之于性，盖见其继者而已。夫善，性之效也。孟子不及见性而见夫性之效，因以所见者为性。性之与善，犹火之能熟物也。吾未尝见火而指天下之熟物以为火，可乎？夫熟物，火之效也。敢问性与道之辨？曰：难言也，可言其似。道之似则声也，性之似则闻也，有声而后有闻邪？有闻而后有声邪？是二者，果一乎？果二乎？孔子曰："人能弘道，非道弘人。"又曰："神而明之，存乎其人。"性者，其所以为人者也，非是无以成道矣。[1]

这段议论，概述了苏轼对于上述两个问题的基本看法。就大旨而言，他将道看作现象的本体，将人性看作行为的本体。如果按照现代的哲学思维来理解苏轼的思想，就是将本体与现象、人性与行为设定为二元，二元之间，既有必然的联系，又不能绝对等同起来，这是苏轼所要强调的主要意思。其次，性与道也同样是既有必然联系，又包含着不可混同的差别。《东坡易传》的政治哲学，大要即围绕这样两层意思展开。

正如许多古代思想家一样，苏轼也是在设定道为本体的逻辑前提下展开理论思考的，而且不否认道作为本体是有、是存在着的。但是，由于这种逻辑前提本身是高度抽象的，不同于根据经验知识所做出的事实判断，所以在相同的逻辑前提下，可以展开各种不同的演绎或推论。而古代思想家的真正分歧，也不在于是否接受这个前提，而在于如何进行演绎或推论。更多的思想家，都倾向于在这个前提下尽可能更丰富、更充实地确认道的具体内涵，诸如儒家之仁义礼智，老子之清静无为，法家之刑名法术等等。而苏轼的理论思路却正好与之相反，他所致思的，不是关于道能够探知到什

---

[1]《苏轼文集编年笺注》附录五《东坡易传》卷七，第12册，第257—258页。

么，而是不能探知到什么，是知的界限。在苏轼看来，关于道本体的存在，是由事物生成现象逆推而知的，因为道本体不可感知，所以我们除推知其存在之外，并不能做出内涵更加具体的界说。而一切界说，充其量也只是譬喻、联想性的比附，《易传》所谓"一阴一阳之谓道"也不例外，只不过它在各种譬喻中最为贴切而已。而其所以贴切，是因为这句话中包含着阴阳未交的意思。阳阳未交是现象发生之前的状态，不可作进一步的揭示或阐释，所以与道本体的存在状态最近似。在解释《乾·象》"大哉乾元"时，苏轼也说："元之为德，不可见也，其可见者，万物资始而已。"[1] 不可见，就是知的界限。

确认知的界限，并不意味着苏轼的思想将如同不可知论者一样，走到了终点，相反，这种确认只是他的思想起点，他由此展开了关于政治哲学的两方面推导：其一是政治不能执着于某个必然之道或理，其二是政治应当像流水一样，顺任其自然理势。

关于第一方面，苏轼说：

> 善为天下者，不求其必然。求其必然，乃至于尽丧。无妄者，驱人而内之正也。君子之于正，亦全其大而已矣。全其大有道，不必乎其小，而其大斯全矣。古

---

[1]《苏轼文集编年笺注》附录五《东坡易传》卷一，第12册，第113页。

之为过正之行者，皆内不足而外慕者也。夫内足者，恃内而略外，不足者反之。……是大正之世，而未免乎小不正也。天下之有小不正，是养其大正也，乌可药哉？以无妄为药，是以至正而毒天下，天下其谁安之？[1]

《无妄》卦的卦义是什么，学者可以做出不同的理解和阐述，如程颐说："无妄者至诚也，至诚者天之道也。天之化育万物，生生不穷，各正其性命，乃无妄也。人能合无妄之道，则所谓与天地合其德也。无妄有大亨之理，君子行无妄之道，则可以致大亨也。无妄，天之道也，卦言人由无妄之道也。利贞：法无妄之道，利在贞正，失贞正则妄也。虽无邪心，苟不合正理，则妄也，乃邪心也，故有匪正则为过眚。"[2] 程颐将无妄看作天之道，同时也看作人达到道的必然途径，意味着无妄是至正之理，无丝毫偏失。而在苏轼看来，无妄其实是一种苛刻而近乎偏执的、追求绝对合理的政治陷阱。这种政治追求，并不能真正达到至正无妄的境界，却必然在推行中涂毒天下。何以至此呢？这个问题的最早答案，无疑在《庄子》书中：《庄子》称以一家之至正矫拂天下之万不正，将使天下之人尽丧其"性命之情"。苏轼的思想，显然渊源于《庄子》，但与《庄子》因此而对政治进行严厉的、感情激越的抨击不同，苏轼采取理论思辨的方式来

---

[1]《苏轼文集编年笺注》附录五《东坡易传》卷三，第12册，第166页。
[2]《二程集·周易程氏传卷第二》，第822页。

剖析问题。在他看来，追求无妄之所以必然涂毒天下，是因为它执着于一个绝对的必然之道或理，而在本体论的层面上，道或理只是一种抽象的存在，并不具有绝对合理性、必然性等具体内涵。

那么，道或理作为一种抽象的存在，究竟有没有本质含义或内在规定呢？这是一个逻辑问题，如果做出否定的回答，则所谓存在实际等同于不存在，必然要否定基本的逻辑前提，陷入悖论。苏轼不作否定的回答，因而不至陷入逻辑悖论，但他同时也不沉溺于玄思冥想，捕风捉影地寻找其本质含义或内在规定，而是将本体安放到与现象的相对关系中来思考。换言之，道或理本体的本质含义或内在规定究竟是什么，并不能通过本体论沉思而找到答案，只能相对于现象而做出说明。按照这种相对的思维方法，本体与现象的关系就是一致与万殊的关系。苏轼说：

> 夫刚柔相推而变化生，变化生而吉凶之理无定。不知变化而一之，以为无定而两之，此二者皆过也。天下之理，未尝不一，而一不可执。知其未尝不一而莫之执，则几矣。是以圣人既明吉凶悔吝之象，又明刚柔变化本出于一，而相摩相荡至于无穷之理。曰变化者，进退之象也；刚柔者，昼夜之象也。象者，以是观之之谓也。夫出于一而至于无穷，人之观之，以为有无穷之异也；圣人观之，则以为进退昼夜之间耳。见其今之进也，而以为非向之退者，可乎？见其今之明也，而以为

非向之晦者，可乎？圣人以进退观变化，以昼夜观刚柔，二观立，无往而不一也。

天地，一物也。阴阳，一气也。或为象，或为形，所在之不同。故"在"云者，明其一也。象者，形之精华，发于上者也；形者，象之体质，留于下者也。人见其上下，直以为两矣，岂知未尝不一邪？繇是观之，世之所谓变化者，未尝不出于一而两于所在也。自两以往，有不可胜计者矣。故在天成象，在地成形，变化之始也。[1]

一致与万殊，在苏轼这里并不存在孰为根本，孰为枝末的问题。万殊是事物的存在状态，一致就贯穿在缤纷万象的存在状态之中，它并不是冥冥中的另一种实体，而是具象万殊之物的统一性和联系性。统一性和联系性，都可以透过物象变化来理解，用《易》学的语言来描述，就是由刚柔相推而出现卦象变化，但一阴一阳之道固在其中。《周易》由一卦过渡到另一卦，象征着事物的存在状态已发生变化，吉凶之理也已发生变化，但变化本身却出于阴阳相荡，所以说是"出于一而两于所在"。既然物象变化都出于一，是否可以执一以统众，抓住根本，以不变应万变？苏轼认为这是不可能的，因为一致只是事物刚柔相推、阴阳相荡的变化和存在状态，不是某种固定的模式，所以说，"知其未尝不一而莫之

---

[1]《苏轼文集编年笺注》附录五《东坡易传》卷七，第12册，第255、253页。

执,则几矣",亦即近似于道。

将这种本体论原理应用于政治,苏轼主张存大全,尚阔通。因为在本体论层面,一致之理并不是某种刻板的模式,使千人一面,万物一色,而是贯透在具象万殊之中,反映出事物固有差异中的统一性和联系性。所以,以道本体作为最高原则的政治,也不可成为刻板的模式,执着于某种必然之理而矫拂天下生存状态万殊之人。如说:

> 且天下亦未有萃于一者也,大人者,惟能因其所萃而即以付之,故物有不萃于我,而天下之能萃物者,非我莫能容之,其为萃也大矣。"顺以说,刚中而应"者,二与五而已,而足以为萃乎?曰:足矣,有余矣。从我者纳之,不从者付之其所欲从,此大人也。[1]

> 大时不齐,故《随》之世容有不随者也。责天下以人人随己而咎其贞者,此天下所以不说也,是故大亨而利贞者。贞者无咎,而天下随时。时者,上之所制也,不从己而从时,其为《随》也大矣。[2]

> 天之造物也,岂物物而造之,盖草略茫昧而已。圣人之求民也,岂人人而求之,亦付之诸侯而已。然以为安而易之,则不可。[3]

---
[1]《苏轼文集编年笺注》附录五《东坡易传》卷五,第12册,第210页。
[2]《苏轼文集编年笺注》附录五《东坡易传》卷二,第12册,第149页。
[3]《苏轼文集编年笺注》附录五《东坡易传》卷一,第12册,第121—122页。

> 夫道，一而已。然《易》之作，必因其贰者，贰而后有内外，有内外而后有好恶，有好恶而后有失得。故孔子以《易》为衰世之意而兴于中古者，以其因贰也。一以自用，贰以济民。[1]

这几段注文所包含的思想，有其现实针对性，这一点，我们可以由朱熹的议论得一旁证。《朱子语类》载：

> 东坡云："荆公之学，未尝不善，只是不合要人同己。"此皆说得未是。若荆公之学是，使人人同己，俱入于是，何不可之有？今却说"未尝不善，而不合要人同"，成何说话！若使弥望者黍稷，都无稂莠，亦何不可？只为荆公之学自有未是处耳。[2]

朱熹所发扬光大的，是二程之洛学。洛学与荆公新学在当时是对立的两派显学，但在坚执其所是以矫拂天下之未是的逻辑思路上，却几乎是完全一致的。苏轼与这两派思想的根本抵触，也正由此处发生。粗略言之，新学和洛学都更注重理一，以为天地间有一个必然如此的根本至理，按照根本至理推行政治或道德教化，就可以调理好具象万殊之物的秩序。而在苏轼的感受中，以这种逻辑思路之褊狭，必然要阉

---

[1]《苏轼文集编年笺注》附录五《东坡易传》卷八，第 12 册，第 276 页。
[2]《朱子语类》卷一三〇，第 3099—3100 页。

割具象万殊之物的丰富个性，必然导致强权政治，不能宽容异己，从而破坏万物分殊的自然状态。按照苏轼的本体论思想来推导，合理的政治体制应当是任民自择，诸侯分权，而最高的政治统一体，是因其宽容而具有存在合理性的。换言之，一致之理只能适应万殊的存在状态，不能成为某种独特的意志或是非准则，对万殊状态进行割而齐之。而适应之所以可能，其关键就在于宽容。

进而言之，政治宽容并不等于黄老之无为，不可"安而易之"，行偷惰苟且之政。关于这个问题，《东坡易传》也有很精辟的议论。如解《蛊》卦说："天下久安无为而弊生之，谓之蛊。《易》曰：'蛊者，事也。'夫蛊非事也，以天下为无事而不事事，则后将不胜事矣，此蛊之所以为事也。而昧者乃以事为蛊，则失之矣。……人之情，无大患难则日入于偷，天下既已治矣，而犹以涉川为事，则畏其偷也。"[1] 又如解《艮》卦说："所贵于圣人者，非贵其静而不交于物，贵其与物皆入于吉凶之域而不乱也。故夫《艮》，圣人将有所施之。艮，止也。止与静相近而不同，方其动而止之，则静之始也；方其静而止之，则动之先也。"[2] 解《恒》卦则说："物未有穷而不变者，故恒非能执一而不变，能及其未穷而变尔。穷而后变，则有变之形。及其未穷而变，则无变之名，此其所以为恒也。"[3] 政治宽容与有所作为，从理

---

[1]《苏轼文集编年笺注》附录五《东坡易传》卷二，第12册，第151页。
[2]《苏轼文集编年笺注》附录五《东坡易传》卷五，第12册，第225页。
[3]《苏轼文集编年笺注》附录五《东坡易传》卷四，第12册，第181页。

论上说是不矛盾的。宽容是体，作为是用，政治上有所作为，并不必然意味着褊狭碍陋，容己之为，而不容人之为。因为政治只是一种秩序，同时也是一种社会价值的前导，它本身并不能创造什么，所以政治价值的一种实现方式，就是激励民风民气，使之有所作为，有所创造，此即解《蛊》卦所谓"鼓之舞之之谓振，振民使不惰，育德使不竭"。[1] 民风民气可以被激励起来，但需要有宽容的政治环境，才能够发挥其创造性活力。那么，宽容的政治环境又应当如何营造呢？这个问题同样也需要进行理论的论证，不能只是提出要求，进行设想，或者抬出宽容的先王政治作为垂范。所谓理论论证，也就是站在本体论的高度确立政治原则。苏轼认为，由于道本体是不可知见的，其具体内涵不能确定，所以道本体并不能为现实政治提供直接的原则。那些将现实政治推源于道本体的说法，都只是据信幽冥不可知之事，是靠不住的。与道本体最近似而且可以效法的，是水，所以苏轼主张政治当效法水。

所谓效法水，不是说要作机械的模仿，而是要从水的运行中探寻出某种道理，也就是观物之理。苏轼有《滟滪堆赋》，是他游瞿塘峡时的观物理之作，很有寓意，也很有文采：

> 天下之至信者，唯水而已。江河之大与海之深，而

---

[1]《苏轼文集编年笺注》附录五《东坡易传》卷二，第12册，第152页。

可以意揣,唯其不自为形,而因物以赋形,是故千变万化而有必然之理。掀腾勃怒,万夫不敢前兮,宛然听命,惟圣人之所使。余泊舟乎瞿塘之口,而观乎滟滪之崔嵬,然后知其所以开峡而不去者,固有以也。蜀江远来兮,浩漫漫之平沙。行千里而未尝龃龉兮,其意骄逞而不可摧。忽峡口之逼窄兮,纳万顷于一杯。方其未知有峡也,而战乎滟滪之下,喧豗震掉,尽力以与石斗,勃乎若万骑之西来。忽孤城之当道,钩援临冲,毕至于其下兮,城坚而不可取。矢尽剑折兮,迤逦循城而东去。于是滔滔汩汩,相与入峡,安行而不敢怒。嗟夫,物固有以安而生变兮,亦有以用危而求安。得吾说而推之兮,亦足以知物理之固然。[1]

赋的最后一句,表现出苏轼对于观物之理的自信,而在赋前的叙文中,苏轼又表示作赋的目的是"以待好事者试观而思之",可见这篇赋文与他那些应景或抒情之作有所不同,是带着哲学思考写成的。从哲学的角度看,苏轼曾对老子"上善若水"的说法表示高度欣赏,似乎他关于水的哲学发源于老子。但是,略加比较我们就会发现,他的思想与老子并不尽同。老子之崇尚水,是因为水有顺任不争、善利万物、处卑守柔等品德,这些品德可以作为政治的启示或合理政治的象征,所以老子说水"几于道"。说水几于道,是一

---

[1]《苏轼文集编年笺注》卷一,第1册,第1—2页。

种逻辑思维，也就是在形而下世界中找到一个可类比之物，以隐喻那难以名状、不可言说的道本体。在这点上，苏轼与老子相同，但他对水之物理的认识，对水之品德的褒美，却与老子旨趣迥异。从字里行间看，苏轼显然并不赞赏那种顺任不争、处卑守柔的特殊品德，而是赞赏水的"至信"。所谓"至信"，也就是在流动变化中蕴含着永恒性和稳定性，这种特性的表现，就是顺适则畅流，遇阻乃激变。水在苏轼笔下，首先隐喻着天下百姓，而他所推导的政治原则，是依据对水亦即百姓的特性来确立的。这就是苏轼的哲学思维和政治观点与老子的不同之处：老子属静中求道，苏轼则动中求理；老子着眼于政治谋略，苏轼则主要着眼于政治的对象。这种不同于老子的哲学思维，即所谓"推阐理势"。势是由百姓的生存方式和民心所向决定的，理则是势之成其为势的内在逻辑，也是对势的体悟和掌握。这种对水之物理的体悟，也被苏轼带入其《易》学，如注《坎》卦说：

> 万物皆有常形，惟水不然，因物以为形而已。世以有常形者为信，而以无常形者为不信。然而方者可斫以为圆，曲者可矫以为直，常形之不可恃以为信也如此。今夫水虽无常形，而因物以为形者，可以前定也，是故工取平焉，君子取法焉。惟无常形，是以迕物而无伤。惟莫之伤也，故行险而不失其信。由此观之，天下之信未有若水者也。
>
> 所遇有难易，而未尝不至于行者，是水之心也。物

之窒我者有尽，而是心无已，则终必胜之，故水之所以至柔而能胜物者，维不以力争而以心通也。不以力争故柔外，以心通故刚中。[1]

又如注《涣》卦说：

> 世之方治也，如大川安流而就下；及其乱也，溃溢四出而不可止。水非乐为此，盖必有逆其性者。泛溢而不已，逆之者必衰，其性必复，水将自择其所安而归焉。古之善治者，未尝与民争，而听其自择，然后从而导之。《涣》之为言，天下流离涣散而不安其居，此宜经营四方之不暇，而其《象》曰"王假有庙"，其《象》曰"先王以亨，于帝立庙"，何也？曰：犯难而争民者，民之所疾也；处危而不偷者，众之所恃也。先王居涣散之中，安然不争，而自为长久之计；宗庙既立，亨帝之位定，而天下之心始有所系矣。[2]

从这些议论来看苏轼的政治思想，明显可以看出他具有民本主义的倾向，因为在他看来，真正可靠的政治决策依据，就是无常形、无常态的百姓生存方式，而不是由政府所掌握的制度、财富以及赏罚之权等等。政府从一家皇朝换成

---

[1]《苏轼文集编年笺注》附录五《东坡易传》卷三，第12册，第174页。
[2]《苏轼文集编年笺注》附录五《东坡易传》卷六，第12册，第239页。

另一家皇朝，而天下百姓却依然按照固有的方式继续生存，传宗接代。从历史上看，百姓似乎永远是政治上的弱者，经受着政府的生杀予夺，但最终究竟是百姓选择政府还是政府选择百姓呢？答案不言而喻，因为百姓总要生存下去，虽然政府有好坏，有智愚，但百姓生存的欲望正如水必然流下一样，是不可阻遏、不可拦截的，这就叫"所遇有难易，而未尝不至于行者，是水之心也"。在这种生存欲望面前，"逆之者必衰，其性必复，水将自择其所安而归焉"，以泛溢的方式淹没掉逆其性的政府，选择能够安其性的新政府。

同样的思想，也反映在苏轼对于《尚书》的研述中，如说："夫道何常之有？应物而已矣。物隆则与之偕升，物污则与之偕降。夫政何常之有？因俗而已矣。俗善则养之以宽，俗顽则齐之以猛。自尧舜以来，未之有改也。故齐太公因俗设教，则三月而治。鲁伯禽易俗变礼，则五月而定。三月之与五月，未足为迟速也，而后世之盛衰出焉。以伯禽之贤，用周公之训，而犹若是，苟不逮伯禽者，其变易之患，可胜言哉！"[1] 俗是百姓所固有的生活方式和生存状态，政治家对于俗，有两种不同的态度：一是按照自己的意志予以变革，二者因势利导。这两种不同的态度，差别似乎很微妙，但却必然导致两种截然不同的政治后果。由前者，政治家的意志固然实现了，但百姓蕴藏在固有生活方式中的意志却被遮蔽了，被削弱了，所以其结果必然是国家伤了根本，

---

[1]《苏轼文集编年笺注》卷六《书义》，第1册，第416页。

缺乏创造性活力，日渐贫弱。反之，政治家将百姓的固有生活方式作为自己的意志，表面上看是弱政，但保持着百姓的创造性活力，国家根本强健，元气充沛，必然日渐强盛。这大概也就是政治哲学中的辩证法。

按照这样的辩证法，最合理的政治方针当然是顺任民意，适应百姓的固有生活方式。合理与顺适，就克服执政者的自我意志而言，本质是相同的，用苏轼的话说，就是"循理无私"。这种政治，大概可以说是苏轼的一贯追求，如他在《上曾丞相书》说：

> 以为凡学之难者，难于无私。无私之难者，难于通万物之理。故不通乎万物之理，虽欲无私，不可得也。己好则好之，己恶则恶之，以是自信则惑也。是故幽居默处而观万物之变，尽其自然之理，而断之于中。其所不然者，虽古之所谓贤人之说，亦有所不取。[1]

无私是克服一己之好恶，也就是克服自我意志。而要真正做到这一点，就必须观万物之变，尽其自然之理，以此实现自我超越，向宇宙意识、自然本理升华，不能只是矫拂自饰。同样的思想，也反映在《东坡易传》中，如注《坤》卦说：

> 君子之顺，岂有他哉，循理无私而已。故其动也为

---

[1]《苏轼文集编年笺注》卷四八，第6册，第231—232页。

直,居中而推其直为方。既直且方,非大而何?夫顺生直,直生方,方生大,君子非有意为之也,循理无私而三者自生焉。[1]

又如注《说卦传》说:

> 循万物之理,无往而不自得,谓之顺;执柔而不争,无往而不见纳,谓之入。[2]

顺适百姓即循理无私,正如顺适水的流动本性一样。而循理无私的政治,必然宽容弘通,摆脱自我意志之褊狭、之蔽障,同时也就能培育政治之亲和,增强凝聚力。注《坎》卦说:"夫苟以险为心,则大者不能容,小者不能忠,无适而非寇也。惟相与同患,其势有以相待,然后相得而不叛。"[3] 注《系辞传》又说:"悔吝者,生于不弘通者也。天下孰为真远?自其近者观之,则远矣。孰为真近?自其远者观之,则近矣。远近相资以为别也。因其别也,而各挟其有以自异,则或害之矣。或害之者,悔吝之所从出也。"[4] 以险为心是家天下、私天下的观念形态,按照这种观念形态

---

[1]《苏轼文集编年笺注》附录五《东坡易传》卷一,第12册,第119页。
[2]《苏轼文集编年笺注》附录五《东坡易传》卷九,第12册,第285页。
[3]《苏轼文集编年笺注》附录五《东坡易传》卷三,第12册,第174—175页。
[4]《苏轼文集编年笺注》附录五《东坡易传》卷八,第12册,第280—281页。

从事政务，必然草木皆兵，上疑下惧，破坏统治者与被统治者的相待关系，产生矛盾，诱发反叛。矛盾虽然由被统治者的政治抵制而形成，反叛虽然出于被统治者的抗争，但解决矛盾、避免反叛的主动权却掌握在统治者手中，其中关键，在于统治者能否推行宽容弘通之政，能否本着宇宙意识、自然本理来处理远近亲疏等问题。

这种追求弘通的政治哲学，在思想上大概应溯源于先秦道家，而放在蜀学派中来看，也可以说是前有渊源，后有流脉。渊源可以举苏洵的《明论》为例，其说云：

> 天下有大知，有小知。人之智虑有所及，有所不及。圣人以其大知而兼其小知之功，贤人以其所及而济其所不及；愚者不知大知，而以其所不及丧其所及，故圣人之治天下也以常，而贤人之治天下也以时。既不能常，又不能时，悲夫殆哉！夫惟大知而后可以常，以其所及济其所不及而后可以时。常也者，无治而不治者也；时也者，无乱而不治者也。日月经乎中天，大可以被四海，而小或不能入一室之下，彼固无用此区区小明也。……圣人之明，吾不得而知也，吾独爱夫贤者之用其心约而成功博也，吾独怪夫愚者之用其心劳而功不成也。是无他也，专于其所及而及之，则其及必精；兼于其所不及而及之，则其及必粗。[1]

---

[1]《全宋文》卷九二六，第43册，第155页。

大知小知之说，源出《庄子》，它在政治哲学中的实质含义，就是超越经验层面的局见，意识到存在一个不知、未知的更大领域，因而采取宽松、顺任百姓的政治方针，不枉以为掌握了天地间最根本的真理，以独断论进行政治决策。苏洵的这种政治思想，发源于《庄子》，又对苏轼有所启迪。而苏轼的政治哲学，则对"苏门四学士"产生了很深的影响。如张耒说：

> 昔者圣人之立法，告天下以其意而已。故常立其大防，而其节目委曲所以施于事者，听夫人之自为，而不必其一切先立于我，是故法立而意行，意行而利至。盖天下之事，繁细琐屑，其情状万变，故不可以一致。以吾一人区区之聪明，而先为之经画于此，而使之一从于我，则事将有格而不得成者。夫其势不可以有成而必求行焉，则物有受其弊者矣。天下之法常坏于此，而世之惑者未之或知也。[1]
>
> 能用大而后能治天下，而用大之术为最难。夫惟有所不治，而后能用大矣。何则？治大者莫若立法，有所不治而后法立矣。……夫立法以治天下者，而吾之法果足以尽天下之理，包罗笼络，使天下之智巧不足以用其奸乎？吾知其必不能也。……且吾之法果何为而起欤，

---

[1]《法制论》，《全宋文》卷二七五七，第127册，第345页。

无乃出于天下之大情、万物之常理耶?[1]

这些议论,与苏轼的政治哲学是一致的,在某种意义上可以看作是对苏轼政治哲学的补充或展开。所谓"立其大防",就是确立大政方针。所谓"听夫人之自为",就是发挥社会自组织的作用。因为在专制政体下,不存在公民立法的机制,一切法律、法规都只能是出于统治者的意志;其意志虽然有王霸之别、义利之辨,但同样都阻遏了社会自组织的调节作用。对照北宋的高度中央集权,这种政治哲学的出现可谓物极必反,是在专制政体的根本弊端充分暴露出来之后,必然萌发的新型政治哲学之诉求。苏轼在《应制举上两制书》中,亦曾指出当时政治的两大弊端:

> 轼敢以今之所患二者,告于下执事。其一曰:用法太密而不求其情。其二曰:好名太高而不适实。此二者,时之大患也。
>
> 何谓用法太密而不求其情?昔者天下未平而法不立,则人行其私意,仁者遂其仁,勇者致其勇,君子小人莫不以其意从事,而不困于绳墨之间,故易以有功,而亦易以乱。及其治也,天下莫不趋于法,不敢用其私意,而惟法之知。故虽贤者所为,要以如法而止,不敢于法律之外,有所措意。夫人胜法,则法为虚器。法胜

---

[1]《用大论》,《全宋文》卷二七五七,第127册,第347页。

人,则人为备位。人与法并行而不相胜,则天下安。今自一命以上至于宰相,皆以奉法循令为称其职,拱手而任法,曰:吾岂得自由哉?法既大行,故人为备位。其成也,其败也,其治也,其乱也,天下皆曰非我也,法也。法之弊岂不亦甚矣哉!

……

何谓好名太高而不适实?昔者圣人之为天下,使人各效其能以相济也。……大者安其大,而无忽于小;小者乐其小,而无慕于大。是以各适其用,而不丧其所长。及至后世,上失其道,而天下之士,皆有侈心,耻以一艺自名,而欲尽天下之能事。是故丧其所长,而至于无用。今之士大夫,其实病此也。仕者莫不谈王道,述礼乐,皆欲复三代,追尧舜,终于不可行,而世务因以不举。学者莫不论天人,推性命,终于不可究,而世教因以不明。自许太高,而措意太广。太高则无用,太广则无功,是故贤人君子布于天下,而事不立。听其言,则侈大而可乐;责其效,则汗漫而无当。此皆好名之过。[1]

苏轼的这类政论文,往往让人感受到某种近现代政治意识的气息。虽然苏轼所说的"自由"与近现代政治学上的自由并不就是一回事,但他确实以其理论思维之敏锐,感受到由于用法太密所引起的法治与自由的矛盾。按照苏轼的观

---

[1]《苏轼文集编年笺注》卷四八,第6册,第277—279页。

点，法治出于建立公共秩序的需要，用以克服"人行其私意"的无序状态，有其合理性。但由于在专制政体下，立法只是统治者政治意志的体现，所以用法越密，法律制度越完备，社会各阶层就越是缺乏自由。秩序成为束缚人的绝对律令，社会就丧失了创造力，人人都成为法治机器中的无意志之物，就丧失了人之成其为人的应有活力。法治的合理性本出于建构公共秩序的需要，是共同意志的体现，而由统治者单方面建立的法律制度，对于社会各阶层来说，却是绝对的"他律"。法治不出于社会"自律"，则法治与自由的矛盾就不可能克服。同样，一种文化理想或政治理想的提出，如果不从现实社会的生活需要出发，不以社会的普遍生存状态为依据，而是陈义太高，求治太切，那么理想也就成为某种精英意识的体现。其结果不是有益于社会建设，而是大而无当，华而不实，以至"世务因以不举"，走到求治的反面，不能解决任何实际问题，只能满足于侈谈。

在当时，侈谈主要有两大话题：其一是道德性命之学，其二是复兴三代之礼乐王政。这两大话题，并不必然流于侈谈，但如果因前者而陈义太高，因后者而求治太切，那么无论是理想还是理论，便都会因脱离现实而虚妄难行。而在苏轼看来，当时学术思想界的流行病，就是陈义太高和求治太切。为了克服这种弊病，他不得不就共同的话题展开思考，阐发自己的见解。

对于学者高谈性命，"苏门四学士"中的黄庭坚，曾表现出很强烈的抵触情绪,批评说:"今孺子总发而服大人之冠,执经谈性命,犹河汉而无极也,吾不知其说焉。君子之道,焉可诬也?吾子欲有学,则自俎豆钟鼓宫室而学之,洒扫应对进退而行之。曰:是可以学经乎?曰:吾子强学力行,而考合先王之言,彼如符玺之文可印也。"[1] 这种抵触情绪,与经世致用、身体力行的思想主张有关,庆历诸贤,如范仲淹、欧阳修等,都倾向于这种思想主张。但是,范仲淹等人所推行的庆历新政,从思想上说是以儒家的有为进取精神,改革宋初以来的黄老无为之政,从政治思想上开辟了一个儒学复兴的时代。儒学复兴,当然不能脱离《六经》之依据,而《六经》中的典章制度,并不都适合于北宋之时代现实,由此便出现了经典依据与时代现实的矛盾。如何解决这种矛盾呢?孙复、胡瑗、李觏等人展开过广泛的学术探讨,总体倾向是从《六经》中阐发一套经世之学,将《六经》之说引申到操作层面,其中尤以李觏对于《周礼》的研究最为典型。李觏作《周礼致太平论》,就政府机构设置、恢复井田制、国家军事防务及法律制度等等,提出一系列的方案。但是,这些看起来具有可操作性的政治改革方案,与王莽托古改制并没有本质的区别,未能突破《六经》的政治框架,其方案也就不能完全适应现实的需要。后来王安石所推行的熙宁新法,在依据《周礼》这点上与李觏是一致的,而熙宁新法遭到强烈抵制,证明直接在操作层面恢复古制,

---

[1]《杨概字说》,《全宋文》卷二三二〇,第107册,第117页。

或者将古制与现实结合起来，都行不通。这似乎昭示出某种必然性，即儒学复兴将在更高的理论层面展开，突破《六经》典章制度之框架，同样也突破《六经》中礼仪节文之模式，以更深刻的文化变革完成儒学复兴的历史使命。而这个更高的理论层面，就是抽象的性与天道之思想主题。从这个角度看，熙宁前后学术思想界普遍关注性与天道问题，是必然的，也是合理的。像黄庭坚那样要求学习《六经》从礼仪节文、行为规范开始，其实是固守胡瑗"明体达用"之学的旧格局，同样也行不通，而且后文我们将看到，苏轼对于这种礼仪复古，也是极其反对的。由此看来，要克服当时学术思想的流弊，出路并不在于如何推翻性与天道的时代思想主题，而在于如何对这个思想主题做出适应现实需要的阐释。苏轼对于学者高谈性命，也曾表现出抵触情绪，但他最终还是走出了情绪的笼罩，在思想理论层面与同时代人进行对话。

关于人性，苏轼的观点主要有两个方面：第一是反对性善情恶的说法，主张性情本一，这一点与王安石有相同之处；第二是从人的自然本能与社会生活的相对关系中，探寻人性之真义。关于第一方面，苏轼说：

> 儒者之患，患在于论性，以为喜怒哀乐皆出于情，而非性之所有。夫有喜有怒，而后有仁义；有哀有乐，而后有礼乐。以为仁义礼乐皆出于情而非性，则是相率而叛圣人之教也。老子曰："能婴儿

乎?"喜怒哀乐苟不出乎性而出乎情,则是相率而为老子之"婴儿"也。[1]

重视情感,强调喜怒哀乐之情的合理性,从某种意义上说也许是由苏轼的精神气质决定的。但是,当苏轼的思想触角深入到人性这样一个抽象的理论课题时,他并不满足于做一个护卫情感的勇士,而是将问题上升到礼乐教化的高度来讨论。礼乐教化,也就是社会的文明建设。人性论在这个领域的真实意义,就是提供一个合理的思想前提或理论依据。在苏轼看来,像历来儒者那样将性与情裂为两橛,褒性而抑情,必然对儒家的礼乐教化产生极大的危害,因为它否定情感的合理性,将喜怒哀乐等人生最为真切的感受从思想领域排挤出去,便从根本上动摇了礼乐教化的思想前提或理论基础。喜怒哀乐之情既然不是人之成其为人的根本特质,那么明仁义、兴礼乐又有什么根本性的依据呢?如果说仁义礼乐只是为情而设,不是为性而设,性是某种玄妙的另外一回事,与人在社会中的感受或表现不相干,那么仁义礼乐就只能教化人之表象,而不能教化人之本质,或者说不是符合人性本质的教化方法。这种理论,在苏轼看来是对儒家思想体系的瓦解,因为在人性论上,儒家与佛道二教的根本区别,就在于儒家关注人的社会性,肯定因社会生活而产生的情感是人本性的必然表现,而佛道二教恰恰相反,将人的社会性

---

[1]《苏轼文集编年笺注》卷四《韩愈论》,第1册,第287—288页。

看作浮伪的翳障，从根本上否定情感的真实性和合理性。由此，苏轼也就发现了一个奇怪的现象，即自韩愈始，儒者言人性往往排斥释、老，但其说"以为性之无与乎情，而喜怒哀乐皆非性者，是愈流于佛、老而不自知也"，[1] 既警告他人有一个佛、老思想陷阱，却又让自己掉进了这个陷阱，就是韩愈以来儒者论性的通病。

然则，儒者关于人性论的错误，又是如何发生的呢？应当如何理解人性的涵蕴，才不至重复这种错误？当苏轼以杂论的形式围绕这些问题发表意见时，他并没有展开繁富的思辨，只是作了一些简单的概念辨析，即孟子、荀子的所谓善恶，是将出于人性的行为结果等同于人性本身，而韩愈的性三品之说，则是将才能与人性混为一谈。在《扬雄论》一文中，苏轼针对韩愈所谓性有三品，批评说："嗟夫，是未知乎所谓性者，而以夫才者言之。夫性与才相近而不同，其别不啻若白黑之异也。圣人之所与小人共之，而皆不能逃焉，是真所谓性也。而其才固将有所不同。今夫木，得土而后生，雨露风气之所养，畅然而遂茂者，是木之所同也，性也。而至于坚者为毂，柔者为轮，大者为楹，小者为桷，桷之不可以为楹，轮之不可以为毂，是岂其性之罪耶？天下之言性者，皆杂乎才而言之，是以纷纷而不能一也。"韩愈的性三品说，以孔子所谓中人可以上下，而上智与下愚不移为依据，但按照苏轼的理解，孔子此说乃针对人的才能，至于

---

[1]《苏轼文集编年笺注》卷四《扬雄论》，第 1 册，第 282 页。

人性，孔子只说了一句"性相近也，习相远也"。由孔子之说，可知性指人的共同本质，无分圣人或愚人，概无差别。进而谈到孟子之性善，荀子之性恶，苏轼说："夫善恶者，性之所能之，而非性之所能有也。"意即善恶是由人性所生发出的行为结果，不是人性的内涵。再进一步说，所谓善恶又只能是社会共同的行为规则和价值尺度，不能根据某个人的是非观或内在体验来进行判断："夫太古之初，本非有善恶之论，唯天下之所同安者，圣人指以为善，而一人之所独乐者，则名以为恶。天下之人，固将即其所乐而行之，孰知夫圣人唯其一人之独乐不能胜天下之所同安，是以有善恶之辨。而诸子之意将以善恶为圣人之私说，不已疏乎！"这里面，苏轼又以其思想之敏锐，触及一个伦理学问题，即善恶判断究竟是以圣人的意志为准尺，还是以百姓的普遍生活状况为依据？如果接受后一种观点，则什么样的行为属于善，什么样的行为又属于恶，也同样不能由学者们臆说。由乎此，苏轼就谈到他自己对人性问题的理解："圣人之论性也，将以尽万物之天理，与众人之所共知者，以折天下之疑。"这说明讨论人性问题的宗旨，只是要揭示出百姓日用而能知的道理，并非穷幽极奥，眩人耳目。按照这个宗旨，苏轼对人性做出如下界定：

人生而莫不有饥寒之患，牝牡之欲，今告乎人曰：饥而食，渴而饮，男女之欲，不出于人之性也。可乎？是天下知其不可也。圣人无是，无由以为圣；而小人无是，无由以为恶。[1]

同样的思想，也体现在《东坡易传》中。也许是由于《周易》本身的理论特性，由于解《易》时必须面对"穷理尽性以至于命"这样的理论课题展开更为系统的理论思考，所以苏轼的思维活动也渐入佳境，缜密而深邃，而且发挥其善设譬喻的语言优势，博辩而透辟。如解《乾·彖》"乾道变化，各正性命。保合太和，乃利贞"说：

> 方其变化，各之于情，无所不至。反而循之，各直其性，以至于命，此所以为贞也。世之论性命者多矣，因是请试言其粗。曰：古之言性者，如告瞽者以其所不识也，瞽者未尝有见也，欲告之以是物，患其不识也，则又以一物状之。夫以一物状之，则又一物也，非是物矣。彼惟无见，故告之以一物，而不识，又可以多物眩之乎？古之君子，患性之难见也，故以可见者言性。夫以可见者言性，皆性之似也。君子日修其善以消其不善，不善者日消，有不可得而消者焉；小人日修其不善以消其善，善者日消，亦有不可得而消者焉。夫不可得而消者，尧舜不能加焉，桀纣不能亡焉，是岂非性也哉？君子之至于是，用是为道，则去圣不远矣。虽然，有至是者，有用是者，则其为道常二，犹器之用于手不

---

[1]《苏轼文集编年笺注》卷四《扬雄论》，第1册，第280—282页。

如手之自用，莫知其所以然而然也。性至于是，则谓之命。命，令也。君之令曰命，天之令曰命，性之至者亦曰命。性之至者非命也，无以名之而寄之命也。死生祸福，莫非命者，虽有圣者，莫知其所以然而然。君子之于道，至于一而不二，如手之自用，则亦莫知其所以然而然矣，此所以寄之命也。情者性之动也，溯而上至于命，沿而下至于情，无非性者。性之与情，非有善恶之别也，方其散而有为，则谓之情耳。命之于性，非有天人之辨也，至其一而无我，则谓之命耳。其于《易》也，卦以言其性，爻以言其情。情以为利，性以为贞。其言也互见之，故人莫知明也。《易》曰："大哉乾乎，刚健中正，纯粹精也。"夫刚健、中正、纯粹、精者，此乾之大全也，卦也。及其散而有为，分裂四出而各有得焉，则爻也。故曰"六爻发挥旁通，情也。"以爻为情，则卦之为性也明矣。"乾道变化，各正性命。保合太和，乃利贞。"以各正性命为贞，则情之为利也亦明矣。又曰："利贞者，性情也。"言其变而之乎情，反而直其性也。[1]

要想对苏轼的此类议论作进一步的辨析、阐释，显然是一件很困难的事，因为他议论卓荦，足以宣通其意，达其有

---

[1]《苏轼文集编年笺注》附录五《东坡易传》卷一，第12册，第114—115页。

献,换一种语言来介述他的思想,很难像用他自己的语言那样晓畅。我们所能做的,大概是将他的生动譬喻转化为生涩的概念思维形式。

从概念思维的角度看,苏轼以性情解释利贞,并指明卦与爻的关系即性与情的关系,虽然是从他的人性论观点出发,但并非没有经典依据。苏轼注文中所引,出自《乾·文言》,即其经典依据。苏轼对于《文言》的引申发挥,可以分三个层次来看,划分为三种互有联系的思想视角:一是性与情的相对关系,二是自然人性与社会性的相对关系,三是结合命的含义来理解人性。就性情而言,苏轼将《乾》卦视为乾道亦即天道之大全,也就是理一、性。乾道之大全分裂四出,就以六爻的形式显现为情,亦即分殊。从性到情、从一致到万殊,虽然是乾道变化的结果,有一种先后之序存于其中,但性与情、一致与万殊之间,并没有高下尊卑之分,是非善恶之别,只有隐显状态之不同。由情之显现反而循之,都与本来之性契合,"各直其性",无所增损。而从认知的角度说,所谓性,正与道本体一样,是不可知见,也不可直接描述的,一切描述都只是近似的譬喻、类比,所以关于人性,并不能给出某种内涵具体并且绝对合理的结论,而只能根据情的显现寻绎其相对确定的内涵。将这个逻辑思路进一步展开,人性又可以相对于人的社会性来理解。苏轼认为,人性是人的共性,无分尧舜与桀纣、君子与小人,莫不相同。在社会生活中,君子日趋于善,小人日行其恶,都在不断地改变,表现出社会性的差别。但改变和差别中,又有某种最终不可改变的、善恶差别所不能销蚀的因素，这种因素便是人性，是人之成其为人的内在规定。从这个角度讲，人性是本能的，是"至是者"，发而为行，则如手之自用，自然而然。而社会性则是由修养决定的，是"用是者"，是对自然人性的有意识的运用，也可以说是自然人性的功能延伸。同样，人性的内涵也可以结合命的含义来理解。命即命令，其中包含着使然和必然的意思。在苏轼看来，性作为人之成其为人的内在规定，是必然而不可逃的，但没有使然者，所以必然的实质含义是自然而然。自然而然地发挥人性的作用，不企羡而慕高，也不禁锢以损抑，即所谓"至于命"。所以，性与命正如性与情一样，既可以放在一种相对的关系中来理解，又在根本的意义上是统一的。

苏轼围绕人性问题展开理论思考，抒发议论，在北宋思想界亦可谓自立一家之言。由其人性理论之展开，必然要关注到一个与之具有内在逻辑联系的问题，即如何将人性论置于政治哲学的整体建构中？这个问题，换个角度也可以表述为：如何从建构政治哲学的宗旨出发确定人性论的真实意义，而不至流泛于玄谈式的思辨游戏或某种神秘的心理体验？《东坡易传》阐释《系辞传》所谓"精义入神以致用"说：

> 精义者，穷理也；入神者，尽性以至于命也。穷理尽性以至于命，岂徒然哉？将以致用也。譬之于水，知其所以浮，知其所以沉，尽水之变而皆有以应之，精义

者也。知其所以浮沉而与之为一，不知其为水，入神者也。与之为一，不知其为水，未有不善游者也，而况以操舟乎？此之谓致用也。[1]

这是一些象喻性的说法。水象喻政治的对象，也就是百姓，犹唐太宗所谓水可以载舟，亦可以覆舟；水之变也就是水之性，象喻人性；操舟乃执政之意。通过这些象喻来看苏轼的思想，是说精义的目的在于了解人性，而入神则是将政治意志与人性统一起来，以此执政而与人性无所扞格，便是致用，是穷理尽性之学的大宗旨。将这个大宗旨进一步展开，则如阐释《说卦传》时所说：

何为顺？何为逆？曰：道德之变，如江河之日趋于下也。沿其末流，至于生蓍倚数、立卦生爻，而万物之情备矣。圣人以为立于其末则不能识其全而尽其变，是以溯而上之，反从其初。道者，其所行也。德者，其行而有成者也。理者，道德之所以然，而义者，所以然之说也。君子欲行道德而不知其所以然之说，则役于其名而为之尔。夫苟役于其名而不安其实，则大小相害，前后相陵，而道德不和顺矣。譬如以机发木偶，手举而足发，口动而鼻随也。此岂若人之自用其身，动者自动，止者自止，曷尝调之而后和，理之而后顺哉？是以君子

---

[1]《苏轼文集编年笺注》附录五《东坡易传》卷八，第12册，第273页。

贵性与命也。欲至于性命，必自其所以然者溯而上之。夫所以食者，为饥也，所以饮者，谓渴也，岂自外入哉？人之于饮食，不待学而能者，其所以然者明也。盍徐而察之饥渴之所从出，岂不有未尝饥渴者存乎？于是性可得而见也。有性者，有见者，孰能一是二者，则至于命矣。此之谓逆。圣人既得性命之理，则顺而下之，以极其变，率一物而两之，以开生生之门，所谓因贰以济民行者也。[1]

苏轼的这些思想，来源于《说卦传》："观变于阴阳而立卦，发挥于刚柔而生爻，和顺于道德而理于义，穷理尽性以至于命。昔者圣人之作《易》也，将以顺性命之理，是以立天之道曰阴与阳，立地之道曰柔与刚，立人之道曰仁与义。"这些说法，尤其是"穷理尽性以至于命"一句，被北宋中晚期的思想界普遍作为基本的理论课题。各派学者，都围绕这个课题展开理论探讨，出现了各种各样的观点，并由此形成各具特色的政治哲学。从总体上看，当时学者关于穷理尽性的讨论，目的都在于为政治哲学找到一个内在的依据，从理论上解决道德仁义、礼法刑名等社会规则与人性的关系问题。就表现形式而言，社会规则无疑是"他律"，是社会生活、公共秩序向个人提出来的要求，相对于个人而言，它是

---

[1]《苏轼文集编年笺注》附录五《东坡易传》卷九，第12册，第282—283页。

外在的。但是,"他律"又不能成为绝对之物,还必须与人的"自律"处于相对的关系之中,否则便会沉沦于文明异化而不返,在政治上重蹈道法家、刑名学的覆辙,非夫生人之情而至死人之理。那么,"他律"与"自律"又是一种什么关系呢?各种社会规则是否出于人的内在要求、是否符合人性呢?如果说社会规则的合理性,就在于它出于人的内在要求、符合人性,那么,对人性又应该如何做出准确的判断呢?是按照社会规则来确认人性的内涵,还是依据对人性内涵的重新体认来审视社会规则并且变革之?这些问题,蕴含着社会变革、文化变革、政治变革的真实意义,是中国哲学史上亘古而常新的问题,在先秦两汉时表现为天人之学,在魏晋玄学中表现为自然与名教的关系,而在北宋学术中则表现为性与理、性与情、性与命的关系等等。对于这些问题的回答,从逻辑上说都基于对人性的判断。而对人性的判断,又有两种基本倾向,渊源于先秦儒道两家的思想传统。儒家传统的主流倾向,是以人文的内涵来确认人性的内涵,而道家传统的主流倾向,则是以复归于人文之前的自然来确认人性的内涵。比较而言,人文的内涵更丰富,也更稳定,所以秉承儒家传统以论述人性,通常都坦然明白,言之有物,而自然的内涵更抽象,也更活跃,所以秉承道家传统以论述人性,往往言不尽意,会面临语言上的困难。苏轼的人性论,秉承道家的自然传统,虽然他具有非凡的语言运用能力,但在人性论思想的自我表述上,也同样让人感受到某种困乏,未尽其意,因而也难以对他的人性论思想做出一个更加明确的异说或概念阐述。但是，如果我们转换一个角度，不纠缠于概念，而结合他的政治哲学来理解，则可以相对清晰地掌握其人性论思想。

如前所述，苏轼的政治哲学具有某种民本主义的思想倾向。这种倾向在人性论上的表现，就是认为饥而食、渴而饮等本能的、自然的生存状态中体现出人性，百姓的自然生活、固有的生存方式等，符合人性的真实，具有不证自明的合理性，而刑政礼法作为一种公共秩序，其合理性就在于对这种真实人性的适应。换言之，百姓的日用之常、性命之情，就是真实人性的行为表现，一切刑政礼法、仁义教化，都必须以这种行为表现所反映出的人性作为最终依据。这是一种因果关系：人性是因，是决定性因素，刑政礼法、仁义教化是果，是被决定的因素。而人性的行为表现，其社会化状态就是风俗。与同时代学者相比较，苏轼似乎对风俗问题保持着特殊的关注，如在试进士时的《上韩太尉书》中自称："轼生二十有二年矣。自七八岁知读书，及壮大，不能晓习时事，独好观前世盛衰之迹，与其一时风俗之变。自三代以来，颇能论著。"[1] 观盛衰之迹与风俗之变，即其推阐理势之理论思路的具体内容，所以也贯穿在他日趋成熟的政治思想中，如后来所作《书义》，一个重要的政治主张便是"政由俗革"。[2] 基于这种思想倾向，苏轼就礼治、法治问

---

[1]《苏轼文集编年笺注》卷四八，第6册，第246页。
[2]《苏轼文集编年笺注》卷六，第1册，第416页。

题展开过透脱而又深刻的剖析。在《礼以养人为本论》一文中，苏轼据本末范畴论述礼法关系，认为礼治是本，法治是末。法治是在礼治不能推行、不能取得实际效果的情况下，用悍药毒石，以搏去其疾，所以惨毒繁难，为天下之公患。[1] 而礼治之所以不能推行，根本原因又不在于它舒缓而难为功，实在于求治者论之太详、畏之太过，不知礼的依据只是人情之所安。如说："三代之衰，至于今且数千岁，豪杰有意之主，博学多识之臣，不可以胜数矣，然而礼废乐坠，则相与咨嗟发愤而卒于无成者，何也？是非其才之不逮，学之不至，过于论之太详，畏之太甚也。夫礼之初，缘诸人情，因其所安者，而为之节文。凡人情之所安而有节者，举皆礼也，则是礼未始有定论也。然而不可以出于人情之所不安，则亦未始无定论也。执其无定以为定论，则途之人皆可以为礼。"[2] 无定论指具体的礼仪节文，有定论即缘于人情之所安，也就是以风俗、自然的生存状态或生活方式为依据。据此以推行礼治，苏轼认为和平简易，为功不难。而当时的儒者，却牵于繁文缛节，拘缚于前人注疏中的烦琐

---

[1] 这种思想，或许也源于苏洵，如《嘉祐集》卷五《议法》说："古者以仁义行法律，后世以法律行仁义。夫三代之圣王，其教化之本出于学校，蔓延于天下，而形见于礼乐。下之民被其风化，循循翼翼，务为仁义，以求避法律之所禁，故其法律虽不用，而其所禁亦不为不行于其间。下而至于汉唐，其教化不足以动民，而一于法律，故其民惧法律之及身，亦或相勉为仁义。"（《全宋文》卷九二二，第43册，第96页）
[2]《苏轼文集编年笺注》卷二，第1册，第153—154页。

之说，僵化地理解经典中所记载的典章制度，认为礼是圣人特尊独行的行为规范，举凡与经典礼仪有毫发之差，便惴惴不安，结果导致纷纭交错，礼治遂罢。针对这种流弊，苏轼甚至以一种幽默的心态，"反其本而思之"，考察礼的起源，如说："今吾以为磬折不如立之安也，而将惟安之求，则立不如坐，坐不如箕踞，箕踞不如偃仆，偃仆而不已，则将裸袒而不顾。苟为裸袒而不顾，则吾无乃亦将病之。夫岂吾病之，天下之匹夫匹妇，莫不病之也。苟为病之，则是其势将必至于磬折而百拜。由此言之，则是磬折而百拜者，生于不欲裸袒之间而已也。"[1] 由此理解所谓礼，则是出于人性人情的需要，不是对人性人情的束缚或压迫。

但是，由于时代不同、风俗变迁，适合上古三代人性人情的礼，并不一定适合现在的人性人情。三代人行礼自然而然，"习惯而无疑"，现在人行礼则困难重重，格格不入，并不意味着现代人缺乏上古三代人那样的道德自觉，而是因为三代之礼只是当时的生活习惯和风俗，所以当时人人行为合礼，而不以礼仪节文自持。"至于后世，风俗变易，更数千年以至于今，天下之事已大异矣。然天下之人，尚皆记录三代礼乐之名，详其节目，而习其俯仰，冠古之冠，服古之服，而御古之器皿，伛偻拳曲劳苦于宗庙朝廷之中，区区而莫得其纪，交错纷乱而不中节，此无足怪也。其所用者非其素所习也，而强使焉。"强使必然违背人性，既构成三代之

---

[1]《苏轼文集编年笺注》卷二《中庸论》，第 1 册，第 179—180 页。

礼对现代之人的压迫，也导致现代之人对三代之礼的抑抗。要解决这种矛盾，一条必然的途径就是依据现代的人性及其行为方式，进行礼乐文明之变革，这种变革，是学习古人的制礼之意，革新古人的礼仪节文，所以说："三代之器，不可复用矣，而其制礼之意，尚可依仿以为法也。"[1]

毫无疑问，苏轼的人性论、礼俗论，是其政治哲学的重要内容。这种理论，与新学之不同在于主张因俗而任情，而新学派则主张革弊俗而任理，其结果，是在政治思想上形成一道分水岭，苏轼倾向于民本主义，而新学派则在主体上倾向于精英政治。同样，这种理论与洛学派也有差异，这种差异，并非发生在是否应该对古礼进行变革的问题上，而是发生在将礼学意识形态化的问题上。虽然二程也同样主张行礼不可泥古，但他们又具有将礼学意识形态化的倾向，程颐尤其抱着这种热切的希望，而这种倾向，显然让苏轼产生极端的反感情绪。元祐以后的蜀洛党争，便是由这种倾向和反感情绪引发的。从思想史上来看，程颐试图将礼学意识形态化，应该说继承了儒学的主流传统，因为从孔孟之礼乐王政，降及汉代经学中的礼学，本来都以克服政治纷乱，规范政治行为为根本目的。但是，由于将礼学意识形态化同样也是一个诠释学问题，必须一方面准确地把握时代的需要，一方面采用适宜的理论方法，准确地掌握古代传统与时代现实的结合点，所以原本就是人文学术永远要面对的理论课题，

---

[1]《苏轼文集编年笺注》卷二《礼论》，第1册，第168—169页。

为之不易。而程颐处身于熙宁新法、荆公新学已产生深刻影响的时代，重建意识形态的迫切性，难免会强化他的主观愿望或意图，暴露出对学术进行意识形态化重塑时往往难以避免的弱点。由此重新审视蜀洛之争，大概也不必做出已经时过境迁的是非判断，但可以比较两种学术思想的风格，从中或可得到某种启示。引录程颐和苏轼关于《诗经》的论述各一段，作为不同风格的鉴赏。程颐说：

> "《关雎》乐得淑女以配君子"，淑女即后妃也，故言配荇菜以兴后妃之柔顺。"左右流之"，左右者随水之貌。"左右采之"者，顺水而采之。"左右芼之"者，顺水而芼之。皆是言荇菜柔顺之貌，以兴后妃之德。[1]

苏轼说：

> 《诗》者，天下之人，匹夫匹妇、羁臣贱隶悲忧愉佚之所为作也。夫天下之人，自伤其贫贱困苦之忧，而自述其丰美盛大之乐，上及于君臣、父子，天下兴亡治乱之迹，而下及于饮食、床笫、昆虫、草木之类，盖其中无所不具，而尚何以绳墨法度区区而求诸其间哉！此亦足以见其志之无不通矣。夫圣人之于《诗》，以为其终要入于仁义，而不责其一言之无当，是以其意可观，

---

[1]《二程集·遗书卷第十九》，第256页。

而其言可通也。[1]

第六节　苏辙《老子新解》的政治哲学

苏辙以《老子新解》为主，兼及一些杂论所反映出的政治哲学思想，大致与苏轼的《东坡易传》及其杂论相类似，也可以分疏为本体论和人性论两个层面，而且，有些观点是相近或者相同的。但是，也许是由于苏辙在精神气质上属于"静虑之人"，不同于苏轼的"博辩"，所以较之苏轼，他的政治哲学虽没有同样多姿多彩的表达方式，但具有更缜密的理论思维形式、更严谨的内在逻辑结构，本体论与人性论的关系也更圆融。从思想的逻辑结构上看，苏辙对《老子》第十六章的阐释，可视为其政治哲学的总纲，将《老子》"静曰复命"云云，引向"穷理尽性以至于命"的时代思想主题，既甄辨不同的理论层次，又致思于彼此之间的内在联系，条畅一贯，自成体系。其说云：

> 命者性之妙也。性犹可言，至于命则不可言矣。《易》曰："穷理尽性以至于命。"圣人之学道，必始于穷理，中于尽性，终于复命。仁义礼乐，圣人之所以接物也，而仁义礼乐之用，必有所以然者。不知其所以

---

[1]《苏轼文集编年笺注》卷二《诗论》，第1册，第165页。

然，徇其名而为之，世俗之士也；知其所以然而后行之，君子也。此之谓穷理。虽然，尽心以穷理，而后得之，不求则不得也。事物日构于前，必求而后能应，则其为力也劳，而为功也少。圣人外不为物所蔽，其性湛然，不勉而中，不思而得，物至而能应，此之谓尽性。虽然，此吾性也，犹有物我之辨焉，则几于妄矣。君之命曰命，天之命曰命，以性接物而不知其为我，是以寄之命也。此之谓复命。[1]

穷理是研思仁义礼乐的所以然之故，也就是站在本体论的理论高度，重新审视社会文明体系的最终合理性依据问题。而重新审视之所以必要，大概有两种思想前提。其一是怀疑论的，即怀疑由仁义礼乐等构筑起的社会文明体系是否合乎某种至理。在中国古代，这种至理即天理、天道，是由道家发畅的，怀疑论思想也同样滥觞于道家。其二是出于社会文明体系的变革需要。因为时代要求对具体的文明规范、共同秩序进行变革，而抽象的仁义礼乐作为抽象的社会文明体系，又有其不容否定、不可剽剥的价值，所以在理论上就必须回归于文明体系赖以建立的基础之上，排除因文明异化所造成的各种蔽障，将文明体系的自身价值从异化的现实中剥离出来，取得对文明体系之价值及其理论依据的真正理解，在原始的合理性基点上进行变革或重建。这两种思想前

---

[1]《道德真经注》卷一，《道藏》第12册，第297—298页。

提，其实就是批判精神和建设意识，通常都是相互启发的。唯其有所怀疑，打破坚冰，变革和重建才会成为思想焦点，才具有可能性。反而言之，也唯其能够进行变革和重建，怀疑才具有思想价值，不至偏滞于破而不立。由道家阐扬的怀疑论，就理论趣向而言是超迈于文明体系之上，以自然之理作为参照，映鉴文明体系的种种弊端，并对文明体系的合理性基础发起思想冲击，表现出道家的理论彻底性，《庄子》尤其典型。但是，由于文明体系是以生活的意义为核心的，不同于科学的知识体系以自然真实为核心，所以道家的理论彻底又必然也必须受到生活意义的制约，否则，就会在彻底的理论批判中丧失其对于批判对象的价值。换言之，批判是因为对生活意义有所确认，并因而对现实的文明体系有所不满，这在逻辑上就注定了批判本身并不能成为最终目的，而是为重新确立生活意义充当思想前导，驱阴霾，扫翳障，荡秽浊而显灵根。历史地看，理论批判是否自觉地接受生活意义的制约，从根本上说取决于历史现实，而非取决于思想家个人的理论趣味或审美意识。一般说来，遭逢浊乱之世，文明体系的真实价值已荡然无存，已异化为对立面，则批判务求彻底；而处身于相对清平的安定时代，则倾向于将理论批判与价值关怀结合起来，自觉接受生活意义的制约，而不是一味地在批判的道路上快意恩仇。苏辙属于后者，他从"穷理"的本体论到"尽性"的人性论，就是自觉接受制约的表现。据苏籀《栾城遗言》载："范淳父雏中问公求论题，公以庄子'孝未足以言至仁'令范作。范论诋斥庄子，公曰：

'曾、闵匹夫之行，尧、舜仁及四海。'"[1] 这表明苏辙对于庄子的文明批判之深处，有所认同，而他要求对仁义礼乐进行"穷理"，从本体论上追问其所以然之故，旨趣固然在于求得真理解，以摆脱俗学之士盲从圣人之说的浅陋，但也很难说其中没有怀疑论的思想动因。然而苏辙同时又看到，"穷理"本身是有局限性的，这不但由于自然现象无穷无限，知识无穷无限，通过知识的综合归纳以求本体之理几乎不可能，而且也由于研思本体之理的旨归乃在于解决生活意义和文明价值问题，所以还要在"穷理"的本体论沉思中展开"尽性"的自我反思。"尽性"既是超越经验知识层面的凝神式的抽象思维活动，同时也是不同于待人接物等生活经验的精神生命反思，通过这种反思，可以参照物之所以为物，彻悟"我"之所以为人的问题。彻悟"我"之所以为人，从理论上说就是理解人的本性、本质规定。彻悟很深邃，但依然有局限，因为那只是"小我"的主体意识自觉，矜持在与外物、与他人相对待而未融贯的精神境界上，带有潜在的分别、差异、对立等意识，所以说"几于妄矣"，还没有达到精神生命与本体之理的高度统一，还需要进行"复命"的升华，在近似于而非等同于必然如此的意义上实现情理交融。

"穷理"的本体论研思，"尽性"的人性论反思，"复命"的融合升华，就是苏辙政治哲学的三个层面。它们之间

---

[1] 转引自杨观、陈默、刘芳池编：《苏辙资料汇编》，第66页。

所具有的内在联系，不同于形式逻辑的三段论，不是单维度的思维逻辑进程，而是彼此相向、相互包含的，在思维方法上近似于现代哲学所说的辩证思维。所以，苏辙的政治哲学，并非简单地以本体之理作为逻辑前提，根据"穷理"所确认的自然法则，进行演绎式的逻辑推论，而是将政治问题置于本体之理和人性要求的双重前提下，互为参照，谈政治如何合乎自然之理时，必然顾及是否合乎人性人情的问题，反之亦然。但在叙述上，我们可以将二者分疏开来。

在"穷理"的本体论层面探讨政治问题，表现形式之一就是道德与仁义礼乐、刑名法规的关系，也就是道家之道与儒家仁义之教以及礼乐刑政的关系问题。在《历代论·王衍》一文中，苏辙说：

> 圣人之所以御物者三，道一也，礼二也，刑三也。《易》："形而上者谓之道，形而下者谓之器。"礼与刑，皆器也。孔子生于周末，内与门弟子言，外与诸侯大夫言，言及于道者盖寡也。非不能言，谓道之不可以轻授人也。盖尝言之矣，曰："参乎，吾道一以贯之。"夫道以无为体而入于群有，在仁而非仁，在义而非义，在礼而非礼，在智而非智。惟其非形器也，故目不可以视而见，耳不可以听而知，惟君子得之于心，以之御物，应变无方而不失其正，则所谓时中也。小人不知而窃其名，与物相遇辄捐理而徇欲，则所谓无忌惮也。故孔子不以道语人，其所以语人者，必以礼。礼者器也，而孔

子必以教人，非吝之也，盖曰："君子上达，小人下达。"君子由礼以达其道，而小人由礼以达其器。由礼以达道，则自得而不眩；由礼以达器，则有守而不狂。此孔子之所以寡言道而言礼也。[1]

同样的思想，也反映在《老子新解》中，如说：

> 孔子以仁义礼乐治天下，老子绝而弃之，或者以为不同。《易》曰："形而上者谓之道，形而下者谓之器。"孔子之虑后世也深，故示人以器而晦其道，使中人以下守其器，不为道之所眩，以不失为君子，而中人以上，自是以上达也。老子则不然，志于明道而急于开人心，故示人以道而薄于器，以为学者惟器之知则道隐矣，故绝仁义、弃礼乐以明道。夫道不可言，可言皆其似者也。达者因似以识真，而昧者因似以陷于伪，故后世执老子之言以乱天下者有之，而学孔子无大过；因老子之言以达道者不少，而求之于孔子者常苦以其无所从入。二圣人者，皆不得已也，全于此必略于彼矣。[2]

所有这些说法，真实目的都不在于评论孔、老功过，论定是非，而在于说明儒道之间是形而上与形而下的关系。分

---

[1]《栾城后集》卷九,《苏辙集》,第985页。
[2]《道德真经注》卷二,《道藏》第12册,第299页。

开来看，两家学说详于此则略于彼，都非圆满自足，但对应起来看又构成一个整体：老子所明之道，即是贯穿于孔子仁义礼乐之中的形而上者，本来一体。由此来看孔、老的差别，只是论述各有侧重，不是思想理论上存在根本性的、实质性的不同。这样调和儒道关系，既将老子之道援引到仁义礼乐的文明中，又将仁义礼乐之文明安放在道的理论基础之上，便打开了建构政治哲学的理论大思路，左右逢源而不失于中：谈道本体，不忘仁义礼乐之立场，不流于浮旷玄虚；谈仁义礼乐，又立足于道本体的理论高度，不局趣于伦理教训。

然而，这种相对辩证的思维方法，一方面固然保持了思想逻辑的一贯，但另一方面也会导致思想的相对封闭，满足于自身的逻辑圆满，难以拓展出新的思想视野和知识领域。这在苏辙政治哲学中的表现，就是对于道本体之内涵，主要是结合仁义礼乐之意和性命之理予以阐发，纯粹研思自然之理的成分反而很少，而且如同苏轼一样，是通过关于水性的借喻展开的。如说：

> 夫天下之人，弛而纵之，拱手而视其所为，则其势无所不至。其状如长江大河，日夜浑浑，趋于下而不能止。抵曲则激，激而无所泄则咆勃溃乱，荡然而四出，坏堤防，包陵谷，汗漫而无所制。故善治水者，因其所入而导之，则其势不至于激怒垒涌而不可收。既激矣，又能徐徐而泄之，则其势不至于破决荡溢而不可

止。……是以治水者,惟能使之日夜流注而不息,则虽有蛟龙鲸鲵之患,亦将顺流奔走,奋迅悦豫而不暇及于为变。苟其潴畜浑乱,雍闭而不决,则水之百怪皆将勃然放肆,求以自快其意而不可御,故夫天下亦不可不为少决,以顺适其意也。[1]

这种治民如治水的理论,与苏轼的说法大旨相近,所不同者,在于苏轼更强调顺适民众的必要,而苏辙则认为无政府的放纵状态与强制性的禁锢、阻遏一样有害。这种思想,大概也只能说是由水的流动本性得一政治学启示,并非研思出某种具有普遍意义的自然之理或自然法则,然后将它作为文明建构的原理或逻辑前提。[2] 在北宋,如何对待自然知识也同样是一个重大的学术问题,反映出不同的学风或治学方向。很多学者都对自然知识发生浓厚的兴趣,下一番格物致知的功夫,并注重知识的积累,沈括尤其是一代大家。也有些人将自然知识上升为一般原理,如邵雍。而苏辙在这方面则与二程近似,即主要通过对文明意义及人性的体认,寻思本体之理,而在掌握自然知识以及将自然知识与本体之理结合起来方面,便显示出他们的弱项;他们的强项,即主要的知识积累,乃在于经史方面。

---

[1] 《栾城应诏集》卷六《君术》第五道,《苏辙集》,第1291—1292页。
[2] 这种思想,也可由秦观之说得一印证。其说云:"礼非天降地出,出于人心而已。合于先王之迹,而不合于人心,君子不以为礼也。"(《韦玄成论》,《全宋文》卷二五八二,第120册,第72页)

通过对文明意义的体认来阐发道本体的内涵，理论性的表现形式便是在道与仁义礼乐之间展开相对的思辨。思辨的焦点，是二者的统一性问题。如苏辙在《老子新解》中说：

> 今夫仁义礼智，此道之可道者也。然而仁不可以为义，而礼不可以为智，可道之不可常也如此。惟不可道，然后在仁为仁，在义为义，在礼为礼，在智为智，彼皆不常而道常不变，不可道之能常如此。[1]

这里面所包含的思想，我们可以结合秦观的一段论述来分析。秦观说："道德者，仁义礼之大全，而仁义礼者，道德之一偏。黄老之学贵合而贱离，故以道为本；《六经》之教，于浑者略，于散者详，故以仁义礼为用。"[2] 秦观与二苏都在师友之间，但思想理论方面他更推重苏辙，如说："今中书、补阙二公，则仆尝身事之矣。中书之道，如日月星辰经纬天地，有生之类，皆知仰其高明。补阙则不然，其道如元气行于混沦之中，万物由之而不知也。故中书尝自谓'吾不及子由'，仆窃以为知言。"[3] 中书即苏轼，补阙即苏辙。元祐元年，苏轼为中书舍人，苏辙为右司谏，其职即唐朝之补阙。秦观在思想理论上推重苏辙，认为他比苏轼更深厚圆浑，同时也受到苏辙思想的更深影响。按照秦观对道

---

[1]《道德真经注》卷一，《道藏》第12册，第291页。
[2]《司马迁论》，《全宋文》卷二五八二，第120册，第78页。
[3]《答傅彬老简》，《全宋文》卷二五七五，第119册，第338页。

德与仁义礼之关系的看法，道德是大全，也就是一致之理，而仁义礼则各为一偏，也就是万殊。这种说法，可以看作是对苏辙思想的解释。苏辙援用老子所谓常道、可道，来阐释道本体与仁义礼智的关系：常道也就是大全、理一，可道则为一偏、万殊。将苏辙的思想展开来看，仁义礼智作为可道之道，各有其相对明确的义理内涵，什么是仁，什么样的行为是义，礼有哪些规范，智有哪些表现，都是可言可说的，这是"可道"的一层含义；如何体仁，如何行义，如何守礼，如何用智，都可以将相对稳定的规范转化为行为实践，这是"可道"的又一层含义。按照隋唐时重玄学者对老子之道的通行解释，道有理、导、通三重义。可言可说之道，可以理解为理；可转化为行为实践的道，可以理解为导。由理和导两层含义，可以了解道本体的内涵，不至流于浮虚之玄谈，这是苏辙相对辩证的思维中可能包含的思想。但是，内涵相对明确，也就有相对的局限性，仁义礼智各成一义，彼此不能替代、不能通贯，就不能达到更高的整体统一性，在行为实践中，甚至会遇到仁义不能两全之类的矛盾。[1] 要

---

[1] 苏辙有《君术》进策说："天子之道，可以理得而不可以名推，其于天下，不取其形而独取其意。其道可以为善，而亦可以为不善。何者？其道无常。其道无常者，不善之所从生也。夫天下之人，惟知不忍杀人之为仁也，是故不忍杀人以自取不仁之名；惟知果于杀人之为义也，是故不敢不杀以自取不义之名。是二者，其所以为仁者有形，而其所以为义者有状，其进也有所执其规，而其退也有所蹈其矩。故其为人也，不失为天下之善人，而终不至于君子。有所甚而不堪，有所蔽而不见，此其为人，是自全之人也。"（《栾城应诏集》卷六《君术》第三道，《苏辙集》，第1287页）

克服这类矛盾，对仁义礼智等作为一个完整的文明体系具有一种通贯透脱的掌握和理解，就必须上升到内在统一性的理论高度，由万殊达到理一，由一偏升华为大全。这种升华，是一个思想理论的运动过程，也就是哲学的过程。通过升华，可以站在大全的高度，重新审视、理解并且论证仁义礼智的合理性，对文明进行整体性、体系性的调整。

同样的思想，也可以通过有无、体用等范畴予以展开，如说：

> 以形而言有无，则信两矣。安知无运而为有，有复而为无，未尝不一哉？其名虽异，其本则一。知本之一也，则玄矣。
>
> 夫道冲然至无耳，然以之适众有，虽天地之大，山河之广，无所不遍。以其无形，故似不盈者，渊兮深眇，吾知其为万物宗也。
>
> 无名者道之体，而有名者道之用也。圣人体道以为天下用，入于众有而常无，将以观其妙也；体其至无而常有，将以观其徼也。[1]
>
> 老子之言道德，每以婴儿况之者，皆言其体而已，未及其用也。今夫婴儿泊然无欲，其体之者至矣，然而物来而不知应，故未可以言用也。[2]

---

[1]《道德真经注》卷一，《道藏》第12册，第292、293、291—292页。
[2]《道德真经注》卷三，《道藏》第12册，第312—313页。

从具象存在的角度讲，道本体是"无"。所谓"无"，相对于感性之"有"而言，是理性思维所捕捉到的存在，它虽然没有感知的、经验的规定性，不能通过视、听、触等感性认知的方法确认其内涵，但又普遍地存在于具象万有之中。这说明道本体之"无"与具象万殊之"有"，是统一的。把握这种统一性，是哲学的理性思维境界，所以说"知本之一也，则玄矣"。有与无的统一性，是对理一与万殊、大全与一偏之统一性的理论抽象，可以作为一般的理论原则。从这种理论抽象或原则出发，道本体与仁义礼智的统一性，是不言而喻的，因为相对于道本体之"无"而言，仁义礼智等都是"有"，是各有具体内涵的存在。同样，从体用范畴出发也可以发现道与仁义礼智的统一性，即无名之道乃本体之道，是体，有名之道即仁义礼智等，是用。体与用的关系，也就是无与有的关系，只不过有无是从存在论的角度讲的，而体用是从实践论的角度讲的。百姓日用而不知，其所用者，便是道之体，但用而不知，对道体的存在缺乏对象性的主体意识。而圣人则从事着哲学家的工作，从百姓日用中寻思出玄妙的本体，又从玄妙本体推导为应用，这就是"观妙""观徼"的双向流通。而体与用的统一性、道与仁义礼智的统一性，便在此双向流通中成为生活实践。

就苏辙本人而言，展开这些思辨的目的，并不在于获得某种理性的满足，造精入微以眩人耳目，而在于铸造其政治哲学的理论高度。在这个高度上，可以超越法家所奉行的法术势的工具理性，可以超越纵横家的政治谋略，也可以超越世俗之儒的伦理教训。《老子新解》说:"圣人乘理而世俗用智,乘理如医药巧于应病,用智如商贾巧于射利。"[1] 又说:"圣人循理而知天命,则待唱而后和。"[2] 所谓乘理、循理,就是遵循一个高于政治意志、政权机器、政府的财富和武力等的理性原则。关于这方面,《老子新解》也颇多议论,如说:

> 圣人动必循理,理之所在,或直或曲,要于通而已。通故与物不迕,不迕故全也。[3]
> 古之所谓智者,知道之大全而览于物之终始,故足贵也。凡民不足以知此,而溺于小智,以察为明,则智之害多矣。
> 人皆徇其所欲以伤物,信其所学以害理。圣人非无欲也,欲而不欲,故虽欲而不伤于物;非无学也,学而不学,故虽学而不害于理。然后内外空明,廓然无为,可以辅万物之自然而待其自成矣。[4]

理解苏辙诸如此类的议论,有一个必要的前提,即站在政治哲学的角度讨论智、学、欲等问题,不是站在广义的社会文化的角度讨论这些问题。站在政治哲学的角度来看,智

---

[1]《道德真经注》卷二,《道藏》第12册,第306页。
[2]《道德真经注》卷一,《道藏》第12册,第295页。
[3]《道德真经注》卷二,《道藏》第12册,第301页。
[4]《道德真经注》卷四,《道藏》第12册,第316页。

有大智、小智之分：大智是遵循本体之理，超越个人偏见，而小智则是个人的观察、判断。按照常见，通过实际观察和判断以做出政治决策，应当比遵循抽象的本体之理更有效，更能解决现实的政治问题，苏辙又何以崇尚抽象的本体之理，而贬抑具体的观察之智？这个问题，要结合专制政体来分析。苏辙在《老子新解》中说："势可以利人则可以害人矣，力足以为之则足以争之矣。能利能害而未尝害，能为能争而未尝争，此天与圣人所以大过人而为万物宗者也。凡此皆老子之所以为书与其所以为道之大略也。"[1] 这就是政治哲学的辩证法。所谓势力，是执政者或政府的势力。执政者发挥个人心智的作用，在短期内固然可以增强政府的势力，强化政府的职能，但是，这种势力和职能，对于社会总有利与害的两重性。因为势力和职能是工具理性层面的，既可以被用来利益于社会，也可以被用来为害于社会。为利或者为害的两重性问题，在现代民主的政治体制下也许能够解决，因为在这种体制下，对于工具理性的使用，原则上是通过全民公决的途径进行决策的。而在中国古代的专制政体下，这个问题几乎是一个死结，如果侥幸出了一位贤明君主，则政府的势力和职能可能为利于社会，但也没有充分的保证，例如汉武帝，堪称明敏，但由于他过分发挥个人的政治意志，结果春秋多事，百姓疲苦；至于遭遇昏暴君主，则政府的势力和职能越强，为害社会也就越剧烈。因为在专制政体下实

---

[1]《道德真经注》卷四，《道藏》第 12 册，第 321 页。

际存在政府与社会相矛盾的辩证法,彼强则此弱,所以中国古代的许多政治思想家,都或明或暗地赞赏道家的无为政治,苏辙也不例外。所谓无为政治,自魏晋玄学以后就得到一种不尽同于秦汉黄老家的新解释,即无为不只是行政措施层面的,而且是政治学原理层面的,也就是克服执政者的个人意志,不悖逆于社会需要、天下人心而为。关于这方面,郭象的《庄子注》有很系统的论述,大旨在于顺适生民之性分自足。苏辙则将这种政治学原理表述为"无心",如《老子新解》说:"虽至于爱民治国,一以无心遇之。苟其有心,则爱民者适所以害之,治国者适所以乱之也。"[1] 所谓"无心",也就是克服个人意志,以百姓心为心,如说:

> 臣闻圣人之为天下,不务逆人之心。人心之所向,因而顺之;人心之所去,因而废之。故天下乐从其所为。惟其一人之所欲,不可以施于天下,不得已而后有所矫拂而不用,盖非以为天下之人皆不可以顺适其意也。昔生民之初,生而有饥寒牝牡之患,饮食男女之际,天下之所同欲也。而圣人不求绝其情,又从而为之节文,教之炮燔烹饪、嫁娶生养之道,皆使得其志,是以天下安其法而不怨。后世有小丈夫,不达其意之本末,而以为礼义之教,皆圣人之所作为以制天下之非僻,徒见天下邪放之民皆不便于礼义之法,乃欲务矫天

---

[1]《道德真经注》卷一,《道藏》第12册,第295页。

下之情，置其所好而施其所恶，此何其不思之甚也！且虽圣人，不能有所特设以驱天下，盖因天下之所安而遂成其法，如此而已。如使圣人而不与天下同心，违众矫世以自立其说，则天下几何其不叛而去也？今之说者则不然，以为天下之私欲必有害于国之公事，而国之公事亦必有所拂于天下之私欲。分而异之，使天下公私之际譬如吴越之不可以相通，不恤人情之所不安，而独求见其所为至公而无私者。盖事之不通，莫不由此之故。[1]

作为时事政论，文中大概带有批评王安石国家主义的针对性。如果我们忽略其针对性，站在政治哲学的层面来理解，则此论与其《老子新解》相通贯，反映出苏辙政治哲学的基本观点。概略言之，其观点主要有两个方面。第一是对政治基本性质的判断，认为政治不是用来矫拂天下人情，实现一己之私意的工具，而是顺适生民之生存状况、生活情态的文明机制，否则政治没有合理性，因而也没有可行性。第二是对礼义基本性质的判断，认为礼义不是圣人审美意识的体现，而是针对生民之生存状况、生活情态之忧患而提出来的，因而其合理尺度在于天下之所同安。将这两个方面结合起来看，可以得出两个合乎逻辑的结论。首先，从政治起源上看，政治最初的合理性乃在于礼义之教的合理性，政治起源于礼义之教。其次，政府（国）与社会之间，并不存在合

---

[1]《栾城应诏集》卷八《臣事下》第四道，《苏辙集》，第1310—1311页。

理的公私利益冲突，因为从合理性的角度看，政府并没有与社会相对立的特殊利益。强调政府利益，主张至公而无私，从根本上就违背了政治学的道本体原则。这个原则的基本内涵，是由仁义礼乐规定的。因为兴仁义、建礼乐的本来立足点是解除生民忧患，所以道本体在政治哲学中的第一重内涵，是顺适生民之生存、生活，不是某种外在于生存状况、生活情态并构成压迫的异化力量，亦即不是某种外在的、强制性的必然之法或必然之理。又因为道贯通于仁义礼乐之中，仁义礼乐各有具体的内涵规定，其合理性因而是相对的、有局限的；而道则是仁义礼乐的共同的合理性依据，不落于名相之间，所以道本体在政治哲学中的第二重内涵，是不偏滞于名教规范、典章制度，而以虚融弘通为旨归。

如前所述，苏辙的人性论与本体论，在叙述上固然可以划分为两个层面，但在理论逻辑上却保持着内在的一贯性、统一性。从某种意义上说，人性就是道之在我的主体自觉。因为天地之间固有一个无所不在的道本体，当我从自身感悟到道本体的存在时，同时也感受到人性——人之成其为人的本质，使人性彰显为自觉的主体意识。苏辙的这种思想，同样也主要反映在《老子新解》中，如说：

> 夫道非清非浊，非高非下，非去非来，非善非恶，混然而成体，其于人为性。[1]

---

[1]《道德真经注》卷二，《道藏》第12册，第302页。

> 盖道无所不在，其于人为性，而性之妙为神。言其纯而未杂则谓之一，言其聚而未散则谓之朴。其归皆道也，各从其实言之耳。[1]

这样阐释人性，是否在刻意追求思辨的玄妙、体验的神秘，以至难于把握？苏辙说："道之大，复性而足，而性之妙，见于起居饮食之间耳。"[2] 人性并不是某种古怪的存在，也不是某种神秘的心理体验，它就潜伏在日常生活的背后，通过各种行为表现出来。能否意识到人性，是主体自觉与否的问题，不是存在与否的问题。

虽然在生活面前人与人并不平等，但人人都在生活，这一点是平等的。也正因为人人都在生活，而生活中就包含着人性，所以在人性上，人与人也是平等的。苏辙说："圣人与人均有是性。"[3] 又说："性之为体，充遍宇宙，无远近古今之异。"[4] 极而言之，人性甚至可以说是某种永恒的本质，非但平等，而且与财富、名位等身外之物不同，是不可增益也不可剥夺的："性之于人，生不能加，死不能损，其大可以充塞天地，其精可以蹈水火、入精石，凡物莫能患也。"[5] 莫能患也即莫能为患，这足以使人挺立起人性的尊

---

[1]《道德真经注》卷一，《道藏》第12册，第294页。
[2]《道德真经注》卷四，《道藏》第12册，第318页。
[3]《道德真经注》卷四，《道藏》第12册，第320页。
[4]《道德真经注》卷三，《道藏》第12册，第310页。
[5]《道德真经注》卷一，《道藏》第12册，第296页。

严，因发现自我与宇宙的共同本质，发现自我的永恒性，而超越于曾经困扰自我的宠辱得失之上。

既然人性平等，那么关于人性的主体自觉又如何出现差别呢？为什么有些人能够产生人性意识，从而在更高的精神境界上领悟生活的意义，也有些人缺乏人性意识，将生活的意义定位在宠辱得失、名位财富之上？关于这个问题，苏辙的议论很多，如说：

> 所谓一者，性也；三者，性之用也。人始有性而已，及其与物构，然后分裂四出，为视，为听，为触，日用而不知反其本，非复混而为一，则日远矣。[1]

> 世之人为物所蔽，性分于耳目，内为身心之所纷乱，外为山河之所障塞，见不出视，闻不出听，户牖之微能蔽而绝之，不知圣人复性而足，乃欲出而求之，是以弥远而弥少也。[2]

这些议论的意思，也许能从秦观的一篇文章中得到颇有启发意义的解释：

> 夫天下之人，因其性而观之则未尝不同，因其习而观之则未尝不异。使天下皆知性之无不同也，则其俯仰

---

[1]《道德真经注》卷一，《道藏》第12册，第296页。
[2]《道德真经注》卷三，《道藏》第12册，第310页。

之际，语默颦笑之间，固足以官阴阳而府万物矣，又奚圣人之俟哉？夫惟不知，故尊其习者有至于上智，而卑其习者或至于下愚。夫以本同之性而异于上下相远之习，此天下所以有俟于圣人，而圣人者所以不可一日无于天下也。[1]

将两人的议论结合起来看，简单地说就是习惯和世俗生活遮蔽了人性。但是，按照苏辙的思想逻辑，世俗生活不正是人性的体现吗，又何以反而成为人性的蔽障？这个问题，又须回到理一与万殊的关系上来回答。因为人性的本体是浑融之一，而世俗生活则使之分裂，偏执于分裂的某一方面，则人性的整体大全便受到蒙蔽，这正如偏执仁义礼乐之一端，便必然乖离于道本体的整体大全一样，不能升华到理一的境界上，来感悟文明或者生活的完整意义。

进而言之，关于人性的主体意识既然有自觉与不自觉的差别，那么，先知先觉的圣人们，是否便有理由、有权力来教化尚未自觉者，开发民智？教化、开发是否有某种合理的尺度？合理的尺度又是什么？围绕这些问题，思想家和执政者都会选择各种各样的答案，只不过有些坦然明白，有些秘而不宣。苏辙所选择的答案，是发挥圣人的感召力，反对强制。如说："人方以妄为常，驰骛于争夺之场，而不知性之未始少亡也。是以圣人以其性示人，使之除妄以复性，待其

---

[1]《以德分人谓之圣论》，《全宋文》卷二五八四，第120册，第106页。

妄尽而性复，未有不廓然自得。"[1] 值得注意的是，所谓"使之"，是以"示人"为前提的。"示人"就是以自身的完善做出榜样，而不是采取措施进行规范，所以才有下文的"待其""自得"云云。又据苏籀《栾城遗言》，《东坡易传》中的《蒙》卦注，出自苏辙，而其观点，也与《老子新解》相同，可以互证：

> 蒙者，有蔽于物而已，其中固自有正也。蔽虽甚，终不能没其正，将战于内以求自达，因其欲达而一发之，迎其正心，彼将沛然而自得焉。苟不待其欲达而强发之，一发不达，以至于再三，虽有得，非其正矣。[2]

从逻辑上说，因为人性的彰显是主体意识的自我觉悟，所以外在的教化或感召，只能发挥诱因的作用，并不能易其所无而赋之以有。而且，人性论的理论价值，正在于唤醒主体意识的自觉，以"自律"替代"他律"，克服那些矫拂人性的文明规则所造成的异化。所以，将人性作为某种道德模式，强制性地、措施化地予以推行，必然适得其反。《老子新解》说："圣人散朴为器，因器制名，岂其徇名而忘朴，逐末而丧本哉？盖亦知复于性，是以乘万变而不殆也。"[3]

---

[1]《道德真经注》卷四，《道藏》第12册，第320页。
[2]《苏轼文集编年笺注》附录五《东坡易传》卷一，第12册，第123页。
[3]《道德真经注》卷二，《道藏》第12册，第305页。

又说:"性之所及,非特能知能名而已,盖可以因物之自然,不劳而成之矣。"〔1〕这就是苏辙为人性论所作的价值定位,其要义,一是不能让人性论成为"徇名"的新口实,而是克服"徇名",亦即克服"因器制名"中异化现象的复归之路;二是使文明规范回升到"自然"的理念新高度,也就是使文明规范符合人的自然本性,让人在文明规范中生活如鱼之得水。根据这样的价值定位,人性论显然不应成为某种政治的新工具,而是消解政治紧张、消除文明异化的理性探索。也许正由于这个缘故,苏辙的《老子新解》及其人性论,受到明代具有反异化倾向的思想家李贽的高度赞赏,说:"解《老子》者众矣,而子由称最。子由之引《中庸》曰:'喜怒哀乐之未发谓之中。'夫未发之中,万物之奥,宋儒自明道以后,递相传授,每令门弟子看其气象如何者也。子由乃独得微言于残篇断简之中,宜其善发《老子》之蕴,使五千余言烂然如皎日,学者断断乎不可以一日去手也。"〔2〕

苏辙另有《易说》,可以视为对其本体论和人性论思想的自我概括,迻录如下:

"一阳一阳之谓道,继之者善也,成之者性也。"何谓道?何谓性?请以子思之言明之。子思曰:"喜怒哀

---

〔1〕《道德真经注》卷三,《道藏》第12册,第310页。
〔2〕《焚书》卷三《子由解老序》,第111页。

乐之未发谓之中，发而皆中节谓之和。中也者，天下之大本也；和也者，天下之达道也。致中和，天地位焉，万物育焉。"中者性之异名也，性者道之所寓也。道无所不在，其在人为性。性之未接物也，寂然不得其朕，可以喜，可以怒，可以哀，可以乐，特未有以发耳。及其与物接，而后喜怒哀乐更出而迭用，出而不失节者皆善也。所谓一阴一阳者，犹曰一喜一怒云尔，言阴阳喜怒皆自是出也。散而为天地，敛而为人。言其散而为天地，则曰"天地位焉，万物育焉"；言其敛而为人，则曰"成之者性"，其实一也。得之于心，近自四支百骸，远至天地万物，皆吾有也。[1]

---

[1]《栾城三集》卷八，《苏辙集》，第1224页。

征引文献

1. ［汉］班固撰，［唐］颜师古注：《汉书》，中华书局1962年版
2. ［汉］司马迁撰，［南朝宋］裴骃集解，［唐］司马贞索隐，［唐］张守节正义：《史记》，中华书局1982年版
3. ［汉］扬雄撰，汪荣宝注疏：《法言义疏》，陈仲夫点校，中华书局1987年版
4. ［魏］刘邵撰，王晓毅译注：《人物志译注》，中华书局2019年版
5. ［魏］嵇康著，戴明扬校注：《嵇康集校注》，中华书局2014年版
6. ［魏］王弼著，楼宇烈校释：《王弼集校释》，中华书局1980年版
7. ［晋］陈寿撰，［南朝宋］裴松之注：《三国志》，陈乃乾校点，中华书局1982年版
8. ［南朝宋］刘义庆著，［南朝梁］刘孝标注，余嘉锡笺疏：《世说新语笺疏》，周祖谟、余淑宜、周士琦整理，中华书局2007年版
9. ［梁］皇侃：《论语义疏》，高尚榘校点，中华书局2013年版
10. ［唐］房玄龄等：《晋书》，中华书局1974年版
11. ［唐］韩愈著，刘真伦、岳珍校注：《韩愈文集汇校笺注》，中华书局2010年版
12. ［宋］程颢、程颐：《二程集》，王孝鱼点校，中华书局2004年版
13. ［宋］褚伯秀：《南华真经义海纂微》，方勇点校，中华书局2018年版
14. ［宋］范仲淹：《范仲淹全集》，李勇先等点校，中华书局2020年版
15. ［宋］黎靖德编：《朱子语类》，王星贤点校，中华书局1986年版
16. ［宋］李焘：《续资治通鉴长编》，上海师范大学古籍整理研究所、华东师范大学古籍整理研究所点校，中华书局2004年版
17. ［宋］吕祖谦编：《宋文鉴》，齐治平点校，中华书局1992年版

18. ［宋］欧阳修：《欧阳修全集》，李逸安点校，中华书局 2001 年版
19. ［宋］秦观撰，徐培均笺注：《淮海集笺注》，上海古籍出版社 1994 年版
20. ［宋］石介：《徂徕石先生文集》，陈植锷点校，中华书局 1984 年版
21. ［宋］司马光著，李之亮笺注：《司马温公集编年笺注》，巴蜀书社 2009 年版
22. ［宋］苏轼著，李之亮笺注：《苏轼文集编年笺注》，巴蜀书社 2011 年版
23. ［宋］苏辙：《苏辙集》，陈宏天、高秀芳点校，中华书局 1990 年版
24. ［宋］孙升口述，［宋］刘延世笔录：《孙公谈圃》，杨倩描、徐立群点校，中华书局 2012 年版
25. ［宋］王安石著，［宋］李壁笺注：《王荆文公诗笺注》，高克勤点校，上海古籍出版社 2010 年版
26. ［宋］王安石：《王安石老子注辑佚会钞》，罗家湘点校，华东师范大学出版社 2013 年版
27. ［宋］赞宁：《宋高僧传》，大正一切经刊行会：《大正新修大藏经》第 50 册，新文丰出版公司 1983 年版
28. ［宋］詹大和等：《王安石年谱三种》，裴汝诚点校，中华书局 1994 年版
29. ［宋］张君房编：《云笈七签》，李永晟点校，中华书局 2003 年版
30. ［宋］张载：《张载集》，章锡琛点校，中华书局 1978 年版
31. ［元］马端临：《文献通考》，上海师范大学古籍研究所、华东师范大学古籍研究所点校，中华书局 2011 年版
32. ［元］脱脱等：《宋史》，中华书局 1985 年版
33. ［明］李贽：《焚书》，中华书局 2009 年版
34. ［清］毕沅：《续资治通鉴》，中华书局 1957 年版
35. ［清］董诰等编：《全唐文》，中华书局 1983 年版
36. ［清］顾炎武撰，［清］黄汝成集释：《日知录集释》，栾保群点校，中华书局 2020 年版
37. ［清］郭庆藩：《庄子集释》，王孝鱼点校，中华书局 1961 年版
38. ［清］黄宗羲原著，［清］全祖望补修：《宋元学案》，中华书局 1986

年版

39. ［清］阮元校刻：《十三经注疏（清嘉庆刊本）》，中华书局 2009 年版
40. ［清］王夫之：《宋论》，舒士彦点校，中华书局 1964 年版
41. ［清］王夫之：《张子正蒙注》，王孝鱼点校，中华书局 1975 年版
42. ［清］王夫之：《庄子解》，中华书局 2009 年版
43. ［清］王先谦：《尚书孔传参正》，何晋点校，中华书局 2011 年版
44. ［清］王先慎：《韩非子集解》，钟哲点校，中华书局 1998 年版
45. ［清］永瑢等：《四库全书总目》，中华书局 1965 年版
46. 陈鼓应注译：《黄帝四经今注今译：马王堆汉墓出土帛书》，商务印书馆 2007 年版
47. 冯友兰：《中国哲学史新编（下卷）》，人民出版社 1999 年版
48. 刘成国：《王安石年谱长编》，中华书局 2018 年版
49. 卢国龙：《郭象评传》，广西教育出版社 1996 年版
50. 卢国龙：《道教哲学》，华夏出版社 1997 年版
51. 卢连章：《二程学谱》，中州古籍出版社 1988 年版
52. 蒙文通：《古学甄微》，巴蜀书社 1987 年版
53. 钱穆：《国史大纲》（下），《钱宾四先生全集》第 28 册，台北联经出版事业公司 1998 年版
54. 钱穆：《宋明理学概述》，《钱宾四先生全集》第 9 册，台北联经出版事业公司 1998 年版
55. 任继愈主编：《中国哲学发展史》，人民出版社 1983 年版
56. 上海书店出版社编：《道藏》，文物出版社、上海书店出版社、天津古籍出版社 1988 年版
57. 杨观、陈默、刘芳池编：《苏辙资料汇编》，中华书局 2018 年版
58. 曾枣庄、刘琳主编：《全宋文》，上海辞书出版社、安徽教育出版社 2006 年版
59. 章太炎讲演，诸祖耿、王謇、王乘六等记录：《章太炎国学讲演录》，中华书局 2013 年版
60. 周谷城：《中国政治史》，中华书局 1982 年版

重版后记

回想撰写《宋儒微言》时的情景,我住丰台北大地,在世宗所的道教研究室工作,那是上世纪90年代。原计划,弄完晋唐重玄学之后,顺延要研究研究宋代道家道教的思想学术,主要对象还是《老》《庄》注疏和道教的经论,没打算写一本涉及儒学的书。尽管也知道,研究中国的哲学和宗教,儒学儒教是个大背景,回避就可能意味着架空历史和社会文化,所以关注儒学儒教是有的,随机阅读相关著作也是有的,但与正面研究毕竟是两码事。只是由于两宋是个儒学复兴的时代,研究这阶段的道家道教,对儒学的知识性了解和思想性理解的要求,应该更高些。于是先读宋儒的文集,却无意间生出一个自己放不下的问题,现代的宋儒研究,如果交给宋儒,他们能看懂吗?问题不在语言概念等表述形式,也不在思想逻辑,而在问题意识。宋儒无意与佛教道教争一日之短长,从欧阳修到二程等人的言论都有明证,因为儒者给自身的思想文化定位就与二教不一样,即使理论上有所是非,关切处也是对于社会现实的影响,而不是理论本身。这表明宋儒的思想学问,不是没有现实焦点的普遍性哲学建构,而是围绕具体的时代问题,在各派论争中朝"向上一路"寻求解决,最终发展出普遍性哲学，所以具体的时代问题，是他们思想学术的生长点，自然也就是我们理解其思想学术的出发点。而研究道家道教——或许还包括其他的流派，也应该从儒学复兴的出发点出发，否则弄不清研究对象与其时代现实的关系，不知今夕是何年，真实的思想内涵难以索解，学问未免要做成起舞弄清影。基于这个想法，就不急于梳理宋代道家道教的思想学术了，先看看儒学复兴的问题意识及其思想逻辑再说，结果就写成了这样一本书。其中与道家的关联，烙印也很明显。

书稿完成时，我是很忐忑的。虽说学术应该跟着问题走，规划、预设并不重要，但毕竟术业有专攻，顺行与横跨是两种步伐。只是在作为国家社科课题结项时，余敦康、牟钟鉴、何光沪诸先生都很鼓励，余先生甚至说我本来就不必做道家道教的专家之学，又不是经学家，还看守什么门户。书稿在2001年经华夏出版社面世后，学界诸多师友都有所交流，如同事陈明、哲学所的张志强、人民大学的梁涛、任锋诸位，都表达过学术观察的评论。赵广明组织在青岛召开的"宗教与哲学"学术研讨会，还花了一天的时间就此书展开讨论，我听了许多有益的意见。这次得以重版，要首先感谢上海古籍出版社的方强先生。我们至今未谋面，甚至也未曾通电话，只是微信交流，但出版的事务很顺利，可见学术的事情也可以是很单纯的。书中的引文，我用的是手头有的刻本，早些年买的，少占地方，还便宜，重版时方强先生悉数核对经过整理的版本，又添加征引文献，方便读者查阅；修订了原书稿中甲子纪年的未确之处，引述我自己旧作的个别文字出入，做了许多细致的后期工作。

重版只是做了文字校正，未予修订。

卢国龙

2023 年 8 月 29 日